KB069650

INTERPERSONAL PROCESS IN
COGNITIVE THERAPY

인지치료의
대인관계 과정

| Jeremy Safran, Zindel Segal 공저 | 서수균 역 |

학지사

역자 서문

사랑에는 국경도 없다고 했던가? 이 말은 심리치료에도 적용될 수 있다. 정신분석, 인지치료, 행동치료, 대상관계심리치료, 게스탈트심리치료, 정서중심치료, 해결중심치료 등 수많은 심리치료 이론이 발전해 왔지만, 실제 임상 현장에서 심리치료자가 내담자를 마주했을 때는 그 내담자에 맞는 자신의 심리치료를 하게 된다. 일명 절충주의적 접근이라고 하는 바로 그것 말이다. 역자가 보기에 이 책도 기존 인지치료의 경계를 낮추고 동시대 심리치료에서 강조하는 치료 관심사들을 탄력적으로 수용하고 있다는 점에서 절충주의적인 면이 있어 보인다.

이 책은 기존의 인지치료에서 소홀히 다루었던 부분인 내담자와 치료자의 상호작용 경험을 이해하고 치료적으로 활용하는 데 많은 지면을 할애하고 있다. 이를 통해서 인지치료의 경계를 넓히는 데 기여하고 있을 뿐만 아니라 인지치료의 정체성 유지라는 명분보다 임상현장의 요구와 필요성을 우선시하는 저자들의 용기를 엿보게 해 준다. 역자가 생각하기에 내담자와 수평적인 위치에 있는 치료자, 역전이의 치료적 활용, 치료자의 참여-관찰자 역할, 지금-여기에서의 상호작용, 해석의 자제 등은 현대 심리치료에서 일관되게 강조하고 있다. 이들의 치료적 중요성이 많은 심리치료자로부터 역설되어 왔지만 기존의 인지치료에서는 이들에 대해 크게 주목하지 않았던 것 같다. 역자가 이 책을 발견하고 반가웠던 이유는 임상현장에서 인지치료를 적용하면서 느낀 이와 관련된 답답함과 갈증을 해소해 줄 거라는 기대에서였다. 특히 이 책은 내담자와 치료자가 심리적으로 함께 있으면서 공유하는 경험을 치료적으로 이해하고 활용하도록 돕는 이론과 기술들을 구체적인 사례를 통해서 자세히 소개하고 있어, 기존 인지치료의 틀 속에서 갑갑함을 느꼈던 심리치료자들에게 단비 같은 책이 될 것이라고 생각한다.

어떤 치료 이론도 치료자를 넘어서 치료에 기여하지 않는다 했던가? 치료자가 치료 장면에서 자신의 경험에 열려 있고 깨어 있을수록 내담자와 함께 있는 심리적 공간을 가치 있게 치료적으로 활용할 수 있다. 이 점을 이 책의 저자들은 누구보다 잘 알고 있는 것 같으며, 이 점이 이 책을 기존의 다른 인지치료 책들과는 분명히 구별해 주고 있다.

부족함과 미숙함이 많은 초역을 세심하게 다듬어 준 편집부 담당자분과 출판의 기회를 갖게 해 주신 학지사 김진환 사장님께 진심으로 감사드린다.

금정산자락에서

역자 서수균

저자 서문

이 책이 처음 출판된 이후 인지행동적 전통의 중요한 두 흐름은 ① 성격장애 환자들에게 인지치료 절차를 적용하는 것에 대한 점점 높아지는 관심, 그리고 ② 인지치료에 대한 구성주의 접근의 더 많은 발전이었다. 이 두 발전은 이 책의 주요 관심사와 일관되게 이론과 기법이 확장되어 온 것과 관련이 깊다. 여기에는 인간 발달과 변화가 일어나는 대인관계 맥락, 변화에서의 정서적 과정의 역할, 심리도식 구조의 수정 등에 대한 초점이 포함된다.

성격장애와 심층 구조의 변화에 대한 오늘날의 관심은 어떤 점에서는 치료에 잘 반응하지 않는 집단을 돕고자 하는 노력을 반영하는 것이지만, 우리가 보기에 이것은 하나의 치료 전통으로서 인지치료가 성숙함에 따라 필연적으로 일어나는 인지적 정교함의 증가가 가져온 일종의 부산물 같은 것으로 간주된다. 이 점은 초기에는 증상 제거와 단기치료를 강조했다가 성격적 변화와 장기치료로 관심이 옮겨 간 정신역동적 전통에서 일어난 변화와 분명한 일관성이 있다.

자신을 구성주의자로 일컫는 이론가들이 이룬 많은 혁신은 우리가 보기에 환영할 만한 발전이다. 불행하게도 구성주의자와 합리주의자 진영은 양극화되는 경향이 있다. 결과적으로, 구성주의 접근은 합리주의 접근의 경험적 지지와 기법적 구체성이 흔히 부족하고, 그들의 이상적 바람에 비해 인지행동적 발전의 주요 흐름에 더 적은 영향을 미쳤다.

이 책에서 소개하는 우리의 입장은 사실상 사회구성주의자(Irwin Hoffman이 오늘날 정신역동 이론의 발전을 기술하기 위해 사용한 용어)로 일컫는 것이 가장 그럴듯해 보인다. 우리는 현실주의자보다는 구성주의자로 인식되기를 바라지만, 우리가 강조하는 것은 개인이 현실을 고립 속에서 구성하기보다는 사회적으로 구성한다는 것이다. 그래서 우리는 치료에서 일어나는 모든 것은 치료자와 환자가 기여한 바에 따른 것으로 이해해야 하고, 변화도 환자와 치료자 간의 변증법적 참여를 통해서 일어난다는 것을 강조하고 싶다.

이 같은 인식론적 논쟁은 치료적 함의를 고려할 때는 분리되어야 한다. 구성주의자로 인식하는 것의 중요한 이점은 그것이 외부 현실이나 환자의 내적 경험을 이해하는 특별한 능력을 치료자가 갖고 있다고 가정하는 권위주의적인 치료적 입장에 도전하게 해 준다는 점이다. 그래서 이는 역할 관계에서 보다 평등하고 상호적이게 해 주고, 또한 치료 관계에서 나타나는 세부 양상과 환자의 경험을 이해하도록 지속적인 노력을 기울이게 독려한다. 하지만 구성주의의 취기에 도취되어 깊은 허무주의에 빠져들지 않는 것이 중요하다. 결국 구성주의라는 관념은 단지 개념일 뿐, 다른 모든 개념처럼 가감하여 받아들여야 한다. 고대 불교 철학에서처럼 구성주의적 관점은 현실주의라는 질병을 치료하는 약이다. 하지만 모든 약이 그렇듯이 지나친 양을 복용하면 치명적일 수 있다.

이 책에서 우리는 환자의 경험에 대한 깊이 있는 현상학적 탐색이 중요하다는 것과 치료자의 해석 사용을 자제할 것을 강조하고 있다. 이런 입장은 구성주의적 인식론과 일관된다. 그리고 환자의 관점을 희생시키고 치료자의 관점을 권위적으로 적용하는 것이 가져올 치명적인 결과에 대한 우리의 경계심을 반영한 것이기도 하다. 이런 입장을 갖는 것이 우리 관점의 중심을 잡아 주지만, 우리는 그게 이 주제를 너무 단순화하여 보게 할 우려도 있음을 알고 있다. 해석은 다양한 차원, 즉 이론 대 경험의 비중, 가까운 경험 대 먼 경험, 공감적 대 비공감적, 많은 추론 대 적은 추론 등에 따라 매우 다양하다. 심지어 로저스 학파의 공감조차도 그것이 의미의 구성을 필연적으로 포함한다는 점에서는 해석적(적은 추론 수준에도 불구하고)이다. 어떤 개입을 하든 우선적인 원칙은 그것이 환자와의 관계에 미치는 영향과 의미를 고려하는 것이다. 쉽게 버려졌다고 느끼는 환자라면, 고도의 추론이 포함된 외적인 참조 틀을 알려 주는 치료자의 해석을 치료자가 자신을 위해서 적극적으로 구체적인 뭔가를 하고 있다는 증거로 경험할 것이다. 다른 관계적 맥락에서는 비슷한 해석이 어린애 취급을 한다거나 아랫사람에게 가르치는 것으로 경험될 수 있다.

환자 입장에서 경험을 탐색하고 이해하려는 체계적인 노력과 의미를 부여하는 것에 대한 조심스러움이 환자에게는 자신이 진정으로 존중받고 공감받고 있는 것으로 경험될 수 있다. 하지만 어떤 관계 맥락에서는 그것이 철수하고 방치하는 것으로 경험될 수도 있다.

그럼에도 불구하고 우리 접근의 중심이 되는 전반적 원칙은 선입견을 내려놓고 '초심자의 마음'을 계속해서 갖는 것으로, 이는 치료 사건들이 있는 그대로 우리에게 드러나도록 허락해 준다. Edgar Levenson이 언급했듯이, 치료에서 가장 중요한 자료는 그것이 너무 명백하기 때문에 정확히 우리에게 숨겨진 채로 남아 있다.

치료자의 불안과 성취 욕구를 과소평가하지 않는 것이 중요한데, 이는 그것이 흔히 불필요하고 도움이 되지 않는 해석을 부추기기 때문이다. Sullivan은 그의 특징이기도 한 간결한 문체로, 이에 대해서 "해석 제공은 그들의 요구를 크게 넘어선다."라고 언급한 바 있다.

기법적인 수준에서 우리는 치료적 메타소통(Donald Kiesler에게서 빌려 온 용어임)을 상당히 강조하고 있는데, 이는 환자-치료자 상호 교류와 환자의 현상학적 경험을 설명하기 위해서다. 이러한 형태의 개입은 환자와의 상호작용 동안 치료자에게 일어나는 감정에 기초해서 치료적 피드백을 넓게 사용하도록 한다.

오늘날의 인지행동 문헌을 살펴보면, 치료 관계를 탐색하는 것이 더 이상 특별한 일은 아니지만 한 사람 심리학(one-person psychology)의 관점이 전형적인 것으로 보인다. 이 관점에서는 환자는 치료자의 기여와는 독립적으로 자신의 특징적 대인관계 양상을 재현한다고 가정한다. 이런 입장은 전이 활용에 대한 고전적인 정신역동적 관점과 더 유사하다.

하지만 이 책이 처음 출판된 이후 두 사람 심리학(two-person psychology) 쪽으로 정신역동의 패러다임이 많이 변했다. 그래서 치료 회기에서 일어나는 모든 것에 치료자와 환자가 같이 기여하고 있다고 이해하는 것이 중요하다고 강조한다.

전이에 대한 정신역동적 강조를 오랫동안 확고부동하게 거부해 왔던 인지행동 치료자가 정신역동적 전통 내에서 거부되고 있는 전이의 개념화를 이제 받아들이기 시작하고 있는 것은 역설적이다.

이 책의 재발간이 치료 관계에 관심을 갖고 있는 인지치료자에게 두 사람 심리학적 관점을 소개하는 기회가 되기를 바란다. 더불어 치료자가 치료 중에 일으켜진 환자에 대한 감정을 언제 어떻게 개방해야 할지, 그리고 치료 관계와 외부 사건에 대한 탐색에 언제 초점을 두어야 할지 등의 기법적인 질문에 대한 논쟁을 불러일으키는 데 기여하기를 바란다.

우리는 Jason Aronson 출판사의 Michael Moskowitz에게 특히 감사의 마음을 전한다. 우리 책에 대한 그의 관심이 새로운 독자를 만날 수 있게 해 주었다. 포스트모던 사상가들은 글이 독자의 것이지 저자의 것이 아니라고 말한다. 인지행동 분야는 현재 이 책이 처음 출판되었을 때와는 다른 지점에 불가결하게 와 있으며, 우리는 독자가 현재 맥락에서 이 책의 의미를 알아갈 수 있기를 바란다.

INTERPERSONAL PROCESS IN COGNITIVE THERAPY

차 례

이 론

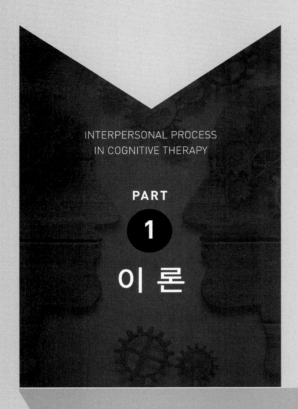

INTERPERSONAL PROCESS
IN COGNITIVE THERAPY

PART

1

이 론

영혼(spirit)은 내 안이 아닌 나와 너 사이에 있다. 그것은 당신 몸속을 순환하는 피가
아니라 당신이 호흡하는 공기 같은 것이다. 사람은 자기 자신에게 반응할 수 있어야
영혼 안에서 살 수 있다. 그것은 그의 전 존재와의 관계 안으로 들어가야 가능하다.
관계 안으로 들어가는 자신의 힘에 의해서만이 그는 영혼 안에서 살아갈 수 있다.

– Martin Buber

CHAPTER

01
서 론

인지치료의 진화

요즘은 인지치료자들에게 좋은 때인 것 같다. 행동주의가 지배하던 1960년대 말에 심리치료에서 인지적 혁명이 시작되었으며, 이제는 인지치료가 심리치료의 주류로 확실히 자리매김했다.

인지적 구성 개념(cognitive constructs)에 대한 뜨거운 논박과 학습에 대한 매개 근거 설명의 가치는 오늘날 역사 속의 각주로 밀려났다(Mahoney, 1977; Rachlin, 1977). 인지치료자들의 지향은 임상가들이 가장 선호하는 개입 형식들 중 하나로 널리 받아들여지고 있다(Smith, 1982).

인지행동치료 이론의 틀은 이런 호의적인 분위기 속에서 상당 부분 자리를 잡았는데, 우리는 자신이 앞으로 할 일이 그 효과를 지속적으로 보여 주고 그 결과를 널리 알리는 것이 전부인 것처럼 안이하게 생각하기 쉽다. 하지만 대부분의 풍요한 시절에서처럼 이것으로는 충분하지 않다고 여기는 사람들이 있는데, 이는 닥쳐올 변화를 분명히 예고하고 있다.

인지치료자들은 오랫동안 지켜 온 이론적인 가정들에 의문을 품기 시작했고, 다른 전통의 심리치료들에서 새로운 아이디어와 기법을 가져와 시험하고 있다. 문제가 있어 지지받지 못했던 낡은 이론들에 대한 비판이 계속 있었으며, 새로운 이론과 기법에 대한 요구는 더욱 거세다(Beidel & Turner, 1986; Coyne & Gotlib, 1983; Guidano & Liotti, 1983; Mahoney & Gabriel, 1987). 이론가들은 인지치료의 근간인 이론적 전제들에 의문을 갖게 되었다. 정서에 대한 최근의 폭발적인 관심은 인간 기능에 대한 정서의 역할 및 정서와 인지의 관계에 대한 전통적인 인지적 가정들에 도전이 되고 있다. 무의식적 과정의 역할에 대한 인지치료자들의 관심은 점차 증가하고 있으며, 정확히 지각할 수 있는, 혹은 때로는 왜곡되기도 하는 객관적인 현실 같은 것이 존재한다는 가정에 대해서도 철학적으로 의문을 갖는 인지치료자가 늘어나고 있다.

우리는 이 책에서 두 가지를 목표로 한다. 하나는 대인관계 심리치료를 비롯한 다른 전통의 이론들에서 특정한 요소들을 가져와 인지행동치료의 시야를 넓히는 것이고, 다른 하나는 인지-대인관계 관점에 입각하여 치료에서 변화가 어떻게 일어나는지를 살펴보는 것이다. 우리의 목표는 최근 심리치료 영역에서 증가하고 있는 통합의 흐름과도 일관된다. 치료 효과가 치료 접근에 따라 차이가 없었고 공통 요인, 즉 치료의 '비특정적인 요인'이 성공적인 치료를 가장 강하게 예언하는 요인으로 확인되었다. 이런 발견은 하나의 적절한 치료 접근이 있을 것이라는 믿음을 되돌아보게 하였다(Norcross, 1986).

심리치료 통합을 향한 흐름이 증가하고 있고 우리도 이를 반기지만, 많은 수의 새로운 통합 심리치료 학파가 범람하는 것은 바람직하지 않다(Goldfried & Safran, 1986). 기존의 순수한 형태의 심리치료 학파가 개별 내담자의 차이를 충분히 고려할 만큼 유연하거나 적용 범위가 넓지 못한 점은 새로운 통합 접근들의 개발을 필요로 한 이유 중 하나다. 그러나 새로운 접근이라 하더라도 흔히 대체하고자 하는 심리치료 학파들보다 포괄성과 정교함에서 부족한 경우가 많다. 그 이유는 특정 전통 속에서 오랜 시간에 걸쳐 임상 실제와 이론적인 발달을 통해 얻은 축적된 지혜가 없기 때문이다. 그래서 우리의 의도는 새로운 심리치료 학파를 만들려는 것이 아니라, 다른 치료 전통에서 확인된 지식들을 통합해서 인지치료를 개념적 및 기법적으로 확장시키는 과정을 시작하는 것이다.

인간적 참만남으로의 심리치료

이 책에서 우리가 초점을 두는 것은 인지치료에서 치료 관계가 차지하는 역할과 인지 및 대인 간 과정들 사이에서 관계가 갖는 특성이다. 이에 초점을 둠으로써 치료에 심각한 부정적인 영향을 주고 있는 인지치료 접근의 근본적인 불균형을 바로잡고자 한다. 치료 관계 같은 치료의 비특정적인 면은 인지 및 행동 기법들보다 구체적이지 않고 조작적으로 정의하기가 어렵기 때문에, 인지치료자들은 이를 덜 중요시하는 경향이 있다. 최근 들어 치료 관계가 많은 주목을 받고 있지만, 인지치료자들은 아직도 치료 관계를 변화 과정의 핵심이 아닌 전제 조건 정도의, 치료의 적극적인 요소와는 구별되는 뭔가로 보는 경향이 있다.

우리가 보기에 이는 치료에 기계적으로 접근하여 영구화함으로써 치료적 참만남과 변화 과정에서 근본적으로 인간적인 특성을 간과하게 한다. 심리치료가 근본적으로 인간적인 참만남이라는 주장은 치료자가 배우고 습득해야 할 이론이나 기술이 없음을 의미하는 것은 아니다. 그보다는 관련 이론은 인간적 참만남이 변화를 가져오는 과정을 명확히 할 수 있어야 하고, 관련 기술들에 치료자 자신의 인간성을 치료 도구로 활용하는 능력이 포함되어 있어야 함을 의미한다.

대인관계 심리치료 전통에서 가져온 현 접근의 기본 가정은 개인은 자신이 속해 있는 대인관계 체계의 일부로 항상 이해되어야 한다는 것이다. 따라서 치료 중인 내담자는 치료자와 독립해서 이해될 수 없다. Harry Stack Sullivan은 치료자가 치료 안에서 발생하는 모든 일에 설명하기 어려운 특정한 기여를 하고 있으며, 내담자와의 상호작용에 자신이 관여한 바를 체계적으로 명료화함으로써만 내담자를 제대로 이해할 수 있다고 하였다. 객관적인 혹은 중립적인 치료자 개념은 환상에 불과하다. 치료자는 자신만의 맹점과 특별히 민감한 영역을 갖고 있는 한 인간인데, 이런 인간적인 특징들은 필연적으로 내담자의 문제 및 민감성과 상호작용하게 된다. Sullivan은 치료 관계를 다음과 같이 정의하였다. "삶의 문제를 가지고 있는 두 사람이 그 문제에 대해 함께 연구하고 작업하기로 합의하는데, 치료자가 내담자보다 더 적은 문제를 가지고 있으면 다행이다."(Kasin, 1986) 따라서 치료는 치료자로서 자신을 탐색하는 지속적인 과정을 포함해야 한다.

과정 관점

인지치료가 인기가 있는 이유 중 하나는 초점이 분명하고 기법이 쉽게 명시될 수 있다는 것이다. 이는 치료자 훈련과 연구를 위해서 분명한 이점을 지닌다. 훈련 면에서 보자면, 이 같은 명확성은 치료 상황에 내재해 있는 모호함에 직면해서 치료자가 느끼는 불안을 가라앉히는 데 도움이 된다. 분명하게 명시될 수 있는 인지 기법들의 특징은 치료자 입장에서 보자면 내담자에게 적용할 수 있는 구체적으로 확인 가능한 뭔가를 자신들이 가지고 있는 것이며, 이는 그들을 안도하게 해 준다. 다양한 인지 기법을 알고 있는 것은 치료자에게 자신이 사용할 수 있는 치료 도구가 많다고 느끼게 하는데, 이는 치료자의 효능감을 증진시켜 줄 수 있다.

연구 측면에서 보자면, 인지치료에서 기법에 대한 강조와 기법의 명료함은 인지치료 절차를 매뉴얼화하기 쉽게 해 준다. 이로 인해 인지치료에 대한 연구가 개입과 치료 목표가 모호한 다른 형태의 치료들보다 더 용이한 게 사실이다. 기법적인 강조는 또한 심리치료를 이해하기 쉽게 하는 데 중요한 역할을 하였으며, 심리치료 분야에서 점차 발전해 온 책임성을 강조하는 분위기에도 기여하였다.

하지만 부정적인 측면도 있다. 기법에 초점을 둔 인지치료는 치료자들이 기법에 지나치게 의존하게 함으로써 기법 이면의 과정에 대한 이해를 소홀히 하도록 만들기 쉽다. 기저 과정을 이해하지 못하면 임상가는 한 환경에서는 유능하지만 환경이 바뀌면 무능한 기술자에 불과할 수 있으며, 그 차이를 가져오는 요인들에 대한 이해도 어려울 것이다. 그런 기술자들은 표면적인 측면과 그것을 초래하는 기저의 본질적인 면을 혼동하고, 새로운 상황의 요구에 창의적으로 반응하는 유연성과 적응력이 부족하기 쉽다.

이러한 불균형을 바로잡기 위해서 우리는 변화를 가져오는 기저 과정을 강조하고자 한다. 치료적 개입과 그것이 작동하는 기저 기제들을 구별할 수 있어야 같은 변화 기제를 활성화하는 다른 방식들에 대한 실험이 가능해진다. 이 책에서 우리는 세 종류의 구체적인 변화 기제에 초점을 둔다.

① 탈중심화(decentering): 현실 구성에서 자신의 역할을 경험하는 것
② 경험적 반박(experiential disconfirmation): 새로운 경험을 통해서 자기와 타인에 대한

역기능적 신념을 반박해 보는 것

③ 행동-준비성 정보(action-disposition information)에 접근하기: 전에는 인식하지 못했던 자신의 내적 경험 측면을 알아 가는 것

이 세 기제는 모두 새로운 경험을 필요로 한다. 변화는 개념적인 이해나 이성적인 분석 이상의 것을 요구한다. 이는 자신과 타인을 새롭게 경험할 수 있어야 함을 의미한다. 이 세 기제는 치료실 밖에서 벌어지는 내담자의 생활 사건들이나 치료 관계 자체를 탐색할 때 활성화될 수 있다. 그러나 궁극적으로는 어떤 변화가 일어나든 치료 관계가 그 변화를 매개할 것이다. 타인은 모두 비판적이라고 믿고 있는 내담자의 신념에 도전하고자 하는 치료자가 내담자를 비판적으로 대한다면, 즉 내담자의 신념에 지나치게 강하게 도전해서 내담자가 오히려 무력감을 느낀다면, 이는 내담자가 자신의 신념을 지지하는 경험을 다시 하도록 하는 것이 된다.

인간과 그들이 관여하고 있는 사건들은 끊임없는 변화 속에 있다. 삶은 과정이다. 확실한 것이 아무것도 없는 세상 속에서 사람들은 안전감을 찾으려고 애쓰는데, 이때 사람들은 불확실함에 구조를 부여하려는 강한 성향을 보인다. 사람들은 자신과 타인을 개념을 통해 바라보고 이런 개념들이 곧 현실인 것처럼 여긴다. 이런 식으로 세상을 규정함으로써, 그들은 기저 현실이 본질적으로는 계속해서 변하고 있음을 보지 못한다. 우리가 흔히 알고 있듯이, 자신과 타인을 경직되게 개념화하는 것은 심리적인 역기능을 초래하는 주된 원인 중 하나다. 더욱이 치료자가 자신의 내담자를 이론적인 개념들과 이해 틀 속에서만 바라본다면 치료자 또한 내담자와 자신의 경험이 지속적으로 변하고 있다는 현실을 무시하는 것이다. 규정하지 않는 것(nonreification), 즉 기저의 역동적인 현실을 고정된 구성개념들로 바라보는 실수를 범하지 않는 것이 현재 접근의 주된 치료 원칙이다. 따라서 치료자가 치료 과정에서 일어나는 변화들을 그때그때 추적하는 것은 매우 중요하다.

치료 과정은 세 수준에서 시간상 펼쳐지는 일련의 사건으로 고려될 수 있다.

① 시시각각 변하는 내담자의 현상학적 세계 상태
② 시시각각 변하는 치료 관계 상태
③ 치료자의 내적 경험의 변화

이 세 수준은 상호 의존적이다. 내담자의 심리 상태 변화는 늘 굴곡이 있는 치료 관계 맥락 속에서 일어나며, 역으로도 일어난다. 유사하게, 치료자의 내적 경험 변화도 관계라는 맥락 속에서 항상 일어난다.

우리의 접근에서는 치료자로서 자신의 내적 경험을 추적하는 과정이 특히 중요하다. 치료자의 내적 경험은 내담자의 대인관계 및 인지적 양식에 관한 중요한 단서들을 제공할 수 있다. 게다가 치료자의 내적 경험의 변화는 그 당시 치료 관계의 질에 관한 중요한 정보를 제공하며, 이는 내담자의 내적 경험에 대한 중요한 단서들을 우리에게 제공할 수 있다.

현실의 본질

전통적인 인지치료에서는 치료자의 과제가 논리적이고 경험적인 근거에 입각해서 내담자가 현실을 보다 객관적이고 정확하게 볼 수 있도록 돕는 것이라고 본다. 이는 심리적 문제가 현실 왜곡에 뿌리를 두고 있으며, 변화는 현실 왜곡을 바로잡아 주는 것에 있다는 가정을 전제로 하고 있다. 하지만 최근 들어 인지치료 공동체 내의 일부 비판가가 이런 가정에 도전하고 있다(예: Guidano, 1987; Mahony, 1988; Safran & Greenberg, 1986). 인간의 복잡한 정보처리 체계 내에서 논리적인 계산 능력은 작은 부분에 불과함을 보여 주는 연구들이 증가하고 있어(Greenberg & Safran, 1987), 심리적 건강이 곧 합리성이라는 입장은 사실상 유지되기 어려울 것으로 보인다. 게다가 우울한 사람들이 우울하지 않은 사람들보다 다양한 환경 속에서 더 정확한 지각과 판단력을 보인다는 경험적인 증거들이 축적되고 있는데, 이는 객관성을 정신건강의 중요한 기준으로 보는 관점을 아주 곤란하게 한다. 끝으로, 인식론, 신경과학, 인지 발달 분야가 발전하면서 뇌의 기능이 단지 현실을 정확하게 반영하는 것이고 적응적인 행동은 이러한 반영에 잘 따라가는 것이라는 합리주의자의 가정은 지지되기가 더욱 어려워졌다(Mahoney, 1985).

Guidano(1987), Guidano와 Liotti(1983), Mahoney(1990) 같은 구성주의자들의 주장이 대안으로 떠오르고 있으며, 이들의 주장은 이 책에서 제안하는 접근과 많이 유사하다. 구성주의자들은 이론과 치료에서 합리주의자들보다 혁신적이고 발전된 접근을 취하고 있다. 이들은 물질의 절대적인 것들에 대한 정확한 지각을 강조하기보다는 현실에 대한 능동적인 '구성(construction)'을 강조한다. 이들은 점진적인 분화를 통해 성숙해 가는 '자기'의 과정을 치료에서 강조한다.

치료가 왜곡된 인지의 수정이라는 관점을 버려야 하는 이유는 순전히 철학적인 이유라기보다 그 입장이 지니는 치료적 함의가 더 중요한 위치를 차지하기 때문이다. Coyne과 Gotlib(1983)이 대인관계 접근에서 주장했듯이, 내담자가 역기능적인 대인관계 상황에서 살고 있는데 우울증이 인지적 왜곡으로 인한 것이라고 가정하는 것은 치료자가 건강하지 못한 현재 상황을 묵과하는 것이 될 수 있고, 이는 잠재적으로는 위험한 결과를 초래할 수 있다. 게다가 심리적 문제가 인지적 왜곡에서 초래된다는 관점은 '무엇이 왜곡인지'를 최종적으로 누가 결정할 수 있는가라는 대답하기 어려운 질문과 마주하게 된다. 전통적으로 인지치료자들은 내담자에게 도움이 되는지 여부가 최종적인 기준이 되어야 한다고 하지만, 이는 위의 질문에 대한 대답이 될 수 없다. 결국 많은 인지치료자는 내담자의 현실에 대한 최종적인 결정권자가 누구인지, 즉 내담자 본인인지 혹은 치료자인지 분명한 입장을 취하는 데 실패했다. 가장 확실한 입장은 내담자 자신이 자신의 현실에 대한 유일한 전문가임을 강조하는 체험적 전통에서 찾을 수 있을 것이다(Perls, 1973; Rice, 1974; Rogers, 1961).

내담자 자신이 자기 현실에 대한 최종 결정권자임을 치료자가 진심으로 받아들이는 유일한 방법은 치료자는 모르는 현실에 대한 뭔가를 내담자는 알고 있을 가능성을 진정으로 인정하는 것이다. 치료자들이 그렇게 믿으면, 내담자의 치료 결과로 세상에 대한 그들 자신의 모델이 변화될 가능성은 내담자의 의지만큼이나 높아진다. 현실에 대한 치료자의 관점에 내담자를 맞추는 식으로 내담자를 사회화하기보다, 이런 입장에서 보면 치료자는 내담자가 자신의 현실을 창조적이고 건설적으로 발견할 수 있도록 도와야 하며 이 과정에서 치료자는 자신이 내담자에게 가용하도록 허용해야 한다. 내담자와 치료자는 현실에 대한 그들 각자의 구성물(constructions)을 가지고 있는데, 이는 같을 수도 있고 다를 수도 있다. 내담자와 치료자 모두 현실에 대한 능동적인 해석자다. 치료는 서로서로 영향을 주고받는 변증법적인 과정으로 생각된다. 성공적인 치료는 내담자와 치료자 모두에게 변화를 가져온다. 그 순간에 존재하는 그대로 내담자를 경험하기 위해서는, 치료자가 내담자에 대한 선입견을 철저히 버려야 한다. 그렇게 해야 치료자가 제대로 달라질 수 있다. Jung(1963)이 말했듯이, 치료는 내담자와 치료자 모두에게 성장의 기회다.

메타이론

변화 과정을 이해할 때 임상이론과 메타이론을 구분하는 것은 중요하다. 임상이론은 특정 개입이 작동하는 기제를 밝히는 데 주력하고 메타이론은 인간 기능에 대한 상위 수준의 이론을 제공한다. 어떤 이론가들은 인간 기능에 대한 상위 수준의 모델을 개발하는 것보다 치료 장면에서 실제로 일어나는 것에 초점을 두어야 한다고도 하지만, 우리는 두 수준의 이론적 분석이 모두 필요하다는 입장이다.

많은 인지치료자가 어떤 틀을 잡기 위해 정보처리 이론에 많이 의지하지만, 우리는 인간 기능에 대한 포괄적인 모델로서의 그것의 가치는 제한적이라고 본다. 좋은 이론적 모델은 정보처리 방식을 명확히 할 수 있을 뿐 아니라 정서적·인지적 및 행동적 과정이 대인관계 맥락 속에서 어떻게 생겨나고 상호작용하는지도 명확히 설명할 수 있어야 한다. 여기서 소개하는 메타이론은 대인관계적이고 인지적이다. 대인관계적이라는 것은 이 이론이 인간은 본질적으로 대인관계적인 창조물이라는 확고한 전제에서 출발하고 있기 때문이며, 이는 인간 발달, 임상적 문제, 심리치료 등에 시사하는 바가 크다. 인지적인 것은 사람들이 경험에 대한 표상들을 구성하는 방식에 초점을 둔다는 점에서 그렇다.

우리는 지금의 경험적인 증거들과 일치하고 임상적으로도 유용한 여러 이론, 즉 인지이론, 대인관계 이론, 애착이론, 정서이론 등에서 이루어 낸 발전들을 통합하고자 하였다. 우리가 소개하는 메타이론적 틀은 예비적인 것으로 간주되어야 한다. 그리고 중요한 것은 새로운 이론적·경험적 발전이 있으면 이 틀은 다시 정교화되어야 한다는 것이다.

지지치료와 통찰지향치료

인지행동치료가 흔히 받는 한 가지 비판은 정통 통찰지향치료에 비해 지지적이고 표면적인 지향을 한다는 점이다(Wolberg, 1988). 이 주장이 근거가 있는 것인지를 확인하기 위해서 우리는 두 형태의 치료가 어떻게 다른지를 살펴보려 한다.

지지치료와 통찰지향치료에 대한 전통적인 구분은 인간 기능에 대한 고전적 정신분석 모델에서 찾을 수 있다. 이 관점에서 보면, 지지적인 심리치료의 과제는 외부 세계와 내담자의 내적 심리 세계의 요구들에 일시적이든 만성적으로든 부적절하게 대처해 온 정신 기능을 강화시키는 것이다(Werman, 1984, p. 5). 전통적으로 지지적인 심리치료자의 과제로 간주되는 것은 내담자가 상황에 대한 현실적인 지각과 왜곡된 지각을 구별해서 문제 상황에 대한 건설적인 대안적 접근이나 해결책을 찾을 수 있도록 돕고, 내담자가 적절히 기능할 수 있도록 불안을 조절하는 데 필요한 지지와 안심을 제공하는 것이다.

　반대로 통찰지향적인 심리치료자의 과제는 모르고 있었거나 억눌려 온 충동과 소망을 의식하도록 돕고, 충동을 의식하지 못하게 하는 방어를 줄이거나 수정하도록 하며, 신경증적 갈등의 발달에 기여한 역사적 혹은 발생적 사건들에 대한 통찰을 주는 것이다.

　이런 기준으로 보자면, Aaron Beck과 동료들(1979)이 제안한 전통적인 인지치료는 통찰지향적인 심리치료보다는 지지적인 심리치료에 더 가깝다. 첫째, 지지적인 심리치료는 내담자가 현실을 정확히 지각하는지 아니면 왜곡하는지 검사하는 것을 돕도록 설계된 인지적 절차를 흔히 사용하며 이를 강조한다. 둘째, 지지적인 심리치료는 신경증적 갈등에 관한 고전적인 정신분석적 개념들을 철저히 배척할 뿐 아니라 방어 분석과 억압된 충동들을 밝히는 작업도 하지 않는다.

　하지만 통찰지향치료와 지지치료의 구분은 처음 소개될 때처럼 명확하지는 않다. 첫째, 통찰지향적으로 보이는 심리치료들에서 하고 있는 많은 작업이 현실에 대한 적응적인 평가와 부적응적인 평가를 구분하는 데 맞춰져 있으며, 이는 지지치료에서 흔히 강조하는 것이다. 정신분석에서 하는 전이 관계 분석도 내담자가 실제 현실과 자신이 만든 현실을 구분하도록 돕는 것이다. 이 점은 신프로이트 학파와 대인관계 접근을 하는 치료자들에게 특히 해당되는데, 이들은 현재 문제의 역사적 원인에 대한 통찰이 아닌 교정적 정서체험을 제공하는 것에 초점을 둔다. 통찰 개념 그 자체의 의미가 의문시되고 있는 것이 분명하다.

　둘째, Lester Luborsky(1984)의 주장처럼, 좋은 치료는 치료의 지지적인 면과 통찰지향적인 면을 필요에 따라 그때그때 적절히 활용할 수 있는 유연하면서도 균형을 잃지 않는 모습을 보여야 한다. 내담자의 불안 조절을 돕기 위해서는 치료 동맹을 높여 주는 데 용이한 지지적인 접근의 치료가 요구되고, 내담자가 지금까지 모르고 지내 온 심리적 및 정서적 과정을 살펴보도록 돕기 위해서는 통찰지향적인 치료 접근이 보다 용이하다.

　지지적인 심리치료와 통찰지향적인 심리치료의 경계는 이처럼 분명하지 않지만, 전통적인 인지행동치료가 억압된 충동과 그것을 의식하지 못하게 하는 방어들에 대한 탐색을 하지 않는 것은 사실이다. 우리가 취하는 접근은 이와는 달리 자각을 어렵게 하는 방어에 관심을 갖는다. 이 시대의 인지이론가들과 인지치료자들은 무의식에 대한 고전적인 정신분석의 개념화와 그와 관련된 추동 메타심리학을 거부한다. 실험 인지심리학의 많은 증거는 여러 형태의 정보처리가 의식 밖에서 일어나고 있음을 시사한다(Erdelyi, 1974; Shevrin & Dickman, 1980). 이러한 사실에 대한 인정은 일부 인지치료자가 인지이론에서 무의식 개념의 역할을 새롭게 보도록 하였다(Meichenbaum & Gilmore, 1984; Safran & Greenberg, 1987).

인지지향적인 이론가들과 연구자들은 점차 정서를 '행동준비성'을 알려 주는 내부에서 생성된 정보의 한 형태로 보고 있다(Greenberg & Safran, 1987; Frijda, 1988; Lang, 1983; Leventhal, 1984). 인간 기능에서 정서는 적응적인 행동을 동기화하는데, 특정 방식으로 행동하도록 준비되어 있다는 정보를 제공한다.

그러나 문제는 개인이 적응적일 수 있는 행동준비성 정보를 제대로 통합하지 못했을 때 발생한다. 예를 들어, 개인이 고독과 일치하는 행동준비성 정보를 통합하지 못했다면 그 개인은 어쩌면 중요한 대인관계를 형성시켜 줄 수도 있을 친밀한 행동을 할 수 없을 것이다. 개인이 분노와 일치하는 행동준비성 정보를 제대로 통합하지 못했다면, 그 개인은 파괴적인 대인관계 상황에서 자신을 제대로 보호하지 못할 것이다.

중요한 타인과의 상호작용은 주요 정서 발달에서 핵심적인 역할을 한다. 우리는 다양한 종류의 정서 경험에 선택적으로 주의를 기울이고 이어서 이들을 전체 자기감으로 통합한다. 정서 정보에 대한 처리를 안내해 줄 암묵적인 규칙들은 중요한 타인과의 상호작용을 통해서 만들어진다. 이 책에서와 같이 대인관계 지향의 인지적 관점에서 보자면, 이러한 암묵적인 규칙들은 역기능적 태도에 해당하는 것으로 Beck과 동료들(1979)이 기술한 전형적인 인지적 접근에서 주요 표적으로 삼고 있는 것이며, 이런 역기능적 태도는 탐색되고 도전받아야 한다.

단기치료와 장기치료

단기치료 접근의 수는 점차 늘어나고 있다. 이런 추세는 최근 10여 년 사이에 나타나고 있는 설명력을 강조하는 분위기와 무관하지 않다. 하지만 동시에 인지치료자들 사이에서는 모든 문제가 단기치료를 통해 쉽게 개선되는 것은 아니라는 인식이 점차 늘고 있다. 이 점은 심하게 경직된 인지적 및 대인관계 양상을 보이는 내담자를 대할 때 특히 그렇다. 장기적인 접근에 대한 관심은 핵심 인지 구조의 수정이 중요함을 강조하는 이론적인 발달에서도 영향을 많이 받았다(Guidano & Liotti, 1983; Mahony, 1982; Safran et al., 1986).

이 책에서 소개하는 접근은 장기든 단기든 어떤 형태로도 적용될 수 있다. 기대할 수 있는 변화의 범위와 성격이 장기와 단기 접근에서 차이가 있지만, 우리가 보기에는 목표가 동일하다는 것이 중요하다. 궁극적으로는 내담자가 건설적인 대인관계를 경험하는 것이 가장 중요하다. 단기적인 접근을 통해서도 좋아질 수 있다는 구체적인 증거들이 없는 내담자에게 무리해서 단기치료를 하는 것은 치료 실패와 건설적이지 않은 대인관계의 경험 가능성을 높이며, 이는 미래의 치료 개입에 대한 내담자의 수용성을 떨어트릴 것이다. 따라서 단기치료를 적용하는 것이 가능한지 평가하는 방법을 미리 알아둘 필요가 있다. 이에 대해서는 뒤에서 논의할 것이다.

심리치료 통합

다양한 심리치료 체계가 인간 기능과 임상 현장의 다양한 면을 대하는 방식은 크게 두 가지다. 첫째, 다른 현상에 초점을 두고 기술한다. 예를 들면, 치료 효과의 일반화와 회기 밖 사건에 대한 행동주의의 강조는 변화를 지속시키는 원리들에 대한 이해를 넓혀준다. 반대로, 무의식에 대한 전통적인 정신분석적 강조는 행동주의자들로부터는 외면받았던 심리적 기능의 중요한 면을 이해하는 데 기여하였다.

둘째, 다른 심리치료 체계들은 동일한 현상을 다른 개념적 렌즈로 보게 한다. 예를 들면, 전이에 대한 정신역동적인 초점은 현재의 관계 형성에 기여하고 있는 과거의 역할을 강조한다. 반대로, 내담자중심 전통은 실제 치료 관계의 질을 강조한다. 따라서 다양한 심리치료 체계를 통합하는 것은 탐색되는 현상들의 범위를 넓히고 동일 현상을 여러 관점에서 보게 함으로써 중요한 임상적 현상들을 이해하고 작업할 수 있는 가능성을 증가시킨다.

동일 현상을 여러 관점에서 보는 것의 이점은 양자물리학과 유사점이 있다. 현실은 절대적인 의미로는 결코 이해될 수 없으며 한 현상의 모순되어 보이는 여러 특징을 이해하기 위해서는 다른 관점이 필요하다. 예를 들면, 빛의 속성을 기술하기 위해서 동시대의 물리학자들은 빛이 입자이고 파동이라는 특징을 수용하고 있다. 하지만 그들은 이 개념들이 단지 현실에 근접한 것일 뿐임을 알고 있다. 논리적 및 개념적 과정의 한계는 우리에게 동일한 현상에 대해 다양한 그리고 때로는 모순되는 개념적인 렌즈들을 사용할 것을 요구한다.

심리치료의 역사를 되짚어 보면, 치료 전통마다 자신의 정통성을 지켜 준다고 여기는 규칙이나 조건들을 정해 놓고 있다. 예를 들면, 행동주의 학파에 속하기 위해 요구되는 규칙으로 전이 관계는 존재하지 않거나 중요하지 않다는 믿음이 있다. 정신역동적 학파에 속하기 위한 규정으로는 적극적인 처방은 치료 과정을 항상 방해한다는 믿음이 있다.

역설적이게도 개념적 및 기법적 제약들과 각 체계에서 강조한 명확한 경계들은 그 체계가 초점이 되는 부분에 더욱 특화된 전문가를 양성하게 함으로써, 마치 장님이 다른 감각 양식에서는 더 높은 능력을 갖게 되지만 여전히 장님으로서 장애는 갖고 있는 것과 유사한 현상을 초래하게 되었다. 즉, 경계를 규정한 심리치료 체계는 계속해서 자신의 한계 안에 머물 수밖에 없을 것이다.

이런 이유로 다른 심리치료 접근들을 통합하는 것이 중요하다. 물론 심리치료 체계들 사이에 있는 모든 경계를 허무는 것은 명확히 규정된 경계가 촉진하는 전문화를 손상시키기 때문에 바람직하지 않다. 더불어 자신의 심리치료 학파에 대해서 확실한 믿음을 갖고서 한 우물을 파는 사람들이 기여하는 바가 분명히 있다. 한 체계에 정서적 애착을 갖는 것은 그 체계를 최대한으로 발전시키도록 동기를 부여해 준다.

다양한 전통의 많은 이론가가 심리치료 통합에 관심을 가질 때, '완전히 새로운 치료 개념 및 전략'과 '단순히 아이디어들을 다른 언어로 번역한 것'을 구별하는 것이 중요하다. 어떤 의미에서는 한 언어에서 다른 언어로 완벽하게 번역한다는 것은 불가능한 일이다. 러시아어를 영어로 정확하게 번역한다는 것이 어려운 것과 마찬가지로, 한 심리치료 전통에서 유래된 개념을 다른 심리치료 틀의 용어로 정확히 옮기는 것은 가능하지 않다. 그럼에도 불구하고 다른 전통들에서 유래된 개념과 개입의 유사점 및 차이점들을 명확하고도 비판적으로 분석한다면, 이는 완전히 새로운 통합을 만들어 낼 가능성을 한층 높여 줄 것이다. 이 같은 분석이 이 책의 주요 특징 중 하나다.

또 이 책의 다른 특징은 심리치료 축어록을 포괄적으로 사용하고 있는 점이다. 개념적인 수준에서 유사해 보이는 접근들이라 하더라도 치료 실제에서는 매우 다를 수 있다. 내담자와 치료자 사이에서 일어나는 변화 과정과 세밀한 교류들을 이해하는 것이 우리 접근에서 특히 중요한데, 이를 위해 치료 실제에서 벌어지고 있는 것을 살펴볼 수 있는 축어록들을 자세히 분석하였다.

이 책에서 우리가 취하는 접근은 변화가 어떻게 일어나는지를 연속적으로 살펴보는 스냅 촬영에 비유될 수 있다. 우리 접근의 개념적인 구조가 기본적으로 인지 및 대인관계 접근들을 통합한 것이지만, 다른 심리치료 전통들, 특히 내담자중심치료와 게슈탈트치료 같은 체험적 전통들이 우리의 관점에 영향을 주었음은 확실하다. 치료자가 가진 선입견의 영향을 받지 않으면서 내담자가 자신의 진실한 경험을 이해하고 드러내도록 돕는 것을 강조하는 것처럼, 내담자의 독특한 현상학적인 경험들을 중요시하고 이를 자세히 살펴보는 것을 강조하는 점은 내담자중심적이다.

이 같은 강조는 내담자가 현실을 구성하는 과정을 이해하는 데 초점을 두는 인지적 접근과 일관되는 것으로, 심리치료 이론과 실제에서 규정하는 것이 갖는 위험성에 대해 Sullivan(1953)이 평생 염려한 것과도 일관된다. 게슈탈트치료 전통의 또 다른 중요한 영향은 지금 여기를, 결과보다는 과정을 그리고 뭘 할 수 있느냐 혹은 뭘 해야 하느냐보다는 지금 있는 모습을 내담자와 치료자가 수용하는 것을 강조하는 점이다.

이 책의 구성

2장에서는 치료 관계에 관한 인지행동적 문헌들을 고찰하고 있다. 이는 인지적 및 대인관계적 관점들을 통합하는 것의 가치를 분명히 하고, 관련된 최근의 인지적 관점들을 살펴봄으로써 이후 소개될 내용들에 대한 출발점이 될 것이다.

3장에서는 일반적인 심리치료 영역에서 발견할 수 있는 치료 관계에 관한 이론적 및 경험적 문헌들과 치료 관계가 심리치료에서 결정적으로 중요한 역할을 한다는 근래의 증거들을 살펴본다. 이어서 우리는 치료 관계가 치료의 기법적인 측면들과 어떻게 관련되는지를 보여 준다.

4장에서는 인지치료에서 관계를 이용하는 길잡이가 되어 줄 체계적이고 통합적인 틀을 개발하기 위해서 필요한 경험적 및 이론적 문헌들을 고찰한다. 관련 문헌들은 심리학의 다양한 하위 영역에서 수집되었는데, 정보처리 이론, 지각에 대한 생태학적 접근, 발달심리학, 애착이론, 정서이론 등에서 자료를 얻었다. 4장은 이 책의 나머지 내용에 대한 이론적 근거를 제공한다.

5장에서는 통합적 인지-대인관계 틀에서 인지적 및 대인관계 과정들을 평가하는 데 초점을 두고 있다. 이 장은 참여관찰자로서의 치료자 역할을 강조하며 평가 과정에서 나타날 수 있는 여러 문제를 다룬다.

6장에서는 치료실 밖의 사건들을 탐색함으로써 변화를 촉진시키는 데 초점을 두고, 두 가지 다른 변화 기제, 즉 ① 체험적 반박과 ② 탈중심화에 대해서 알아본다. 이 장은 이 변화 기제들이 작용하는 방식에 대한 기본적인 개념화를 제공하고 다른 맥락에서 할 수 있는 개입들에 대한 지침을 소개한다. 끝으로, 변화 과정을 매개하는 치료 관계의 역할을 조명해 본다.

7장에서는 체험적 반박과 탈중심화의 활성화를 치료 관계 탐색을 통해 살펴본다. 이 장에서는 이런 과정들을 활성화할 때, 특히 치료적인 메타소통의 역할을 강조하며 치료 동맹의 균열을 극복해 가는 과정의 중요성도 강조한다.

8장에서는 행동준비성 정보에 접근하는 변화 기제를 살펴본다. 여기서 우리는 완전히 통합되지 못한 정서적 정보에 접근하는 것이 내담자의 자기감을 수정하는 데 중요하며, 치료 관계가 이 과정을 매개하는 데 중요한 역할을 하고 있음을 제안한다.

9장에서는 인지적 및 대인관계적 접근들이 통합될 때 야기될 수 있는 임상적 문제들을 살펴본다. 이에는 치료 초점을 유지하는 방법, 치료자의 활동 수준 측정하기, 내담자에게 치료와 관련하여 이론적인 설명해 주기, 종결 다루기 등이 포함되어 있다.

10장에서는 내담자에게 단기 혹은 시간제한적 치료를 할 때, 그 적용 가능성을 평가하기 위해서 우리가 개발한 절차를 소개한다.

11장에서는 우리가 제안한 접근들의 주요 원칙을 요약하고 관련 연구 방향을 제안한다.

끝으로, 부록에는 단기치료의 적용 가능성을 평가하는 면담 매뉴얼과 구체적인 평가 척도, 그리고 치료가 이 책에서 제안한 원칙을 잘 지키고 있는지를 점검할 수 있는 양식들이 포함되어 있다.

CHAPTER

02

치료 관계에 대한 인지행동적 조망

이 장에서 우리는 대인관계 이론의 다양한 측면을 통합함으로써 인지행동적 접근을 확장하는 실제적이고 이론적인 이유들을 살펴본다. 또한 치료의 관계적인 면을 언급한 인지행동적 문헌을 고찰한다.

치료 효율성

문헌에 소개된 인지행동치료의 효과는 상당히 고무적이지만 여전히 개선되어야 할 부분이 많다. 인지행동 절차의 효과를 지지하는 가장 강한 실험적인 근거는 우울증에 대한 인지치료 연구에서 찾아볼 수 있다. 지금까지 발표된, 잘 설계되고 통제된 10여 개의 효과 연구에 따르면 인지치료는 항우울제 치료와 비슷한 수준의, 또는 더 나은 효과를 보인다(Hollon & Beck, 1986; Hollon & Najavits, 1988). 이 같은 증거들은 매우 인상적이지만, 인지치료가 모든 내담자에게 효과가 있는 것은 아니다. 주요우울증을 가진 성인 내담자 치료에서는 심리치료가 일반적으로 약물치료보다 더 우수한 것으로 확인된다

(Steinbrueck, Maxwell, & Howard, 1983). 하지만 인지치료와 체계적 둔감화의 치료 효과를 비교한 메타분석 연구들은 인지적 방법들이 특별히 더 우수하다고 보기에는 제한적인 결과를 보여 준다(Berman, Miller, & Massman, 1985; Shapiro & Shapiro, 1982).

게다가 최근 국립정신보건원(National Institute of Mental Health)에서 수행한 우울증에 대한 공동 연구에 따르면, 위의 두 심리치료가 우울한 내담자들의 경우에는 약물치료만큼이나 효과가 있었지만, 심각한 우울증 내담자의 경우에는 인지치료가 위약 조건보다 유의미하게 더 효과가 있다고 보기 어려웠다. 이와는 대조적으로, 심각한 우울증을 가진 내담자 치료에서 항우울제 처방과 대인관계치료가 위약 조건보다 유의미하게 더 효과를 보인 연구 결과도 있다(Elkin et al., 1986).

20여 년 전에 Kiesler(1966)가 강조했듯이, 우리는 다양한 내담자와 치료 절차를 획일적으로 보는 오류를 범하지 말아야 한다. 오늘날 사용되고 있는 인지치료가 많은 내담자에게 효과적이지만, 모두에게는 아니다. 가장 인상적인 결과를 보여 주는 효과 연구에서조차 인지치료를 받은 우울증 내담자 중 25~30% 정도는 종결 시 임상적으로 향상되었다고 보기 어려웠다(예: Beck et al., 1985; Murphy et al., 1984). 치료 도중에 그만둔 25%의 내담자가 추가된다면 상당수의 더 많은 내담자가 도움을 받지 못했다. 이런 내담자들은 대개 치료에 저항하는 사람들로 분류된다. 다음 절에서는 치료 저항이라는 문제가 인지행동적 조망에서 개념화되는 다양한 방식에 대해서 살펴보고자 한다.

치료 저항

인지행동 이론은 전통적으로 내담자 저항에 대한 정신역동적인 개념을 거부해 왔으며, 대신 그 문제를 치료 비순응으로 개념화하고 있다. Lazarus와 Fay(1982)는 이처럼 달리 개념화하는 이유를 명료화하였는데, 저항에 대한 정신역동적 개념은 치료 실패에 대한 합리화로 흔히 사용되고 있으며 도움이 되는 설명이 아니라는 것이다.

또 다른 인지행동주의자인 G. T. Wilson(1984)은 저항에 대한 정신역동적인 개념화가 동기적인 이유에 근거하고 있다고 비판한다. Willson에 따르면, 자아에 위협이 되기 때문에 특별한 해석에 저항한다는 가설은 현상을 너무 복잡하게 이해하는 것이다. 그는 "정신 현상을 덜 경제적인 동기적(전형적으로 정신역동적) 구성 개념들이 아닌 단순하고 경제적인 용어로 설명하는 것"이 보다 합리적이라고 주장한다(p. 332). Nisbett과 Ross(1980)의 뒤를 이어, Willson(1984)은 특정한 종류의 인지적 자료에 접근하기 어려운 것은 동기적인 구성 개념보다 인간의 타고난 인지적 구조의 한계로 더 잘 설명할 수 있다고 보았다. 특이한 내담자들은 특정한 행동 기술을 가지고 있을 수 있고 치료자는 이로 인한 어려움을 미리 예상하고서 저항을 다뤄야 하며, 그런 만일의 사태에 대비한 전략들을 마련해 놓고 내담자와 작업해야 한다고 그는 제안하고 있다. 이 접근은 알코올중독 내담자를 치료할 때 Marlatt과 Gordon(1980)이 썼던 재발 예방 접근을 생각나게 한다.

Wilson의 제안을 지지하는 많은 행동주의자와 인지행동 치료자는 비순응 문제를 다루는 한 방법으로 내담자에게 치료와 과제에 대해 적절히 설명하고 내담자와 협력해서 과제 할당을 할 것을 강조한다(Beck et al., 1979; Beck & Emery, 1985; Lazarus & Fay, 1982; Meichenbaum & Gilmore, 1982).

Goldfried(1982)는 저항이 다음과 같은 변인 중 일부를 반영하는 것일 수 있다고 보았다. 즉, 내담자의 현재 문제에 대한 직접적인 표본, 내담자의 다른 문제들, 변화에 대한 비관주의, 변화에 대한 두려움, 변화에 대한 소극적인 동기, 심리적 반감, 너무 많은 과제 할당에 대한 부담, 내담자 환경 내의 방해 요인들이다.

Lazarus와 Fay(1982)는 내담자의 개인적 특징에 기인한 저항, 내담자의 대인관계(체계, 가족 과정)의 산물로서의 저항, 치료자(혹은 그 관계)에 기인한 저항, 기술적 상태(the state of the art)에 기인한 저항이라는 네 가지 치료 저항 유형을 언급하였다. 인지행동치료에서 흔히 있는 내담자 저항의 한 형태는 과제를 제대로 해 오지 않는 것이다. 내담자가 과제를 제대로 해 오지 않으면 치료자는 '과제가 잘못되었거나 관련이 없는 것이 아니었나? 너무 위협적이지는 않았나? 내담자가 과제 수행의 가치와 그 이유를 제대로 이해하지 못한 건 아닌가? 치료 관계에 문제가 있는가? 내담자 주변에 치료를 방해하는 뭔가가 있는 것은 아닌가? 내담자가 너무 많은 이차적 이득을 누리고 있어 부적응적인 행동을 그만두지 못하는 게 아닌가?' 등에 대해서 고민해야 한다.

Meichenbaum과 Gilmore(1982)는 심리치료에 대한 내담자의 처음 기대와 그 기대가 저항을 일으키는 데 기여하는 바를 치료자가 충분히 이해하고 있는 것이 매우 중요하다고 강조하였다. 예를 들어, 내담자들이 생각과 감정을 드러낼 경우 병원에 입원해서 전기충격 요법을 받게 될 거라고 생각한다면 그들은 절대 치료에 협조적이지 않을 것이다. 이와 마찬가지로 내담자가 통증 치료를 위해서 방문했는데 치료자가 자신의 통증을 인정하지 않고 있다고 생각하면 그 내담자는 치료에 비협조적일 수밖에 없다.

정신역동적인 관점에서, Blatt과 Erlich(1982)는 인지치료자들이 저항을 치료자의 충고와 지시를 따르지 않는 것으로 보는 경향이 있으며 그렇기에 저항을 흔히 변화에 대한 의지가 부족한 것으로 간주한다고 주장하였다. 그래서 인지치료자들은 내담자가 변화 가능성을 믿고 변화를 위해서 스스로 지속적으로 노력하도록 만드는 것이 치료자의 과제라고 본다. Blatt과 Erlich는 인지치료자들에게 저항 그 자체가 문제의 한 부분인 것은 아니며 내담자가 일상 속에서 자연스러우면서도 자발적으로 행동하는 것을 방해하는 힘든 그 이상의 무엇이라고 말한다.

Blatt과 Erlich가 저항에 대한 인지행동주의적인 관점이라고 기술한 것이 완벽하게 정확하다고 보기는 어렵다. 예를 들면, Goldfried(1982)는 치료적 저항과 비순응은 내담자의 문제 행동의 한 표본으로 치료자에 의해 사용될 수 있다고 보았으며, Meichenbaum과 Gilmore(1982) 또한 저항을 내담자의 신념, 기대 및 행동의 특성에 관한 중요한 정보를 제공하는 원천이라고 강조한 바 있다. 그럼에도 불구하고 내담자의 저항과 주요 문제가 관련이 있다고 보는 인지행동적 접근들조차 치료 기법들이 주요 문제들에 적용되어서 실제로 효과를 나타내려면 그 전에 내담자의 저항이 극복되어야만 한다고 보는 경향이 있다. 이런 관점이 놓치고 있는 부분은 저항에 대해 작업하는 것 자체가 변화 과정의 중요한 부분일 수 있다는 점이다.

최근에 인지적 관점에서 Liotti(1987)는 저항 분석에 대해 얘기하면서 새로운 정보에 맞서 이전 개념들을 고수하고 싶어 하는 보존 욕구를 강조하였다. 이런 관점은 인지치료자들이 인지 체계가 전체적으로 어떻게 조직되어 있는지를 먼저 이해하고 그 맥락 안에서 저항을 고려하도록 격려한다는 점에서 가치가 있다. 4장에서 얘기하겠지만, 이런 분석은 인지 구조의 발달 및 유지와 관련된 인지적 과정과 대인관계 과정의 관계를 이해하는 것에 의해 보다 촉진될 수 있다.

치료 관계

초기 행동주의 전통에서 치료 관계의 중요성이 조건형성 원리들에 비해 아무래도 덜 강조된 것은 분명하다. 행동치료의 효과가 실험실 연구에서 확인된 조건형성 원리들에 기인한 것이라 간주되었기 때문에, 치료 관계는 비교적 중요시되지 않았다. 적절한 학습 수반성 계획을 통해서 내담자는 부적응 행동을 탈학습하고, 대신 적응적 행동을 학습하도록 도움을 받을 수 있었다. 예를 들면, Ayllon과 Michael(1959)은 자신들을 행동 기술자로 일컬었으며, Eysenck(1969)는 초기 저술에서 "개인적인 관계는 어떤 환경에서는 도움이 될 수 있지만 신경증적 장애 치료에서는 본질적인 것이 아니다."(p. 67)라고 주장하였다.

그러나 행동적 접근이 사회적 관점을 많이 수용함에 따라 치료 관계는 점차 중요한 위치를 차지하게 되었다(Bandura, 1969; Staats, 1970; Ullman & Krasner, 1965). 즉, 사회심리학과 발달심리학의 원리들이 행동적 전통 안에 통합되면서 설득, 기대, 태도 변화, 대인 매력 등의 사회 영향 과정들이 중요하게 간주되었다.

관계에 대한 이 같은 개념적인 관심의 증가는 내담자들이 관계를 중요시한다는 것(정작 치료자들은 그렇게 보지 않아도)을 보여 주는 증가하는 경험적 문헌들에서 확인할 수 있다. Sloane과 동료들(1975)은 행동치료에서 성공적으로 도움을 받은 내담자들은 치료자와의 개인적인 상호작용이 치료에서 가장 중요한 부분이었음을 보고하였다고 하였다. Alexander와 동료들(1976)은 관계 변인들이 비행청소년과 가족에 대한 행동치료의 효과에 유의미하게 기여하였다고 보고하였다. Rabavilas, Boulougouris와 Perissaki(1979)는 대략 치료 1년 후에 36명의 강박증 내담자에게 치료자의 태도에 대한 질문을 했다. 그들은 좋은 치료 결과와 이해, 관심, 존중 등의 치료자 태도가 유의미한 상관을 보인다고 보고하였다. 반대로, 치료자가 내담자의 의존 욕구를 만족시켜 준 것은 치료 결과와 부적 상관을 보였다.

Mathews와 동료들(1976)은 광장공포증 내담자들에게 자신이 받은 행동치료에서 가장 도움이 되었던 요인들을 평가하도록 하였다. 공황에 대처하는 방법을 학습할 때, 내담자들은 치료자의 격려와 공감이 치료의 연습 요인보다 더 중요하였다고 보고하였다. 보다 최근에 Persons와 Burns(1985)는 치료 관계의 질에 대한 내담자의 평가가 인지치료에서의 기분 변화와 유의미하게 관련이 있음을 보고하였다.

경험적 증거는 인지행동 이론이 조금씩 다름에도 불구하고 변화 과정에서 치료 관계가 중요한 변인임을 일관되게 보여 주고 있다.

사회적 영향 과정 촉진하기

치료 관계에 관한 인지행동적 문헌에서는 치료를 사회적 영향 과정으로 개념화해 왔으며, 이 과정은 치료자의 호감도를 증가시킴으로써 촉진될 수 있다고 보았다(Goldstein, Heller, & Sechrest, 1966; Lazarus, 1971; Wilson & Evans, 1977). 공감, 온정, 자기개방 같은 치료자의 개인적인 자질은 내담자가 치료 과제들에 응할 가능성을 높여 줌으로써 치료 과정에 긍정적인 영향을 준다고 흔히 알려져 있다. 내담자중심 전통에서는 공감과 온정이 내담자의 자기수용을 촉진시키는 데 필수적인 요소라고 보는 데 반해, 행동적 전통에서는 그런 것들이 치료자의 사회적 매력을 증가시켜 치료자의 사회적 영향력을 증가시켜 주는 도구적인 요소라고 본다.

행동 치료자와 인지행동 치료자들은 좋은 치료 관계가 필요하지만 좋은 치료 효과를 얻는 데 그것이 충분조건은 아니라고 주장한다. 예를 들면, Foa와 동료들(1983)은 "심리치료 효과에 핵심적인 것으로 간주되는 치료자의 개인적 자질은 엄격하게 공식화되어 있는 행동치료 기법들을 적용하는 데는 많은 기여를 하지 못한다. 보다 강력한 치료 절차가 도입될수록 치료자의 효과는 크지 않을 것이다."(p. 15)라고 보았다. Krasner(1962)는 치료자를 내담자에게 새로운 적응적 행동을 유발시키는 강화 환경을 만들어 주는 기계 정도로 개념화하였다. 그런 개념화는 인간성을 배제하고 있고 개념적으로 지나치게 단순하다는 점 때문에 많은 이로부터 거부되었다.

예를 들면, Wilson과 Evans(1977)는 사회적 강화가 자동적으로 일어나는 것이 아니며, 모든 사회적 강화 과정은 강화를 받고 있는 개인이 해석할 대상이라고 주장하였다. 그들이 지적한 대로, "내담자가 표적 행동을 보일지, 아니면 반대되는 다른 행동을 보일지는 복잡하게 상호작용하는 요인들, 즉 상황이나 맥락, 인센티브의 성격, 치료자와 내담자의 개인적인 특성 등에 달려 있다"(p. 550). 그럼에도 불구하고 그들은 여전히 사회적 강화 과정을 치료의 핵심 과정 중 하나로 보고 있으며 행동치료에서 치료 관계의 역할은 사회적 강화 과정을 통해서 이루어진다고 보았다.

긍정적인 치료 기대

행동적 및 인지행동적인 지향의 치료자들이 강조하는 치료 관계의 또 다른 면은 긍정적인 치료 기대를 갖게 하는 역할이다. 예를 들면, Goldstein과 동료들(1966)은 내담자의 성공적인 치료 기대를 증가시키는 유용한 방법으로 특정 문제에 대한 설득력 있는 개념화, 그리고 실시하는 특정 치료에 대한 설득력 있는 이론적 설명의 제공을 제안하였다. Goldfried와 Davison(1976)도 설득력 있는 이론적 설명을 제공하는 것이 중요하다고 보았다. 특히 이들은 미리 틀을 잡아 주는 것, 즉 나중에 소개될 치료에 대한 이론적 설명의 중요 부분들에 대한 개념적 씨뿌리기의 유용성을 제안하였다. 예를 들면, 이들은 치료 초기에 '과거의 학습' '학습된 공포' '모방을 위한 모델' 같은 개념들을 소개할 것을 제안하였다. 이들은 유사한 문제를 가지고 있었던 내담자들이 도움을 받은 치료 경험 또는 관련 문헌들을 살짝 언급하거나, 실패했던 이전 치료와 이번 치료 경험의 차이점을 강조하는 절차를 통해서 치료 효율성에 대한 내담자의 기대를 높히는 것이 중요하다고 강조하였다. Willson과 Evans(1977)는 작업 중인 행동치료자들을 유심히 살펴보면 누구라도 그들이 내담자의 기대를 높이려고 얼마나 체계적으로 노력하고 있는지를 쉽게 알아차릴 수 있을 거라고 하였다.

역할 모델로서의 치료자

여기서는 모델링이 참여 모델링(Bandura, 1971)이나 주장 훈련(Alberti & Emmons, 1974) 같은 기법에서 기여할 수 있는 부분에 초점을 맞추었다. D'Zurilla와 Goldfried(1971)는 내담자들이 문제해결 전략을 배울 때 적절한 모델을 모방하는 것이 유용하다고 강조하였다. Mahoney(1974)는 치료자가 모델이 되어서 생각을 소리 내어 말해 보는 것은 힘든 상황을 이겨 낼 때 사용할 수 있는 좋은 인지 매개 기술을 내담자에게 보여 주는 것으로, 나중에 유용하게 사용될 수 있다고 하였다.

위의 접근에서 강조할 부분은 구체적인 문제 상황을 대하는 모델로 치료자 자신을 의도적으로 사용한다는 점이다. 어떤 인지행동 치료자(예: Mahoney, 1974)는 내담자에게 숙련된 모델이 아닌 대처 모델이 되어 주는 것이 중요하다고 강조하였는데, 그 이유는 치료자가 내담자에게 결함이 있는 사람이 아닌 완벽하게 적응하는 사람으로 비칠 경우 내담자는 치료자를 모방하는 것이 매우 어려울 수 있기 때문이다.

협력적인 경험주의

Beck과 동료들(Beck et al., 1979; Beck & Emery, 1985; Beck & Young, 1985)은 인지치료에서 치료 관계의 역할을 그다지 강조하지는 않았다. 하지만 협력적인 경험주의의 중요성은 일관되게 강조하였다. 치료자가 내담자와 협력 관계를 형성하는 것은 비합리적이거나 편향된 지각을 보이는 내담자들이 설득을 통하지 않고도 현실과 맞지 않는 자신들의 지각들을 발견할 수 있도록 하는 데 도움이 된다.

Beck과 Young(1985)에 따르면, 치료적으로 좋은 협력 관계를 만들려면 치료자는 내담자에게 진솔하고, 온정적이고, 공감적이고, 개방적으로 걱정해 주는 모습을 보여야 하며, '전문가로서의 완벽한' 역할만을 고집해서는 안 된다. 치료자들은 비판적이거나 못마땅해 하는 모습을 보이지 않으면서 자신감 있는 전문적인 태도를 유지하려고 노력해야 하며, 이런 모습은 내담자가 가질 수 있는 초기 절망감을 줄여 주고 자신감을 고무하는 데 도움이 된다. 좋은 협력 관계를 만드는 과정에는 치료 목표와 우선순위를 정하고 회기별 의제를 정하기 위해서 내담자와 함께 작업하는 것 등이 포함된다.

내담자로부터 정기적으로 피드백을 듣는 것 또한 좋은 협력 관계를 형성하는 데 유용하다(Beck & Emmery, 1985). 그런 피드백은 내담자가 단지 거절에 대한 두려움 때문에 치료자의 제안이나 지시를 억지로 따르는 것은 아닌지 알게 해 준다. 내담자에게 치료 절차에 대한 적절한 이론적인 설명을 해 주는 것도 내담자가 치료 과정을 이해하고 능동적으로 협력하게 하는 데 많은 도움이 된다.

회기 중에 보이는 문제 행동

정신역동적인 전통과는 달리, 행동 및 인지적으로 지향된 치료자들은 전이 관계를 덜 강조한다. 이 주제에 대한 전통적인 인지행동 입장에서는 전이 관계를 형성하고 다루는 것이 내담자의 일상적인 삶에 별 영향을 주지 않는다고 보았다. Bandura(1969)는 다음과 같이 주장했다. "내담자들이 치료자와의 관계에서 무엇을 재연하든 간에, 그 재연의 어떤 이로운 효과들도 일상적인 대인관계로까지 확대되지는 못할 것이다. 흔히 그렇듯이 인위적인 관계는 내담자의 실제 관계에서 결핍되었던 것을 대신 만족시켜 줄 수는 있지만 성격 변화를 가져오는 데는 중요한 기여를 못한다." (p. 79)

그러나 최근 들어 일부 인지행동주의자는 다소 유연한 입장을 보이고 있다. 예로, Goldfried와 Davison(1976)은 내담자가 회기 중에 보이는 문제 행동은 치료에서 활용할 수 있는 문제 행동 표본으로 일단 고려해야 한다고 언급하였다. 이는 Sullivan(1953)의 저술에서 영향을 받은 것이 분명해 보이는데, 이들은 내담자가 보이는 회기 중의 행동은 문제 행동의 표본으로 다루어질 수 있으며, 따라서 치료적 상호작용은 평가를 위해서 매우 유용하게 이용될 수 있다고 제안하였다. 이들에 따르면, 행동지향적인 치료자들은 내담자에 대한 자신들의 감정과 반응을 대인관계 상황에서 문제가 될 수 있는 내담자의 행동을 정확히 찾아 확인하는 수단으로 활용할 수 있다.

Arnkoff(1983)는 회기 중 치료적 상호작용이 유용할 수 있는 세 가지 경로를 다음과 같이 제안하였다. 첫째, 치료적 상호작용은 치료자가 내담자의 현재 기능 상태를 직접 관찰할 수 있게 해 준다. 둘째, 치료 관계에 초점을 두는 것은 내담자에게 정서적으로 집중할 수 있게 해 준다. 셋째, 내담자의 현재 문제가 치료 관계에서 재연되어야 내담자가 치료실 밖으로 일반화될 새로운 행동을 찾아 시도해 볼 가능성이 높아진다.

정신역동적 관점과 인지행동적 관점의 유사점 및 차이점에 대해 논하면서, Arnkoff(1983)는 두 가지 관점을 다음과 같이 구분하였다. 즉, 인지행동적 관점은 정신역동적 관점에 비해 과거사를 덜 강조하며, 인지치료의 초점은 보다 현재지향적이라는 것이다. 인지행동치료는 역기능적인 인지와 행동적인 결함이나 지나침에 초점을 두는 반면에, 정신역동치료는 심리성적 갈등과 동기 상태에 초점을 둔다. 전이는 인지치료보다 정신역동치료에서 더 핵심적으로 다루어진다. 인지치료자들도 전이를 치료자에 대한 내담자의 왜곡된 지각으로 보지만, 이런 왜곡에 대해 얘기함으로써 치료자에 대한 내담자의 지각이 달라지더라도 그 변화가 반드시 치료실 밖에서의 내담자의 지각과 행동으로까지 일반화될 거라고 가정하지는 않는다.

Jacobson(1989)은 내담자의 일상적인 생활에 영향을 주는 중요한 역기능적 신념은 치료 관계에도 영향을 줄 수 있으며 치료 관계에서 나타나는 이런 신념들을 찾아보고 그에 도전하는 것이 필요하다고 언급하였다.

이러한 짧은 고찰에서 알 수 있듯이, 최근 인지치료자들은 치료 관계를 역기능적 행동과 신념을 찾아서 수정할 수 있는 장면으로 점점 더 중요하게 여기고 있다. 하지만 Jacobson(1989)의 말처럼, "정신분석적 이론가와 치료자들이 수십 년간 치료자-내담자 관계의 치료적 잠재력에 대해서 언급해 왔던 것에 비해, 인지행동적 문헌에 이와 관련해서 언급되기 시작한 것은 비교적 최근의 일이다"(p. 89).

치료 관계에 대한 체계적인 인지 접근의 개발

다른 치료 전통들이 치료 관계에 대해서 취하는 입장들을 고찰한 뒤, Lambert(1983)는 다음과 같이 언급하였다. "인지행동 이론가들은 치료자—내담자 관계를 사소한 것으로 보거나 치료자가 관리할 기능의 일부로만 언급하지 통합적인 변화 이론의 관점에서는 보지 않는다."(p. 4) 이와 관련해서 우리가 살펴본 바로는, 이 언급이 전적으로 맞다고 보기는 어렵다. 왜냐하면 최근 들어 인지치료자 사이에서도 치료 관계에 대한 관심이 많이 증가하였기 때문이다.

하지만 우리가 보기에는 인지행동 이론가들의 관심이 다음의 두 사항에 대해서 좀 더 필요해 보인다. 첫 번째는 구체적인 기법 요인들과 일반적인 치료 관계 사이의 관계를 이해할 수 있는 전체적인 적절한 개념 틀이 있는가이고, 두 번째는 치료 과정에서 관계와 기법 요인들이 서로 영향을 미치는 순간순간이 단계적으로 구체화되고 있는가다.

첫 번째 고려 사항과 관련해서, Wachtel(1982)은 인지행동치료자들은 치료 관계의 중요성은 인지하지만 관계와 기법 요인들을 통합하는 체계적인 이론 틀은 갖고 있지 않다고 주장하였다. 그리고 이런 통합적인 이론 틀 없이 인지치료자들은 따뜻하고 지지적인 치료 태도가 모든 내담자에게 적절하다고 잘못 가정하는 경우가 많다고 언급하였다. Wachtel은 인지행동 이론들이 내담자 개인의 독특한 학습 과거력을 정신역동 이론만큼 중요시하지 않으며, 그 결과 어떤 내담자가 어떤 치료 입장을 어떻게 보는지를 제대로 이해하지 못할 우려가 있다고 주장하였다. 또한 그는 행동치료가 "본질적으로 알맹이 없는 이론으로, 기본 과정인 '어떻게'에 관심을 두지만 특히 무엇이 학습되거나 생각되는지에는 관심을 두지 않는다. 그 결과, 그런 이론은 이 점에서 스스로를 안내하지 못하기 때문에 일반적인 문화적 가정들에 근거해서 내용적인 가정들을 만드는 경향이 있다."(p. 597)고 지적한다.

이 같은 비판에 대해 Wilson(1984)은 인지치료자들이 세밀한 상호작용 요인들에 민감하며 이런 요인들은 특별한 관계적 입장이 특정한 내담자에게 적합한지를 보여 준다고 주장하였다. 그는 인지행동 치료자들은 실험심리학의 발견과는 무관한 다양한 비특정적인(nonspecific) 치료 기술들을 익히는데, 이런 기술들은 개인적인 사회학습 과거력과 인생 경험, 그리고 임상적인 수퍼비전에서 터득한 것들이라고 언급한다. 또한 인지치료자들이 정신역동치료자들보다는 임상적인 수퍼비전을 덜 받지만, 그래도 인지행동 수퍼비전에서 치료의 비특정적인 것들을 중요하게 다루고 있다고 지적한다.

Wilson이 옳다면, 그리고 인지치료자들이 임상적인 수퍼비전에서 '비특정적인 치료 요소들'을 적절히 배운다면, 왜 인지행동 문헌들에서는 '비특정적인 치료 요소들'에 대해서 자세히 소개하지 않는 것인가? 체계적인 이론 틀을 개발하는 것이 어렵다면, 우리가 이 변인들을 경험적으로 연구해 보는 것은 해 볼 수 있지 않을까?

Sweet(1984)도 비슷한 지적들을 한 바가 있다. 인지행동치료에서 치료 관계의 중요성을 살펴본 많은 경험적인 연구를 검토한 뒤, 그는 인지행동 지향의 연구자들이 관계 요인들이 치료 결과에 미치는 영향에 대해 체계적으로 연구하지 않고 있는 점이 의외라고 하였다. 그는 연구자들이 다음의 질문에 대답할 필요가 있다고 하였다. "최대의 효과를 얻으려면 어떤 방식으로 자료를 수집하고, 비언어적 행동을 하고, 기법을 소개하고 과제를 할당해야 하는가? 어떤 내담자가 특정 기법에 잘 반응하는가? 어떤 사람들을 대상으로 해야 치료가 조기에 종결되며, 이들을 치료에 계속 참여시키기 위해서는 어떻게 해야 하는가?"(p. 265) 그는 또한 내담자와 좋은 관계를 자연스럽게 형성하게 해 주는 치료자의 치료 행동들을 연구하고 조작적으로 정의하는 것이 중요하다고 하였다. 그는 "관계에 대한 적절한 관리는 정확한 평가와 주의 깊은 개입이 요구되는 기술이다. 이는 가르치기가 가장 어려운 기술일 수도 있다. 하지만 이 기술이 기법들과 상호작용하기 때문에 그것을 배워 올바르게 사용하는 것은 특히 중요하다."(p. 266)라고 결론적으로 언급했다.

Swan과 MacDonald(1978)는 관계 향상 방법들이 행동치료자들에 의해 매우 자주 사용되고 있는 것으로 보고되는 치료 절차들이라고 하였다. 이는 정확히 어떤 관계 증진 방법이 사용되는지, 그리고 어떤 개념적 틀에 따라서 그 개입들이 이루어지는지 궁금하게 한다.

Foa와 Emmelkamp(1983)가 편집한 한 책에서는 효과적인 인지행동치료를 위해서 중요하게 고려되어야 하는 세세한 상호작용 과정을 일부 구체적으로 보여 주고 있다. 하지만 이런 글이 인지행동 문헌에는 비교적 드물게 있어 왔다. 우리가 보기에 인지치료에 관한 책에 관계에 대해 몇 쪽 실리는 것으로는 충분하지 않다. 혹은 Willson(1984)의 언급처럼, 문헌을 통해서도 관련 기술들을 포괄적으로 접할 수 없지만 치료자들이 임상 수퍼비전에서 관련 기술들을 익힐 거라고 가정하는 것으로도 충분하지 않다. 관계 기술들의 세세한 부분을 구체화하는 것은 일부분에 불과하다. 그에 못지않게 특정적(specific) 요인과 비특정적 요인들의 관계를 명료화하고 개입 과정을 촉진시킬 수 있는 통합된 이론적 모델을 개발하는 과제가 중요하다.

CHAPTER
03
치료의 기법 및 관계 요인

기법 및 관계 요인

　치료에서 특정적 요인과 비특정적 요인을 구분하는 것은 심리치료 연구에서 오랫동안 이루어진 일이다. '특정적'이라는 용어는 대개 특수한 형태의 심리치료에 특정하게 해당한다고 간주되는 기법 요인들에 적용된다. 한편, '비특정적'이라는 표현은 모든 형태의 심리치료에 공통되는 요인들에 적용된다. 여기에는 치료자와 내담자의 관계의 질과 관련된 요인들이 포함되는데, 온정, 공감, 수용 그리고 치료가 도움이 될 거라는 기대 등이 그 예다. '비특정적 요인'이라는 용어는 간혹 위약 효과 개념과 같은 의미로 사용되기도 한다.

　심리치료 효과에 관한 연구들을 철저히 고찰하고서, Lambert(1986), Lambert, Shapiro와 Bergin(1986)은 치료 효과 변량의 단지 15%가 특정한 기법 요인들에 기인하며, 반면에 많게는 변량의 45%가 비특정적인 요인들에 기인한다고 추정하였다.

　Frank(1973, 1979, 1982)는 공통 요인의 중요성을 지지하는 대표적인 인물 중 한 사람이다. 그는 치료적 변화는 신뢰할 만한 관계, 믿을 만한 설명, 치료가 도움이 될 거라는 믿음 등과 같이 형태는 다르더라도 모든 심리치료에 공통되는 요인들에 주로 기인한다고 보았다. 믿음은 치료에 대한 회의감이 들 때 이를 반전시키는 데 도움이 되는 요인이다.

이런 요인들은 친한 친구 관계에서부터 종교 조직에 이르기까지 일반적인 관계와 사회 조직에서도 찾아볼 수 있기 때문에, 어떤 이들은 심리치료에 고유한 것은 아무것도 없고 연구가 초점을 둘 부분도 찾기 어려우며, 새로운 치료적인 변화 기제를 개발할 필요도 없다고 주장한다.

Butler와 Strupp(1986)은 특정적 요인과 비특정적 요인에 대한 심리치료의 전통적인 구분에 도전하였다. 그들은 이 구분은 심리치료가 의학적 치료와 유사하다는 부적절한 가정에 기초하고 있다고 보았다. 생물학적 작용이 치료 이론을 구성하는 데 지배적인 의학적 치료와는 달리, 심리치료 기법은 그것이 발생하는 대인관계 맥락과 본질적으로 관련이 있다. 따라서 이들은 "심리치료 과정의 복잡성과 세세함은 분리된 일련의 기법으로 환원될 수 없다. 기법들은 관련된 개인들의 특별한 상호작용을 통해 의미를 찾을 수 있고 또 그 효과를 발휘한다."(p. 33)라고 주장하였다.

Butler와 Strupp은 치료자의 행동이 내담자에게 미치는 영향은 결국 그 행동을 내담자가 어떻게 지각하는가에 달려 있으며, 내담자의 지각은 궁극적으로 그 내담자의 고유한 학습 과거력에 따라 결정된다고 보았다. 더불어 이들은 내담자가 치료자의 행동에 부여하는 특별한 의미가 내담자의 반응은 물론이고 그 사건이 새로운 학습을 일으킬지 아니면 내담자의 부적응적인 지각과 관계 양상을 가져올지를 결정한다고 주장하였다.

이 같이 치료를 특정적 요인과 비특정적 요인들로 구분하는 잘못은 심리치료 형태 간의 우열을 가리는 것이나, 소위 적극적 치료의 효과가 위약 효과보다 우수함을 증명하기 쉽지 않았던 것에 부분적인 책임이 있다. 다른 학자들의 주장처럼, 위약의 개념은 생화학적 변화 기제가 심리사회적 기제들과 비교되는 약리학 연구에서는 적절하지만, 심리치료와 같이 모든 기제가 본질적으로 심리사회적인 경우에는 적절하지 않을 수 있다.

개인차 예언

연구가 특정 심리치료가 다른 심리치료보다 우수하다는 것을 일관되게 보여 주지는 못하지만, 모든 내담자가 심리치료에 비슷하게 잘 임할 것이라고 가정하는 것은 잘못이다. Bergin(1970)의 주장처럼, 집단 평균을 비교한 연구는 치료 집단 내에서 아주 잘 치료된 내담자들, 보통 정도로 치료된 내담자들, 변화가 거의 없는 내담자들, 더 나빠진 내담자들이 모두 존재한다는 사실을 무시한다. 치료 효과에서 보이는 큰 개인차는 치료 사이에서 일관된 차이를 발견하는 것을 어렵게 하였으며, 심리치료 연구자들이 치료 효과를 예언하는 변인을 찾도록 이끌었다.

이와 관련된 초기 시도들은 주로 치료 전 내담자의 특징에 초점을 두었는데 실망스러웠다. 예를 들면, Luborsky와 동료들(1980)은 Penn 심리치료 프로젝트에서 얻은 자료를 통해서 치료 결과를 예언하는 변인들을 찾으려 하였다. 하지만 치료 전 정보에서 얻은 예언 측정치들은 대개 유의미하지 않았으며, 가장 좋은 예언 변인도 기껏해야 치료 결과 변량의 5~10% 정도만 예언하였다. 이런 결과를 바탕으로 Luborsky는 내담자와 치료자가 상호작용할 기회를 갖기 전에는 중요한 예언 변인을 찾기가 어렵다고 결론 내렸다(Luborsky et al., 1980). 따라서 다양한 심리치료 과정 특징과 치료자-내담자 상호작용의 측면에 대한 평가가 보다 중요해 보였다.

치료 동맹

치료 동맹이라는 개념은 정신분석적 문헌에서 그 기원을 찾을 수 있지만, 최근에는 다양한 심리치료 전통의 연구자와 이론가가 그 잠재적 가치를 인정하고 있으며 이제는 일반적인 심리치료 개념으로 간주되고 있다. Breuer와 Freud(1895/1955)는 최초로 내담자를 치료의 적극적인 협력자로 불렀다. 하지만 처음부터 정신분석에서 치료 동맹의 중요성을 분명히 강조하지는 않았다. 그러나 1912년에 이르러 Freud(1912/1958)는 정신분석에서 내담자와 치료자 간의 친밀감과 애착의 중요성을 보다 명확히 강조하였다.

Sterba(1934)는 치료 동맹의 발달이 정신분석 과정에서 중요한 역할을 한다고 자주 언급하였다. 치료자와의 긍정적인 동일시는 내담자가 치료 과제를 성취하도록 동기부여를 한다. Freud(1940)는 내담자가 하는 자유로운 탐색과 치료자의 신중하고 적절한 이해가 보장된 상황에서 분석가와 내담자가 함께 협력해서 내담자의 증상에 맞서야 한다고 하였다.

앞서 살펴본 것처럼 치료 동맹 개념의 주요 전조들이 거론되고 있었으며, 한편에서는

Zetzel(1956)이 치료자와 내담자 간의 실제 관계와 전이 관계를 구분하는 지금의 정신분석의 흐름을 가져오고 있었다. Greenson(1967)은 치료 동맹의 발달은 순수한 호감, 신뢰, 존경에 바탕을 두고서 상대방과 실제적이고 왜곡되지 않은 협력을 해 나갈 수 있는 내담자와 치료자의 능력에 달려 있다고 하였다. 그는 치료 관계의 이런 점은 작업 동맹 발달의 기초가 되며, 왜곡된 관계 혹은 전이 관계와 함께 존재한다고 주장하였다.

치료 동맹이 정신분석 문헌에서는 중요한 개념으로 확실히 언급되고 있었지만 심리치료 이론가들 및 연구자들의 주의와 관심을 받은 것은 1970년대 후반에 이르러서였다. 영향력 있는 한 논문에서 Bordin(1979)은 치료 동맹을 과제(tasks), 유대(bonds), 목표(goals)의 세 요소로 구분하였다. 그는 다양한 심리치료는 이 세 요소에서 차이가 있으며, 치료 동맹의 강도는 치료자와 내담자가 이룬 치료 목표, 과제에 대한 합의 정도, 그리고 치료자와 내담자의 유대 강도에 달려 있다고 제안하였다.

심리치료의 목표는 해당 심리치료가 일반적으로 지향하는 바를 보여 준다. 예를 들면, 정신분석에서 사람들이 치료실을 찾게 하는 문제들 이면에는 중심 핵이 되는 감정, 태도, 신념이 있으며 이로 인해 문제들이 생겨난다고 가정한다. 정신분석의 목적은 증상을 제거하는 것이 아닌 증상의 기저에 있는 핵들을 수정하는 것이다. 이와는 달리 전통적인 행동치료는 기저의 중심핵들을 수정하기보다 증상을 제거하는 데 훨씬 더 치중한다. 심리치료의 과제는 치료 효과를 얻기 위해서 내담자에게 요구되는 구체적인 활동들(외현적인 것이든 내현적인 것이든)로 이루어진다. 예를 들면, 고전적인 정신분석에서는 내담자가 내적 경험의 흐름에 주의를 두고 자유롭게 연상하며, 검열 없이 그 경험들을 보고하도록 요구한다. 인지행동치료에서는 내담자가 다음 치료에 오기 전까지 집에 돌아가서 행동 과제를 적극적으로 해 와야 한다.

치료 동맹에서 유대 요소는 치료자와 내담자의 관계 질을 말한다. Bordin(1979)은 심리치료의 형태에 따라 관계에서 요구하는 것이 다르다고 하였다. 예를 들면, 내담자에게 행동 과제를 수행하도록 격려하기 위해서 필요한 유대는 아마 치료자에게 마음속 얘기를 털어놓을 것을 요구하는 유대와는 질적으로(반드시 강도가 아니더라도) 다를 것이다. 전략적 치료에서 요구하는 유대는 인간중심치료에서 요구하는 유대와는 상당히 다를 것이다.

최근에 치료 동맹을 측정하는 많은 도구가 개발되었으며, 이들은 적절한 심리측정적 속성과 좋은 예언 타당도를 보여 주었다(예: Allen et al., 1984; Gomes-Schwartz, 1978;

Horvath & Greenberg, 1986; Luborsky et al., 1983; Marmar et al., 1986). Orlinsky와 Howard (1986)는 심리치료 결과에 영향을 주는 심리치료 과정 변인에 대한 문헌들을 광범위하게 고찰하였다. 그 결과, 80%에 이르는 연구에서 치료 동맹이 치료 결과를 유의하게 긍정적으로 예언해 주고 있었다. 또한 치료 동맹을 누가(치료자, 내담자 혹은 제삼자) 평가하느냐에 따라서도 결과가 상당히 달라졌다. 내담자가 치료 동맹을 평가했을 때 특히 인상적인 결과를 보였는데, 치료자의 공감 변인이 일관되게 치료 결과와 관련되어 있었다. 하지만 치료자나 제삼자가 평가했을 때는 그 관련 정도가 훨씬 적었다. 한편, 치료 과정에 대한 내담자의 열의와 몰두, 내담자와 치료자 사이의 상호 호혜적인 인정은 제삼자가 평가할 때조차도 치료 결과를 일관되게 예언해 주었다.

이 같은 발견들은 치료 결과와 관련이 있는 치료적 상호작용의 질과 내담자의 행동적인 면들이 제삼자에 의해 관찰 가능하고, 치료자의 중요한 측면들이 내담자의 눈에 비치고 있음을 시사해 준다. 즉, 치료자가 보이는 행동의 의미에 대한 내담자의 지각이 심리치료의 효과를 예언하는 데 결정적으로 중요해 보인다.

치료자 유능성

특정 심리치료가 다른 심리치료보다 더 우수하다는 것을 증명하려는 시도들은 일관되게 실패하였다. 하지만 이와는 달리, 어떤 심리치료자는 다른 치료자들보다 일관되게 더 치료를 잘 한다는 경험적인 결과들이 일관되게 보고되고 있다(Piper et al., 1984; Ricks, 1974). Luborsky와 동료들(1986)은 치료 결과에 영향을 미치는 치료자 변인들을 평가하기 위해서 네 개의 중요한 심리치료 효과 연구의 자료를 다시 분석하였다. 그들은 이들 연구에서 치료자 효과가 치료 개입의 효과 때문에 잘 드러나지 않음을 발견하였다.

치료자 효과의 역할에 대한 다른 작은 연구가 있었는데, 이 연구는 이전 연구들과 일관되게 치료자의 성격이 변화에 중요한 기여를 하며, 객관적인 측정치와 동료 평가에서 건강한 성격을 가진 것으로 평가받은 치료자들이 그렇지 않은 치료자들보다 더 좋은 치료 결과를 보인다고 보고하였다(Beutler, Cargo, & Arrizmendi, 1986).

이러한 증거에서 보듯이, 성격이 기법보다 더 중요하다면 새로운 기법을 개발하거나 심리치료가 작동하는 기제를 이해하고자 하는 연구는 무익하다는 결론에 이를 수 있다.

심지어는 적절한 성격을 가진 사람은 잘 훈련받은 심리치료자만큼이나 치료에 효과적
일 수 있다는 비관적인 결론을 주장할 수도 있다.

이 같은 입장들은 치료 기법과 그것을 적용하는 사람을 독립적인 존재로 가정하고 있
다. 하지만 Butler와 Strupp(1986)이 주장했듯이, 치료 기법과 그것을 적용하는 사람은 전
체 유기체의 분리될 수 없는 부분들로 개념화하는 것이 보다 타당해 보인다.

Luborsky와 동료들(1985)이 한 흥미로운 연구가 지금 이 주제와 특히 관련이 있어 보
인다. 그들은 인지치료와 약물상담을 병행한 경우, 정신역동치료와 약물상담을 병행한
경우, 그리고 약물 의존성에 대한 개입으로 약물상담만 한 경우를 비교하였다. 그 결과,
세 경우가 비슷하게 효과가 있었지만 개별 치료자의 효과성은 유의한 차이를 보였다.
성공적이지 못한 치료자와 성공적인 치료자를 구별해 주는 가장 중요한 변인은 내담
자와 좋은 치료 동맹을 형성하는 능력이었다. 다시 말하면, 도움을 주고자 하는 관심과
성격적인 적응력 같은 치료자의 자질이 치료 효과를 매개하였다. 이런 발견들은 치료
기법, 치료자의 개인적 자질 그리고 치료 관계는 따로 떼어 내어 생각할 수 없음을 보여
준다.

치료 초기에 평가된 치료 동맹의 질이 치료 결과를 예언하지만, 약한 치료 동맹을
반전시킬 수 없는 것은 아니다. 예를 들면, Luborsky와 동료들(1983)은 치료 초기에 나
타난 긍정적인 치료 동맹의 모습들은 처음부터 마지막 회기까지 일관되었으며 치료 결
과에 대한 좋은 예언자들이었지만, 초기 치료 동맹의 부정적인 모습이 늘 치료 결과를
부정적으로 예언하지는 않았다고 보고하였다. 그들은 치료 동맹의 긍정적 및 부정적
모습들에 관한 증거는 사랑하는 관계에서 관찰되는 것과 유사한 점이 있다고 제안하
였다. 즉, '좋다(yes)'는 '좋다(yes)'를 의미하지만 '싫다(no)'는 '어쩌면(maybe)'을 의미
한다.

치료 동맹의 질은 치료 결과에 매우 중요한 영향을 미치기 때문에, 치료 동맹을 유지
하거나 향상시킬 수 있는 요인들에 대해 알고 있는 것이 필요하다. Strupp(1980)은
Vandelbilt I 연구 자료를 집중 분석한 결과, 나쁜 치료 결과를 보인 사례에서는 치료자
가 내담자의 부정적이고 적대적인 모습에 반격하듯이 적대적으로 대응하는 경향이 있
음을 발견하였다.

Forman과 Marmar(1985)는 시간제한적인 정신역동치료의 두 번째 회기에서 치료 동
맹이 나쁜 것으로 평가된 여섯 내담자의 사례를 연구하였다. 이 여섯 사례 중에서 세 사

례는 치료 종결 시에 치료 동맹의 향상과 좋은 치료 결과를 보였다. 하지만 나머지 세 사례는 치료 내내 치료 동맹이 좋지 않았고 치료 효과도 낮았다. 두 집단을 가장 잘 구별해 주는 치료자의 활동은 다음과 같았다. 즉, 내담자의 방어를 다루는 것, 내담자의 죄책감과 처벌에 대한 기대를 다루는 것, 치료자와 관련해서 내담자의 문제가 되는 감정을 다루는 것, 치료자와 관련된 내담자의 문제가 되는 감정을 내담자의 방어와 연결시켜 주는 것이다.

두 연구가 예비적인 수준이기는 하지만, 치료 동맹을 향상시키는 데 기여하는 요인들뿐만 아니라 치료 동맹을 낮은 수준으로 유지시키는 데 기여하는 요인들도 언급해 주고 있다. 치료 과정에서 동맹이 핵심적인 것임이 분명하다면, 보다 자세히 이 주제에 초점을 맞추는 것이 적절한 치료 접근을 위해서 중요해 보인다.

인지치료를 위한 함의

심리치료에서 이론적 및 경험적 발달이 점점 가속화되면서 변화 과정 내 치료 관계의 중추적 역할이 더욱 강조되고 있다. 인지치료자들도 치료 관계의 역할에 더 많은 관심을 보이고 있다. 하지만 이 주제에 대한 체계적인 연구와 이론적인 발달은 아직 부족하다.

인지치료에서 치료 효과를 예언해 주는 가능한 변인으로 치료 동맹을 살펴본 경험적 연구는 거의 찾아보기 어렵다. 그리고 인지행동 문헌에서는 내담자 및 치료자의 작업 관계와 구체적인 치료 절차를 독립적이면서도 이론적으로 구별되는 치료 요소로 보는 경향이 있어 왔다. 예를 들면, Persons와 Burns(1985)는 "대부분의 다른 심리치료와는 달리, 인지치료에서는 내담자 및 치료자 관계의 성격 혹은 질은 중요하기는 하지만 개입이나 그 효과에서 핵심적이지는 않은 것으로 본다(Beck et al., 1979). 치료의 적극적인 요소와 기분 변화의 기저 기제는 자동적 사고 안에 있는 내담자의 신념을 감소시키는 것으로 가정되며, 이에 따라 치료자의 에너지는 주로 그러한 목적을 지향한다. 좋은 작업 관계는 필요한 것으로 간주되지만 효과적인 인지치료를 위해서 충분한 것은 아니다."(p. 540)라고 주장하였다. 이들은 관계와 기법 요인들은 변화 과정에서 추가적이고 독립적인 역할을 한다고 결론지었다.

앞에서 언급했듯이 기법과 관계 요인들을 경험적으로 분리하는 것은 가능할 수 있지만, 이론적인 이유에서 보자면 그렇게 하는 것이 별 의미는 없다. 이 장에서 고찰한 문헌들에서도 알 수 있듯이, 치료 동맹은 불변하는 정적인 존재가 아니라 치료 관계의 변화하는 역동적인 측면으로, 치료자 행동의 의미에 대한 내담자의 지각에 의해 계속해서 매개되고 있다.

따라서 치료자가 하는 '기법적인' 개입은 반드시 치료 동맹에 영향을 미칠 것으로 보인다. 반대로 소위 '관계 향상'을 위한 개입은 실제로는 치료자가 보이는 행동의 의미에 대한 내담자의 지각을 형성하는 기법적인 개입으로, 타인에 대한 내담자의 신념을 보여 주는 정보를 제공한다. '관계 개입'을 이 같은 인지적 관점에서 볼 수 있으면 치료 동맹의 발달을 증진시키거나 지체시키는 요인들에 대한 이해를 정교하게 해 나가는 것이 가능할 것이다.

인지치료는 지각을 명확히 이해하고 수정하는 것이기 때문에, 인지치료자들이 내담자의 지각과 치료 동맹의 관계에 대한 연구를 피할 이유는 이론적으로는 분명히 없다. 하지만 이를 위해서는 사건을 해석하는 내담자의 특징적인 방식을 이해하는 것이 필요하며, 이는 내담자가 치료 장면에서 갖게 되는 치료자와의 상호작용에 나타나는 구체적인 대인관계 양상을 찾아서 탐색함으로써 알 수 있다.

그 흥미로운 한 예를 딜레마, 암초, 덫에 대해 이야기한 Ryle(1979)의 논문에서 찾을 수 있는데, 여기서 저자는 심리치료를 방해하는 다양한 요인을 소개하고 있다. 그에 따르면, 덫이라는 것은 'either/or'와 'if/then' 형태로 다른 사람과 관련해서 일어나는 것으로 정의된다. 치료자와 관련된 'either/or' 형태의 한 예는 내담자가 타인에게 과도하게 맞추어 줄지 아니면 비이성적으로 화내고 공격적이 될지를 선택해야 하는 상황이다. 이런 종류의 'either/or' 딜레마는 내담자가 처음에는 다른 사람에게 지나치게 맞추어 주고 있다고 느끼지만, 그다음에는 타인에 의해 학대받고 침범당하고 있다고 느끼고, 그 결과 짜증과 화가 나게 되는 경우에 일어날 수 있다. 이런 반응은 내담자에게 죄책감을 느끼게 하고, 죄책감에 대한 반응으로 내담자는 다른 사람에게 지나치게 맞추어 주게 된다. 내담자는 과도하게 맞추어 줄지 아니면 비이성적으로 화를 낼지 둘 중 하나를 택해야 하기 때문에 치료에 장애를 초래할 이 굴레를 벗어날 수 없다. 내담자는 변화를 이끌 수 있는 역할 관계를 치료자와 만들어 갈 선택지를 가지고 있지 않다. 이 예는 치료 관계에서의 문제들이 대인관계에 대한 내담자의 근본적인 신념과 어떻게 관련될 수 있는지, 그리고 이러한 신념들을 수정하는 것과 치료 관계 속 장애들을 해결하는 것 사이의 필요 불가결한 관련성을 잘 보여 준다.

　Horowitz(1979), Horowitz와 Marmar(1985)의 저작에서는 하나의 관련된 접근을 발견할 수 있다. 이들은 적절한 치료 관계가 형성될 수 있는지를 알려 주는 요인들을 분석하는 한 방법으로서 역할-관계 모델 개념을 제안하였다. Horowitz와 Marmar(1985)에 따르면, "개별 내담자는 다양한 역할-관계 모델로 기술될 수 있는데, 이 모델은 심리치료 중에 발생하는 내담자의 기대와 의도를 형성하는 데 사용된다."(p. 575). 어떤 종류의 역할-관계 모델은 치료 동맹의 발달을 촉진시키지만 다른 것은 문제가 될 수도 있다.

　Ryle(1979)에 이어서 Horowitz와 Marmar(1985)는 적절한 역할-관계 모델을 완성하지 못하게 방해하는 딜레마들을 열거하였다. 여기에는 세 가지 예가 있는데, ① 자신의 내적 경험에 대한 두려움 때문에, 치료자가 그 경험에 대해 소통하기 위해서 구조화하려고 하면 개인의 생활이 침범당하는 것처럼 여기는 내담자, ② 너무 우울하거나 위축되어 있어서 치료 작업에 거의 노력을 기울이지 못하는 내담자(치료자가 그들의 이런 태도에 대해 작업하면 치료자가 자신의 변화 능력을 잘 모르거나 순진하게 낙관적인 사람이라고 여긴다.), ③ 치료자의 지적을 비난으로 받아들여 치료자에게 반항하고 행동화로 반응하는 내담자다. Ryle(1979)이 내담자의 입장에서 딜레마의 여러 면을 구체화하였다면, Horowitz와 Marmar(1985)는 치료에 걸림돌이 될 수 있는 표준적인 치료자/내담자 상호작용 양상들을 구체화하였다. 두 접근은 모두 유용할 수 있다. 하지만 장애가 되는 전형적인 치료자/내담자 양상을 포괄적으로 이해하기 위해서는 그러한 양상을 초래하는 대인관계 양상과 특징적인 해석 양식 모두를 파악하고 있어야 한다.

　Horowitz와 Marmar(1985)는 내담자와 치료자 간 소통 문제들의 구체적인 유형을 기술하였는데, 이는 내담자의 해석 유형과 심리치료 상황에서의 요구 간의 상호작용 결과로 볼 수 있다. 여기서 심리치료 상황에서의 요구들을 Rice와 Greenberg(1984)는 치료에 특수한 '과제 환경(task environment)'이라 언급한 바 있다. 내담자의 인지 왜곡에 도전하는 과제 환경은 중요한 타인이 자신을 비난하고 인정하지 않을 거라 여기는 내담자와 특정하게 예측할 수 있는 방식으로 상호작용할 것이다. 예를 들면, 내담자가 보호받은 느낌을 갖도록 돕는 과제 환경은 중요한 타인을 침범적으로 여기거나, 혹은 자신의 감정과 생각이 지나치게 혼란스럽고 대인관계를 해칠 우려가 있다고 여기는 내담자들과 특정하게 예측할 수 있게 상호작용할 것이다.

내담자가 겪고 있는 현상학적 경험들을 이해하는 데 초점을 두는 인지치료는 어떤 점에서는 이런 치료적 딜레마의 특징을 명료화하는 데 매우 적합하다. 하지만 이에 대한 지속적인 연구를 위해서는 인지 및 대인관계 요인들이 상호작용하는 방식을 보다 잘 이해할 필요가 있다. 일상생활과 치료 관계 안에서 반복해서 나타나는 대인관계 양상과 특징적인 인지적 해석 유형은 어떤 관계가 있는가? 치료자가 치료 동맹을 발전시키기 위해서는 이런 지식들을 어떻게 활용할 수 있는가? 이런 질문들에 답하기 위해서는 통합적인 인지-대인관계 조망이 필요하고, 이에 대해서는 이어지는 장들에서 소개하겠다.

치료 동맹의 문제들을 내담자의 전형적인 해석 유형과 치료자 행동의 상호작용을 통해 분석함으로써 치료 동맹의 개념이 새롭게 밝혀질 수 있고(Safran, 1990a, 1990b; Safran et al., 1990) 이는 동맹을 촉진할 새로운 통찰을 가져와 치료를 방해하는 치료 관계의 장애물들을 제거해 줄 것이다.

치료적 상호작용에서 치료자의 역할

인지치료 문헌들이 관계 요인들의 중요성을 점차 강조하고 있지만, 치료자의 감정, 사고, 반응 등의 역할은 아직 많은 관심을 받지 못하고 있다. 여기에는 치료자라면 자신의 감정에 방해받지 않고 적절한 개입을 할 수 있을 거라는 낙관적인 가정이 한몫하고 있다. Wilson(1984)의 제안처럼, 치료자는 개인적인 경험을 통해서 자신의 감정과 반응을 치료적으로 다루는 것을 익히거나 임상 수퍼비전에서 그런 기술들을 배운다고 가정된다. 하지만 이 변인이 정말 중요하다면, 이는 위험한 가정들이 아닐 수 없다.

정신역동과 대인관계 접근에서처럼 치료자의 감정이 내담자에 대한 이해에 중요한 정보를 제공한다면, 보다 많은 관심이 이 변인에 주어져야 한다. Strupp(1980)은 치료적 상호작용을 방해하기보다는 오히려 도움이 되도록 치료자의 부정적인 감정들을 다루는 것이 매우 어려운 일임을 지적한 바 있다. 그는 Vanderbilt 심리치료 프로젝트를 진행하면서 치료 결과가 좋은 사례들과 그렇지 않은 사례들의 치료 과정을 비교한 후에 다음과 같은 관찰 결과들을 보고하였다.

좋은 작업 동맹 형성을 방해하는 주요 장애물로 내담자의 성격적인 왜곡과 부적응적인 방어도 있지만, 치료자의 개인적인 반응들 역시 적어도 같은 수준으로 중요하게 간주되었다. 전통적으로 이런 반응들은 역전이라는 용어로 언급되었다.

이것은 점점 더 분명해지고 있지만 이 개념은 너무 제한적으로 사용되고 있다. 사실 어떤 치료자라 하더라도 인간이라면 심각한 내담자와 마주했을 때 흔히 일어나는 부정적인 반응(화)부터 억제되고 억압된 격분에 이르기까지 이러한 자기경험에서 완전히 자유로울 수 없다. 치료 관계를 통해서 그 개인의 내적 세계로 들어가자마자, 우리는 파트너인 치료자를 곤경에 처하게 하는(역전이를 일으키는) 내담자의 성향에 대한 우리의 반응을 다루어야 하는 피할 수 없는 상황에 당면하게 된다. Vanderbilt 프로젝트에서 치료자들—개인 분석을 받은 매우 숙련된 치료자라 할지라도—은 그런 내담자들에게 적대감에 반하는(counter-hostility) 반응을 하는 경향을 보였다. 이런 치료자의 반응은 드물지 않게 차가움, 거리 두기, 다른 형태의 거절 등의 형태를 취했다. 말할 필요도 없이, 그런 반응들은 내담자의 자기충족적 예언과 부합되어 치료 관계의 악화, 조기 종결, 미흡한 치료 효과를 가져왔다. 이처럼 우리 연구에서는 까다로운 내담자의 적대감과 부정주의가 성공적으로 직면되거나 해결되는 예를 찾아볼 수 없었다. 물론 이 점이 우리 치료자 표본의 고유한 특성과 짧은 치료 기간 때문일 수 있다. 하지만 더 가능성이 높은 이유로, 까다로운 내담자에 대한 치료자의 부정적인 반응이 일반적으로 예상된 것보다 훨씬 더 자주 일어났고 회복이 더 어려웠던 점을 들 수 있다(p. 953).

Strupp은 정신역동적인 치료 상황에서 이런 관찰을 하였지만, 인지치료자가 정신분석가들에 비해서 역전이 반응과 감정에 더 면역이 되어 있다고 가정할 이유는 어디에도 없다. 치료에서 치료 관계에 핵심적인 초점을 두든 그렇지 않든, 다음과 같은 통합된 이론적인 관점을 갖는 것은 중요하다. ① 치료자와 내담자가 만든 대인관계 체계에서 치료자의 감정과 반응이 중요한 역할을 한다. ② 치료자의 감정과 반응이 치료에 장애가 되기보다 도움이 되려면 치료자의 감정과 반응을 활용하는 기법적인 기술을 보다 정교화할 필요가 있다. 이 같은 관점은 통합된 이론적인 틀 안에서 수용되어야 하며, 이는 치료 동맹을 인지 및 대인관계 수준에서 일어나는 연속적인 교류의 결과로 분석하도록 해준다. 치료 과정을 이해하는 이런 틀은 인간 발달과 일상적인 기능에서 인지 및 대인관계 과정 간의 관계에 대한 이해라는 더 넓은 맥락적 관점에서 만들어져야 한다.

CHAPTER
04

통합을 위한 이론적 모델

인지 및 대인 간 과정

1960년대 후반 이후, 정서장애의 원인과 치료에서 인지의 역할에 대한 관심의 증가는 연구에 대한 열의를 강하게 자극했으며 인지 과정에 관한 하나의 인상적인 연구 문헌을 내놓았다. 정신병리 연구자들 사이에서 그 인지 모델은 상당한 인기를 끌었지만, 이 문헌은 논쟁 또한 많이 불러일으켰다(Segal & Shaw, 1986a, 1986b).

최근에 더욱 거세지고 있는 한 가지 논쟁은 정서장애의 원인과 치료에서 인지 과정과 대인 간 과정의 상대적 중요성에 관한 것이다. 이 논쟁의 많은 부분은 우울증과 관련한 인지 모델을 다루고 있으며, 이 논쟁의 함의는 매우 클 수 있다. 우울증의 인지 모델이 오랫동안 받아 온 비난 중 하나는 인지치료자들이 우울한 사람들이 당면하고 있는 환경적인 어려움에 충분한 관심을 두지 않고, 그래서 왜 스트레스원에 대처하는 우울한 사람들의 노력이 그렇게 종종 생산적이지 못한지 이해하지 못한다는 것이다(Coyne & Gotlib, 1983, 1986; Krantz, 1985). 이 저자들은 우울증에 기여하는 사회적 요인들도 지적하고 있는데, 장애의 대인관계적인 면들이 장애의 유지나 내담자의 최종적인 회복과 관련이 있음을 보여 준다(Brown & Harris, 1978; Weissman & Paykel, 1974). 예를 들어, 배우자와 갖게 되는 신뢰 관계 경험의 부족은 내담자를 우울증에 취약하게 하였으며(Brown & Harris, 1978), 배우자로부터 받은 거센 비난(Hooley, Orley, & Teasdale, 1986)이나 부부간 언쟁의 증가는 흔히 우울 에피소드에 선행하였다(Weissman & Paykel, 1974).

우울한 사람들이 사회적 상호작용에서 보이는 행동과 그들에 대한 타인의 반응의 두 가지 모두를 조사한 연구들에 따르면, 우울한 사람들은 그렇지 않은 사람들과는 현저히 다른 대인관계 양상을 보였다. Gotlib과 Asarnow(1979)는 우울한 사람들이 대인관계 문제를 해결하는 기술이 부족함을 발견하였다. 타인과 대화할 때, 우울한 사람들은 초점이 흔히 자신에게 가 있으며 자기평가절하, 슬픔, 무력감 등을 전하기 위해 부정적인 어조로 말한다(Biglan et al., 1985).

우울한 사람들의 부부 기능도 많은 관심을 받았다. 배우자나 이성 파트너와 상호작용 중인 20명의 우울한 사람을 표본으로 한 연구(Hinchcliffe, Hooper, & Roberts, 1978)에 따르면, 통제 집단(우울하지 않은 외과 내담자)에 비해서 우울한 배우자가 포함된 쌍이 갈등, 긴장, 부정적인 표현 등을 더 많이 보였다. Hautzinger, Linden과 Hoffman(1982)은 부부 치료를 받으러 온 26쌍을 대상으로 한 연구에서 유사한 결과를 확인하였다. 우울한 배우자가 있는 13쌍은 우울한 배우자가 없는 쌍에 비해서 의사소통 양상에서 더 많은 장애를 보였다.

적대감 역시 그런 상호작용 양상의 공통 요인이다. Arkowitz, Holliday와 Hutter(1982)는 우울한 부인을 둔 남편들이 정신과 및 비정신과 통제군의 남편들에 비해 부인과의 상호작용에서 더 많은 적대감을 경험한다고 보고하였다. Kahn, Coyne과 Margolin(1985)의 연구에서도 부부간의 상호작용에서 우울한 배우자가 있는 쌍이 비우울 쌍보다 많은 슬픔과 분노를 경험하고 상대방을 더 부정적이고 적대적으로 보며 거리를 두는 것으로 나타났다.

우울한 사람과 생활하는 것은 상대방에게 대가를 치르게 한다. Coyne와 동료들(1987)은 우울한 사람과 살고 있는 사람들의 40%가 치료가 필요한 심한 고통에 시달리고 있음을 발견하였다. 치료가 필요한 수준의 우울증을 앓고 있다면, 그 사람은 일반적으로 대인관계에서 역기능적인 양상을 보일 것이다. 그리고 인지치료자들이 사고의 왜곡이라고 한 것들이 우울한 사람들이 환경과 교류하는 특징적인 방식들에 잘 반영되어 나타날 것이다. 우울한 사람들의 인지는 대인관계 현실을 반영하기 때문에 부정적일 것이다.

그런데 여기서 우울증에 대한 인지 모델이 잘못되었을 수 있는데, 우울한 사람들이 정보를 부정적으로 왜곡한다는 가정은 치료자들이 내담자의 지각에 도전하거나 개입하는 것을 임상적으로 남용하게 하고 정작 내담자가 살고 있는 환경이 그들의 해석에 어떻게 영향을 미쳤는지 살펴보는 것에는 소홀하게 할 것이다.

Coyne과 Gotlib(1986)은 우울 과정을 다루는 인지 모델이 우울한 사람들의 생활환경에 대한 기술을 선호한다거나 인지치료가 체계(systemic) 접근을 선호한다는 주장을 한 바 있다. 우리가 보기에 이런 주장은 하나의 이론적 불균형을 다른 것으로 대체하는 것이다. 다른 이들(예: Bedrosian, 1981; Gotlib & Colby, 1987; Krantz, 1985; Meddin, 1982)은 인지적 접근과 체계 혹은 대인관계 접근들로부터 나온 기법들이 결합되어야 한다고 주장하였다. 하지만 이런 해결책의 문제는 그것이 진정으로 통합적인 이론적 조망이기보다는 정체불명의 절충주의가 될 수 있다는 점이다.

인지적 요인들과 대인관계 요인들의 상대적 중요성에 대한 논쟁은 변화 과정에서 특정적 요인과 비특정적 요인의 상대적 중요성에 대한 논쟁과도 밀접히 관련되어 있다. 인지적 과정과 대인관계 과정은 이론적으로는 구분된다고 가정한다. 우리가 보기에는 인지적 수준과 대인관계 수준은 완전히 상호 의존적이며, 이 둘은 동전의 양면이다. 필요한 것은 이러한 상호 의존적인 특성을 명료화해 줄 통합적인 이론 모델이다. 그런 모델은 정서장애의 발달 및 치료의 특정적 변화 요인과 비특정적 변화 요인의 관계에 대한 이해를 넓혀 주는 데 유용할 것이다.

실험 인지심리학

인지적인 지향의 심리치료 이론에 대한 인기가 날로 높아짐에도 불구하고, 성격 발달, 정신병리, 변화 등에 대한 하나의 통일된 인지이론은 없다. 단지 다수의 다른 인지 개념이 있을 뿐이며, 이 중 많은 수는 독립적이고 응집성이 부족한 것으로 보인다(Greenberg & Safran, 1980, 1981).

포괄적인 이론적 기반을 다지기 위해서 인지치료 연구자 및 이론가들은 더 많은 관심을 실험 인지심리학에 기울이고 있다(예: Goldfried & Robins, 1983; Hollon & Kriss, 1984; Ingram & Kendall, 1986; Segal, 1988; Williams et al., 1988). 이들의 바람은 인지과학에서 얻은

경험적 연구 발견들과 엄격한 방법론을 사용해서 정서장애에 대한 인지 모델을 개발하는 것이다.

실제로 실험 인지심리학에서 가져온 개념들이 특정 장애 분석에 적용된 예들(불안: Mathews & Macleod, 1985; 우울: Segal et al., 1988; Segal & Vella, 1990)과 인지치료의 변화 과정을 기술하기 위해 사용된 예들(Ingram & Hollon, 1986; Winfrey & Goldfried, 1986)을 쉽게 찾아볼 수 있다.

실험 인지심리학을 향한 인지치료자들의 열의는 줄어들 기미를 보이지 않는데, 이 때문이라도 그것의 장단점을 살펴보는 것은 중요해 보인다. 이 절에서 우리는 과학적 패러다임으로서의 이점에도 불구하고 인지심리학(특히 정보처리 접근)이 인간 발달과 변화 과정에서 인지 및 대인관계 영역 간의 관계에 대해 이해하기 위한 전반적인 이론 틀이 되기에는 제한점이 있음을 주장할 것이다.

그런 모델의 기반을 찾기 위해서, 우리는 먼저 동시대 인지이론의 장단점을 살펴볼 것이다. 이어서 발달심리학, 정서이론, 애착이론 등에서 제안된 이론과 연구를 확장된 인지 모델로 통합할 수 있는 방법들을 살펴볼 것이다. 이 모델에서는 인지, 정서, 행동을 생물학적인 유기체의 통합된 측면으로 보며, 유기체는 대인 간 맥락에서 발달하고 기능한다고 본다.

1950년대 이후 더 이상 무시할 수 없는 인지적 도전들이 엄격한 입장의 행동주의 전통들에 주어졌다. 자극과 반응의 연쇄에 대한 연합주의자들의 단순한 설명은 심각한 장애 행동의 복잡성과 위계적인 조직을 설명해 주지 못했다. 그 설명들은 일련의 행동이 어떻게 계획되고 조직되는지를 더 이상 적절히 기술해 주지 못했다(Gardner, 1985). 인지과학자들이 제안한 대안은 자극이 행동으로 전환되는 과정을 분석할 수 있도록 하는 인간 사고에 대한 모델을 개발하는 것인데, 이 모델은 과거에 내성주의자들이 빠졌던 함정을 피해야 한다. 즉, 경험적인 연구가 가능해야 한다.

Gardner(1985)에 따르면, 인지과학은 설명을 위한 구성 개념으로 정신 표상을 강조한다는 주요 특징이 있다. 환경적 특징들은 심상으로 부호화되고 조작되며, 이러한 연산의 결과들이 행동으로 나타난다. 또 다른 두 가지 특징은 인지 과정을 이해하고 모델링하기 위해서 컴퓨터에 비유하여 강조되며, 철학, 언어학, 인류학, 신경과학, 인공지능, 심리학 등으로부터 정보를 얻는 학제 간 접근을 강조한다는 점이다.

Lachman과 Lachman(1986)이 고찰한 바에 따르면, 임상심리학의 정보처리 접근은 인지과학 전통에서 강조하는 두 가지로 거슬러 올라간다. 첫째는 형식주의자(formalist) 접근이다. 이는 인공지능에서 이루어진 작업과 밀접히 관련되어 있으며, 정신 과정을 컴퓨터로 정교하게 시뮬레이션하는 것을 강조한다. 이 작업은 인지심리학과 인공지능을 아우르는 이론을 개발하는 데 목적이 있으며, 흔히 컴퓨터 프로그램을 통해서 과정을 시뮬레이션하거나 모델링하는 데 초점을 둔다.

두 번째는 신기능주의자(neofunctionalist) 접근이다. 이는 특정 인지 과제의 기저에 있는 마이크로 조직을 밝혀 주는 체계적인 연구 프로그램들로 기술될 수 있다. 주된 관심은 어떤 변인이 인지적 수행에 영향을 미치는지를 밝히고 그 수행의 세부 사항을 이해할 수 있게 해 주는 적절한 수학적인 모델을 제안하는 것이다. 이 같은 전통 내에서 고전적인 패러다임들은 심적 상태에 대한 언어적 보고, 결정 과정 분석, 기억 측정을 위한 기존의 확립된 절차 등을 사용한다. 특히 이 접근은 인간 수행에 대한 실험실 연구를 강조하며, 임상적인 문제 연구에도 이러한 과제와 절차들이 점점 더 많이 적용되고 있다.

정보처리 접근은 정보과학을 혁신적으로 발달시켰다. 심리학 역시 검증 가능한 프로그램과 절차를 통해서 인지적 활동을 정교하게 분석하고 연속적으로 모델링함으로써 많은 도움을 받아 왔다. 이는 심상, 인지 계획, 재구성된 기억 등의 현상에 대한 초기 내성주의자들의 설명을 한 단계 더 발전시킨 것으로 간주되었다. 또 다른 부가적인 이점은 특정한 문제에 대한 인지과학 방법론의 과학적 적용이 최종적인 해결을 위한 청사진을 제공할 수 있다는 점이다. 그리고 그 과정은 다른 실험자가 그 타당성을 입증할 수 있다.

한 예로, 의식 밖에서 이루어지는 정보처리 현상을 들 수 있다. Meichenbaum과 Gilmore(1984)는 인지과학의 발견들이 무의식 같은 초기 정신주의 개념들이 시사하는 것과 점점 더 많은 일치를 보이는데, 중요한 것은 그런 결론들이 엄격한 실험 연구 과정을 거쳐 얻어졌다는 점이라고 언급하였다. 인지과학이 취하는 방법론의 정확성과 엄격함은 지지가 부족했던 구성 개념들을 생산적으로 재개념화하도록 도와줄 뿐만 아니라 중요한 이론적인 개념들을 평가하는 방법을 제공할 수 있으며, 이 때문에 인지과학은 인지치료와 다른 치료 접근들에 많은 도움이 될 수 있다. 임상적 현상 연구에 이 같은 도구들을 활용하는 것은 심리치료를 과학적으로 연구하고자 하는 연구자들로부터 많은 지지를 받기에 충분하다.

정보처리 접근의 문제점

정보처리 접근의 분명한 장점들이 있지만, Neisser(1976, 1980, 1982)가 주장했듯이 그것의 잠재적 기여를 평가할 때 반드시 고려해야 할 중요한 한계점도 있다. 정보처리 연구에서 흔히 사용되는 제한적인 실험실 과제들은 생태학적 타당성이 부족하기 때문에, 그 결과들이 실제 상황에 일반화되기 어려운 경우가 종종 있을 수 있다.

Neisser(1982)는 이 같은 생태학적 타당성의 부족이 인지이론의 최종 가치를 위축시킨다고 일관되게 주장하고 있다. 그 예로, 그는 기억 연구를 인용해서 다음과 같이 주장하였다. "지난 100년간의 기억에 대한 심리학 연구 결과들은 우리를 다소 위축되게 만든다. 우리는 경험적인 일반화가 가능한 확실한 결과들을 갖고 있지만, 그 대부분은 너무 자명해서 열 살 된 아이라도 알 수 있는 것들이다. 우리가 새롭게 발견한 것들도 있지만, 그것들은 기억에 관한 한 미미한 것들일 뿐이다. 그리고 많은 경우에 그것들을 가지고 무엇을 할 수 있을지는 의문이며, 끝없는 실험적 변이들만을 만들어 내면서 그 중요성은 퇴색되어 간다. 우리는 지적으로는 인상적인 이론을 많이 알고 있다. 하지만 그것들이 자연스러운 행동을 이해하는 데 의미 있는 통찰을 줄 지는 아직 확신이 서지 않는다." (pp. 11-12)

Neisser의 비판은 방법론적인 점에서 부분적으로 반대하는 것으로, 생태학적으로 보다 타당한 실험 과제를 고안하는 것이 필요하다는 것이다(예: 적힌 자극에 반응하기보다는 사람과 상호작용하도록 하는 것). 하지만 생태학적 타당성에 대한 비난은 이러한 방법론적 지적을 넘어서서 보다 근본적인 우려로 확대된다.

컴퓨터에 비유된 정보처리 접근은 인간의 심리 과정에 관한 하나의 사고 방식을 제공한다. 이는 급진적인 행동주의의 족쇄로부터 실험심리학자들을 자유롭게 해 주었으며, 관찰이 어려운 심리적 과정에 실험적인 목적에 맞도록 접근할 수 있게 해 주었다. 이러한 비유는 명확히 이해하기 어려웠던 과정을 이해하는 길을 제시해 주고 실험심리학자들이 연구 문제를 선택하고 이론을 개발하도록 안내해 주기 때문에 과학적 발견에서 그 중요성은 지대하다. 하지만 어떤 비유든 그렇겠지만 컴퓨터 비유도 그 한계가 있다. 컴퓨터와 인간의 심리 과정 간에는 유사점이 있지만 차이점 또한 있다.

정보처리 접근에 대한 비판자들은 그 패러다임이 인간을 마치 느끼지도 행동하지도 않는 영혼이 없는 경쟁적인 기계로 보는 경향이 있다고 주장한다. 이들은 과연 행동과 정서를 배제하고서 인지가 어떻게 기능하는지를 이해하는 것이 가능할까라는 의문을 제기한다(Safran & Greenberg, 1986, 1987).

인간을 컴퓨터에 비유할 때 생길 수 있는 우려를 Shaw와 Bransford(1977)는 다음과 같이 지적하였다. "인지심리학자들은 인간과 동물이 다양한 분석 수준에 따라 의미로 채워져 있는 복잡하고 변화하는 환경 속에서 명확한 의도를 갖고 움직이는 능동적이고 탐구적인 창조물임을 망각하는 경향이 있다. 따라서 능동적이고 앎을 추구하는 존재를 맹목적으로 자연스러운 동기도 의식도 없는 정적인 기계와 비교하는 것은 문제라고 여긴다. 인간이나 동물이 알고 싶은 욕구로 정보를 얻고자 세계를 지각적으로 탐색하는 것과는 달리, 인공적인 체계들은 정보를 수동적으로 흡수한다. 그것도 인간 프로그래머가 미리 개념적으로 조직해 놓은 문자와 숫자들을 통해서 한다……. 인간에 대한 이런 척박한 모델에서 지각한다는 것은 수동적인 과정이고 아무 목적 없이 뭔가를 아는 것으로, 활동(즉, 의도가 있는 행동)이라는 점에서 보자면 그것은 존재하지 않는 것이나 마찬가지다"(p. 3).

컴퓨터는 미리 프로그램되어 있는 대로 다양한 활동을 수행한다. 동기적인 질문들은 컴퓨터와는 무관하지만 인간에게는 다른 무엇보다 중요하다. 왜 사람들이 어떤 것을 하고, 또 행동하는가는 일상적인 삶에서도 중요한 의문점이며, 이는 심리치료에서도 마찬가지다. 컴퓨터에 비유되어 온 정보처리 접근은 이 같은 동기적 질문들을 결코 다루려 하지 않는다.

Neisser(1967)는 인지심리학에 관한 자신의 주요 작업에서 이를 인식하고 있었다. 그는 다음과 같이 언급했다. "인지심리학은 인간 활동의 특정한 부분보다는 모든 인간 활동에 관심을 기울이지만, 그 관심이라는 것은 어떤 일정한 관점에서 보는 것이다. 다른 관점들도 동등하게 적법하고 필요하다. 감각 입력보다는 동기에서 시작하는 역동심리학이 그러한 경우 중 하나다. 사람의 행동과 경험이 그가 보고 기억하고 믿는 것으로부터 어떻게 결정되는지를 묻지 않고, 대신에 역동심리학자들은 그것이 개인의 목표, 욕구, 본능에서 어떻게 연유했는지를 궁금해한다. 정상이든 비정상이든, 자발적이든 유도된 것이든, 드러나든 드러나지 않든, 깨어 있든 꿈꾸든, 어떤 활동에 대해서도 두 물음은 가능하다"(p. 4).

그래서 정보처리 이론이 인간 기능에 대한 포괄적인 관점을 제공할 수 없다는 분명한 인식이 일찍부터 있었다. 인지치료는 인지심리학과는 별개로 처음 발달했지만, 인지치료자들이 통합적인 상위이론 틀을 찾기 위해 인지심리학에 관심을 보이면서 동기 문제에 대해 간과한 경우는 과거에도 있었고, 그러한 간과는 지금도 계속되고 있는 인지치료 이론의 특징이다.

동기의 개념

인지행동 이론에서는 동기적인 개념들을 다루는 것을 일관되게 피해 왔지만, 인지행동 문헌에 그 이유가 명확하게 소개되어 있지는 않다. 동기의 개념에 대해서 언급할 때도, 중요하고 복잡한 요인의 경우 그 개념이 무엇을 의미하는지 혼란스럽다.

동기의 개념에 대한 세밀한 분석(탁월한 철학적 분석에 대해서는 Peters, 1960 참조)은 여기서 다룰 내용이 아니라고 생각하지만, 실제로 흔히 혼용되고 있는 그 용어의 두 가지 사용 예를 구분할 필요는 있어 보인다. 동기 개념이 적용되는 첫 번째 맥락은 개인의 특정 행동이 관습적인 기대에서 벗어나서 평가되고 있는 경우다(Peters, 1960).

Peters의 예를 들면, "존이 왜 길을 건너갔을까?"라는 질문을 받았을 때 타당한 한 가지 대답은 "담배를 사기 위해서."라는 것일 수 있다. 한편, "담배를 사기 위해서."라는 대답은 "존이 왜 길을 기어서 건너갔을까?"라는 질문에 대해서는 맞지 않는 대답일 수 있다. 그렇다면 두 번째 상황에서 존이 인간에 대한 규칙을 따르지 않고 목적적인 모델과 일관되게 대답을 하지 않았을 경우 그의 진짜 동기를 조사해 보는 것이 적절하다. 동기 개념을 불러일으킨 첫 번째 맥락은 개인의 행동이 관습적인 기대와는 맞지 않고 그것에 대해 제시된 이유들이 믿기 어려운 경우다.

예를 들면, 심리치료 상황에서 내담자가 상담 시간에 늦었는데 늦은 것에 대해 그가 말하는 이유가 행동에 대한 합리적이고 목적적인 모델에 비추어 납득이 잘 되지 않을 때가 종종 있다. 그러면 치료자는 내담자의 숨은 동기에 대해서 생각해 보게 된다. 인지행동 이론가들은 내담자의 설명을 말 그대로 받아들여 이해하고 싶어 하기 때문에 '진짜' 동기를 가정하는 것을 주저하고 동기라는 주제를 다루는 것을 꺼릴 수 있다.

하지만 동기 개념은 인간 행동에 대한 일반적인 설명 모델을 제공하기 위해서도 필요하다. 이런 두 번째 맥락에서의 질문에는 다음과 같은 것들이 있다. 어떤 요인이 인간 행동의 조직화에 책임이 있는가? 인간 행동의 조직화를 형성하는 다양한 힘, 목표, 욕구에는 어떤 것들이 있는가? 두 번째 맥락은 흔히 첫 번째 맥락과 상호작용한다. 개인의 행동이 관습적인 규범에서 벗어날 때, 그리고 합리적이고 규칙 선호적인 모델에 따른 설명이 만족스럽지 않을 때 우리는 그 질문에 답하기 위해서 동기에 대한 일반 이론에 귀를 기울인다.

정보처리 이론 대 동기 메타심리학

전통적인 인지이론과는 달리, 고전적 정신역동 이론에서는 동기에 관한 질문들이 이론의 중심에 있다. 행동 및 인지행동 이론가들이 동기적인 이론화를 피하는 다른 이유는 동기 메타심리학에서 주장하는 심리성적 모델, 유아 성욕이론, 무의식적인 성적 및 공격적 충동이 인간 행동에 영향을 미친다고 가정한 역할 등에 동의하지 않기 때문이다. 게다가 정신분석 공동체 안에서 일어나고 있는 동기 메타심리학에 대한 비판 및 동기 메타심리학의 지지자와 비판자들 사이에 벌어지고 있는 긴장은 정신역동 이론의 발전이란 점에서 보면 주된 창의적 변증법이었다(Greenberg & Mitchell, 1983).

따라서 동기 메타심리학이 초기에 Freud의 이론적인 테두리 안에서 이루고자 하였던 기능을 점검해 보고, 그것이 가지고 있는 문제들을 찾아보는 것이 도움이 될 것이다. Freud의 동기이론과 심리 에너지 모델은 심리적 및 생물학적 요인들이 인간의 행동을 조직하기 위해서 상호작용하는 방식을 설명하고자 개발되었다.

Greenberg와 Mitchell(1983)이 언급했듯이, Freud의 연구는 그가 인간의 심층들로 고려했던 것, 즉 인간의 생물학적 본성의 발현인 충동들, 에너지 공급을 위해 신체가 만든 욕구들, 목표들, 모든 정신 활동에 대한 그의 관심을 반영한다. 동기에 대한 그의 생각은 그가 초기에 받은 신경생리학 분야의 수련 경험이 반영된 것이며, 그가 본능 개념을 사용한 것은 정신분석을 생물학과 연결하려 한 결과다. Freud는 인간 기능의 모든 면, 성격 발달, 정신병리 등을 동기의 파생물 혹은 동기로 인한 결과물로 보았다. 그는 인간을 생물학적인 창조물로 이해하지 않고서는 인간을 결코 제대로 이해할 수 없으며, 이런 인간 기능의 근본적인 면을 다루지 않는 심리학은 피상적일 수밖에 없다고 믿었다.

동기 메타심리학 지지자들은, 무엇보다도 중요하다고는 할 수 없지만 자신들이 동기 메타심리학을 지지한다는 것이 Freud의 통찰 중 하나인 '인간이 철저히 합리적이고 규칙 선호적인 창조물이라기보다는 동물적인 열정의 지배를 받는 생물학적 유기체라는 점'을 포기하는 것을 의미하지는 않는지 우려하고 있다. 심리학적 이론화가 인간이 생물학적으로 물려받은 유전성까지 잠재적으로 소홀히 할 수 있다는 우려는 정보처리 패러다임에 대한 우리의 비난 중 일부와 맥을 같이한다.

하지만 정신분석 공동체 내부에서는 동기 메타이론의 문제점들을 찾아내어 비판하였다. 첫째, Freud에게 있어 분석의 단위는 개인이지 타인과 상호작용하는 개인은 아니다(Eagle, 1984; Greenberg & Mitchell, 1983). 인간은 본질적으로 사회적 동물이라 할 수 없다. 대신 사회는 그들 자체로 이미 완벽한 개인들에게 부과되는 것이고 개인은 사회의 보호를 수용하면서 중요한 개인적인 목표 중 상당수를 포기하는 희생을 감수한다. 이 모델에서는 대인관계 맥락 밖의 개인에 대해 언급하는 것이 가능하다.

그래서 모든 인간 활동의 기원은 결국에는 생물학적으로 유전된 본능적인 동기가 만들어 낸 요구들에서 찾을 수 있으며, 그런 기원은 사회적 맥락의 영향을 받지 않는다. 이 모델에서는 선천적인 대상은 없으며, 인간 환경과의 유대가 운명으로 정해져 있는 것도 아니다.

하지만 경험적 증거들은 그 반대로 인간은 태어날 때부터 본질적으로 대인관계적임을 시사한다. 고전이 된 Harlow(1958)의 연구가 그 한 예인데, 이 연구에 따르면 대리모에 대한 유아 원숭이의 애착은 비사회적인 본능적 동기(예: 배고픔, 갈증)에 밀리는 이차적이거나 파생물 같은 것이 아니었다. 그보다 애착은 Harlow(1958)가 접촉 위안이라 불렀던 것을 추구하는 본능적인 경향성을 기반으로 하는 것처럼 보인다.

인간 유아가 타인이 제공하는 정보에 민감하도록 생물학적으로 미리 준비되어 있음을 보여 주는 연구들도 있다. 예를 들면, Franz(1963)가 한 일련의 연구에서 유아는 다른 시각 패턴보다 사람의 얼굴을 더 선호해서 보았다. 또 다른 연구(예: Friedlander, 1970)에서는 유아가 같은 어조와 크기의 다른 소리보다 사람의 목소리를 더 선호하였으며, 살아 있는 사람의 얼굴을 볼 때, 기하학적인 형태들을 볼 때와는 다르게 응시하였다. 사람의 얼굴을 스캐닝할 때, 유아는 한 가지 특징이나 요소에 매이지 않고 전체 얼굴을 보다 유연하게 스캐닝하였다(Donee, 1973). 또한 유아는 새로운 얼굴을 스캐닝할 때, 무생물을 스캐닝할 때와는 다르게 행동하였다. 새로운 얼굴을 스캐닝할 때, 유아는 팔과 다리를 움직이고 손과 발을 더 부드럽게 조절해서 폈다 쥐었다 했으며 덜 움찔하였다. 또 유아는 더 많은 발성을 보였다(Brazelton, Koslowski, & Main, 1974).

더 놀라운 결과는 생후 2~3일 된 유아가 실제 사람의 얼굴에 나타난 미소, 찡그림, 놀람 표정을 구분하고 모방할 수 있었다는 점이다(Field et al., 1982). 이는 유아가 다양한 정서와 연합되어 있는 얼굴의 특징 및 표정들을 탐지하고 구별하는 선천적인 능력이 있음을 시사한다.

끝으로, 사건과 사물에 대한 경험을 의식적으로 공유하려는 것으로 정의될 수 있는 상호주관성에 관한 연구(Trevarthan & Hulbley, 1978)는 유아가 언어 능력이 발달하기 전에도 다양한 주관적 경험을 추구하고 이를 타인과 공유할 수 있음을 보여 준다. 아주 어린 나이의 유아일지라도 엄마가 보여 주는 주의의 초점을 공유할 수 있음을 보여 주는 증거들이 있다. 예를 들면, Murphy와 Messer(1977)의 연구에서는 9개월 된 유아가 뭔가를 가리키는 엄마의 손끝에서 엄마가 가리키는 대상으로 응시의 초점을 옮겼는데, 이는 아주 어린 유아라도 엄마의 가리키는 몸짓 이면에 있는 주관적인 의도를 감지할 수 있음을 시사한다. 다른 연구는 심지어 더 어린 유아가 엄마가 머리를 돌릴 때 엄마의 시선을 따라갈 수 있음을 보여 주었다(Scaife & Bruner, 1975).

또 다른 흐름의 연구는 9개월이 막 넘은 유아가 의도와 기대를 민감하게 이해하고 소통할 수 있음을 보여 준다. 예를 들면, Dunn(1982), Dunn과 Kendrick(1979, 1982)은 어린 유아가 자신보다 나이가 많은 아동들과 농담을 나누는 것을 관찰하였다. 세 살 된 아이와 한 살 된 아이가 개인적인 농담을 하면서 갑자기 웃기 시작했는데 아무도 그 이유를 알 수 없었다. 이런 경험은 직접적인 언어적 소통 없이도 타인의 심적 상태와 의도를 이해하고 나눌 수 있는 능력이 있어야 가능하다.

축적된 증거들은 인간이 태어날 때부터 대인관계적인 창조물임을 지지한다. 동기이론은 이 점을 제대로 설명하지 못하기 때문에 문제가 있다.

동기 메타심리학에 대한 두 번째 우려는 그것이 기계적인 이론이어서 의미를 중시하는 심리학과 양립하기가 어렵다는 점이다. 정신 에너지, 리비도적 고착(libidinal cathexis), 항상성 원칙 같은 Freud의 개념들은 물리학과 수역학적 비유를 사용한 것들이다. Gill(1976)이 언급했듯이, 동기 메타심리학은 힘, 에너지, 구조에 대한 자연과학적인 관점 안에서 개념화되었으며, 이들은 의도와 의미를 다루는 심리학적 주제와는 자연적인 관련이 없다. 동기 메타심리학은 심리학의 자료를 동시대(Freud가 살고 있던)의 물리학과 화학에서 언급되던 것들에 비유해서 개념화하려는 시도로 일면 이해될 수 있다(Sulloway,

1979). Freud는 자신의 개념들을 적합하면서도 수용 가능한 과학적 용어들로 개념화하려고 노력했으며, Fechner, Helmholtz, Herbart 같은 자연과학 분야의 이론가들이 만들어 놓은 이론적 개념들을 빌려 왔다. 이 같이 자연과학의 지식을 응용하는 것은 오늘날 인지치료자들이 보다 정교한 인지과학의 성과물들을 빌려 오는 것과 별반 다르지 않다.

현재의 시각으로는 Freud의 생각이 낡은 과학적 관점의 영향을 받은 것이긴 하지만, 그렇다고 해서 생물학과 심리학의 연결점을 이해하려던 그의 노력이 근본적으로 잘못되었다는 것은 아니다. 우리가 주장했듯이, 인지치료자들이 인지심리학의 메타이론적 관점을 차용해 쓸 때 발생할 수 있는 심각한 문제 중 하나는 생물학적 유산에 대한 고려가 소홀해질 수 있고 행동의 목적적이거나 동기적인 면들을 간과할 수 있다는 점이다.

동기에 대한 대안적 접근

앞에서 심리치료 이론에 동기 개념을 접목할 때 우려되는 두 가지 문제를 살펴보았다. 첫째는 임상적인 것으로, 내담자의 주관적 경험을 무시하고 내담자의 기저 동기를 가정함으로써 잠재적으로 임상 실제에서 해를 끼칠 수 있다는 점이다. 둘째는 이론적인 것으로, 고전적인 정신역동 이론에 뿌리를 두고 있는 동기이론이 갖고 있는 문제들에 관한 것이다. 하지만 관련이 있어 보이는 심리학의 두 영역에서 이룬 최근의 이론적 및 경험적 발전들은 동기적인 문제들을 새롭게 개념화할 대안을 제공하고, 이 대안은 인지·대인관계적 관점과 보다 일관되며 기계적이지도 않다. 그 첫 번째 영역은 애착이론 (Bowlby, 1969, 1973)이고, 두 번째 영역은 정서이론에서 최근에 이루어진 이론적·경험적 발전들로 구성되어 있다(Greenberg & Safran, 1987, 1989; Izard, 1971; Lazarus, 1971; Lang, 1983; Leventhal, 1984; Safran & Greenberg, 1986, 1989).

Bowlby(1969)는 애착이론으로 발달심리학의 이론과 연구에 20년 넘게 많은 영향을 주었지만, 임상적인 이론과 연구에 대한 그의 영향은 최근에야 주목받고 있다. 대인관계 이론과 대상관계 이론의 인기가 날로 높아지면서, 경험적인 접근을 지향하는 정신분석 이론가들이 애착이론 및 그와 관련된 경험적인 결과들에 관심을 보이기 시작했다. 이는 현재 정신분석적 사고를 경험에 근거한 개념들과 연결하려는 시도로도 간주된다 (예: Eagle, 1984; Stern, 1985).

대인관계적 관점에 대한 인지이론가들의 관심은 그보다는 늦었다. Guidano와 Liotti (Guidano, 1987; Guidano & Liotti, 1983; Liotti, 1988), Mahoney(1985)와 Perris(1989) 등의 인지이론가들은 인지 과정의 발달을 대인관계 맥락 내에서 이해하는 것이 중요하다고 여기고 애착이론의 이론적 발전들을 받아들였다. Bowlby의 일반적 접근은 동시대의 행동생물학과 정보처리 과정에 대한 인공지능적 사고에 기반을 두고 있으며, 이런 그의 접근은 동기적인 문제들을 개념화할 수 있는 포괄적 관점을 제공한다. 그렇기 때문에 Bowlby의 접근은 인지이론에서는 다루지 않았던 중요한 문제들을 대면하지만, 동시대의 인지이론과 양립 가능한 인간 동기에 대한 하나의 관점을 제공한다.

행동양식과 행동 체계

생태학자들이 발전시켜 놓은 개념들을 기반으로 해서, Bowlby(1969)는 자연의 선택 과정에서 인류에게 내장되어 내려온 행동 양식들로 기본적인 일련의 사회 행동 기저에 있는 구조를 이해하는 것이 개념적으로 유용하다고 제안하였다. 그는 생물학적으로 내장되어 있는 행동 양식을 고정행동 양식(fixed-action patterns)과 설정목표 양식(set-goal patterns)의 두 가지로 구분하였다. 고정행동 양식은 매우 정형화되고 구조화된 동작 양상을 보이는데, 일단 시작되면 전형적인 순서를 따라서 진행된다. 이런 유형의 행동 양식들은 개체발생적으로 볼 때 하등의 종에서 흔히 보이며 생태학자들이 주로 연구하였다. 큰가시물고기의 짝짓기 행동(Tinbergen, 1953)이나 흰뺨오리의 구애 행동(Dane, Walcott, & Drury, 1959)이 그 예다.

설정목표 양식은 좀 더 복잡하고 덜 정형화되어 있으며 인간이나 다른 고등동물들에서 흔히 발견된다. 설정목표 양식의 경우, 행동 양식의 구체적인 목표가 생물학적으로 내장되어 있으며 시스템이 구체적인 행동과 행동들의 결합을 큰 레퍼토리에서 계속해서 선택하고, 이 과정은 목표에 도달할 때까지 계속된다. 이러한 설정목표 양식은 목표교정 체계(goal-corrected systems)로 불릴 수 있는데, 그 이유는 시스템이 목표를 추구할 때 유기체가 받는 지속적인 피드백이 구체적인 행동 선택에 영향을 주기 때문이다. 많이 진화된 종, 특히 인간의 경우에는 본능적인 행동이 생물학적으로 미리 내장되어 있는 목표를 향하도록 기능하지만, 그것은 비교적 유연한 편이다. 유기체가 복잡할수록 생물학적으로 내장되어 있는 목표를 추구할 때 인지 기능이 다양한 일련의 행동과 행동 체계를 조직하고 협응하기 위해서 더 많은 역할을 한다.

내장되어 있는 행동 양식은 크기가 다른 단위들로 개념적으로 조직될 수 있다. 어떤 것은 비교적 작고 구별되는데, 사람의 표정에 대해 6~8주 된 유아가 보이는 미소 반응(Spitz, 1946)이 그 한 예다. 이러한 비교적 단순한 행동 체계는 특정한 자극 형태에 의해 촉발되고 상당히 짧은 시간 동안 활성화되었다 멈춘다. 다른 행동 체계들은 보다 복잡한데 수많은 작고 단순한 행동 단위가 긴 시간에 걸쳐서 협응한다.

애착 행동은 보다 복잡한 행동 체계의 한 예다. 그 외에 짝짓기 행동, 탐색 행동, 돌봄 행동 등도 복잡한 행동 체계에 해당된다. 애착 행동은 대인관계적 관점에서 볼 때 특히 중요하며, 다음 절에서 이에 대해 자세히 다루고 있다.

애 착

애착 행동은 인간에게 있어 중요한 기본적인 설정목표 양식이다(Ainsworth, 1982; Bowlby, 1969, 1973, 1980; Stern, 1985; Stroufe, 1979). 애착 행동은 유아와 주 양육자 간에 근접성을 유지하게 하는 특별한 생물학적 기능을 한다. 유아가 주 양육자와 멀어지면 많은 특정 행동 체계가 활성화되면서 그들 사이의 거리를 줄여 근접성을 유지하도록 돕는다. 유아의 울음과 미소 같은 것은 양육자가 유아를 향하게 하는 행동의 한 예다. 유아가 엄마에게 가도록 하는 행동들도 있는데, 가령 달라붙어 따라다니는 것(clinging and following)이다(Bowlby, 1963).

다른 내장된 행동처럼, 애착 행동은 종의 생존을 돕는다. 인간과 다른 고등동물은 태어났을 때 무기력하기 때문에 양육자에게 오랫동안 절대적으로 의존해야 하는데, 애착 행동은 유아의 신체적 안전과 기본적인 신체적 욕구의 만족을 보장해 주는 중요한 역할을 한다. 게다가 인간 유아는 생존에 필요한 기본적인 생활 기술을 학습하기 위해 성인에게 의존해야 하므로 주 양육자와 근접성을 유지하는 것은 아주 중요하다.

애착 행동이 분명히 유아의 발달에 중요한 역할을 하지만, 그것은 유아기에만 제한된 것은 아니며 형태만 바뀌어서 전 생애에 걸쳐서 계속된다. 타인과 근접성을 유지하는 것은 성인에게도 생존을 돕는 중요한 기능을 한다. 특히 고립은 약탈자나 자연재해의

위험에 더욱 취약하게 만들기 때문에, 그런 환경에서 살아남기 위해 타인과 가까이 있
는 것은 진화적으로 볼 때 적응적인 행동이다.

정서 및 행동 체계

   전통적인 인지행동 이론에서 보면, 정서는 인지후(postcognitive) 현상으로 간주된다.
정서에 대한 전통적인 인지행동치료는 불안과 우울 같은 부정적인 정서 상태에 초점
을 두며 정서 통제를 돕는 기법의 개발을 강조한다. 하지만 생물학적으로 특별한 역할
을 하고 있는 정서에 대해서 통합적으로 이해하려는 노력은 부족하다. 최근에야 인지
이론가들은 정서에 대한 개입에서 그동안 간과되었던 이 부분에 관심을 기울이고 있다
(Greenberg & Safran, 1984, 1987, 1989; Safran & Greenberg, 1986, 1987, 1991; Guidano, 1987;
Guidano, 1991; Mahoney, 1983).
   정서가 본질적으로 행동 성향이나 행동 체계와 연결되어 있음이 점차 수용되고 있으
며 경험적 증거들도 이를 지지한다(Greenberg & Safran, 1987; Safran & Greenberg, 1986). 정
서에 대한 이 같은 관점은 Bowlby(1969)와 다른 정서 이론가들(예: Arnold, 1960, 1970;
Izard, 1971; Plutchik, 1980; Tomkins, 1962)에 의해서는 이미 인식되고 있었지만, 동시대의
인지 정보처리 이론을 기반으로 해서 다양한 정서 이론가들에 의해 보다 철저히 정교화
된 것은 최근이다(Buck, 1980; Frijda, 1988; Lang, 1983; Leventhal, 1984). 이런 관점은 인지 정
보처리 과정에 관한 지식과 정서에 관한 생물학적·진화적 관점을 통합하려는 노력이
며, 환경과 상호작용할 때 일어나는 생물학적으로 내장된 자기에 관한 정보의 한 형태
로 정서를 고려한다.
   크기와 복잡성이 다른 행동 체계들이 적절한 활성화 조건에서 촉발될 때, 특정 방향
으로 행동하게 하는 유기체의 준비성 정보가 정서 경험을 통해 주관적으로 연속해서 처
리된다. 특정 정서 상태는 특정 행동 성향과 연결되어 있다. 예를 들어, 분노는 비난이나
폭행을 당하는 상황에서 경험되며 자기보호적이고 보복적인 행동과 연합되어 있다. 공
포는 상황을 위험하다고 평가할 때 경험되며 경계하고 도피하는 행동과 연결된다. 그리
고 사랑은 친화 행동과 연결되어 있다. 정서 경험의 핵심은 자연적인 선택 과정을 거쳐
서 생물학적으로 내장된 행동 체계와 연합되어 있는 조직화된 표현–운동 행동들로 구

성되어 있다.

정서는 인간 체계의 준비성을 지속적으로 읽어 내어 특정한 유형의 행동을 하도록 하거나 다양한 행동 체계를 실행시키는 중요한 적응적인 기능을 한다(Leventhal, 1984). 이런 읽어 내기는 고차적인 인지 과정으로, 이 과정을 통해서 행동 체계를 실행시키는 결정이 이루어지고 이런 체계 사이를 조율하는 방법도 결정된다. 따라서 정서 과정은 다양하고 복잡한 내장된 행동 체계들과 고차적인 대뇌 과정 및 집행 기능들을 통합하고 조율하는 수단을 제공한다(Greenberg & Safran, 1987; Leventhal, 1984;Safran & Greenberg, 1986). 활성화를 위한 행동 체계의 판독에 더해서, 정서는 설정목표 행동 체계가 활성화된 후에 행동 체계가 목표를 향해서 잘 작동하고 있는지를 지속적으로 판독해 준다.

인간 유기체의 기본적인 정서 경험 구조는 유전적으로 내장되어 있지만, 개인의 정서 경험의 독특성은 그가 처한 환경이 다르고 그로 인한 학습 경험이 다른 것에서 비롯된다. 따라서 정서는 생물학과 학습의 복잡한 융합물이고, 내장된 행동양식이며, 복잡한 상징적 과정이다. 이런 융합이 일어나는 과정을 상세히 살펴보는 것은 이 책의 범위를 넘어선다. 하지만 관심 있는 독자는 Greenberg과 Safran(1987), Safran과 Greenberg(1991)의 서적을 참고하기 바란다.

행동 체계들의 협응

우리는 때로 불가피하게 행동 체계나 성향들이 갈등을 일으키는 상황에 놓인다. 예를 들면, 탐색 행동을 일반적으로 활성화하는 자극에 가까이 있음에도 처한 환경은 위험한 것으로 평가되는 경우가 있다. 또는 공격 행동과 애착 행동을 모두 활성화하는 상황에 처할 수도 있다. 개인이 갈등을 일으키는 행동 체계나 성향들을 조정하는 방식은 개인적인 정체성 발달에 중요한 역할을 한다.

Sullivan(1953)의 이론에서처럼, 만족 욕구와 안전 욕구 사이에는 연속적인 긴장이 존재한다. 그에 따르면, 인간이라는 종의 발달에 있어서 만족 욕구는 안전 욕구보다 계통발생학적으로 우선시되는데, 거기에는 배고픔, 성욕, 자기보호 등의 기본적인 생물학적 욕구들이 포함된다. 안전 욕구는 대인관계를 위해 내장되어 있는 성향이다.

이런 생물학적으로 내장된 행동 체계들이 최종적으로 통합되어 표현되는 특정한 방식은 개인의 사회학습 경험에 따라 결정되며, 이런 사회학습 경험은 대인관계를 유지하려는 타고난 성향의 영향을 받는다. 따라서 아이들은 애착 대상과의 관계를 유지하는 과정에서 정서적 및 행동적 레퍼토리들을 통합하는 것을 배운다. 예를 들면, 어떤 아동은 의존성과 연합되어 있는 행동 체계의 제대로 된 활성화를 억제하고, 연합된 혐오감을 경험하도록 학습되었을 수 있다. 장난스럽고 성적으로 비치는 행동이 타인으로부터 따뜻한 반응을 끌어낸다고 학습한 아동은 대인관계를 유지하기 위해서 유혹적으로 행동할 수 있다. 이 두 예에서처럼 애착 과정은 특정한 형태로 행동 체계의 협응을 만들어 낸다. 따라서 인간 유기체의 내장된 기본적인 행동 구조를 완성하고 정교화하는 것은 사회학습 경험이다. 인간 유기체는 특정 생태학적 환경에 맞는 자연적인 진화와 적응 과정을 거치는데, 사회학습 경험을 거쳐서 보다 심층적인 프로그래밍을 경험하도록 생물학적으로 프로그램되어 있다.

애착 대상의 영향에 대한 인간 유아의 수용성과 민감성은 생존을 위해서 대단히 중요하지만, 역설적이게도 이는 병리적인 발달의 불씨가 될 수 있다. 적응적인 사회학습 경험은 유아가 건강하고 적응적인 방식으로 다양한 행동 구조를 정교화 · 활성화하며 통합하는 것을 배울 수 있는 꼭 필요한 기회를 제공한다. 하지만 부적응적인 사회학습 경험은 그 반대로 행동 레퍼토리를 빈곤하게 만든다.

일생에 걸쳐서 개인의 애착 체계는 다른 행동 체계들이 정교화되고 통합되며 표현되도록 정확히 매개한다. 이런 매개는 다른 행동 체계들로부터 온 정보를 처리할 때 어떤 규칙을 적용할 지를 선택하는 데 주로 영향을 미침으로써 일어난다. 따라서 애착 체계는 유기체의 주된 동기 체계로 기능하는 정서 발달을 매개하는 데 핵심적인 역할을 한다(Greenberg & Safran, 1987).

자기에 대한 주관적인 경험의 핵심 특징은 다양한 학습 경험을 거쳐서 행동 체계들과 연합된 정서들이 조직되고 구조화된 독특한 방식이다. 역으로, 자기감(sense of self)은 내적 경험에 대한 심리적 구조로, 미래의 경험과 행동을 형성하는 것으로 간주될 수 있다. 이런 이유로 자기가 구조화되어 있는 방식에 대한 자세한 이해는 정상적인 발달과 병리적인 발달 모두를 이해하는 데 유용하다.

자기의 발달

자기는 불변하는 자각 양식으로, 이를 통해서 심리적 과정이 조직화된다(Stern, 1985). 그것은 조직적인 주관적 경험을 제공하는데, 이는 응집되고 통일된 느낌을 지각할 수 있게 해 준다. 조직적인 자기감이 없다면 감각 경험들은 파편화되고 통일성이 없으며, 자기와 타인 사이 또는 자기와 다른 세상 사이에 구분이 없어질 것이다. 게다가 자기감이 없으면 시간적인 연속성을 경험하기 어렵기 때문에 경험을 조직화하는 구조도 없어진다(Guidano, 1987; Hartman & Blankstein, 1986; Markus, 1977). 이런 이유로, 인지 과정이 구조화되고 조직되는 방식과 그것들이 어떻게 변화되는지를 잘 이해하기 위해서는 자기가 발달하는 방식을 이해하는 것이 필수적이다.

불변치들을 탐색해서 경험을 조직하는 능력은 생존에 필수적이기 때문에, 자기감의 발달은 인지 발달에서 핵심적인 역할을 한다. Stern(1985)은 핵심적인 자기감을 위해 중요한 네 가지 경험적인 불변치가 있다고 주장하였다. 그것은 주체성(agency 혹은 authorship of action), 자기일관성(self-coherence), 자기정서성(self-affectivity), 자기력(self-history)이다.

Stern(1985)에 따르면, 주체성은 핵심 자기경험의 가장 기본적인 불변치로 운동 행동에 선행하는 의지와 행동이 초래할 결과에 대한 예측으로 구성된다. 이러한 기본적인 작용주체감(sense of agency)이 없다면, 개인은 생존을 위해 세상을 조작하는 것을 배울 수 없을 것이다.

자기일관성은 다른 감각, 운동, 개념적 경험을 단일한 자기감으로 조직하고, 그것이 파편화되어 있지 않으면서도 경계를 가지고 있는 신체적 전체(physical whole)이자 통합된 활동의 소재지라는 느낌을 갖게 해 준다. 자기일관성의 이러한 감각이 없으면 개인의 경험은 파편화되고 비인격화될 것이다.

자기정서성은 다양한 감정 상태로 구성된 조직화된 경험으로, 각각의 감정 상태는 외부 사건들의 특징적이고 일정한 배열과 연합되어 있다. 개인은 특징적이고 일정한 자기자극에 감응하는 피드백을 경험하고 각각의 정서 상태에 대한 주관적인 경험을 갖는다. Stern(1985)에 따르면, 자기정서성은 상위의 자기불변성(self-invariance)이다. Emde (1983)의 주장에 따르면, 정서 경험별로 다른 기본 구조가 인간 유기체 안에 미리 내장되어 있고 이는 시간이 지나도 불변하기 때문에, 개인이 다르게 변하더라도 정서 경험은 자기의 연속성을 경험하는 데 있어서 중요한 역할을 한다.

끝으로, 자기력은 시간상에서 경험의 연속성을 보장해 준다. 만약 자기력이 없으면 학습은 거의 불가능할 것이다. 자기력감(sense of self-history)은 학습이 일어나고 시간상에서 경험이 조직되도록 하는 데 필수적이지만, 자기감의 이런 면이 또한 역기능적인 학습이 일어나도록 허용하기도 한다. 과거에 형성된 틀 안에서 경험을 이해함으로써 주관적으로 자각하는 내용들이 제약을 받으며, 이런 식으로 새로운 학습이 거부되거나 방해받을 수 있는 것이다.

어떤 요인이 자기지식의 발달을 매개하는가? Sullivan(1953, 1956)이 중요하다고 제안한 하나의 요인은 불안이다. 그는 불안이 자신에 대해서 좋게 느끼는 경험에 역으로 관련되는 해로운 긴장이며, 이런 경험은 대인관계를 통합하지 못할 때 일어난다고 주장하였다. Sullivan은 불안과 대인관계 통합 결여의 관계에 대해서 아주 정교한 설명은 내놓지 못했다. 당시에 그는 오늘날 우리가 알고 있는 애착 행동 및 정서 발달에 대한 이론과 연구들을 접할 수 없었다. 오늘날 발전한 지식을 참고해서 보자면, 불안은 잠재적으로 유기체에게 위협이 되는 뭔가에 대한 생물학적으로 미리 내장된 피드백의 한 형태로 보는 것이 적절해 보인다.

Bowlby(1969)의 주장처럼, 모든 종의 동물은 잠재적으로 위험해 보이는 사건들을 예견하는 자극 상황에서 불안을 느끼도록 유전적으로 결정되어 있다. 타인과 가까이 있는 것은 인간 종의 생존을 위해서 아주 중요하기 때문에(특히 무기력한 영아는 양육자에게 매 순간 의지해야 생존할 수 있다), 대인관계가 끊어질 위기를 직감했을 때 자동적으로 불안 반응이 일어나는 것은 그리 놀랍지 않다.

Sullivan(1953, 1956)에 따르면, 우리는 타인의 평가들을 내재화해서 자기의 개인적 특징들을 경험한다. 중요한 타인이 가치를 매긴 이런 특징들은 자기의 인격으로 자리를 잡게 된다. 이때 긍정적으로 평가된 부분을 Sullivan은 '좋은 나(good me)'라고 일컬었다. 만약 중요한 대인관계를 일부 손상시킨 경험이나 특징이 있다면 그것은 어느 정도의 불안을 일으키고 자신을 부정적으로 보게 하는데, 이는 '나쁜 나(bad me)'로 일컬어진다.

'좋은 나'와 '나쁜 나'라는 연속체의 극단에는 과거에 경험한 중요한 타인과의 심각한 관계 손상과 연합되어 있는 경험, 감정, 특성들이 자리하고 있다. 이런 경험들과 연합된 강한 불안 때문에 외적 경험(타인의 반응)과 내적 경험(생각과 감정)에 대한 정보처리가 방해받게 되고, 그 결과 관련 정보는 기억 속에 잘 부호화되지 않게 된다. 이런 이유로 극단적으로 심한 불안과 연합된 경험 및 특징들은 다른 정보와 기억 속에 통합되기 어렵고 자기의 일부로서 인지적으로 표상되기도 어렵다. 그래서 Sullivan(1953, 1956)은 이 같은 경험과 특징들을 '내가 아닌 것(not me)'이라 일컬었다.

정서 조율에 관한 연구(Stern, 1985)는 애착 대상과의 상호작용이 개인의 주관적인 자기감 발달에 어떤 결정적인 역할을 하는지를 추가적으로 알려 주었다. 정서 조율은 엄마가 유아가 경험한 정서의 질적 상태를 표현하는 행동이나 소통을 할 때 일어나는데, 이때 엄마는 유아의 행동이나 발성을 그대로 따라 하지는 않는다. 예를 들면, 9개월 된 여아가 장난감을 보고 흥분해서 '와!'라고 외치면서 엄마를 보았다. 엄마는 어깨를 으쓱하면서 상체를 춤을 추듯이 흔들었다. 이런 엄마의 반응은 여아의 발성에 담겨 있는 흥분과 감정적 톤을 반영해 주는 행동이다. 또 다른 예로, 9개월 된 남아가 부드러운 장난감을 자신의 손으로 리듬을 타며 두드렸고 엄마는 '바~방, 바~방' 하고 유아의 두드림에 리듬을 맞춰 소리로 반응하였다(Stern, 1985).

이러한 예들에서 알 수 있듯이, 엄마는 유아가 경험한 내적 정서 상태를 포착해서 유아에게 반응하고 있었다. 엄마의 행동이 유아의 행동이나 발성을 정확히 모방한 것이 아니라는 점은 엄마가 단지 표면적인 행동을 따라 하기보다는 공감 과정을 통해서 유아의 주관적인 내적 상태에 조율하고 있음을 시사한다.

Stern과 동료들(1985)은 또한 엄마가 잘못 조율된 반응을 하도록 지시를 받으면 어떤 일이 일어나는지를 살펴보았다. 엄마가 유아의 정서 경험에 조율된 반응을 하면, 유아는 아무 일도 없었던 것처럼 하던 놀이나 활동을 계속하였다. 하지만 엄마가 유아의 내적 경험과 맞지 않는 조율 반응을 하도록 지시받고 그것을 수행했을 때, 유아는 불일치를 알아차리고 놀라서 하던 행동을 멈추는 반응을 전형적으로 보였다. 이어서 엄마가 정상적으로 조율된 반응을 보이도록 지시를 받고 그것을 수행하면 유아는 자신의 정상적인 반응으로 다시 돌아가는 모습을 보였다.

끝으로, Stern(1985)과 동료들은 정서 조율 반응들을 녹화해서 아이 엄마에게 보여 주고 정서 조율에 대해서 물어봤을 때 엄마들이 흔히 자신의 행동에 대해서 충분히 자각하고 있지 않음을 발견했다. 하지만 행동을 주목하도록 하고 정서 조율 반응을 한 이유를 물었을 때, 전형적인 반응은 엄마들이 아이와 '함께 있고 함께 나누며 아이의 경험에 동참하기'를 원한다는 것이었다.

   정서 조율에 관한 연구는 그것이 유아의 자기 발달에 중요한 역할을 하는 또 다른 중요한 과정을 보여 주기 때문에 흥미롭다. 즉, 정확한 정서 조율은 유아가 타인과 공유할 수 있는 형태의 경험으로 자신의 내적 감정 상태를 인지하도록 돕는다. 반대로, 잘못 조율된 감정 상태는 소통 가능한 인간 경험으로 제대로 경험될 수 없을 것이다. 따라서 다양한 이유(공감 능력의 결여 같은)로 구체적인 감정 상태를 일관되게 잘못 조율하는 부모를 둔 유아들은 관련된 감정이나 정서들을 소통 가능한 경험의 일부로 결코 발달시킬 수 없을 것이다. 더불어 관련된 경험들과 행동 체계들은 유아의 자기감의 일부로 온전히 자리 잡지 못할 것이다. 그리고 다양한 중요한 발달적 목표들(예: 친밀감, 자율성, 탐색)의 추구가 차단될 것이다.

   또 다른 흐름의 발달 연구는 초기 관계가 유아의 자기감 발달에 영향을 미치는 방식들에 대한 보다 확실한 증거를 보여 준다. 이 연구는 영아가 애매한 상황에서 어떻게 느껴야 하는지에 대한 이차 평가를 위해서 모의 정서 상태를 '살핀다(read)'는 것을 보여 준다. 애매한 상황(예: 매력적인 장난감이 시각절벽을 가로질러 기어오도록 유혹할 때)에 처하면, 유아는 엄마를 쳐다보고 엄마 얼굴에서 정서적 내용을 읽을 것이다. 실험자가 엄마에게 미소를 짓도록 지시하면 유아는 가로질러 갈 것이지만, 엄마에게 공포에 질린 표정을 짓도록 지시하면 유아는 시각절벽 뒤로 물러나며 당황해할 것이다(Campos & Sternberg, 1980; Emde & Sorce, 1983; Emde et al., 1978; Klinnert, 1978; Klinnert et al., 1983). 이런 연구들은 언어 능력이 발달하기 전에는 공감 과정을 통해서 엄마와 유아가 미묘한 정서 상태를 소통한다는 Sullivan(1953)의 주장을 지지한다. 또한 이 증거는 중요한 함의를 갖고 있는데, 그것은 애착 대상이 정서 상태를 인정하거나 부정하는 소통을 유아와 민감하게 할 수 있으며 이런 비언어적 소통은 유아가 일련의 경험을 자기의 수용할 수 있는 부분으로 볼지 아니면 자기의 부정적인 부분으로 볼지, 혹은 자기와는 완전히 무관한 것으로 볼지를 결정하는 데 중요한 영향을 미칠 수 있다는 점이다.

   관련된 마지막 증거는 엄마와 유아 양자 간의 정서적 소통에서 나타나는 실패와 회복에 관한 연구에서 얻은 것이다. 정상적인 엄마와 유아 양자 관계에서 상호작용은 흔히 엎치락뒤치락한다. 엄마가 아이의 정서 경험에 잘 조율해서 정서적으로 일치하는 시기들이 있는가 하면 엄마가 유아의 정서 경험에 잘못 조율하거나 부정적인 정서로 반응해서 정서적으로 어긋나는 시기들도 있다(Tronick & Cohn, 1989). 유아가 자신의 정서에 잘못 조율되었거나 부정적인 반응을 접하면 이차 정서 상태가 일어난다. 예를 들어, 유아

가 자율성 추구라는 목표가 방해를 받았고 그 방해는 극복될 수 있다고 평가하면 유아
는 분노 반응을 보일 것이다. 만약 유아가 친밀감을 추구하는 목표가 방해를 받았고 그
방해가 극복될 수 없다고 평가하면 유아는 슬픈 반응을 보일 것이다.

정상적인 엄마와 유아 양자 관계라면 조율이 잘못되거나 실패한 상호작용과 복구적
인 상호작용이 연속해서 일어난다. 이런 경험은 유아가 관계의 손상이 복구될 수 있으
며 부정적인 정서 경험은 긍정적인 정서 경험으로 바뀔 수 있다는 기대를 갖게 하는 데
기여한다. 유아는 자신은 유능하며 양육자는 신뢰할 수 있다는 표상을 발전시켜, 스트
레스에 당면하더라도 관계의 결속을 유지할 수 있게 된다.

역기능적인 양자 관계에서는 그런 표상이 형성되어 있지 않아서, 그들은 스트레스 상
황에서 관계의 결속을 유지할 수 없다. 게다가 대인관계에 대한 위협 때문에 잘못 조율
된 일차 정서나 이차 정서 혹은 둘 다를 경험하는 데 어려움을 보일 수 있다. 7장에서도
살펴보겠지만, 이 점은 치료 중에 일어나는 작업 동맹 문제 및 그것을 해결하는 과정과
관련해서 중요한 함의를 갖는다.

요약하면, 자기 발달이 매개되는 세 가지 가능한 대인관계 과정이 있는데, 그것은 불
안에 대한 공감적 전달, 정서적 조율과 조율 실패, 타인의 정서 상태 읽기다. 이러한 대
인 간 과정은 치료 중에 내담자의 자기감에 변화를 가져온다. 우리는 이런 과정이 Stern
(1985)이 가정했던 자기의 모든 경험적 불변치의 발달을 가져온다고 본다. 자기의 일부
로 표상된 특정한 정서 경험들은 개인의 자기정서성의 성격에 영향을 미친다. 개인적인
자기주체감은 가능한 자기표현 영역 안에 표상되어 있는 관련된 행동 체계 양식에 의해
채색된다. 그리고 그렇게 표상되어 있는 것들은 의도를 가진 것으로 경험된다. 하지만
다른 것들은 그렇지 않다.

발전적인 상호작용은 내적 및 외적 경험을 충분히 통합하는 데 기여하며 이는 통일성
있는 자기감을 갖도록 촉진한다. 반대로, 강한 불안이나 미흡한 정서 조율은 반복해서
경험할 경우 파편화된 자기감을 갖도록 할 수 있다. 극단적인 경우에는 경계선적 상태
나 다중 성격 증후군을 보일 수 있다. 끝으로, 중요한 타인과의 반복된 유사한 경험(예:
한 유형의 정서는 조율해 주지만 다른 정서에는 그렇지 못한 경우)은 시간이 지나면서 연속성
과 자기력에 대한 안정감을 가져다준다. 우리가 볼 때, 자기력에 대한 안정감은 인지 및
대인관계 과정을 통해서 스스로 유지되는 경향이 있다.

기억과 자기지식

기억 체계는 자기경험의 다양한 측면(즉, 주체성, 정서성, 통일성, 시간적 연속성)이 하나의 조직적인 주관적 관점으로 통합되는 매개물이다.

최근들어 심리도식이라는 개념이 기억이론에서 중요한 역할을 하고 있다(Alba & Hasher, 1983; Hasher & Zacks, 1979). 심리도식은 구체적인 사건에 노출되는 과정에서 마음속에 일어나는 일반적인 인지적 표상으로 정의될 수 있다(Bartlett, 1932). 이런 일반적인 지식구조는 정보처리와 행동 과정 모두를 안내한다. 이 분야에서 일하는 대부분의 사람은 통일된 심리도식 이론이 없으며 그보다는 기억 효과와 관련되어 보이는 일련의 경험적인 발견들이 있다는 데 동의한다. 이 발견들은 심리도식 형성 과정에 관한 Bartlett의 최초 제안과도 일관된다. 임상이론과 사회인지 연구에서 가장 많은 관심을 받고 있는 하나의 구성 개념인 심리도식은 자기심리구조(self-schema)다. 두 분야에서 동일한 용어를 쓰고 있지만, 그것이 사용되는 방식에서는 비일관적인 면이 있다.

예를 들면, 사회인지 문헌에서는 전통적으로 자기심리구조가 과거 경험에서 가져온 자기에 대한 '인지적인 일반화들(cognitive generations)'로 정의되고 있는데, 자기심리구조는 사회적 경험 속에서 자기 관련 정보를 조직하고 처리 과정을 안내하는 역할을 한다(Markus, 1977).

하지만 인지행동 문헌에서는 심리도식을 자기가치 수반성(contingency)으로 보는 경향이 있다(Kuiper & Olinger, 1986). Beck과 동료들이 이런 관점을 지지하는 주된 인물들이다(Beck, 1967; Beck et al., 1979). 이들은 심리도식을 자기평가 과정을 이끄는 무언의 규칙으로 본다. Beck의 모델에 따르면, 우울한 사람의 자기심리구조는 경직되고 역기능적인 태도이며 자기가치를 평가할 때 수반되어 작동한다. 예를 들면, "내가 한 인간으로서 가치가 있으려면 내가 하는 모든 일을 완벽하게 할 수 있어야만 해."라는 무언의 규칙 혹은 신념은 우울한 개인이 갖고 있는 자기심리구조의 중요한 한 면이다.

자기심리구조를 자기가치 수반성으로 보는 것은 가치감에 대한 개인의 주관적인 지각을 결정하는 과정이 임상적으로 매우 중요하기 때문에 더 많은 임상적 관심을 받는다. 하지만 개념적으로 보자면, 이런 시각이 인지심리학 내의 심리도식 이론에 어떻게 적용될지는 불분명하다. 경험에 대한 일반적 표상과 자기를 평가하는 규칙 간의 이론적인 연결이 조명될 필요가 분명히 있다(Safran, 1986).

자기심리구조를 자기에 대한 인지적 일반화로 보는 Marcus(1977)의 정의는 인지심리학의 심리도식 연구와 보다 밀접히 관련된다. 하지만 Marcus와 Nurius(1986)는 자기심리구조에 대한 사회인지 연구에서 보듯이 정적인 정보(즉, 형용사) 처리에 초점을 두는 것은 자기지식에 관한 연구에 국한해서 초점을 좁히는 결과를 초래한다고 지적했다.

그렇다면 우리는 임상 이론에서 심리도식의 개념화를 어떻게 해야 넓힐 수 있을까? 심리도식에 대한 개념화를 넓혀야 중요한 동기적·자기평가적 관심을 반영하면서도 인지적 이론과 연구에서 얻은 지식들을 결부시키는 것이 가능할 것이다. 이 같은 관심들을 충족하기 위해서 Safran(1986, 1990a, 1990b; Safran et al., 1990)은 대인관계 심리도식에 주목할 것을 제안하였다. 대인관계 심리도식은 대인관계 경험을 통해 형성되는데, 자기-타인 상호작용에 대한 일반적인 표상으로 정의될 수 있다.

이런 관점에서 보자면, 초점은 정적인 형용사나 특질 정보처리보다는 실제 세계 내의 사건들에 대한 심리도식적 처리에 있다. 자기와 관련된 형용사를 처리하는 것이 실험실 연구에 적합하게 잘 맞춰져 있지만, 심리도식 개념이 설명하고자 하는 현상들을 잘 반영하지는 못한다. Bartlett(1932)이 사람들이 실제 세상 속의 새로운 사건을 다루는 방식을 설명하기 위해 자신의 접근을 개발했던 것을 상기하는 것이 유익하다.

그래서 그는 고립된 단어가 아닌 서술(narratives)들에 대한 기억을 연구하였다. 서술이 실생활의 기억 과정을 더 유사하게 자극할 것이라고 보았기 때문이다. 서술을 읽는 것이 형용사를 기억하는 것보다 생태학적으로 더 타당한 과제이기는 하지만, 여전히 한계는 있다. 실생활에서의 지식 획득은 사람들이 돌아다니고 행동하고 뭔가를 다루고 타인과 상호작용하는 가운데 이루어지는 능동적인 과정이다(Gibson, 1969; Neisser, 1976).

예를 들어, 테니스를 칠 때 필요한 지식 구조를 생각해 보자. 공을 가지고 하는 지속적이고 역동적인 상호작용을 포함한 많은 과정이 관련될 것이다. 유능한 테니스 선수는 틀에 박힌 움직임만을 보이지 않는다. 그는 공이 한 번도 받아 본 적이 없는 장소에 떨어지더라도 초보 선수보다 더 잘 받아 넘길 것이다. 테니스 선수는 특정한 경우나 정해진 움직임에 대한 지식보다는 일반적인 지식을 필요로 한다.

이런 일반적인 지식은 이야기를 평가하기 위해서 필요한 지식 구조보다 더 복잡하고 정교하며, 고립된 단어를 처리하기 위해서 필요한 지식 구조보다도 훨씬 더 복잡하고 정교하다. 예를 들면, 테니스에 대한 일반적 지식 구조는 공이 떨어질 곳에 대한 일반적

인 기대, 상황에 따라 수반되어야 할 반응에 대한 지식(공이 어떤 곳에 떨어지면 포핸드로
쳐내고 다른 곳에 떨어지면 백핸드로 쳐낸다), 자기에 대한 지식(자신의 장점과 단점), 일반적
목표, 전략 등을 포함하고 있다. 아마 지식 구조가 자기에 대한 정보처리와 관련되는 것
이라면, 그 복잡성은 훨씬 더할 것이다.

자기 및 타인 상호작용에 대한 표상

자기가 대인관계 맥락에서 발달한다면, 자기지식의 발달은 대인관계 사건들에 대한
인지적 표상과 관련이 있다고 가정하는 것이 적절해 보인다. 앞서 언급했듯이, 인간 유
아에게 있어서 생존을 위해 가장 중요한 일 중 하나는 애착 대상과의 상호작용이다.
Bowlby(1969, 1980)에 따르면, 인간 유아는 애착 대상과의 상호작용에 대한 내적 작동 모
델(internal working model)을 발달시키며, 이는 미래의 상호작용을 예측할 수 있게 해 준
다. 애착 관계에 대한 내적 작동 모델은 애착과 관련된 특별한 경험들에 대한 내적 표상
을 통해서 형성된다. 작동 모델 개념은 자기나 타인에 대한 모델을 내재화하는 것을 넘
어선다. 왜냐하면 그것을 조직하는 구조가 자기 요소나 속성보다는 상호작용적인 단위
들로 구성되어 있기 때문이다. 이런 내적 작동 모델은 대인관계 심리도식으로 생각될
수 있으며, 새로운 사회적 상호작용을 예측(혹은 형성)하게 해 준다.

어떤 종류의 정보가 이런 유형의 대인관계 심리도식 내에 부호화될 수 있는가? 앞에
서 들었던 테니스의 예에서처럼, 관련된 심리도식 원리들은 선택, 추상화, 해석 같은 정
보처리 편향을 넘어서 목표에 대한 정보, 활동 계획, 관계 유지와 관련된 if-then 수반성
규칙들에까지 확장된다. 관심 있는 심리도식이 관계 유지를 위한 프로그램과 다소 유사
하다고 보는 것이 유용할 수 있다(Safran, 1986). 대인관계 유지라는 기본 목표는 프로그
램 내에 영구적으로 내장되어 있는 것이지만, 그 목표에 도달하기 위한 구체적인 계획,
전략, 원리는 학습된다.

대인관계 심리도식을 관계 유지를 위한 프로그램으로 보는 것은 일반적인 인지적 표
상으로서의 심리도식과 자기가치 수반성으로서의 심리도식의 연결을 가능하게 해 준
다. 이렇게 보면, 이 용어가 임상적 문헌과 인지 문헌에서 때로 불일치하게 사용되었던
점을 보다 쉽게 이해할 수 있다. 이는 자기가치 및 자존감과 수행 수준의 관련성에 대한

임상적인 중요성을 인정하면서 동시에 추상적인 개인적 지식이 행동을 연속적으로 안내함을 강조하는 사회인지적인 관점도 지지한다. 대인관계 심리도식에서 자기가치 수반성은 관계성 유지를 위한 규칙이나 계획으로 기능한다. 이 규칙은 애착 대상과의 이전 경험들에서 형성되는 것으로, 자기에 대한 지각과 타인에 대한 지각을 반영하고 있다.

대인관계 심리도식 개념은 자기지각과 타인지각의 관계도 명료화해 주는데, 자기와 타인에 대한 지각은 본질적으로 서로 영향을 주고받는 관계다. 사회 지각 영역에서의 관심 단위는 자기표상과 타인표상이 모두 해당한다. 예를 들면, 자신이 사랑받을 만하지 못하다고 지각하는 사람은 타인을 거부적이고 적대적으로 지각하는 경향이 있다. 자신을 나약하고 돌봄이 필요한 존재로 보는 사람은 타인이 양육자로서의 어떤 특징들(온정이나 성숙함)을 가지고 있다고 지각하는 경향이 있다.

가정된 기억 과정

시간적으로, 물리적으로, 인과적으로 서로 관련이 있는 다른 체험 삽화들(감각, 지각, 행동, 생각, 정서, 목표 등의 다양한 속성이 포함된)이 부호화될 때 기억 속에서 한 단위로 묶여 저장된다는 점은 이 분야에서 일반적인 합의에 이른 것처럼 보인다(Shank & Abelson, 1977; Stern, 1985; Tulving, 1972). 그래서 기억 삽화는 하나의 전체로 부호화되어 있는 경험 단위로 정의된다.

특정한 종류의 삽화가 여러 번 발생했다면(예: 엄마 젖을 빼는 유아), 그 유아는 그 삽화에 대한 일반화된 기억을 형성할 것이다. 미래의 일부 젖 빨기 삽화가 일반화된 삽화와는 많이 달라서 다른 삽화 기억들로 부호화되더라도, 다른 경우들은 충분히 유사해서 기존의 일반화된 기억 안으로 동화될 것이다. 이런 식의 일반화된 기억을 Nelson과 Greundel(1981)은 일반화된 사건 구조(Generalized Event Structure: GES)라 일컬었고, Stern (1985)은 일반화된 상호작용 표상(representations of interactions that have been generalized: RIGs)이라 불렀다. Stern(1985)에 따르면, 일반화된 상호작용 표상은 특정 사건들에 대한 정확한 표상이라기보다는 추출물들의 원형으로 간주되어야 한다.

Bowlby(1969)의 작동 모델이나 Stern(1985)의 일반화된 상호작용 표상과 대인관계 심리도식 간의 개념적인 관계는 무엇인가? 작동 모델과 일반화된 상호작용 표상은 추상성과 일반화 수준이 다른 일반화된 대인관계 심리도식으로 생각될 수 있다. Neisser(1976)의 제안에서처럼, 심리도식들은 서열이 다른 추상성과 일반화로 간주되며 다른 것에 속해 있고 위계적으로 기능한다고 보는 것이 유용할 수 있다. Bowlby(1969)의 작동 모델은 상위에 있는 상당히 일반적인 대인관계 심리도식으로 간주될 수 있으며, 다수의 보다 구체적인 대인관계 심리도식이나 일반화된 상호작용 표상들을 그 속에 담고 있다고 볼 수 있다.

사람들이 다수의 작동 모델을 가지고 있다는 많은 증거(Bretherton, 1985)가 있는데 이는 다음과 같이 이해될 수 있다. 사람들은 자신의 삶에서 다른 역할을 하는 사람들(예: 권위자, 전형적인 애인)에 대해서 다른 대인관계 심리도식을 가지고 있을 것이다. 그리고 낮은 수준의 심리도식들은 상위의 보다 추상적이고 일반화된 대인관계 심리도식 안에 속해 있을 것이다.

또 다른 중요한 의문은 대인관계 심리도식이 부호화되는 형태에 관한 것이다. 애착 행동과 관련된 정보는 대부분 중요한 정서적 요소를 가지고 있다(Bowlby, 1969; Greenberg & Safran, 1987; Stern, 1985). 따라서 대인관계 심리도식이 정서적 혹은 표현-운동 형태로 부호화될 거라고 가정할 수 있다(Bucci, 1985; Greenberg & Safran, 1987; Safran, 1990a; Safran & Greenberg, 1987). 즉, 관련된 대인관계 정보는 절차적 지식의 형태로 일부 부호화될 것인데, 그 절차적 지식은 사람들이 특정한 활성화 상황에 처했을 때 당시에 느낀 감각적인 경험들이다.

예를 들면, 상처받았거나 슬픔을 느낄 때, 계속해서 이해받지 못하거나 불안을 경험했던 사람들은 그런 종류의 경험에 대한 일반화된 내장 기억(generalized visceral memory)을 발달시킬 것이다. 그래서 미래의 대인관계 접촉에서 그들이 상처받게 되면, 그들은 자동적으로 이해받지 못하거나 거부된 것에 대한 내장 기억을 생성해 내고 이런 내장 기억에 분노로 반응할 수 있다. 심지어 타인이 그들의 슬픔에 적절히 반응할 수 있을 때조차도 그럴 수 있다.

하지만 Leventhal(1984)이 제안했듯이, 정서적인 통합 과정은 표현-운동 수준과 개념적인 수준 모두에서 일어나며, 관련된 정보는 최소한 일부라도 개념적 및 명제적 형태로 부호화될 것이다. 따라서 대인관계 심리도식을 개념적인 수준과 표현-운동 수준 모두에서 부호화되는 인지-정서적 심리도식으로 개념화하는 것이 유용하리라 본다. 하지만 개인의 대인관계 심리도식의 어떤 측면은 개념적/언어적 형태로 쉽게 접근할 수 있는 반면, 다른 측면들은 상징적으로 접근하기가 좀 더 어려울 수 있다. 이론상, 치료에서 정서적으로 생생하게 내담자와 작업함으로써 표현-운동 수준에 이르는 것은 가능하고도 중요한 일이다. 일단 이렇게 되면, 표현-운동 수준에서 부호화된 정보를 개념적으로 표상하는 것이 가능하다(Greenberg & Safran, 1987; Safran & Greenberg, 1987).

대인관계 심리도식과 불안 관리

대인관계 관점에서 보자면, 개인의 자존감과 세상에 대한 기본적인 안전감은 가능한 대인관계감에 따라 결정된다. 달리 말하면, 안전감이나 대인관계가 위협받을 경우 우리는 불안을 경험한다(Sullivan, 1953). 일단 이런 불안이 우리에게 실제든 가상이든 대인관계의 와해를 경고하면, 자존감과 연결감을 재확립하기 위해 행동 취하기, 외부 정보를 선택적으로 처리하기, 내부 정보를 선택적으로 처리하기의 세 가지 주요 조치가 가능하다.

취할 조치에 대한 선택은 개인의 대인관계 심리도식에 따라 결정된다. 예를 들어, 어린 시절 부모로부터 총명함을 높이 평가받은 사람은 불안할 때마다 자신이 총명하다는 것을 보여 주려고 노력할 것이다. 만약 부모가 자녀의 재치에 즐거워했다면, 그 사람은 불안을 다루기 위해서 쾌활해지려고 애쓸 것이다. 대인관계가 호의적이게 되는 것을 수반한다고 학습한 사람은 호전적인 타인이 주는 피드백에는 제대로 주의를 기울이지 않기 쉽다. 슬픔이 대인관계를 해친다고 학습한 사람은 슬픔을 알려 주는 내부에서 일어난 표현-운동 정보에 주의를 기울이지 못할 것이다.

Sullivan(1953)은 대인 간 안전감을 재확립해서 불안을 줄여 주는 기능을 하는 심리적 및 행동적 책략을 '안전 조치(security operation)'라고 일컬었다. 안전 조치라는 개념은 방어기제에 대한 정신분석적인 설명에서 비롯되었지만, 여기에는 중요한 차이가 있다. 첫 번째 차이는 안전 조치라는 개념이 인간 동기에 대한 대인관계적인 관점을 반영한다는 점이다.

Sullivan은 안전 조치가 대인관계의 와해가 예상될 때 발생하는 불안을 다루기 위해서 필요하다고 보았다. 그런 불안을 초래하는 구체적인 상황들은 학습된다. 이에 비해 고전적 정신분석에서는 방어기제를 언급할 때 학습에 대해서는 다루지 않고 있다. 고전적 정신분석 이론에서는 리비도적 충동들은 현실지향적인 자아에 본질적으로 위협이 된다고 보는데, 이는 개인과 사회는 어쩔 수 없이 충돌하게 되어 있다는 Freud의 믿음을 반영한다. 이는 인간은 선천적으로 대인관계를 추구한다는 대인관계 이론의 관점과는 사뭇 다르다.

두 번째 중요한 차이는 안전 조치 개념이 자신의 저술에서 구체화의 위험성을 피하려는 Sullivan의 세심한 노력을 반영한 것이라는 점이다. 안전 조치 개념은 원초아와 자아 같은 구체화될 필요가 있는 가설적인 구성 개념에 의지하지 않는다. 대신 Sullivan이 '선택적 부주의'로 일컬었던 과정이 강조되는데, 이 현상은 최근에 실험을 통해서 많이 연구되고 있다(Dixon, 1981; Erdelyi, 1985; Shevrin & Dickman, 1980).

안전 조치 개념은 또한 다른 방법으로 구체화를 피하고 있다. 즉, 투사, 주지화, 반동형성 같은 방어기제에 사용된 기존의 분류 틀을 사용하지 않는다. 이는 중요한 임상적 함의를 갖는다. 방어기제 분류를 사용하는 것은 하나의 분류 틀로서 갖는 가치는 있지만 문제를 초래하기도 한다. 치료자가 내담자가 보이는 모든 조치를 기존의 분류 틀로만 구체화하려 하면, 이는 내담자가 보이는 독특한 조치의 미묘한 차이들을 충분히 탐색하고 이해하는 것을 어렵게 할 수 있다. 두 내담자가 주지화로 분류되는 과정을 보이지만 그것이 매우 다른 양상으로 나타나는 경우는 얼마든지 가능하다.

내담자가 주관적인 대인 간 연결감을 재형성하기 위해서 취하는 특정 조치들은 자신이 어떤 사람이고 타인과 상호작용하는 자신이 어떤지에 대한 이해와 본질적으로 관련되며, 이를 잘 인지하는 것은 중요하다. 이런 조치들의 고유한 면들을 잘 이해함으로써, 치료자는 이를 통해 내담자의 대인관계 심리도식을 알아볼 수 있다. 예를 들면, 주지화 과정에 흔히 빠지는 내담자는 한 인간으로서 자신이 가진 가치가 똑똑함에 있다고 여기며 지적으로 말함으로써 불안에 대처할 것이다. 이런 조치를 제거해야 하는 방해물이 아니라 그 내담자의 본질적인 면으로 다루어 준다면 내담자를 보다 심층적으로 이해하는 기회를 가질 수 있다.

인지-대인관계 순환

대인관계 관점의 기본적인 관찰에 따르면, 개인의 경험을 특징짓는 상당히 반복되는 대인관계 양식들이 있다. 사실, Sullivan은 성격을 "반복되는 대인관계 상황에서 비교적 지속되는, 개인의 삶을 특징짓는 양식들"이라고 정의하였다(1953, p. 111). 중요한 것은 이런 특징적인 대인관계 양식(Sullivan은 이를 '나-너 양식[me-you pattern]'이라 했다)이 어떻게 형성되고 유지되는가를 이해하는 것이다.

대인관계 이론에 따르면 부적응적인 행동은 장기간 지속되는데, 이는 그것이 타인의 특성에 대한 지각, 기대, 해석에 기반을 두고 있으며, 이들은 대인관계 경험에서 그 행동이 초래한 결과를 통해 확증되는 경향이 있기 때문이다(Carson, 1982). 이를 Sullivan (1953)은 '상호적 정서의 정리(theorem of reciprocal emotions)'라고 일컬었으며, Leary(1957) 는 '상호적 대인관계 원리(principle of reciprocal interpersonal relations)'라고 일컬었다. 여기서 기본적인 전제는 기대들이 환경에 영향을 미치는 자기충족적(self-fulfilling) 예언으로 기능한다는 것이다.

사람들은 발달적 환경에서 적응적인 대인관계 심리도식을 발달시키는데, 그 심리도식은 애착 대상과의 상호작용을 예언할 수 있게 해 주기 때문에 적응적이다. 불행하게도 이런 대인관계 심리도식이 새로운 환경에서는 흔히 적응적이지 못한데, 그 이유는 그것이 대인관계를 계속해서 한 방향으로 만들어 가기 때문이다. 예를 들면, 타인으로부터 적대감을 기대하는 사람은 중립적인 행동도 적대적인 것으로서 선택적으로 해석하고, 기대했거나 지각된 적대감에 적대적으로 반응한다. 그리고 이는 타인의 분노를 유발하여 적대감에 대한 자신의 기대를 확인하게 만들며, 이런 식으로 대인관계에 대한 기대는 유지되고 인지-대인관계 순환이 지속된다.

Honey(1950)가 '악순환'이라고 언급했던 이런 인지-대인관계 순환은 다수의 이론가가 기술한 바 있다(Carson, 1982; Kiesler, 1982a, 1988; Luborsky, 1984; Wachtel, 1977). 사람들이 적극적으로 자신의 환경을 해석하는 방식만을 철저하게 강조하는 인지적인 초점과는 달리, Strupp과 Binder(1984)도 언급했듯이 사람은 자신의 환경을 해석(construe)하기도 하고 구성(construct)하기도 한다고 이 둘을 모두 강조한다.

다양한 유형의 많은 역기능적 인지-대인관계 순환이 있다. 어떤 경우, 개인은 타인의 대인관계 행동에 대한 자신의 역기능적인 기대 때문에 일관되게 부적응적으로 반응한다. 예를 들면, 타인이 공격적일 거라고 기대하는 사람은 자기보호적이고 공격적인 방식으로 항상 행동한다. 타인은 신뢰할 가치가 없다고 여기는 사람은 그 결과로 의심하며, 누군가를 신뢰하는 것이 어려울 것이다.

어떤 인지-대인관계 순환은 앞서 언급했던 안전 조치에 의해 만들어진다. 예를 들면, 지적으로 말하는 것으로 불안을 관리해 온 사람은 현학적이게 됨으로써 타인과 거리를 둘 수 있다. 슬픔이나 분노 감정을 수용하지 못하는 사람은 정서적으로 태연하게 보이려 애쓰는데 그런 모습이 타인과 가까워지기 어렵게 하며, 그리하여 그런 감정들이 수용될 수 없을 거라는 자신의 믿음을 스스로 확증하게 된다.

심리적으로 건강한 사람은 대인관계를 합리적으로 이룰 수 있다고 예상하는 대인관계 심리도식을 가지고 있어서, 대인관계를 위태롭게 하지 않으면서 폭넓게 느끼고 행동하는 것이 가능하다. 이에 비해 심리적으로 덜 건강한 사람은 대인관계를 경험하기 어려운 것으로 기대하고 많은 감정과 행동이 대인관계에 위협이 될 거라고 믿는다. 심리적 건강은 연속선상에서 고려될 수 있다. 그 연속선의 아래쪽 끝에는 대인관계 가능성을 극단적으로 부정적으로 보는 사람이 있는데, 대인 간 관계성을 유지하기 위해서 이들이 보이는 관련 행동들은 매우 제한되어 있고 경직되어 있다. 그런 사람들은 자신의 내적 경험의 많은 부분(정서와 관련된 행동 성향들)을 외면하고 관계를 유지하기 위해서는 자신들이 어떠해야 한다는 매우 제약적인 생각을 가지고 있다. 연속선의 위쪽 끝에 있는 사람은 대인관계에 대해서 대체로 긍정적인 기대를 가지고 있는데, 이들은 타인과의 지지적이고 일관된 발달 경험의 결과로서 넓은 범위의 다양한 내적 경험을 자기감으로 통합하는 것을 학습한다.

전통적인 인지치료에서는 정신병리나 심리적 질환이 경직되고 역기능적인 태도 또는 자존감 수반성과 관련된다고 가정한다(Beck et al., 1979). 하지만 전통적인 인지치료가 내적으로 생성된 행동준비성 정보처리의 중요성을 강조하지 않기 때문에, 그런 정보를 처리하지 못한 것에 대한 치료나 관련 정신병리를 다루지는 않는다.

대인관계에 대해 개인이 갖고 있는 긍정적인 기대 정도에 따라서 처리할 수 있는 정서와 행동의 범위는 정해진다. 긍정적인 기대를 많이 갖고 있는 사람은 특정 상황의 요구와 상호작용 중인 타인의 성격에 따라 폭넓은 다양한 대인관계 양상을 보일 것이다. 이에 반해 타인에 대해 경직된 기대를 가지고 있고, 대인관계를 유지하기 위해서는 어떠해야 한다는 제약적인 생각을 강하게 갖고 있는 사람은 경직되고 제한적이며 판에 박힌 대인관계 양상을 특징적으로 보일 것이다.

예를 들면, 결핍감을 느끼는 것이 약함에 대한 표시이고 이는 타인의 거절을 초래할 거라고 여기는 남자는 취약한 감정들을 느끼고 표현하는 데 어려움이 있을 것이다. 그래서 그는 감정에 동요되지 않고 지적으로 보이려 애쓰며, 자신의 관계를 철학적으로 포장하려 할 것이다. 이런 정서적인 비가용성 때문에 중요한 타인들은 거리 두는 반응을 보이게 되고, 이는 자기와 타인에 대한 역기능적인 신념들을 확증시켜 줄 것이다.

자기주장 행동이 대인관계를 손상시킬 거라고 믿는 여성은 분노감을 다루는 데 어려움이 있고 순응적인 모습을 일관되게 보인다. 자신을 내세우면 다른 사람이 자신을 거부할 거라 기대하기 때문에, 그녀는 타인의 행동을 자신의 믿음 구조와 일관되게 해석하고 이는 순종적인 행동을 더 강화시킨다. 이어서 이런 행동은 타인의 지배적인 행동을 부추겨서 자신은 순응적이고 타인은 지배적이라는 생각을 강화해 나간다.

대인관계 이론의 중심 가설은 대인 간 교류가 상보성(complementarity) 원리를 따른다는 것이다(Kiesler, 1982b, 1983, 1988). 이 원리는 특정한 대인관계 행동이 타인의 특정한 대인관계 행동을 초래하는 경향이 있다고 말한다. 의사소통 이론에 비추어서(예: Danziger, 1976), Kiesler(1988)는 양자 소통은 정보를 주고받을 뿐 아니라 참여자 간의 관계도 정의해 준다고 보았다. 한 사람이 지배적으로 행동한다면, 그것은 자기는 지배하며 타인은 순종한다는 식으로 관계를 정의하고 있는 것이다. 자기는 타인과의 관계에서만 정의될 수 있기 때문에 관계에 대한 진술은 늘 있다. 타인은 제시된 관계에 대한 정의를 수용할 수도 있고, 상응하지 않은 방식으로 행동함으로써 그것에 이의를 제기할 수도 있다. 하지만 타인이 상보적 행동을 강하게 요구해 오면 그에 맞춰 반응하지 않기가 어렵다.

대인 간 소통의 많은 부분은 비언어적이거나 준언어적인 수준에서 이루어진다(Ekman, 1972; Kiesler, 1982a). 예를 들어, 누군가가 몸을 움츠리고 자기를 낮추는 어조로 눈 맞춤을 어려워한다면, 이는 복종의 뜻을 전하는 것이다. 눈을 똑바로 쳐다보고 코를 세우고 턱을 강하게 다물고 있으면, 이는 적대감이나 경쟁심을 보여 주는 것이다. 비언어적 소통이 미세하게 일어나기 때문에, 사람들은 누군가가 자신에게 상보적으로 행동하도록 할 때 자신이 무엇에 반응하는지를 종종 알아차리지 못한다. 그래서 불가능하지는 않지만, 그렇게 하는 경향이 있다 하더라도 피드백을 주는 것이 어렵다.

이런 이유들로, 심리적으로 부적응적인 사람은 심리적으로 건강한 사람에 비해서 특징적인 대인관계 양상을 훨씬 더 반복해서 경험한다. 이들은 자신이 만든 대인관계 세계 안에 살고 있으며 그 심리도식을 반박해 줄 증거들을 접할 기회조차 대인관계 경험 속에서 제대로 못 가진다. 게다가 반박해 주는 정보를 접할 때조차도 새로운 정보를 기존의 심리도식에 동화시켜 버리는 경향이 있다.

Wachtel(1977)이 지적했듯이 이 같은 부적응적인 인지-대인관계 순환에는 한 가지 모순이 있는데, 사람들은 자신의 문제를 해결하려고 시도하지만 그것이 오히려 문제를 더 지속시키고 유지시키는 경향이 있다는 것이다. 예를 들면, 다른 사람이 자신을 멀리 할까 두려워 슬픈 감정을 숨기는 사람의 경우, 취약한 감정들을 숨기는 것이 다른 사람과 자신을 더 멀어지게 하는 요인이 된다. 다른 사람이 적대적일 거라 예상하는 사람은 예상했던 적대감에 대처하는 모습들이 오히려 다른 사람의 적대감을 부추기는 결과를 초래한다. 체계/전략 이론가들이 주장했듯이, 해결을 위한 노력이 오히려 문제가 되고 있다(Haley, 1963; Watzlawick, Weakland, & Fisch, 1974).

정서 문제를 갖고 있는 사람들은 흔히 언어적 및 비언어적 수준에서 일치되지 않은 메시지를 전달하기 때문에 상황이 훨씬 더 복잡해진다. 어떤 경우는 비언어적 수준에서 일치되지 않은 두 개의 메시지를 전달하기도 한다. 다음의 예를 살펴보자. 늘 거만한 미소를 머금고 다른 사람을 대하는 한 남성이 있는데, 이런 그의 모습은 상대방에게 이유를 알 수 없는 불쾌감을 유발한다. 이런 불쾌감은 타인이 그와 상호작용할 때 그에게 영향을 미쳐 그가 이해하기 어려운 분노감을 일으키도록 할 수 있다. 그가 이것을 다시 준언어적 소통 수준에서 비언어적으로 타인에게 흘려보내면 다른 사람은 그것을 거만하고 냉담한 것으로 해석할 수 있다. 이런 종류의 불일치하는 의사소통은 감정과 행동준비성을 충분히 수용하거나 처리하는 것이 어려울 때 일어나며, 이는 감정과 행동준비성이 대인관계에 위협이 된다고 예언하는 대인관계 심리도식 때문이다. 예를 들어, 분노가 대인관계를 해친다고 여기는 사람은 그런 정서 경험을 의식 속에 통합하는 것이 어렵다. 하지만 그것을 경험은 하고 있기 때문에 비언어적 수준에서 소통이 일어난다.

그런 상황에서 그 개인과 상호작용하고 있는 사람은 의식하지 못한 채 비언어적 정보에 반응할 것이고 그 사람은 자신의 반응에 대한 이유를 소통할 수는 없다. 게다가 내담자들의 경우에는 자신이 소통하고 있는 행동준비성 정보에 대해서 전혀 자각하지 못하기 때문에, 타인이 보이는 혼란스럽고 불쾌해하는 반응에 매우 어리둥절해할 수 있다. 이는 추후에 살펴보겠지만, 치료 과정에서 중요하게 고려해야 할 점이다.

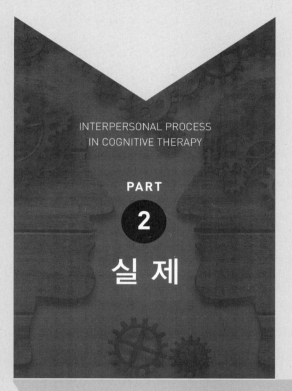

INTERPERSONAL PROCESS
IN COGNITIVE THERAPY

PART

2

실 제

CHAPTER
05

평 가

핵심 인지 과정 평가

최근 많은 인지행동 이론가는 핵심적인 인지 과정으로 지정될 수 있는 것들을 주변적인 것들로부터 구별하고 있다(Arnkoff, 1980; Guidano & Liotti, 1983; Mahoney, 1982; Meichenbaum & Gilmore, 1984; Safran et al., 1986). 핵심적인 인지 과정에 대한 정의는 이론가에 따라 다르지만, 핵심 인지 과정이 개인의 인지 및 행동 과정을 조직하는 데 중추적인 역할을 하며 치료적 변화가 지속되기 위해서는 이것이 반드시 수정되어야 한다는 점에서는 공통된다. 그렇다면 이 핵심 인지 과정을 정확히 찾아내는 것은 인지치료자에게 아주 중요한 과제일 것이다. 앞에서 언급한 관점에 따르면, 개인의 핵심 인지 과정은 개인의 대인관계 심리도식과 관련이 있으며, 특징적인 인지-대인관계 순환 안에 자리 잡고 있을 것으로 간주된다.

인지-대인관계 순환의 미묘함 때문에, 타인이 있을 때 드러나는 내담자의 인지적 혹은 대인관계인 문제를 정확히 평가하는 것은 불가능하지는 않아도 어려운 일이다. 평가를 위해서는 먼저 작업할 인지-대인관계 순환의 표본을 찾아야 한다. 상담 중에 생활 속에서 일어났던 사건들을 회상하게 하고 거기서 정보를 얻는 것도 도움이 되지만, 내담자가 재구성한 사건 경험은 현실과는 많이 다를 수 있다. 게다가 중요한 인지 과정의 많은 부분은 해당되는 인지-대인관계 순환이 실제로 그 순간에 일어나지 않으면 접근하기가 상당히 어렵다. 이런 이유로 해당되는 인지-대인관계 순환이 치료 장면에서 재현될 기회를 갖는 것이 필요한데, 이런 점에서 보자면 집단치료나 부부치료가 유용할 수 있다. 일단 이런 순환이 재현되면, 치료자는 내담자의 인지 과정들을 탐색하기 위해 다양한 시점에서 개입할 수 있다.

집단치료 장면도 아니고 내담자가 중요한 누군가와 같이 있지도 않다면, 치료자와의 상호작용이 관련 인지-대인관계 순환의 유용한 표본이 될 수 있다. 물론 치료자는 내담자와 의미 있는 다양한 상호작용을 할 수 있으며, 치료 중에 일어나는 치료자와의 상호작용이 내담자의 일상 속에서 일어나는 타인과의 상호작용과 비슷하리라는 보장은 없다는 것을 기억해야만 한다. 치료 중에 나타나는 대인관계 양상이 타인과 보이는 내담자의 관계 양상과 유사할 가능성은 내담자의 부적응과 대인관계를 그런 식으로 만들어 가는 정도가 강할수록 높다(Kiesler, 1982b). 또한 치료자는 치료에서의 상호작용이 내담자의 특징적인 해석 양상을 탐색해서 단지 가설을 만드는 것임을 명심해야 한다. 그리고 내담자의 대인관계 양상과 인지 과정에 대해 범주적인 추론은 결코 하지 말아야 한다.

참가자 관찰

치료자는 치료에서의 상호작용을 평가 목적으로 어떻게 사용하는가? 여기서 가장 중요한 원칙은 치료자가 참가자-관찰자 입장에 있어야 한다는 Sullivan(1953)의 제안을 따르는 것이다. 즉, 치료자는 내담자가 이끄는 관계에 자신을 허용하면서 내담자와 함께하고 있는 상호작용을 잘 관찰해야 한다. 그래야 치료자는 자신이 그 순간에 한 경험을 만들어 낸 행동과 소통을 자세히 살펴볼 수 있고, 이를 통해서 내담자의 대인관계 양상과 관련된 인지 과정을 탐색할 수 있다.

내담자가 상호 보완적인 반응을 유도하는 경향이 강할수록, 다른 사람이 내담자에게 보인 것과 같은 반응을 치료자가 보일 가능성이 높아진다. 치료자의 과제는 두 가지다. 첫째는 치료 가설을 만드는 것이다. 이를 위해서 치료자는 내담자와의 상호작용에 참여하는 동안 자신이 경험한 감정과 행동 경향성에 주의를 기울일 수 있어야 한다. 둘째는 치료자가 내담자의 특징적인 역기능적 대인관계 순환을 지속시키는 상호작용에서 벗어날 방법을 찾는 것이다. 그래야 치료자가 내담자의 역기능적 심리도식을 확증시켜 주는 또 다른 한 사람이 되지 않을 수 있다.

내담자의 대인관계적인 유도에서 자신을 벗어나게 하고 공유한 상호작용에 대해 내담자와 메타소통을 하는 것은 대인관계적인 지향을 하는 모든 심리치료의 핵심적인 부분이다. Kiesler(1982b, 1986, 1988)는 이 과정을 체계적으로 조직화하는 데 최선을 다한 한 사람이다. Kiesler(1988)는 메타소통을 위한 두 단계(걸려드는 단계와 벗어나는 단계)로 구성된 과정-단계 모델을 제안하였다. 사로잡힌 혹은 걸려든 단계에서 내담자의 행동은 치료자가 좁고 제한된 범위의 반응만 하도록 강요하거나 유도한다. 내담자의 행동에 상호 보완적으로 반응하도록 유도하는 힘은 이 시점에서 가장 커지며, 치료자는 내담자의 자기정의(self-definition)에 위협적이지 않고 지지적인 위치로 자신을 밀어 넣는다.

사로잡혔다 벗어나는 단계에서 해야 하는 첫 과제는 내담자가 유도하는 힘의 정체를 알아보고 이에 대해서 이름을 붙이는 것이다. 내담자와 있으면 뭔가 반복되고 있다는 느낌이 들고 치료자의 내적 반응도 반복되는 양상이 있다고 생각되는 것은 이를 알려 주는 중요한 단서다. 두 번째 단계는 치료자가 상호 보완적인 반응을 중단하는 것이고, 세 번째 단계는 내담자가 특정 반응을 유발시키는 경향을 중단하도록 돕는 작업을 하는 것이다. 그리고 마지막 단계는 치료자가 내담자에게 그들의 상호작용에 대해서 직접 얘기하는 것으로, 내담자의 특정 행동들에 대한 치료자의 특이한 반응을 구체적으로 언급해 주는 것(내담자와의 메타소통)이 필요하다.

대인관계 표식

Kiesler(1988)가 지적했듯이, 메타소통을 할 중요한 부분은 치료자에게 일으켜진 감정 또는 행동 경향과 관련되거나 연결되어 보이는 내담자의 행동의 구체적인 예들을 지적해 주는 것이다. 그런 행동은 쉽게 관찰되는 것에서부터 미묘한 준언어적이고 비언어적인 소통과 자세에 이르기까지 다양하다.

이런 행동과 소통들을 찾아내는 것은 중요한 기능을 한다. 첫째, Kiesler(1988)의 언급처럼, 특정한 행동 유형이나 소통 방식이 타인을 소외시키고 있다면, 내담자는 그것에 대해 알고 있어야 한다. Kiesler(1988)가 소개한 한 내담자는 치료자의 말에 짧게 나타났다 사라지는 미소를 간간이 보이면서 종종 오랜 시간 침묵했다. 그 예에서 치료자는 내담자가 자신의 말을 어리석게 본다고 생각했다. 하지만 나중에 확인했을 때 내담자는 스스로를 어리석게 여기고 있었다. 이런 상호작용은 배우자, 부모, 친구 같은 타인들과의 관계에서도 반복해서 일어날 수 있다. 이 내담자는 자신이 타인에게 전달하고 있는 메시지에 대해서 먼저 자각해야 하며, 그래야 자신의 행동을 바꿀 수 있을 것이다.

치료자가 내담자의 관련 행동과 소통을 찾는 것이 중요한 다른 이유들도 있다. 첫째, 관련 대인관계 행동을 찾아서 이름 붙이는 과정 자체가 치료자의 벗어나는 과정을 촉진한다. 자신의 정서 반응을 유발시키는 미묘한 행동들을 정확히 찾아냄으로써, 치료자는 자신의 반응이 특정한 자극에 의해 유발된 것임을 이해하고 그런 정서로부터 거리를 두는 것이 가능해진다. 게다가 내담자의 관련 행동과 소통이 확인되어야, 치료자는 비슷한 상황이 재현될 때 자동적으로 반응하지 않도록 대비할 수 있다. 둘째, 확인된 내담자의 행동과 소통은 수반되는 인지 과정을 탐색하는 데 중요한 단서가 된다. Safran(1984a, 1990b)의 제안에서처럼, 그런 행동과 소통은 대인관계 표식(interpersonal markers)으로 생각될 수 있다.

대인관계 표식은 인지 및 정서 탐색을 하기 위한 적절한 시기를 명확히 알려 준다. 이런 대인관계 표식은 전체 인지-대인관계 순환을 이해하는 창으로 생각될 수 있다. 대인관계 표식은 문제가 있는 전체 대인관계의 순환을 촉발시키는데, 이는 그것들이 내담자의 환경 속 타인이 부정적인 상호 보완적 방식으로 반응하게 만드는 내담자의 전형적인 행동과 소통들이기 때문이다. 그래서 대인관계 표식은 내담자의 대인관계 심리도식과 역기능적 순환 사이의 인터페이스(접속점)가 된다. 그것들은 내담자의 특징적인 역기능적 대인관계 순환의 시작일 뿐 아니라, 내담자의 핵심 인지 과정과도 연결되어 있다.

대인관계 표식은 치료자가 내담자의 인지적 및 정서적 과정을 탐색하는 데 있어서 유용한 단서들이 된다. 왜냐하면 내담자에게 가장 문제가 되는 내적 과정들은 내담자의 역기능적인 인지-대인관계 순환과 흔히 연합되어 일어나기 때문이다. 내담자의 핵심 인지 과정들은 내담자가 대인관계 표식을 보이는 순간에 가장 접근하기 쉽다.

예를 들면, 치료자가 지루하고 벗어나 있는 느낌이 들 때가 있다. 그러면 참여자 관찰 과정을 통해서 치료자는 이런 느낌들이 내담자가 단조롭고 아주 작은 목소리로 얘기할 때 특히 강해진다는 점을 주목하고 이때의 내담자 경험을 탐색한다. 이를 통해 치료자는 내담자가 치료자에게 강한 감정을 보여 주는 것을 걱정하고 있음을 발견한다.

다른 예로, 치료자는 자신이 내담자에게 화가 나 있고 경쟁심을 느끼고 있음을 알아차릴 수 있다. 심층적인 평가에서는 이런 감정들이 입을 꽉 다물고 치료자를 뚫어지게 응시하는 내담자의 모습 때문에 일어나는 것으로 확인되었다. 이런 표식들에 대한 내담자 경험을 탐색하자 치료자에 대한 내담자의 분노감과 그것이 직접적으로 표현되는 것에 대한 내담자의 두려움이 드러났다.

일단 중요한 대인관계 표식이 확인되면, 치료자는 평소 자신의 모습을 점검해 보도록 내담자에게 과제를 내줄 수 있다. 이런 과정은 습관적으로 하던 행동을 탈자동화하도록 돕고, 관련된 인지적 · 정서적 과정을 탐색하고 도전하기 위한 단서들을 제공한다.

치료자의 내적 수련

벗어나기 과정의 첫 단계는 치료자가 내담자에 대한 자신의 감정과 행동 경향성을 자각하는 것이다. Kiesler(1988)는 다음과 같이 말했다. "내담자가 유도하는 덫을 피해 갈 수 없기 때문에, 치료자는 그 덫을 알아차리거나 명명할 수 있게 되기 전에 내담자와 얽혀 있는 감정과 갈등을 부득이하게 경험한다. 벗어나기 과정의 첫 번째 필수적인 단계는 치료자가 내담자가 유도하는 대로 말려들었음을 알아채고 주목해서 이에 대해 명명하는 것이다. 치료자는 자기 내부에서 일어나는 것들을 알아차려야 내담자와 하고 있는 주고받기 게임에서 벗어날 수 있다." (p. 38) 내담자와 상호작용하는 동안 일어나는 자신의 감정과 행동 경향을 제대로 자각할 수 있는 능력은 효과적인 치료의 전제 조건이다.

내담자가 경직된 자기개념을 갖고 있고 대인관계 유지를 위해서는 특정 방식으로 해야만 한다고 믿는다면 내적 경험을 충분히 자각하는 것이 어려운 것처럼, 경직된 자기개념을 갖고 있는 치료자는 내담자가 일으키는 감정들을 자각하는 것이 어려울 수 있다. 예를 들면, 내담자에게 매료되는 것은 잘못이라고 여기는 치료자라면 치료 중에 그런 감정이 자신에게 일어나도 그것을 인정하는 것이 어렵다. 내담자에게 항상 온정적이고 지지적이며 공감적이어야 한다고 여기는 치료자는 내담자에 대한 분노감을 인정하는 것이 어렵다. 자신은 늘 잘해야 한다고 스스로에게 경직되게 요구하는 치료자는 내담자와 있을 때 경험하는 무력감과 아무것도 할 수 없을 것 같은 느낌을 인정하는 것이 어렵다.

치료자가 특정한 경험을 불편하게 여길수록 내담자와의 상호작용에 걸려들어도 참여자–관찰자의 위치에 서는 것이 어렵고, 필요할 때 그것으로부터 벗어나는 것이 힘들다. 참여자–관찰자 입장의 중요성을 지적으로만 이해하는 것은 분명히 충분치 않다. 참여자–관찰자가 되기 위해서, 치료자는 치료 장면의 상호작용에서 자신이 경험하는 감정들을 인정하고 수용할 수 있어야 하며 이를 위해서는 충분히 유연한 자기개념을 가지고 있어야 한다. 획득되어야 하는 이 기술은 기법적인 것이 아니어서 혼자 연습한다고 익혀지지는 않는다. 그보다는 개인적 성장을 통해서 개발되는 것으로, 이를 위해서는 내적 수련이 필요하다.

심리치료 수퍼비전은 구체적인 기법적 기술을 발전시키는 과정뿐 아니라 치료자 자신의 감정을 자각하고 수용하도록 돕는 과정에도 초점을 두어야 한다. 치료자는 자신이 미처 자각하지 못했던 감정과 행동 경향성을 탐색하기 위해 수퍼바이저나 동료들과 작업해야 한다. 적절한 시기에 지지적이고 수용적으로 감정과 반응을 탐색함으로써, 수퍼바이저나 동료는 치료자의 자각을 도울 수 있다. 더불어 치료자는 자신의 감정과 사적인 반응을 판단하지 않고 관찰하는 수양을 반복해서 해야 한다.

치료자의 개인적인 자질들은 치료에서 다른 방식으로도 중요한 역할을 한다. 치료자가 혼자서는 자신의 특정 감정과 경험을 수용하는 것이 어려울 경우, 내담자가 보이는 그런 경험들에 대해서도 공감하기가 어려울 것이다. 이는 자신의 감정을 수용하는 데 어려움이 있는 부모가 유아의 그런 감정을 조율하는 데 어려움을 보이는 것과 마찬가지다. 예를 들면, 양육과 지지에 대한 자신의 욕구를 수용하지 못하는 치료자는 의존적인 내담자의 현상학적 세계로 들어가 그들과 공감하는 것이 어려울 것이다. 자신의 슬픈 감정을 두려워하는 치료자는 내담자의 슬픔을 수용하고 공감하는 데 어려움이 있을 것이다. 그런 치료자는 내담자가 현재 경험하고 있는 것을 이해하고 공감하기보다는 내담자가 자신을 잘못 보게 하고 자신이 하고 있는 경험을 충분히 경험하지 못하도록 만들 수 있다. 치료자가 슬픔이라는 정서를 불편해하면 치료자의 불안은 내담자에게 전달되고, 그러면 내담자는 자신의 슬픈 감정을 충분히 음미하고 경험하는 것이 어려울 수 있다.

치료자가 자신의 감정을 제대로 수용하지 못하면 이는 치료 과정을 또 다른 식으로 방해할 수 있다. 치료자가 인지하지 못하거나 명확하게 표현하지 못하는 감정들은 그럼에도 불구하고 새어 나와서 그의 치료적 개입 중에 비언어적이고 간접적으로 내담자에게 표현될 것이다.

공 감

공감에 대한 인지적 관점에서는 전통적으로 공감적 관계가 인지적 개입이 작용할 수 있는 협력 관계를 만들기 위해서 필요하다고 보았다(Beck et al., 1979). 공감은 단지 내담자의 감정을 반영해 주는 정도로 생각되는 경향이 있다. 하지만 공감은 내담자가 소통하는 것을 표면적으로 반영하는 것에 그치지 않는다. 공감은 내담자가 말하기 어려운 경험을 분명히 표현할 수 있도록 돕기 위해서 치료자가 내담자의 내적 세계 안으로 스며들어 가는 과정이다(Gendlin, 1962; Rice, 1974; Rogers, 1951, 1961). 인지와 정서는 분리될 수 없기 때문에, 공감은 인지적인 동시에 정서적인 과정이다. 치료자는 내담자의 내적 경험에 대한 '생각(idea)'도 갖고 있어야 하고 내담자 혼자서는 명확히 표현할 수 없는 내담자 경험의 미묘한 뉘앙스도 '느낄' 수 있어야 한다.

인지행동 문헌들에서 흔히 접하는 문제로 공감과 인지적 탐색을 서로 다른 활동으로 생각하는 점을 들 수 있다. 이런 구분은 심리학에서 특정적 요인과 비특정적 요인을 의미상으로 구분했던 전통과 일관된다. 공감은 비특정적인 관계 요인으로 생각되었고 인지적 탐색은 인지치료와 특히 관련된 개입으로 간주되었다.

그러나 공감과 인지적 탐색은 철저히 상호 의존적이다. 내담자의 현상학적 세계를 탐색하는 과정은 부분적으로는 공감 과정이다. 공감이 내담자에게 자신이 경청되고 이해받는다고 안심시켜 주려는 것이어서는 안 된다. 그보다는 내담자의 내적 경험들을 이해하려는 치료자의 지속적인 시도로 보아야 한다. 따라서 공감은 내담자의 현상학적 세계의 미묘한 부분들을 이해하기 위해서 내담자의 입장이 되고자 하는 치료자의 훈련된 자세를 담고 있다.

공감의 본질적인 면을 이해하지 못하면 치료자는 거짓 공감 반응을 보일 것이다. 치료자는 자신이 이해심 깊고 공감적이어야 한다고 믿기 때문에, 실제로는 내담자의 내적 세계에 공감적으로 녹아들어가 있지 않으면서 이해하는 것처럼 표현하는 경우가 흔히 있다. 이런 거짓 공감은 치료 과정을 촉진시키지 못하고 오히려 방해한다. 내담자는 자신의 내적 경험을 치료자가 진정으로 이해하지 못하고 있음을 어느 정도 알아차린다. 하지만 이 점을 치료자에게 표현하는 것은 흔히 쉬운 일이 아니다. 왜냐하면, 첫째는 자신의 내적 경험을 스스로 명료하게 표현할 수 없기 때문이고, 둘째는 오해받는 것 같다는 말 때문에 치료자와의 관계가 위험해지는 것을 원하지 않기 때문이다. 그럼에도 불구하고 그들은 뭔가 잘못되었음을 어렴풋이 느낄 수 있다. 그렇게 되면 치료자는 내담자를 이해하는 척하고 내담자는 치료자에게 이해받는다고 느끼는 척하는 거짓 친밀감이나 거짓 동맹이 만들어진다. 그 결과, 내담자는 치료자나 자기 자신과 점점 더 소원해진다.

거짓 동맹을 초래하는 것에 더해서, 내담자가 공감받지 못하지만 자신이 이해받고 있다고 믿게 하는 것은 매우 중요한 정보를 놓치게 만들 수 있다. 치료자가 내담자의 경험을 공감하는 데 어려움이 있으면 그만한 이유들이 있을 것이다. 첫 번째 가능성은 치료자 자신의 문제가 장애가 되는 경우이고, 두 번째 가능성은 내담자 내부에 뭔가가 진행되고 있는 경우다. 자신의 진정한 내적 경험과 분리되어 있는 내담자는 치료자와 소통하는 것이 어렵다.

치료 관계의 질은 내담자가 자신의 내적 세계를 탐색하는 능력에 항상 영향을 주는데, 그 능력의 기복은 그 당시의 관계 맥락에서 항상 이해되어야 한다. 이 점을 염두에 두는 동시에, 치료자는 Greenberg와 Safran(1987)이 했던 것처럼 다양한 종류의 정서 표현을 구분하고 진정한 내적 경험과 그것들의 관계를 명료화하는 것이 필요하다.

일차 정서는 당시 상황에서 유기체가 실제로 경험했던 반응을 직접적으로 반영한다. 이런 정서 경험은 개인이 말로 표현하기 어려운 암묵적인 의미를 전달하며, 당시의 평가와 행동준비성에 관한 중요한 뭔가를 알려 준다. 그것은 일차적인 진정한 정서 경험으로, 치료자는 그 경험을 공감함으로써 내담자가 그 자신의 내적 경험을 말로 표현하고 온전히 수용할 수 있도록 도와야 한다.

반응성 정서인 이차 정서 반응의 기저에는 인지적 또는 정서적 경험이 있다. 반응성 정서 경험은 크게 두 유형으로 나뉜다. 첫 번째는 기저의 특정한 감정이나 해석에 대한 자기비난적인 부정적 반응으로, 특정 정서의 경험이나 표현이 대인관계에 위협이 된다고 과거에 학습했던 상황에서 발생한다. 예를 들면, 화가 나 있는 내담자가 있는데, 이 내담자는 화난 감정을 느끼는 자기를 비난한다. 이때 자기비난으로 인해 내담자가 경험하는 우울감이 반응성 정서에 해당한다.

두 번째 유형의 반응성 정서는 Safran과 Greenberg(1988)가 '안전 조치 정서(security operation emotion)'라고 언급한 것이다. 일차 정서가 대인관계에 위협이 될 수 있다고 여기는 사람은 불안을 잠시나마 줄여 주거나 자존감을 높여 주는 다른 정서를 반응으로 보인다. 예를 들면, 취약함을 느끼는 사람은 분노 표현으로 반응할 수 있는데, 분노 표현은 일시적이지만 통제감을 더 많이 느끼게 해 준다. 이때 치료자가 분노감을 공감하는 것은 잘못일 수 있다. 왜냐하면 일차적인 것은 기저에 있는 취약한 느낌이기 때문이다.

Greenberg와 Safran(1987)은 '도구적 정서(instrumental emotion)'라는 또 다른 정서 경험의 범주를 제안하였다. 도구적 정서는 대인관계에서 특정한 기능을 하는 학습된 레퍼토리들이다. 예를 들면, 우는 것이 타인의 지지나 관심을 끌어낼 수 있다고 학습한 사람은 욕구를 직접적으로 표현하거나 대인관계를 위협할 수 있는 기저의 일차 정서를 표현하기보다는 울 것이다. 즉, 여자친구에게 극도로 화가 난 것처럼 보이는 남성 내담자는 그녀에 관해 말할 때 자신의 분노를 표현하기보다는 울음을 터뜨릴 수 있다. 이때 치료자는 내담자를 공감해야 한다고 생각했지만, 어떤 이유에선지 그럴 수 없었다. 수퍼비전 시간에 녹음된 내용을 들어봤을 때, 내담자에게 공감 반응을 전달하는 치료자의 시도는 형식적으로 들렸다.

이런 상황에서 치료자가 내담자의 울음을 공감할 수 없었던 것은 우리에게 중요한 정보를 제공한다. 그것은 내담자가 표현한 정서가 그의 기저에 있는 진정한 정서 경험에 대한 정확한 반영이 아니었음을 보여 준다. 치료자는 기저의 정서 경험이 무엇이고 내담자가 자신의 정서를 직접적으로 경험하고 표현하는 것을 막는 장애물이 무엇인지를 이해하려고 노력하는 것이 중요하다.

동맹 손상이 탐색의 초점이 될 때

동맹 손상은 치료 관계의 질이 경색되거나 손상된, 치료자와 내담자 간 상호작용의 한 지점으로 정의될 수 있다. 동맹 손상은 강도, 심각성, 지속 기간에 따라 다양하다. 쉽게 빨리 해결될 수 있는 단순한 오해에서부터 길게는 몇 회기, 아니면 전체 치료 기간에 지속되는 치료 동맹의 만성적인 문제에 이르기까지 그 범위는 넓다.

인지행동 문헌들은 일반적으로 치료 동맹을 존재하거나 존재하지 않는 고정된 실체로 개념화하고 있다. 그 가정은 치료 동맹이 적절하면 치료가 잘 진행되지만, 치료 동맹의 질이 적절하지 못하면 치료는 성공할 수 없다는 것이다. 하지만 치료자는 치료 동맹을 실무율적으로 생각하기보다는 연속선상에 있는 유동적인 관계의 질로 이해하는 것이 보다 유용하다.

치료자는 치료 동맹의 질에 항상 민감해야 하고 그 변화를 잘 알아차려야 한다. 치료 동맹의 문제는 항상 내담자, 치료자, 그리고 치료자가 사용하고 있는 특정 접근이나 개입 간에 이루어지는 상호작용의 결과다. 다른 치료와 다른 치료 개입은 다른 동맹 손상을 초래할 것이다. 예를 들면, 고전적 정신역동의 중립적 입장은 내담자가 치료자를 소원하게 여길 때 동맹 손상을 초래할 수 있다. 반대로, 인지치료의 도전적인 개입들은 내담자가 비난받고 이해받지 못한다고 느낄 때 동맹 손상을 초래할 수 있다.

특정 개입, 그 개입이 적용된 방식, 그 개입에 대한 내담자의 특별한 민감성 간의 상호작용은 늘 존재한다. 예를 들면, 내담자의 자동적 사고에 민감하면서도 공감적인 방식으로 도전하는 인지치료자는 동맹 손상을 쉽게 초래하지 않을 텐데, 특히 내담자가 자신이 틀릴 수도 있는 것에 그렇게 민감하지 않다면 더 그렇다. 반대로, 자신이 틀렸다고 지적받는 것을 지나치게 걱정하는 내담자는 치료자가 아무리 조심스럽게 도전적인 개입을 하더라도 이를 틀렸다고 지적받는 것으로 지각할 수 있다.

내담자의 민감성이 하는 역할 때문에, 치료 동맹의 손상은 내담자가 갖고 있는 특정 민감성에 대한 중요한 정보를 치료자에게 제공한다. 치료 동맹의 손상은 내담자의 주관적 세계로 통하는 유용한 창, 즉 Horowitz와 Marmar(1985)의 말을 빌리면 '역할–관계 모델(role-relationship model)'로 기능할 수 있다. 이런 이유로 동맹 손상이 발생하는 것은 빨리 복구되어야 하는 불행한 일인 것만은 아니다. 그것은 내담자의 특별한 민감성의 성격과 대인관계 심리도식을 명료화하는 데 도움이 되는 유용한 도구로도 기능한다. 게다가 7장에서 더 살펴보겠지만 치료 동맹의 손상을 치유하는 과정은 변화를 이끄는 매우 중요한 사건이 될 수 있다.

인지치료에서는 내담자의 자동적 사고나 역기능적 신념에 도전할 때 특히 동맹 손상이 발생하기 쉽다. 그래서 내담자의 자동적 사고를 물어보거나 그것에 도전하고 있는 치료자라면, 그 개입이 썩 효과가 없을 경우를 특히 주목해야 한다. 내담자가 현실에 대한 대안적인 해석을 내켜하지 않는 것처럼 보이면, 치료자는 도중에라도 멈추고 내담자의 마음속에 그 순간 무엇이 일어나고 있는지를 정확히 탐색해야 한다.

그 순간의 내담자 경험을 탐색해 보면, 내담자가 현실에 대한 대안적인 해석을 거부하는 것이 치료자가 자신을 비난하거나 이해하지 못한다고 느끼기 때문임을 치료자는 알 수 있다. 이어서 치료자가 그 상호작용에서 벗어나 내담자의 감정을 공감적으로 탐색할 수 있으면, 치료자는 내담자가 그 자신의 핵심 인지 과정을 탐색하고 도전하도록 도울 수도 있을 것이다. 하지만 치료자가 헤어나오지 못하고 계속해서 내담자의 신념에 도전한다면, 이는 자신이 타인으로부터 존중받지 못한다는 역기능적 신념을 내담자 자신에게 확인시켜 주는 결과를 초래할 것이다.

치료 동맹이 좋아야 치료자와 내담자 사이에 공감적인 공명이 가능하다. 치료자가 내담자 입장에서 내담자의 말에 정서적으로 조율하면, 내담자는 치료자의 공감적인 말에 자신이 이해받는 느낌이 든다는 식의 반응을 보일 것이다. 함께 춤을 추는 두 사람처럼 치료자와 내담자는 서로에게 반응한다. 내담자는 뭔가를 말한 뒤에 치료자의 반응을 기다리고, 치료자는 말하고 나서 내담자의 반응에 개방적이 된다. 내담자의 말은 치료자의 말과 질문에 대한 직접적인 반응으로 나타난다.

반대로, 치료 동맹에 문제가 있으면 치료자와 내담자 사이에 공감적인 공명이 일어나지 않는다. 치료자는 내담자와 동일시하는 것이 어렵다. 치료자가 내담자를 이해한다고 느끼고 그 이해를 전달하려고 하지만, 내담자는 이해받는다고 느끼지 못한다. 그들 사이에는 상호작용적 동시성이 없다. 개방적이고 수용적으로 상호작용하기보다, 그들은 서로에 대해서 얘기하기 쉽다. 그래서 내담자는 치료자를 계속해서 저지할 수 있고, 혹은 치료자는 자신이 이해받기 위해 내담자를 저지해야 한다고 느낄 수 있다.

동맹 문제에 대한 일반적인 일곱 가지 조짐이 있는데 그것은 다음과 같다(Safran et al., 1990).

① 내담자가 부정적이거나 회의적인 생각을 직접 표현한다.
② 내담자가 비꼬는 말로 부정적인 생각을 간접적으로 표현한다.
③ 내담자는 치료 관계의 문제를 암시하기 위해서 유사한 주제의 관계를 넌지시 얘기한다.
④ 내담자와 치료자가 치료 목표나 과제에서 의견이 불일치한다.
⑤ 내담자가 그냥 따르거나 묵인한다.

⑥ 내담자가 개입에 반응하지 않는다.

⑦ 내담자가 안전 조치들을 취한다.

내담자의 대인관계 심리도식 이해하기

내담자의 대인관계 심리도식에 대한 이해가 중요하다는 우리의 강조는 정신역동적인 지향의 많은 이론가가 지지하는 관점이기도 하다. 예를 들면, Malan(1976)과 Sifneos (1979) 같은 단기 심리치료자들은 내담자의 핵심 갈등을 가능한 한 빨리 개념화해야 한다고 하였다. Strupp과 Binder(1984)는 치료 초반에 내담자의 핵심 역동을 개념화하는 것이 중요하다고 제안하였다. Luborsky(1984)는 내담자의 핵심적인 갈등 관계 주제를 평가하는 것이 중요하다고 강조하였다.

내담자에게 중요한 주제들에 대해 개념적인 틀을 잡는 것이 중요하며, 이에 대해서는 우리도 다른 이론가들과 생각이 같다. 하지만 우리는 개념화에 근거해서 가정을 만들기 전에 내담자가 현재 보이는 현상적 경험들을 충분히 탐색하는 것이 필요하다고 강조하고 싶다. 치료자가 내담자의 핵심 문제들에 대해 확고한 공식을 갖게 되면 내담자가 현재 보이는 해석 과정을 탐색하고 이해하기보다는 현상들을 공식적인 틀 안에 짜 맞추어 이해하려는 경향을 흔히 보이기 쉽다.

내담자가 부모나 자기 자신의 인생에서 중요한 누군가와 맺었던 관계에 비추어서 치료자는 내담자가 치료자와 맺고 있는 관계를 성급하게 이해해서는 결코 안 된다. 이런 종류의 과거 정보는 내담자가 얘기하는 것 중에서 무엇이 중요한지를 결정할 때 치료자가 참고할 수 있는 배경 정보로 활용되어야 한다. 만약 치료자가 과거 정보에 기초해서 내담자의 현재 내적 경험을 이해하려 한다면, 치료자는 지금 여기에서 내담자가 실제로 경험하고 있는 것을 제대로 이해하지 못하고 넘어갈 수 있다.

어떤 인지치료자는 내담자가 하는 해석 과정을 기존의 범주(일반화, 선택적 추상화, 부정적 자기진술)에 끼워 맞춰 이해하는 경향이 있는데, 그렇게 되면 내담자가 그 당시에 독특하게 경험한 것들을 제대로 이해하기 어려울 수 있다. 임상가는 다양한 역기능적인 인지 양상을 확인할 수 있는 유용한 틀을 미리 갖고 있을 수는 있다. 하지만 섣부르게 규정짓는 잘못을 범하지 않기 위해서는 현상학적인 탐색을 지속적으로 철저히 할 필요가 있다.

무슨 일이 발생하든 그 순간에 개방적인 태도를 계속 유지하면서, 치료자는 어떻게 가설과 치료 전략을 수립할 수 있는가? 전문가 시스템에 대한 시뮬레이션 연구들을 살펴보자(Dreyfus & Dreyfus, 1986). 능숙한 체스 선수의 사례를 고려해 보자. 전문 체스 선수와 초보자의 차이를 보면, 초보자는 연속적인 추리 과정을 통해서 상대방의 다른 움직임을 예상하고 대안 반응을 고려한다. 반면에, 전문 체스 선수는 연속적이고 직선적인 추리를 하기보다는 전체적인 양상을 분석하고 그에 기초해서 대응한다. 전문 체스 선수는 상대방에 대한 정보뿐만 아니라 다양한 수와 그에 대한 대응 수, 이전 게임들에서 얻은 풍부한 정보를 기억하고 있다. 이 정보가 드러나지 않는 배경이 된다. 이런 배경 속에서 즉각적이고 전체적인 지각이 일어나며, 전문 체스 선수는 논리적으로 계산하지 않고서도 말 그대로 상대의 수 속에 있는 다른 양상들을 볼 수 있다. 드러나지 않는 배경 정보는 전문 체스 선수의 주의를 자유롭게 해 줘서 그 순간의 많은 가능성에 최대한으로 개방적이 될 수 있게 해 준다.

이와 유사하게, 숙련된 임상가는 인간적인 상호작용과 치료 과정에 대한 풍부한 경험을 잘 활용하는데, 이는 다양한 내담자와의 경험과 그 내담자에 대한 이전 지식에 기초한 것이다. 하지만 이런 정보는 지금의 내담자를 전체적으로 지각하는 기초가 된다. 따라서 전문 임상가는 비슷한 현상을 보인 이전 경험에서 도출한 이론을 지금 내담자한테 그대로 적용하지 않고, 지금 일어나고 있는 것에서 그야말로 새로운 양상을 지각한다.

그래서 우리는 치료자에게 미리 세부적이고 정교한 개념화 틀을 마련해 놓는 것은 자제하도록 권한다. 얼핏 보면 그럴듯해 보이지만, 이런 개념화 틀은 임상가가 즉각적으로 일어나는 새로운 것에 눈멀게 만든다. 개념화 틀이 복잡하고 정교할수록 임상가는 그것에 더 애착을 가질 것이고, 그러면 그 틀과 양립하기 어려운 그 순간에 일어나는 새로운 양상들을 받아들이는 것이 어려워진다.

대신 치료 초에 치료자는 내담자의 핵심 인지 과정에 대한 일반적인 개념 틀을 마련해야 한다. 그리고 그것을 비공식적인 수준으로 유지하면서 새로운 정보가 드러나면 지속해서 수정해 나가야 한다. 다르게 보면 이런 마음의 상태는 Freud가 어딘가에 매어 있지 않은(free-floating) 혹은 고르게 유지되는(evenly-suspended) 주의라고 기술했던 것과 유사하며, Reik(1948)는 이를 제3의 귀를 갖는 것이라고 기술하였다.

이는 또한 도교 전통에서 본 수양 중인 직관적인 마음과도 유사하다. Allan Watts(1957)의 설명처럼, 도교 철학은 숙고하거나 뭔가를 꾀하는 마음과는 대조되는 자연스럽거나 직관적인 마음을 중시한다. 이런 관점에서 보자면, 창조와 생존에 적절한 심리 상태는 자신의 의지를 부여하기보다는 그 순간 일어나는 것에 개방적이고 수용적이 되는 것이다. 이런 기본 철학은 중국의 전통적인 신탁 격인 역경(易經)에 잘 설명되어 있다. 역경은 도교 철학의 핵심을 보여 준다. 역경에서는 동전을 던져서 특정한 패턴을 찾는데, 그 패턴은 동전이 던져진 순간을 반영한다. 수용적인 마음으로 그 패턴을 살펴봄으로써, 우리는 그 순간과 관련된 변화 패턴과 힘을 수용할 수 있다. 그 순간의 패턴을 해독하고 그 순간의 정확한 배열 형태에 반응함으로써, 우리는 도(道) 혹은 우주의 원리와 조화를 이루어 행동할 수 있다.

이 같은 수용적이고 개방적인 마음 상태와 관련된 원리는 무위(無爲), 즉 '아무것도 행하지 않음(nonaction)'으로 일컬어지는데, 이는 수동성과는 다른 것으로 그 순간의 자극에 동요되지 않으려 하는 것이다. 기본적인 생각은 우리가 뭔가 하고 싶어 하는 우리의 마음을 붙잡아 둘 수 있으면 온전히 자발적이고 창조적으로 반응할 수 있다는 것이다.

도교 철학의 또 다른 원리는 Te로 미덕(virtue)으로 번역된다. 그런데 Te는 서양에서 관습적으로 의미하는 미덕과는 다르다. 그것은 그 순간에 대한 반응으로 직관적이고 자발적으로 행동할 때 발생하는 효율성이나 힘이다. 이 같은 자발적이고 창의적인 재능은 수많은 우수한 아시아 예술 작품을 주도하는 원리다. Te의 원리에 따르면, 예술가는 기법적인 기술을 필요로 하지만 이런 기술들은 도구적이고 이차적인 것이며 배경이 된다. 우수한 작품은 의도하지 않은 자연스러운 방식으로 특정 순간에 반응할 때 일어나는 창조적인 우연의 결과다. 유사하게, 치료자의 형식적인 지식과 기법적인 기술은 배경이 되어야 하며, 그런 토양 속에서 치료적으로 상호작용하는 그 순간에 충실하게 반응적이고 자발적이며 비의도적으로 행동한다면 그것이 씨앗이 되어 싹을 틔울 것이다.

인지-대인관계 순환 평가

다음의 축어록은 한 내담자의 인지-대인관계 순환을 평가한 예다. 이 내담자는 30세 남성으로 심한 우울증으로 입원 중이다. 이 내담자의 대인관계 양상의 두드러진 특징은 치료자나 다른 사람과 상호작용할 때 기분 나쁘게 빈정거리는 말투를 사용하는 점이다. 축어록은 내담자가 느끼기에 유능하지 않은 병원 전문가들에 대한 분노로 시작한다.

내담자: 그들이 주는 약을 먹어도 좋아지지 않아요. 약이 형편없어요. 저는 통증을 줄이기 위해서 코데인(진통제의 일종)을 복용하고 있어요. 기분이 엿 같아요. 기분이 많이 처지고 매우 부정적이 되고 정말 미치겠어요. 특히 한 의사에게 정말 화가 나요. 결국에는 부작용이 없어질 거라면서 끊임없이 약물치료를 받게 하는데, 제가 얼마나 고통스러운지 상관하지도 않고 그러는 거예요. 머리도 아파요. 그래서 또 다른 약을 받았어요. 지난 4~5일 동안 완전히 좀비처럼 살고 있어요. 정말 기분이 안 좋아요. 제 방에 커튼을 쳐 놓으면 얼마나 단절감이 느껴지고 무서운데요.

치료자: 당신에게는 정말 힘든 한 주였던 것 같네요.

내담자: 그랬죠. 저는 제 마음을 전혀 표현할 수 없었기 때문에 주장을 잘하는 간호사가 레지던트에게 가서 말해 줬어요. "당신이 뭘 하고 있는지 아세요?"라고요. 그는 오늘 아침에 두통이 있는지 보러 와서 제게 약을 주었어요. 당연히 두통이 있죠. 지금 그는 점심 약을 가지고 올 겁니다. 그게 그에게는 엄청나게 중요한 일이죠.

치료자: 그래서 드디어 어떤 조치가 취해졌군요. 당신은 "그게 그에게는 엄청나게 중요한 일이죠."라고 말했지만 사실은 그것이 너무 별거 아니고, 또 너무 늦었다고 말하는 거 같네요.

내담자: 너무 늦어요, 너무 늦어요. 제가 전에 파네이트라는 약을 복용했을 때는 4주 동안 먹었죠. 제 혈압은 평균 54에서 70 정도로 매우 낮았어요. 멍하니 아무 생각 없고 약간 현기증이 있고, 썩 유쾌한 경험은 아니었죠. 하지만 저는 견뎠습니다. 언젠가는 사라질 거라고 생각하면서. 그다음에 그들이 이 약은 아니다 싶었던 모양이에요. 증상이 사라지지 않을 거라 생각했나 봐요. 그래서 그들은 약을 바꿨어요. 저는 시행착오가 필요하다고는 여깁니다. 하지만 생각해 봐요. 제게 알려 줄 때 자신들이 뭘 하고 있는지는 알 거 아니에요. 저는 아픈 사람인데.

치료자: 누가 알려 줬나요?

내담자: 의사가 알려 줬죠. 그것도 매우 공손하게. "이런 부작용은 대개는 없어집니다. 그러니까 참으셔야 합니다." 그리고 "당신이 매우 실망하셨다는 거 잘 압니다. 당신은 당장 좋아졌으면 싶으시지요. 하지만 인내심을 가지세요. 때로 이

런 약들의 부작용은 2주 동안 지속되기도 합니다. 부작용은 곧 사라질 겁니다. 참으셔야 합니다." 하고요.

치료자: 으흠.

내담자: 그래서 저는 열심히 참는 훈련을 하고 있지요. 그 뒤에 어떻게 됐는지는 아시죠? 안 좋아요.

치료자: 예. 그래서 이제 더 이상은 참기 어려우신가 봐요. 참아 보려고 노력하고는 있지만, 당신은……

내담자: 저는 원래 참을성이 많은 사람입니다. 하지만 아프면 참는 것이 어렵습니다. 쉽지 않네요.

치료자: 예. 인내심이 거의 바닥난 것 것처럼 들리네요. 거의 한계에 다다른 듯한.

내담자: 그리고 저는 제 오래된 종교적 믿음에 항상 의지합니다. '모든 고통은 끝이 있고 나는 고통을 감내할 거고 불쌍한 모든 영혼은 구원될 거다.'라고요. 왜 이런 일이 다시 생기는지 모르겠어요. 엄마한테 전화해서 얘기했어요. 구원받을 영혼은 더 이상 없으니 이제 고통이 멈춰야 한다고요. 선생님도 제 심정을 이해하셔야 합니다.

치료자: 이해합니다. 당신은 많은 고통을 겪고 있습니다. 한편으로는 고통을 견디고 인내하려고 애쓰고 계시네요. 그리고 어린 시절 기억 속으로 돌아가고 있고요. 고통을 지속시켰던 사람들과 함께 있던 시절로 말이지요. 하지만 한편으로는……

내담자: 예. 선생님이 2주 전에 순교자라는 말을 사용했을 때, 저도 인정할 수밖에 없었습니다. 그때 제 유년시절의 일들이 다시 떠올랐습니다.

치료자: 으흠. 당신은 매우 화가 난 것처럼 들리네요.

내담자: 제가요? 아니에요. 저는 전혀 화가 안 났어요. 저는 소리 지르지 않았습니다. (강조하며) 전혀. 이런 와중에서 잘된 유일한 것은 어제 레지던트가 방에 왔을 때 이 두통에 대해 결국 말했고, 그것이 어떻게 해야 사라질지 묻고 그에게 제 사마귀를 보여 준 겁니다.

치료자: 그에게 무엇을 보여 주었다고요?

내담자: 제 발에 있는 사마귀요. 저는 그가 그것을 어떻게 해 줄 거라 생각했습니다.

치료자: 그게, 그를 괴롭히고 싶으셨다는 말인가요?

내담자: 맞아요. 그를 골려 줬죠. 자기는 사마귀는 다루지 않는다고 그가 말했어요. 그
　　　　러고 말았습니다.

치료자: 으흠. 당신이 잽을 날렸네요. 하지만 그는 끄덕도 안 했고요. 이게 당신이 말하
　　　　려는 건가요?

내담자: 그의 머리 위로 빗나갔죠. 그가 너무 방어적이었고 미동조차 하지 않았어요.
　　　　아마 집에 가는 지하철에서나 그가 이해할 수 있을지 모르죠. 그는 너무 폐쇄
　　　　적이에요, 너무.

치료자: 정말 속상하고 화가 많이 났던 거 같네요. 그 정돈지는 저도 몰랐어요.

내담자: 죄송합니다. 저도 그렇게 화를 내는 것이 싫습니다. 그렇게 화를 내는 것은 노
　　　　인들이나 하는 짓이죠.

치료자: 그래요, 저는 지금 여기서 당신이 실제로 경험하고 있는 게 뭔지가 궁금합니다.

내담자: 저요? 전 지금 지쳤어요. 전 고통 속에 있고 지쳤어요. 그들이 약을 처방하면
　　　　3~4주 동안이나 그걸 먹어야 한다는 사실이 너무 지겨워요. 저번에도 약이 듣
　　　　지 않는다는 걸 확인하기까지 지옥처럼 고생했는데. 전 지금이 이전보다 더
　　　　우울하고 자살하고 싶은 생각이 더 심하게 듭니다. 그러면 그들은 "오, 이 약
　　　　은 듣질 않는데?"라고 말하죠. 그 이야기를 선생님께 2주 전에 했어야 했는데.

　여기서 내담자는 그의 대인관계 양상을 단적으로 보여 주고 있다. 좌절이나 화가 함
께 일어나면 기민하고 신랄한 위트가 정신과 레지던트처럼 자신을 상처주고 공격했던
사람을 향할 수 있다. 내담자가 자신의 행동과 관련된 감정들을 탐색하도록 돕기 위해
서 치료자는 내담자의 분노와 신랄함에 대한 자신의 지각을 전달한다. 하지만 이런 개
입은 뜻하지 않은 결과를 초래한다. 내담자는 괴로움을 부인한다. 치료자는 동맹에 약
간의 위기감을 느끼면서 이어지는 대화에서 자신의 말이 내담자에게 미친 영향을 탐색
하고 있다.

치료자: 제가 당신에 대한 제 경험을 얘기했는데 그때 어떠셨는지 궁금하네요. 제가
　　　　지금 당신이 속상하고 화가 난 거 같다고 말했는데, 제가 그렇게 말했을 때 어
　　　　떠셨는지 알고 싶습니다.

내담자: 저의 나쁜 점을 콕 찌르는 거 같았습니다.

치료자: 당신을 콕 찌르는 거 같았어요?

내담자: 예. 하지만 그게 상처가 되지는 않습니다.

치료자: 그래요?

내담자: 선생님이 한 말이요? 그건 상처가 되지 않아요. 하지만 아프긴 하죠. 저는 선
생님과 거리를 두고 있으니까요. 선생님은 영향을 미치지 못하게 제 마음속에
서는 떨어져 있습니다. 선생님이 저를 개인적으로 괴롭게 하더라도 저는 어떤
영향도 받지 않을 겁니다. 일종의 방어죠. 뭐라더라? 방어기제라 하던가?

치료자: 아, 예.

내담자: 저는 선생님의 신랄한 지적을 어머니, 형, 여동생이 제게 했던 것처럼 받아들
이지는 않을 겁니다. 선생님의 얘기는 좀 더 전문적인 어떤 것이니까요. 제 마
음을 그렇게 심하게 찢어 놓지는 않습니다. 하지만 저는 그것이 똑같이 맞는
말이라는 건 인정합니다. 제가 하는 얘기를 이해하시겠죠?

치료자: 완벽하게는 아니지만, 그래도 어느 정도는 이해가 됩니다.

내담자: 선생님은 저를 그렇게까지는 힘들게 할 수 없습니다. 어머니가 그랬다면 제
마음은 찢어졌을 거예요. 선생님의 말이 맞다는 건 알지만, 그 말이 절 그렇게
괴롭히지는 않습니다. 어머니나 아버지가 그랬다면 다르죠.

치료자: 그래요. 다른 사람이 말했을 때보다는 덜 상처받는단 말이군요. 제가 그 말을
했을 때, 당신을 괴롭히려던 건 아닙니다. 그보다는 당신이 자신의 내적 경험
과 접촉하고 있는지가 궁금했습니다. 지금은 당신이 화가 나 있는 거 같지 않
은데요.

내담자: 물론 아니죠.

　질문에 대한 내담자의 얘기를 듣고서 치료자는 속상해하고 화가 난 것 같다는 자신의
말이 내담자에게는 부정적인 의미로 다가왔고 비난으로 경험되었음을 알게 된다(치료
자의 말이 상처가 되었다고 인정하지 않고 있지만). 자신의 어머니가 같은 피드백을 했다면
'마음이 찢어졌을 거라는' 내담자의 말에 주목할 필요가 있다. 이 표현의 생생하고 절
절함을 보면, 내담자가 속상하고 화가 난 것 같다는 말을 얼마나 부정적으로 받아들이
는지를 충분히 알 수 있다.

　내담자가 그런 감정을 수용하기 어렵기 때문에, 몹시 속상한 감정은 어떤 것이든 인

정하거나 탐색하는 것이 어려울 수 있다. 변화 과정의 첫 단계는 어떤 감정이든 인정하는 것이기 때문에, 이 점은 변화에 대한 딜레마를 잠재적으로 초래할 수 있다. 몹시 속상한 감정에는 흔히 분노, 좌절, 체념이 섞여 있다. 체념은 분노를 직접적으로 표현했을 때 초래될 결과가 두려워서 단념할 때 흔히 경험된다.

이어지는 대화에서는 내담자가 화나고 속상해하면 어떤 일이 일어날 거라고 믿고 있는지 탐색되고 있다.

> 내담자: 저도 그렇게 신랄해지는 게 걱정됩니다. 너무 위험하니까요. 저도 말할 때 매우 조심해야 하고 속마음 중 많은 부분을 감추어야 한다는 것도 압니다. 쫓겨나서 치료를 못 받을 수도 있으니까요.
>
> 치료자: 으흠.
>
> 내담자: 의사와 같이 있으면 저는 이렇게 앉습니다. 제 손을 무릎에 모아 두고 협조하려고 노력합니다. "예, 그럼요." 이런 식으로 말이지요. 저는 대개는 긍정적이고 똑똑한 질문을 하려고 애씁니다. 아니면 그의 말을 다시 확인하는 질문을 하죠. 그것을 저도 좋아합니다. 대개 그런 식입니다. 그러고 나면 다음 주 치료 계획을 어느 정도 정하고 상담을 마무리합니다. 저는 의사에게 재확인하는 말을 하고 그는 제 말을 듣고. 그러고 끝납니다.
>
> 치료자: 저와는 어떠세요?
>
> 내담자: 선생님과요?
>
> 치료자: 예. 저와의 경험은 어떠신가 싶어서요.
>
> 내담자: 다르죠. 항상 그런 식이지는 않죠. 여기서 우리는 많은 일을 함께 경험하고 있습니다. 저의 관계에 대해서 선생님과 얘기할 때는 그렇게 무익하지는 않습니다. 글쎄요. 여기서는 훨씬 더 편합니다. 처음에는 좀 더 조심스러웠습니다. 지금은 훨씬 덜합니다. 병원의 다른 곳에서 의사와 함께 있을 때는 지금보다 훨씬 더 조심합니다.
>
> 치료자: 어떤 사람들과 있으면 당신은 특히 더 조심해야 될 거 같이 느낀다는 얘기네요. 그 이유가……
>
> 내담자: 만약 선생님이 그들을 비꼬았다면 더 곤란하시겠죠.
>
> 치료자: 전에 곤란했던 적이 있으신가요?

내담자: 전에 비꼬는 말을 했다가 어떤 간호사와 힘들었던 적이 있습니다. 제 혈압을 제대로 못 재길래 학교를 졸업한 지 얼마나 됐냐고 물었어요. 그랬더니 많이 기분 나빠했습니다. 제가 논지에서 벗어난 애기를 한 거 같은데, 그게 문제인가요?

치료자: 그런 식으로 다른 사람을 괴롭히곤 하나 봅니다.

내담자: 가끔은 그러죠. 상대에 따라서요.

여기서 내담자는 다른 사람에게 직접 화내는 것을 두려워하는 자신의 모습을 탐색할 수는 있지만, 현재 상황에서의 문제는 부인하고 있다. 현재 내담자는 분노 감정과 그것이 초래할 결과에 대한 두려움을 개방적으로 탐색하고 인정하는 것을 너무 위험하게 여기고 있다. 이 대화 부분은 내담자의 대인관계 양상을 보다 심층적으로 보여 준다. 내담자의 신랄하고 거만하며 권위적인 말투가 나타나고 있다("제가 논지에서 벗어난 애기를 한 거 같은데, 그게 문제인가요?"). 이 상담 회기의 후반부에서 내담자는 우울감에 대해서 말하고 있다.

내담자: 뭔가가 저를 무겁게 누르고 있어요. 제가 못나 보이고 끔찍한 기분입니다. 오늘 아침에 샤워하면서 이 무거운 느낌을 떨쳐 버릴 수가 없었습니다. 그건 죄책감이었습니다. 오늘 아침에 면도를 하려고 거울을 보는데, '맙소사', 전혀 다른 색의 유리를 통해 세상을 보고 있는 거 같았습니다. 분명 장밋빛 유리는 아니었습니다. 모두가 저를 겨냥하고 있었습니다.

치료자: 당신을 겨냥하고 있었다고요?

내담자: 그래요, 맞습니다.

치료자: 뭐가 당신을 겨냥하고 있었죠?

내담자: 많은 나쁜, 나쁘고 썩어 빠진 것.

치료자: 우리가 앉아 있는 지금 여기서도 뭔가 나쁜 것이 당신을 겨냥하고 있는 거 같습니까?

내담자: 어~ 선생님의 빨간 양말을 보고 '저건 좋은, 좋은 빨간 양말이야.'라고 생각했어요. 근데 금방 제게로 돌아와서 '난 너무 멍청하고 추해. 난 결코 저렇게 되지는 못할 거야.'라는 생각이 들었어요.

치료자: 음~

내담자: 오늘 아침 병원에서 우울한 사람 중 12~15%가 어떻게 자살하게 되는지를 보여 주는 좋은 영화를 봤어요. 방에 있는 모든 우울한 사람과 내기를 하고 싶었다니까요. 누군가는 살아남는 굉장한 운을 누리겠죠. 아무도 호응하지 않겠죠.

치료자: 지금 전 이 얘기를 듣고 정말 놀랐습니다. 제가 이해하기에 당신은 지금 많은 절망감을 느끼고 있습니다. 하지만 동시에 유머도 잃지 않고 있네요. 그런 모습이 제게는 의외의 모습으로 다가옵니다.

내담자: 그게 저의 M.O. 예요.

치료자: M.O.가 뭐죠?

내담자: 작업 방식(modus operandi).

치료자: 너무 빨라서 저는 도저히 따라가지 못하겠는데요.

여기서 치료자는 전체 회기 동안에 자신의 자각 언저리에 있었던 여태껏 말로 표현하기는 어려웠던 미묘한 느낌을 찾아내고 있다. 그것은 어딘지 허를 찌르는 듯한 느낌으로, 뭔가 예측해서 알아내기 어렵다는 느낌이다. 아마도 수련의나 간호사도 이 내담자에 대해서 다르지 않은 느낌을 경험했을 것 같다. 내담자가 지금 치료자를 향해서 재치를 발휘하고 있지는 않지만, 치료자는 끝 부분의 신랄한 유머와 거만한 태도에서 간접적이지만 어떤 충격을 받았을 수 있다. 치료자가 자신의 이런 감정을 알아차리지 못하면, 그는 내담자와의 관계에서 본의 아니게 내담자에 의해서 유발된 좌절감이나 위협감을 행동화하는 방식으로 역기능적인 대인관계 순환을 보일 수 있다. 실제로 내담자의 속상함에 대한 치료자의 언급은 타이밍에 좀 문제가 있는 개입으로 볼 수 있으며, 이는 어느 정도는 치료자의 불편감에서 비롯된 개입으로 보인다.

내담자: (웃으며) 일부러 그런 건 아닙니다.

치료자: 예. 일부러 그런 건 아니지만……

내담자: 선생님은 그게 잘 와 닿지 않나 봐요? 아무튼 말하기 어렵네요. 이전 치료자에게도 제가 하던 식으로 했습니다. 치료자가 그걸 넘어설 만큼 유능하면 본론으로 들어갑니다. 저번 치료자의 경우에는 그렇지 못해서, 제게 굉장히 재밌는 내담자라고 말했습니다. 그래서 전 치료자를 실컷 웃겨 줬습니다. 한동안

은 상처주는 말을 하고 나서 또 잘해 주고 이런 식이죠.

치료자: 으흠. 예. 그런 것이 지금 이 자리에서 일어나고 있나요?

내담자: 그럼요. 하지만 그건 조건화된 반응입니다. 그냥 일어나요. 통제가 안 돼요. 모르겠어요. 죄송합니다.

치료자: 제가 유머를 무시하고 당신의 어떤 아픈 경험을 다룬다면 지금 어떨 거 같습니까?

내담자: 선생님도 아시다시피 뭔가가 있긴 하죠, 제 속에. 우울하고 괴롭고 그런 거요. 도움이 되긴 할 겁니다. 아마 꽤나 어려울 거예요.

치료자: 어떻게 어려울 거 같으세요?

내담자: 지금껏 아무도 성공하지 못했으니까요.

치료자: 그러면 제가 그걸 극복하는 것이 어려울 거다, 그런?

내담자: 선생님에게 어렵지 않을 수 있지만, 지금껏 한 번도 성공한 적이 없어서. 아마 힘들 겁니다. 제가 협조하지 않을 거라는 얘기는 아닙니다. 제가 할 수 있는 한 최선을 다해서 협조할 겁니다.

치료자: 글쎄요. 제가 정말 말하고 싶은 것은 협조에 관한 것은 아닙니다. 그보다는 지금 이 자리에서 자동적으로 많은 것이 당신 속에서 일어나고 있는데 그런 것들을 자각하면서 머물러 보라는 겁니다.

내담자: 그건 반사적인 겁니다.

치료자: 반사적이죠. 웃기려고 할 때, 당신이 그 순간에 하고 있는 것을 바로 알아차리고 그 웃기려는 모습 이면에 당신이 경험하고 있는 것을 자각할 수 있으면 됩니다.

내담자: 알겠습니다. (긴 침묵)

치료자: 지금 어떤 느낌이세요? 뭘 경험하고 있습니까?

내담자: 그게, 웃기는 말을 하지 않고 있으면 제가 벌거벗겨질 거 같다는 생각을 하고 있었습니다. 그건 정말 무서운 일입니다! 제게는 그게 정말 추한 일이니까요.

치료자: 웃기는 말을 하지 않으면 그 밑에 있는 정말 추한 게 드러날 거 같군요.

내담자: 예.

치료자: 그렇게 벌거벗겨진다면……

내담자: 안전망이 없어지면 상당히 괴로울 겁니다.

치료자: 그것은 일종의 안전망이군요. 어떤 식으로든 나를 보호하는?

내담자: 예, 맞습니다.

여기서 내담자의 특징적인 인지-대인관계 순환이 자세히 드러나고 있다. 내담자는 정서적으로 고립되고 고통받고 있으며 화나고 몹시 괴로워하고 있다. 사람들이 자신의 분노를 알게 되면 자신을 싫어할까 봐, 그리고 가려져 있는 자신의 아픔을 보면 자신을 거절할까 봐 걱정하고 있다. 내담자는 자신의 진짜 감정을 숨기고 사람들에게 협조해야만 관계를 유지할 수 있을 거라고 믿고 있다. 이 점은 치료 관계에서도 나타난다("제가 협조하지 않을 거라는 얘기는 아닙니다.").

내담자의 신랄한 유머와 우수한 지능이 그를 보호하고 있다. 하지만 또한 사람들로부터 그를 단절시키고 고립시키고 있다. 그는 정서적 고립으로 힘들어하면서도 자신과 연락하고 지낼 수 없는 사람들을 비웃고 경멸하고 있다. 그의 많은 대인관계 만남은 그 자신에게 씁쓸하면서도 공허한 승리를 가져다준다. 그는 자신에 대한 존경을 유지하기 위해서 지속적인 고독감이라는 대가를 치르고 있다.

이 같은 역기능적인 대인관계 순환을 끊기 위해서 치료자는 내담자와 함께 있을 때 경험하는 자신의 불편감을 확인하고 그와 연관된 대인관계 표식, 즉 빈정거리는 말투를 지적할 수 있어야 한다. 이렇게 하는 것은 여기서처럼 순환 관계가 강렬하게 재연되지 않으면 쉽지 않다. 이런 상황에서 치료자가 경험하는 미묘한 감정이나 행동 경향성에 주의를 기울이는 것이 특히 중요하다.

인지 평가와 관련된 일반적 고려 사항

지금까지 우리는 내담자의 인지-대인관계 순환 평가 시 참여적 관찰의 역할에 초점을 두었으며, 이는 인지적 평가의 대인관계적 맥락을 강조하고 기본적인 접근 방향을 세우는 데 도움이 된다. 우리가 이 과정을 촉진시키기 위해서 치료 관계 이용의 중요성을 강조했지만, 그렇다고 내담자가 얘기하는 상담실 밖 사건들—인지치료에서 전통적으로 중요시해 온 정보들—이 중요하지 않다는 것은 아니다. 여기서 우리는 회기 안팎의 모든 자료에서 인지 평가 시 고려되는 일반적인 사항에 대해 살펴볼 것이다.

역기능적 사고에 도전하기 위해서 사용되는 다양한 기법에 대해 언급할 때, 많은 인지행동 문헌에서는 관련된 인지 과정이 먼저 가용해야 한다고 전제하고 있다. 치료 초기에 내담자가 관련된 해석 과정에 접근하는 것이 가능한 경우도 있지만, 많은 경우에 있어서 내담자가 관련된 인지 과정에 접근하는 것은 그 자체가 어렵고 고통스러운 과정이다(Safran & Greenberg, 1982a). 인지치료를 실제로 적용하는 데 초점을 두고 있는 문헌들에서는 일반적으로 변화 과정의 도전적인 측면들은 강조하지만 탐색적 단계는 덜 강조한다. 이 때문에 우리는 인지 과정에 접근하기 위해서 알아야 하는 일반적인 고려 사항들을 살펴봄으로써 이런 불균형을 바로잡고자 한다.

구체성과 특수성

첫 번째 일반적인 원칙은 치료자는 가능할 때마다 내담자가 문제의 구체적이고 특수한 사례를 얘기하도록 항상 격려해야 한다는 것이다. 추상적으로 일반화하여 얘기하면 이를 구체적이고 특수한 사례로 다시 얘기하도록 해야 한다. 최근의 일일수록 더 좋다.

일단 내담자가 특수한 상황의 일반적인 개요를 기술하면, 치료자는 그 상황의 세부 사항을 물어봐서 가능한 한 생생하고 완벽하게 상황을 그려 보게 해야 한다. 이런 식으로 내담자는 관련된 청각적 및 시각적 단서들을 묘사하면서 그 상황을 세세히 재구성한다. 가능한 한 많은 맥락 단서를 제공함으로써, 상황에 대한 해석 과정에 접근하는 내담자의 능력을 향상시킬 수 있도록 상황을 재구성할 수 있다. Rice(1984)는 이런 생생한 재구성이 주관적인 해석 과정에 접근하는 데 중요한 역할을 한다고 주장했으며 이를 '체계적 환기(systematic, evocative unfolding)'라고 언급했다.

내담자는 그 일이 지금 일어나고 있는 것처럼 그 상황을 천천히 기술하도록 지시받는다. 치료자는 관련성이 특히 높은 지점에서 멈추고 내담자가 그 순간에 경험하고 있는 감정, 생각, 반응을 탐색한다. 자동적 과정과 통제적 과정에 대한 Shiffrin과 Schneider(1977)의 구분을 사용해서, Greenberg와 Safran(1980, 1981), 그리고 Toukmanian(1986)은 이를 탈자동화(de-automization) 과정이라고 기술했다. 치료자는 이 과정을 통해 내담자가 습관적인 지각 과정을 천천히 점검하고 탈자동화하도록 도움으로써, 그렇지 않았다면 의식하지 못했을 세세한 사항에 주의를 기울이게 한다.

이런 방식으로 치료자는 관련된 장면과 그것에 대한 내담자의 반응을 재구성하도록 도울 수 있다. Rice(1984)의 접근을 살펴보면, 치료자는 내담자에게 특수한 자극 상황의 어떤 부분들과 그 부분들에 대한 내담자의 개인적인 반응 사이를 체계적으로 오간다. 우리는 이렇게 오가는 것이 그렇지 않으면 접근하기 어려운 인지 과정에 접근하는 데 특히 도움이 됨을 확인했다.

또한 내담자의 감정과 사고 사이를 오가는 것이 특히 유용하다. 예를 들면, 치료자는 다음과 같이 말할 수 있다. "그 상황을 떠올릴 때 어떤 감정을 느꼈어요?" 혹은 "그 상황을 떠올릴 때 느끼는 감정이 무엇인지 아시겠어요?" 내담자가 정서적인 수준에서 일어나는 반응에 접근할 수 있으면, 관련된 사고들도 흔히 이해할 수 있다(Safran & Greenberg, 1982a, 1982b, 1986).

예로, 한 남성 내담자가 여러 사람 앞에서 말할 때 겪는 어려움을 얘기하고 있다. 치료자는 가장 최근에 경험했던 어려움을 떠올려 보게 했다. 내담자는 이틀 전 대학 강의 시간에 토론 중인 주제와 관련하여 자신의 관점을 얘기할 것을 생각하면서 강한 불안을 경험했다. 치료자는 내담자가 그 상황을 자세히 얘기하도록 했다.

치료자: 수업 시간에 앉아 있을 때를 떠올릴 수 있겠어요?
내담자: 저는 교실 뒤 오른쪽에 앉아 있었습니다.
치료자: 뭘 보고 있었는지 떠올려 보시겠어요? 지금 그 자리에 있는 것처럼 한번 묘사해 보세요.
내담자: 음, 저는 교실 뒤 오른쪽에 앉아 있고 다른 사람들을 둘러보고 있습니다.
치료자: 그리고 뭘 보고 있습니까?
내담자: 음, 기대에 차서 학생들을 보고 있는 교수님이 있습니다. 저는 사람들의 얼굴을 봅니다. 특히 한 사람, 제가 한 번도 똑똑하다고 생각해 본 적 없는 사람인데 저는 그가 뭘 말할지 기다리고 있습니다.
치료자: 그런 상황에서 당신은 뭘 경험하고 있습니까? 당신 자신의 감정과 접촉할 수 있어요?
내담자: 예. 일종의 긴장감을 느낍니다.
치료자: 지금도 그 긴장감을 실제로 느끼나요?
내담자: 예.

치료자: 몸 어디서 느끼고 있지요?

내담자: 배에서 느끼고 있습니다. 제 배를 누군가가 누르고 있는 것 같습니다.

치료자: 그 상황으로 다시 돌아가 보지요. 그다음에 무슨 일이 있었습니까? 뭔가 특이한 게 있나요?

내담자: 음, 그가 말하기 시작합니다. 상당히 똑똑하게 잘 얘기하는 거 같습니다.

치료자: 실제로 말하고 있는 그의 모습을 떠올려 보고 그의 말을 들어볼 수 있겠어요, 이 자리에서?

내담자: 예. 저기 앉아서 얘기하는 그를 제가 실제로 보고 있습니다. 그리고 이어서 저는 그의 얼굴을 쳐다봅니다.

치료자: 보이는 것을 말해 보겠어요?

내담자: 음, 수염이 있고 눈동자가 까맣습니다. 그는 침착하고 차분해 보입니다.

치료자: 지금 얘기를 하면서 당신은 어떠셨습니까?

내담자: 점점 불편했습니다.

치료자: 그리고 마음속에 무슨 일이 일어나고 있었습니까?

내담자: '그가 매우 차분하고 침착하며, 사람들이 모두 그를 좋아하는 거 같다. 그리고 나는 매우 긴장해 있다. 내가 말하면 너무 어색하게 들릴 거다.'라고 생각하고 있었습니다. 제가 말하는 것이 너무 단순하고 당연하게 들릴 거라는 상상을 하고 있습니다.

내담자가 이런 식으로 문제 상황을 재구성하도록 도움으로써, 치료자는 맥락 단서들을 찾아가면서 그렇지 않으면 도달하기 어려울 인지 과정에 접근할 수 있게 된다. 내담자가 관련된 감정들을 재경험하고 있는지를 주기적으로 살펴봄으로써, 치료자는 과제가 잘 수행되고 있는지 아니면 내담자가 상황을 재창조하는 데 어려움이 있는지를 평가할 수 있다. 내담자가 관련된 감정들을 재경험하고 있지 않다면, 치료자는 내담자가 재구성의 어떤 부분에서 어려움이 있으며 그 문제가 무엇인지를 찾도록 도울 수 있다.

이 과정에서 가장 흔히 일어나는 문제 중 하나는 내담자가 주관적인 해석 과정을 보고하는 것을 어려워할 때 일어나는데, 그것이 자존감에 위협이 된다고 경험하기 때문이다. 예를 들면, 앞의 상황에서 내담자가 그 상황에서의 진짜 감정과 생각을 재경험하거나 얘기하기 어려워할 경우, 그것은 수업에서 다른 사람과 자신을 비교하는 것이 자신을 옹졸하게 보이도록 만들 거라 여기기 때문일 수 있다. 내담자들은 흔히 자신이 취하는 방식이 옹졸하고 유치하며 미성숙하다고 여긴다. 그래서 상황에 대한 자신의 이성적인 평가와 보다 일차적이거나 직관적인 평가 사이에 괴리가 있다(Safran & Greenberg, 1982a). 이런 상황에서는 이성적인 평가를 통해서 탐색을 회피하려는 내담자의 모습을 지지하기보다는 기저의 직관적인 평가를 탐색하는 것이 필요하다.

자각과 대인관계 맥락

　　내적 경험에 대한 자각 및 타인과의 의사소통 경험은 상호 의존적인 과정이다. 왜냐하면 의사소통 과정은 개인이 현실을 구성하도록 돕기 때문이다. 따라서 현실은 본질적으로 대인관계적이다. Stern(1985)의 주장처럼, 엄마가 공감해 주지 않은 유아의 정서는 그 개인에게 결코 충분히 인식될 수 없다. 유사하게, 우리의 매우 개인적인 많은 생각은 의사소통을 통해서 분명히 설명되기 전까지는 막연한 암묵적인 상태로 있을 것이다. 내담자가 이전에는 소통해 본 적이 없는 직관적인 평가들을 치료자와 소통하는 바로 그 과정이 내담자에게 그것을 보다 완전히 의식할 수 있게 해 준다.

　　따라서 자기자각과 공개적인 소통은 한 연속선상에 있다. 한쪽 끝에는 내담자가 누구와도 소통한 적이 없고 충분히 자각되지 않은 경험들이 있다. 그리고 다른 쪽 끝에는 내담자가 충분히 자각하고 있고 타인과 소통한 주관적 해석들이 있다. 하지만 연속선상의 양끝 사이에는 다양한 가능한 지점이 있다. 한 가능한 지점은 내담자가 특정한 주관적 해석을 어느 정도 자각하지만, 너무 수치스러워 타인이나 치료자에게 그것을 얘기하지 못하는 경우다. 이런 상황에서는 내담자가 수용적인 치료자에게 그것을 얘기하는 행동이 자신을 보다 수용하는 경험을 하게 해 주기 때문에 치료적일 수 있다. 다른 가능한 경우는 내담자가 자신의 내적 경험을 일반적으로 자각하고 있지만, 의사소통 과정이 그것을 보다 충분히 표현하게 돕는 것이다.

자동적 사고가 차단되었을 때 개입하기

내담자가 경험과 지각을 연결하도록 요구받는 경우에 대인관계가 위협받는다고 느끼면 관련된 인지 과정에 접근하는 것이 상당히 어려울 수 있다는 것은 충분히 예상할 수 있는 일이다. 이런 이유로 내담자가 역기능적인 인지 과정들에 확실하게 접근해 있지 않으면 우리는 치료 초기에 그것들에 어떤 식으로든 도전하는 것을 망설인다. 게다가 내담자가 초반에 분명히 접근해 있는 것 같아 보이더라도, 우리가 내담자를 이해하고 내담자가 도전을 어떻게 볼지 파악할 때까지는 대개 도전하기를 조심한다.

특히 치료를 시작해서는 내담자가 역기능적인 인지 과정을 갖고 있다고 해서 비난받는다고 생각하지 않도록 하는 것이 중요하다. 내담자가 그것을 비난으로 여기면 수치스러운 경험이나 주관적 해석들을 얘기하려 할 때 당연히 일어나는 주저함이 더 증가할뿐이다. 게다가 자동적 사고에 도전하는 시도들이 성공하지 못했다면 그 내담자는 치료과정에 비관적이게 될 수 있다. 하지만 반대의 경우도 주의할 필요가 있다. 어떤 내담자는 자신의 자동적 사고에 곧바로 도전하는 것에 흔히 열의를 보이기도 한다. 그런 내담자들은 자신의 주관적 해석과 자동적 사고를 좀 더 자각하게 되는 과정을 치료 과정의한 부분으로 여기는 것이 흔히 어렵다. 그래서 "치료는 도대체 언제 시작되나요?"라고물어보기도 한다.

내담자들이 자동적 사고에 도전하는 대신에 그것을 자각하는 데 초점을 두는 것에 거부감을 보이는 또 다른 이유는 그들이 자신의 부정적이고 자기비난적인 생각을 이미 알고 있다고 느끼기 때문이다. 이런 내담자에게는 자신이 자기비난적이라는 것을 아는 것과 그것이 일어나는 순간에 자신의 해석 과정을 충분히 자각하는 것 간의 차이를 강조해 줄 필요가 있다.

내담자들이 관련된 인지 과정에 접근하도록 돕는 유용한 많은 절차가 있다. 첫째, 모든 사람은 보다 많은 이성적인 면을 가지고 있고 보다 많은 직관적이거나 체험적인 면을 가지고 있으며, 이성적인 면은 흔히 직관적인 면을 보다 충분히 알아보게 하는 데 방해가 된다. 이 경우 치료 목적으로 불분명한 직관적인 면을 좀 더 잘 보기 위해서 이성적인 부분을 잠깐 무시하는 것이 유용할 수 있다(Safran & Greenberg, 1982b). 계속해서 내담자가 어려워하고 있는 것처럼 보이면, "그것은 이성적인 면처럼 들립니다. 다른 면은 어떤가요?"라고 얘기해 볼 수 있다.

두 번째 유용한 절차는 보다 일차적인 주관적 해석 과정에 접근하지 못하게 하는 생각과 신념을 탐색하고 그것에 도전하는 것이다. 내담자가 자동적 사고에 접근하는 데 어려움을 보이면 즉각적인 상호작용과 관련된 감정과 자동적 사고에 초점을 둘 수 있는데, 이런 것들은 그 내담자의 두드러진 특징일 수 있고 문제 상황을 충분히 탐색하는 것을 방해하고 있을 수 있다. 지금의 대인관계 상황을 탐색하기 위해서 다음과 같이 물어 볼 수 있다. "지금 여기서 일어나고 있는 것을 당신은 어떻게 느끼나요?"

내담자가 문제 상황에서 자신이 생각하고 있는 것을 자각하는 것과 치료자에게 자신의 생각을 얘기하는 것을 구분하도록 돕는 것도 유용할 수 있다. 예를 들면, 다음과 같이 말할 수 있다. "당신의 감정과 생각을 제게 얘기하는 것이 편하지 않을 수 있습니다. 얘기하기를 원치 않으면 안 하셔도 됩니다. 하지만 당신 자신의 정보와 관련해서, 당신이 스스로 뭘 느끼고 있고 어떤 생각을 하고 있는지를 알고 있는지 살펴보아야 합니다."

사적인 정보를 개방하지 않아도 된다고 내담자에게 얘기해 줌으로써, 치료자는 내담자가 즉각적인 대인 간 만남에 대한 불안감을 줄이고 자기탐색 과제에 대한 주의에서 벗어나도록 도울 수 있다. 일단 내담자가 원하면 어떤 정보라도 개방하지 않을 권리가 있음을 알게 될 경우 자기탐색은 더 쉬워진다. 치료자가 항상 조심해야 하는 일반적인 문제는, 내담자는 자신의 내적 경험을 얘기하지 않으면 안 좋은 내담자가 된다고 흔히 여기고 치료자를 위해 뭔가를 만들어 내야 한다는 압력을 흔히 느끼며 이는 자기탐색 과제를 방해한다는 것이다. 일단 내담자가 자신의 내적 경험을 얘기해야 한다는 부담에서 벗어나고 자신의 내적 생각에 대해서 자각할 수 있게 되면, 그들은 치료자와 그것들을 언제 소통할지를 결정할 수 있다.

내담자가 특정 상황에 대한 자신의 주관적인 해석을 자각하고 있지만 이에 대해서 얘기하는 것을 불편해한다면, 그런 특별한 경험을 치료자에게 얘기하도록 강요하는 것은 아니며 치료자는 그런 감정과 생각을 얘기하지 못하게 하는 장애물이 뭔지를 살펴보고 싶을 따름이라고 얘기해 주는 것이 꼭 필요하다.

예를 들면, 치료자는 다음과 같이 말할 수 있다. "당신이 제게 얘기할지 말지는 중요하지 않습니다. 제게 그것을 얘기하든 그렇지 않든 그것은 똑같이 타당한 선택임을 당신이 아셨으면 합니다. 하지만 당신의 선택에 영향을 줄 수 있는 요인들을 정리해 보는 것은 유용합니다. 그래야 당신이 제게 얘기할지의 여부를 결정할 때 더 많은 정보를 고려할 수 있을 테니까요."

　내담자가 하는 어떤 선택이든 수용될 수 있음을 분명히 강조함으로써, 우리는 자신의
자동적 사고를 얘기해야 한다고 느끼는 내담자의 암묵적인 메시지에 맞설 수 있다. 물
론 치료자는 지금 개방하지 않을 수 있는 내담자의 권리를 진심으로 존중해야 하고 내
담자가 자신의 특정한 감정이나 생각을 개방하든 그렇지 않든 그것이 실제로 동일하게
타당한 선택임을 인식하고 있어야 한다. 따라서 치료자가 내담자의 사생활과 결정권을
존중하는 것은 내담자의 자동적 사고에 접근해야 하는 당면한 목표보다 치료에 있어 우
선된다. 이런 존중은 내담자에게 중요한 학습 경험이 된다. 왜냐하면 많은 내담자는 누
군가가 자신에게 요구하면 그것을 거절할 권리가 자신에게는 없다고 믿기 때문이다.

　경험을 털어놓는 것에 대해 갖는 내담자의 부담감을 알아보기 위해서 다음과 같이 탐
색할 수 있다. "지금 마음속에서 일어나는 것을 제게 얘기하면 무슨 일이 일어날지 상상
해 볼 수 있겠습니까?" 혹은 "지금 마음속에 있는 것을 제게 얘기하면 벌어질 일에 대한
당신의 두려움이 어떤 건지 아십니까?" 혹은 "지금 마음속에서 일어나는 것을 제게 얘
기하면 제가 어떻게 반응할지 상상해 볼 수 있겠습니까?"

　일반적인 걱정은 치료자가 자신을 판단하거나 우습게 여기지 않을까, 혹은 치료자가
겉으로는 부정적이거나 판단적이지 않더라도 속으로는 판단적이고 거부적이거나 혐오
스러워하면 어떡하나 하는 두려움이다. 이런 두려움을 명료하게 표현하는 과정 자체가
내담자를 자유롭게 해서 묻어 둔 정보를 제대로 털어놓아야 한다는 부담에서 벗어나도
록 돕는다.

　내담자가 관련 정보를 개방할 때 갖는 부담이 무엇인지를 분명히 표현할 수 있으면,
그 부담을 감당하려는 자신의 의지를 평가하기가 보다 용이할 것이다. 예를 들면, 치료
자가 자신의 특정한 자동적 사고를 유치하게 여길 거라 믿는 내담자가 있다고 해 보자.
이 상황에서 앞으로 벌어질 가능성의 경우는 세 가지다. 첫째는 치료자가 실제로 자신
의 생각을 유치하게 여길 가능성이 얼마나 되는지, 그리고 그런 일이 일어나지 않을 가
능성은 얼마나 되는지 내담자가 평가해 보도록 돕는 경우다. 두 번째 가능성은 치료자
가 그것들을 유치하게 생각하지 않으리라는 보장은 없지만, 그렇게 여긴다면 그것은 끔
찍한 일이라고 내담자가 생각하는 경우다. 이 경우에도 내담자가 보기에는 그런 부담이
정당해 보인다. 세 번째 가능성은 치료자에게 관련 정보를 개방하는 것을 상당히 부담
스러워하며, 치료자가 판단적일 가능성이 매우 높고 그렇게 되는 것은 매우 끔찍한 일

이라고 여기는 경우다. 이 경우에 내담자는 지금의 위험 부담을 지려 하지 않을 것이다.

내담자가 그 시기에 치료자에게 정보를 개방하지 않기로 결심한다면, 그 결정에 대한 책임을 직접적으로 지는 경험을 가져 보도록 하는 것이 필요하다. 즉, 내담자는 의지나 의도에 대한 경험을 가져 보아야 한다. "제가 생각하거나 느끼는 것과 접촉할 수 없습니다."보다는 "저는 지금은 그런 위험 부담을 안고 싶지 않습니다."라고 표현하는 것이 좋다. 따라서 내담자가 정보를 개방하지 않기로 하더라도 자신의 행동에 대한 책임을 받아들인다면 치료적 진전은 일어날 수 있다.

내담자는 치료자와의 특별한 상호작용을 통해서 치료자에게 개방하지 않기로 한 자신의 의도적인 결정에 대해 소통하는 것을 배웠으며 그것은 자신의 권리임을 알게 되었다. 거기에는 자기확신의 과정이 있었고 의도적인 결정하기를 배우는 것과 자기 행동에 대한 책임을 더 지는 것도 있었다.

이 상황에서 내담자가 치료자와의 즉각적인 대인 간 만남을 통해 자기와 타인에 대해 알아 가는 것은 치료에서 처음 목표로 했던 어떤 치료적 이득보다도 우선적인 가치가 있다. 결국에는 치료자에게 특정 정보를 개방하는 부담을 감당할 만큼의 자신감이 내담자에게 생길 가능성이 높아질 것이다.

정서적 즉시성

인지치료자들은 변화 과정에서 정서의 역할에 점점 더 주목하고 있는데, 정서적으로 생경한 내담자의 자료를 이해하고 이를 가지고 작업하는 것이 중요하다(Guidano, 1987; Mahoney, 1985; Young, 1990). 이 주제에 대한 이론적인 부분은 다른 문헌들에서 접할 수 있으므로 여기서는 이론적으로는 상세히 다루지 않을 것이다(Greenberg & Safran, 1987, 1989; Safran & Greenberg, 1986, 1991). 하지만 우리는 기법적인 관점에서 간략히 언급하고자 한다. Greenberg와 Safran(1987)이 지적했듯이, 정서에 관한 치료 문헌의 가장 큰 문제 중 하나는 다양한 정서적 변화 과정을 맥락에 따라 구분해서 보는 관점을 취하지 못했다는 점이다. 치료자는 개입하는 이유와 목적을 분명히 얘기해 주지 않고 "정서와 접촉하세요."라고만 말하는 경향이 있다. 하지만 Greenberg와 Safran(1987)의 지적에서처럼 서로 구분될 필요가 있는 다양한 다른 정서적 변화 과정이 있다.

여기서는 기분 일치적인(mood-congruent) 인지에 접근하도록 돕는 일반적인 정서적 변화 과정을 다룰 것이다(Greenberg & Safran, 1987; Safran & Greenberg, 1982a). 이 과정의 기저에 있는 기본 원리는 인지치료에서 내담자의 인지 과정이 당시의 정서 경험과 함께 접근되고 도전받을 때 변화가 더 잘 일어난다는 것이다. 이 원리의 이론적 배경은 먼저 기분과 기억에 관한 의미망 모델(Bower, 1981)에서 찾을 수 있다. Bower의 최초 이론은 정서와 인지는 의미 기억 속에 함께 연결되어 있으며, 그 결과로 기억 인출은 그 기억과 연합되어 있는 정서 상태에 있을 때 향상된다는 것이다. Bower(1981)는 이 가설을 많은 연구를 통해서 확인하였다.

하지만 이어지는 연구들은 기분 의존적인(mood-dependent) 기억 효과를 일관되게 반복 검증하지는 못했다. 그래서 Bower와 Mayer(1985)는 새로운 가설을 제안했는데, 이는 오늘날 인과 소속성(causal-belongingness) 이론으로 불린다. 인과 소속성 가설에 따르면 특정한 사건은 특정 정서와 연결되어 있는데, 그것은 부호화 과정에 둘이 함께 속해 있는 것으로 인식될 때만 그렇다. 예를 들어 거절을 경험하고 슬픔을 느낀다면, 부호화될 때 슬픔을 거절과 관련된 것으로 평가할 때만 기억 속에서 거절과 슬픔은 연결될 것이다.

Bower의 인과 소속성 가설이 궁극적으로 자료로 증명되든 그렇지 않든, 임상적 경험에 따르면 부정적인 자기비난 인지는 내담자가 원래 상황에서 경험했던 것과 유사한 기분에 있을 때 보다 접근성이 높아 보인다. 임상 장면의 경험과 실험실 결과가 차이가 있는 이유 중 하나는 살펴본 인지 과정이 다른 유형이기 때문이다. 기분 의존적 인출 효과를 살펴본 전형적인 연구를 보면, 조사된 인지 과정은 삽화적 기억과 관련된 것이다. 임상 장면에서 관심을 갖는 관련된 인지 과정은 부정적인 자기평가다.

인지치료자는 전형적으로 구체적인 삽화적 기억보다는 일어나고 있는 구성적 과정(constructive process)에 접근하려고 시도한다. 관련된 구성적 과정은 연합되어 있는 기분(슬픔, 분노, 불안)에 특정한 것일 수 있지만, 또한 임상가가 접근할 수 있는 특정 생각은 그 당시의 표현 운동 토대를 거쳐 통합된다. 우리는 항상 다양한 강도의 표현 운동 및 전개념적·개념적 수준에서 정보를 처리한다(Leventhal, 1979). 그리고 경험을 언어적이고 개념적인 형태로 표상하는 치료 과정은 내담자들에게 두 가지 기회를 제공하는데, 하나는 암묵적 수준에서 이루어진 사건에 대한 해석 방식을 인식할 수 있는 기회이고, 다른 하나는 그 해석을 변화시킬 기회다. 따라서 인지치료에서 자동적 사고는 제우스의 이마

에서 충분히 자라 있는 아테네처럼 떨어져 나오기를 기다리며 머릿속에 들어 있지 않
다. 자동적 사고는 그 순간 속에 통합되어 있다. 자동적 사고의 정서적 즉시성(emotional
immediacy)은 구성적인 인지-정서 과정에서 발생하며, 정서 경험의 표현 운동 측면은
그 과정에서 중요한 역할을 한다.

　기저의 정보처리 활동은 사실상 표현 운동적인 성격이 강한데, 정서가 실려 있지 않
은 사고는 단지 개념적인 표상에 불과하다. 그렇기 때문에 인지치료에서 정서적 즉시
성이 가치를 갖는다. 정서적 즉시성이 없는 이런 개념적 표상은 기저의 과정 활동과는
분리되어 있을 수 있으며, 그렇게 되면 접근성이 없기 때문에 수정될 수도 없다(Foa &
Kozak, 1986, 1991; Safran & Greenberg, 1986, 1987).

　순수하게 인지적 구조라기보다 인지-정서 구조로 개념화된 대인관계 심리도식은
Leventhal(1979)이 기술한 정서 심리도식과 유사하다. 우리는 대인관계 심리도식이 적어
도 네 가지 요소를 포함하고 있다고 가정한다. 즉, 관련된 인지-대인관계 순환의 원형
이 되는 특정한 심상과 삽화적 기억, 연합된 표현 운동 행동, 자율신경계의 각성, 대인관
계 유지를 위한 계획과 if-then 수반성이다. 대인관계를 유지하는 많은 활동 규칙은 운동
성 형태로 부호화되어 있을 것이다. 즉, 대인관계 환경에 따라 개인은 특정 방식으로 행
동하도록 준비되어 있으며, 특정 대인관계 환경은 이런 특정한 준비성을 촉발한다.

　대인관계 심리도식들이 최소한 일부라도 표현-운동 형태로 부호화되어 있다면, 관
련 심리도식 구조는 표현-운동 요소가 활성화되지 않으면 완전히 활성화될 수 없을 것
이다. 다시 말하자면, 이론상으로는 그렇기 때문에 표현-운동 형태로 부호화되어 있는
대인관계에 관한 보다 근본적인 역기능적 신념의 수정 없이도 개념적 수준에서의 대인
관계에 관한 역기능적 신념을 탐색하고 도전하는 것이 가능할 수 있다.

　Safran과 Greenberg(1986, 1987)가 가정했듯이, 정서적 혹은 표현적 운동 요소를 갖고
있는 심리도식 구조를 수정하기 위한 중요한 전제 조건은 그 심리도식 구조와 연합되어
있는 표현-운동 요소들에 접근할 수 있어야 한다는 것이다. 많은 구성 요소가 촉발될수
록 심리도식 구조에 더 많이 접근할 수 있고 변화가 더 용이하다(Foa & Kozak, 1991).

　다음의 예를 살펴보자. 광장공포증 증상을 보이는 젊은 남성이 치료자를 찾아왔다.
면담 중에 그가 부모로부터 정서적 및 신체적 유기를 경험한 적이 있으며 신뢰하는 사
람으로부터 상처를 받은 경험이 있음이 확인되었다. 처음에 그는 도움을 갈망하고 적극
적인 행동적 개입에 열의를 보이는 것 같았지만, 면담이 계속되자 그가 실제로는 치료

에 냉소적이고 회의적이라는 것이 분명해졌다. 그는 자기 문제를 이미 알고 있으며 스스로 행동적인 조치를 시도해 봤고, 치료자가 자신을 도울 수 있을지 모르겠다고 얘기했다.

치료자가 자기 감정을 돌아보았을 때 그는 자신이 일방적으로 얘기를 듣고 있는 것 같이 느꼈는데, 상호적인 대화라기보다는 내담자가 마치 녹음기에 대고 얘기하는 것처럼 보였다. 내담자는 표면적으로는 상당히 중요한 다양한 사건을 얘기하고 있었지만, 치료자의 그런 경험은 지속되었다. 치료자가 내담자에게 그 자신의 느낌을 얘기하고 스스로의 반응을 탐색해 보도록 했을 때, 내담자는 마치 기계에게 말하고 있는 것 같았으며 같은 얘기를 '이전에도 수천 번' 했고 치료자는 도움을 주려는 많은 사람 중 단지 한 명일 뿐이라고 말했다.

겉보기에 이 내담자는 대인관계 사건 및 핵심적인 대인관계 심리도식과 관련된 주제들을 자세히 얘기하고 있었다. 하지만 내담자는 관련된 과거 사건들에 관해서 얘기는 하지만 그와 연합된 정서와는 접촉하지 않고 있었다. 유기에 대한 두려움 때문에 내담자는 이 상황을 너무 위험하게 여겨 치료자와의 진정한 대인 간 만남을 피하고 있는 것으로 간주된다. 자신을 보호하기 위한 방법으로, 그는 치료자와 비개인적으로 만나고 있으며 적절한 표현−운동 단서에 주의를 두지 않고서 친밀한 경험에 대해서 얘기하고 있다. 내담자의 대인관계 심리도식에 근본적인 변화가 일어나려면, 먼저 그는 대인관계 사건들을 얘기하면서 그와 연합된 감정에 접근하고 치료자에게 그 감정들을 표현할 수도 있어야 한다.

기억 인출과 변화 과정

우리는 대인관계 심리도식이 부적응적인 대인관계 경험들의 지속적인 영향으로 인해 형성되는 것이지, 한두 개의 특별한 외상 사건으로 인해 생기는 것은 아니라고 이미 얘기한 바 있다. 그래서 대인관계 심리도식은 하나의 특별한 상호작용에 대한 표상이 아니라 대인관계 유지와 관련이 있는 많은 상호작용에 대한 원형적인 표상으로 생각될 수 있다. Stern(1985)이 얘기했듯이, 심리도식 구조는 하나의 추상물이기 때문에 어떤 하나의 구체적인 대인관계 사건이 개인의 대인관계 심리도식에 정확히 대응하는 일은 없을 것이다.

심리도식 구조가 본질적으로 유사한 다양한 대인관계 사건을 '평균' 한 것이라면, 어떤 요인들이 특정한 삽화적 기억을 인출하는가? 기억 인출 연구에 따르면(Alba & Hasher, 1983; Hasher & Zacks, 1979), 자극의 독특성이 특정 기억의 인출 여부에 중요한 역할을 한다. 어떤 대인관계 사건이 특정 대인관계 심리도식 속에 평균화되어 포함되어 있는 다른 대인관계 사건들과 충분히 다르다면, 그것은 다른 유형의 대인관계 사건들과 집단으로 묶일 것이고 그 특정 대인관계 심리도식의 일부가 되지 않을 것이다. 반면에, 어떤 대인관계 사건이 특정 군의 사건들의 특징을 잘 반영하고 있으면, 그 사건에 대한 기억은 관련 대인관계 경험의 전형적인 예로 남게 될 것이다.

대인관계 주제가 정서적으로 즉각적인 방식으로 탐색되고 있을 때 자발적으로 떠오르는 기억들은 활성화된 대인관계 심리도식의 형성에 기여한 전형적인 대인관계 경험의 예인 경우가 많다. 치료 중에 떠올리는 어떤 기억들은 실제로 일어난 일이 아닐 수도 있는데, 그런 경우에는 그 기억들이 관련 사건들의 본질적인 특징을 반영하고 있는 원형적인 구성물일 수도 있다.

그래서 우리는 치료 중에 떠오르는 기억들을 내담자의 과거에 대한 정확한 정보가 아니라 내담자에게 중요한 대인관계 경험의 전형적인 사례로 본다. 치료자에게 중요한 것은 자세한 기억 내용이 아니라 그 기억이 내담자에게 갖는 의미다.

CHAPTER
06
체험적 반박과 탈중심화 1: 회기 밖 초점

회기 밖에 초점을 둔 체험적 반박

이 변화 기제는 행동적인 지향의 접근과 아주 흔히 관련된다. Bandura(1969, 1977)가 주장했듯이, 재연(enactive) 치료 전략은 변화를 촉진시키는 매우 강력한 방법 중 하나인데, 이는 변화가 인지적 관점에서 개념화될 때도 마찬가지다. 지각이나 해석에 변화를 줄 새로운 틀을 가지고 문제 상황에 다시 들어가 보도록 내담자를 움직이기 위해서, 인지치료는 활동 계획하기, 단계별 과제 할당, 그리고 다른 숙제 연습의 절차를 이용한다.

초기 행동주의 전통과 달리 인지적 관점에서는 행동 수준에서 개입이 이루어질 때도 인지적인 용어로 그 변화 과정을 이해할 필요가 있다고 본다. 불안 유발 상황에 머물러 보는 새로운 행동을 시도해 보는 것이 내담자의 주관적인 경험을 변화시킬 수도 있고 그렇지 않을 수도 있다. 결국 매개 요인은 내담자가 새로운 경험을 해석하는 방식이다. 재연 기법에 대한 기술은 다양하기 때문에(Beck et al., 1979; Beck & Emery, 1985; McMullin, 1986), 여기서는 인지-대인관계 관점으로 우리의 논의를 제한할 것이다.

경험적인 연구에 따르면, 다양한 공포-회피 문제를 다룰 때는 실제 상황에 노출시키는 것이 효과적이다. 하지만 내담자가 실제 상황에 노출되고 싶어 하지 않으면 그런 행동적인 개입은 무용지물이다. 치료를 시작할 때는 많은 내담자가 새로운 행동을 실험하는 것을 꺼리기 때문에 잠재적인 매개변인들을 명확히 알고 있을 필요가 있다. 많은 사람이 새로운 행동을 실험하는 것을 주저한다. 이는 그들이 안정된 애착 관계를 형성해 본 적이 없기 때문인데, 안정된 애착 관계는 아동기 두려움을 극복하기 위해서 탐색적인 행동을 시작하는 데 우선적으로 필요한 것이다(Safran & Greenberg, 1989).

Ainsworth(1982)와 다른 학자들(예: Main, 1983; Paster, 1981)은 유아들이 애착 대상을 안전 기지로 사용하는 정도에서 상당한 차이가 있음을 일관되게 관찰하였다. 안전 기지는 유아가 낯설고 불안을 일으키는 상황을 탐색하고 극복하기 위해서 필요하다. 이런 관찰들을 분류하는 매우 유용한 한 차원은 아이 애착의 안정감이다. 안정된 아이는 새로운 상황에서 엄마나 애착 대상을 기지로 이용하면서 비교적 자유롭게 탐색할 수 있다. 안정적으로 애착된 아이들은 자신의 환경을 거닐며 탐색하다가 때때로 애착 대상에게로 돌아오며, 아니면 애착 대상의 가용성과 반응성을 확인하기 위해서 단순히 눈으로 살펴본다.

하지만 불안정하게 애착된 아이는 최소한의 탐색 행동만을 하는데, 이는 애착 대상이 함께 있어도 마찬가지다. 불안정한 아이는 애착 대상을 탐색을 위한 기지로 사용할 수 없으며, 엄마가 없으면 매우 힘들어하고 엄마가 돌아와도 인사를 하지 않는다.

철수와 탐색 사이의 균형은 애착 대상이 필요할 때 가용하고 적절히 반응해 줄 거라는 아이의 믿음에 의해 매개되는 것 같다. Bowlby(1973)가 제안하듯이, 많은 불안 문제를 보이는 사람은 안정적인 애착 관계를 형성해 본 적이 없을 수 있는데 이는 환경과 친밀해지고 숙달감을 형성하는 데 필수적인 탐색 행동을 어렵게 한다. 이런 경우에는 치료자가 내담자와 신뢰할 만한 관계를 긴 시간에 걸쳐서 점진적으로 형성해 나가는 것이 중요하다. 일단 그런 관계가 형성되면, 부모가 아이에게 그랬던 것처럼 치료자는 안전 기지로 기능할 수 있으며, 내담자는 이 기지를 근거로 해서 탐색 행동을 할 수 있다.

두 번째 고려 사항은 관련 개인이 행동 연습에 들어갈 때 활성화되는 대인관계 심리도식이다(Foa & Kozak, 1986; Safran & Greenberg, 1989). 역기능적 대인관계 심리도식이 수정되지는 않더라도 그것에 도전하는 정보를 접하게 하는 행동 연습을 개인이 시도해 보는 것은 가능하다. 컴퓨터 프로그램을 수정하기 위해서는 먼저 그 프로그램에 접근해야 하는 것처럼, 대인관계 심리도식이 새로운 정보를 적극 반영해서 수정될 수 있으려면 먼저 그것에 접근해야 한다. 여기서 한 가지 걸림돌은 관련된 심리도식이 불안 경험을 이끄는 정서들과 연합되어 있다는 점이다. 예를 들어, 아동기에 반복적으로 거절을 경험한 적이 있어 양육과 지지에 대한 갈망이 높고 그와 관련된 취약한 감정을 갖고 있는 사람들을 가정해 보자. 그런 감정들과 연합된 불안 때문에 그들은 새로운 관계에 충분히 관여하는 것이 어려울 것이다. 이것은 그런 감정들이 기대대로 대인관계를 위협하는지를 현실에서 살펴보는 것을 어렵게 할 것이다. 이처럼 불안은 새로운 행동을 실험하는 것뿐만 아니라 내부 경험을 처리하는 것도 방해한다.

불안이 내부 및 외부 경험의 성질을 왜곡하는 안전 조치를 작동시키는 데 중요한 역할을 하기 때문에 내담자는 치료를 받으면서 불안에 대한 내성을 어느 정도 키우는 것이 필수적이다. 이를 위해서 내담자가 불안의 의미를 새롭게 정의하도록 돕는 것이 유용한데, 불안 경험을 찾아서 추적해 보는 것이 치료를 통해서 배우고 성장하는 가장 좋은 방법 중 하나라고 설명해 주는 것이 도움이 된다.

활공기를 날리는 취미를 가지고 있던 내담자에게서 이 과정을 소개하는 좋은 비유를 들은 바 있다. 활공기는 흔히 공기가 데워지면 생기는 상승 온난 기류와 씨름하면서 비행한다고 그가 얘기했다. 날개 끝이 이런 기류와 만나면 활공기는 저절로 밀려간다. 숙련된 활공기 조종사는 이 원리를 잘 알고 있어서 이 기류를 이용해서 자신이 원하는 대로 활공기가 추진력을 받을 수 있게 한다. 숙련된 조종사는 기류를 찾아다니고, 의도적으로 날개가 기류를 향하도록 함으로써 기류로부터 멀어지려는 날개의 자동적인 성향을 역으로 이용한다.

이와 동일하게, 불안이나 부정적인 감정을 경험할 때마다 내적 접촉이든 대인관계적 접촉이든 그 경험에 머무를 수 있는 한 학습 기회를 가질 것이라고 내담자에게 말하는 것이 유용하다. 이런 식으로 불안의 의미를 다시 생각해 보게 하고 안전 조치를 취하고 싶을 때 새롭게 이해한 불안의 의미를 상기하게 함으로써, 치료자는 내담자가 불안을 견디고 학습 과정을 촉진하도록 도울 수 있다.

마지막으로 고려할 사항은 실생활 속의 어떤 새로운 행동들이 실제적이고 지속적인 변화를 잘 촉진시킬 수 있는 환경적인 반응들을 일으킬지 평가하는 것과 관련된다. 이런 평가는 내담자의 인지-대인관계 순환과 핵심적인 역기능적 대인관계 심리도식에 대한 치료자의 정확한 평가에 달려 있다.

회기 밖에 초점을 둔 탈중심화

탈중심화(decentering)는 심리치료에서 공통적으로 중요시되는 변화 과정으로 다양한 지향의 치료자들이 다양한 용어로 표현하고 있다. 탈중심화란 정확히 무엇인가?

탈중심화는 자신의 즉각적인 경험에서 거리를 두고 벗어나 있게 해 주는 과정이다. 그렇게 함으로써 그 경험의 특성을 변화시킬 수 있다. 이 과정은 사건과 그에 대한 반응 사이에 틈을 만들어 준다. 자신과 자신의 반응을 관찰하는 능력을 발전시킴으로써, 사람은 실제 현실과 자신이 해석한 현실을 구별할 수 있게 된다.

자신의 현재 경험에서 벗어나 보는 것은 당시의 현실이 절대적이지도, 불변의 것도, 변경할 수 없는 것도 아니며, 그보다는 구성되는 것이라는 인식을 갖게 해 준다. 유연한 자기관찰 과정에 더해서 그 과정에 관여하고 있는 두 번째 요소가 있다. 그것은 자신을 그 구성 과정에 참여하고 있는 주체로 바라보는 것이다(Rice, 1984). 거기에는 구성 과정에서 자신이 하고 있는 역할을 알게 됨으로써 책임을 받아들이는 과정도 포함된다.

즉각적인 경험에서 벗어나 보는 것과 그 경험을 구성하는 과정에 있는 자신을 관찰하는 것의 상호 의존적인 두 과정은 다양한 형식의 심리치료들의 공통점이다. 정신분석에서는 이 과정을 관찰하는 자아(observing ego)를 개발하는 것이라고 언급했으며, Deikman(1982)은 이 과정을 관찰하는 자기(observing self)를 개발하는 것이라고 언급한 바 있다.

불교의 핵심적인 용어 중에 공(空)이라는 개념이 있는데, 이는 본래부터 있는 존재란 없음(empty of inherent existence)을 의미한다. 이 개념은 모든 현상은 구성된 것으로, 절대적인 실재는 없음을 의미한다. 이런 전통에서 명상은 수행자가 자신의 마음이 현실을 구성하는 데 어떻게 작용하고 있는지를 체험적으로 깨닫도록 돕기 위해서 이용된다. 같은 방식으로, 점점 더 많은 수의 인지치료자(예: Guidano, 1987; Guidano & Liotti, 1983; Liotti, 1987; Mahoney, 1988)가 인지치료는 개인이 자신의 현실을 구성하는 데 있어서 지속적으로 적극적인 역할을 담당하고 있음을 인정하는 구성주의자 관점에 기반을 두어야 함을 주장한다.

그러나 변화가 일어나기 위해서는 이 관념에 대한 내담자의 지적인 이해만으로는 부족하다. 내담자는 자신이 현실을 구성하고 있음을 실제로 알아가는 경험을 해야 한다.

이런 경험이 있어야 경험의 성격이 내담자를 위해 변하게 된다.

이 구성 과정에 대한 개념적인 깨달음과 체험적인 깨달음의 차이에 주목하는 것은 가치 있는 일이다. 내담자들은 자신의 부정적이고 자기비난적인 생각을 이미 알고 있으며, 그래서 자신의 생각을 검토하는 것이 어떤 도움이 될지 모르겠다고 흔히 여긴다. 뿐만 아니라 우리의 경험에 따르면, 수퍼비전을 받고 있는 치료자들도 이미 알고 있는 내담자 자신의 생각을 내담자들이 계속해서 검토하도록 격려하는 것이 도움이 될지 의문시하는 경우가 흔히 있다. 하지만 자신이 부정적인 자기비난적 사고를 하고 있음을 아는 것과 상황을 부정적으로 해석하고 있는 자신을 관찰함으로써 구체적인 경험을 하는 것은 매우 다르다. 필수적인 요소는 자신이 하는 구성 과정에 대해서 냉정한 관찰자가 되어 보는 것이다. 내담자가 이런 구분을 하고 이를 중요하게 여기게 하려면 치료자가 이런 구분의 가치를 중요하게 인식하고 있어야 한다. 더구나 내담자가 이런 체험적인 깨달음을 했다고 해서 이 싸움이 끝나는 것은 아니다. 변화가 지속되기 위해서는 내담자가 자신의 구성적 과정에 대한 자각을 지속적으로 유지해야 한다.

자각과 도전

여기서 우리는 자각에 대한 우리의 주장을 한 단계 더 확장할 것이다. 우리는 인지치료에서 도전을 자극하는 기법이 효과가 있는 이유가 현실을 구성하는 방식에 대한 자각을 증가시키기 때문이라고 본다.

이런 논의는 통찰과 기술 획득 중에 어떤 것이 변화를 가져오는 데 더 유리한가에 대한 행동치료와 인지치료 간의 오래된 논쟁을 다시 떠올리게 한다. 하지만 이런 구분은 해당되는 이론적 관점에서 보자면 정당해 보이지는 않는다. 우리가 변화 과정의 핵심에 있다고 가정하는 자각은 통찰로 간주될 수 있을 때 정확히 기술 획득으로 간주될 수 있다. 하지만 자각에는 지각적인 기술 획득 이상의 뭔가가 있다. 통찰에 대한 많은 논의는 그 용어에 대한 명료성 부족 때문에 복잡한 양상을 보인다. 여기서 기술하고 있는 구체적인 체험적 자각과 개념적 통찰을 구분하는 것은 중요하다.

이런 구분은 그 주제에 대한 기존 인지행동 연구의 의미를 명료화하는 데도 유용할 것이다. 수많은 연구가 탐색적인 인지 과정과 도전적인 인지 과정의 상대적 중요성을 평가하려 했다. 예를 들면, Teasdale과 Fennell(1982)은 표적 신념에 대한 '정보 수집과 탐색'보다 같은 시간을 '도전하는 데' 투자한 인지치료가 일관되게 표적 신념을 더 많이 변화시켰다고 보고하였다.

표면적으로 보자면, 그 결과가 도전적인 인지 과정이 탐색보다 변화 과정에 훨씬 더 중요한 역할을 한다는 가정과 일관되어 보인다. 하지만 어떤 심리치료 연구라도 특정 치료 개입이 어떻게 조작되었는지를 확인하는 것은 중요하다. 많은 다른 인지치료자의 녹음된 회기 내용을 들어보면, 치료자가 자동적 사고를 탐색하는 것이 우리가 기술했던 것처럼 개인의 구성적 과정에 대한 체험적인 자각을 증진시키는 방향으로 이루어지지지는 않았음을 종종 확인할 수 있다. 흔히 탐색 과정은 내담자가 가지고 있는 특정 사고에 대한 건조한 보고에 그치며, 주관적 해석 과정의 세세한 내용을 지금 여기에서 생생하게 설명하지는 못한다.

자신의 해석 과정에 대한 관찰(정서적으로 실감나게 일어나야 한다)이 탈중심화에 필수적이기 때문에, 탐색 조건이 의도적으로 이 과정을 촉진시키지 않은 연구라면 이 가설을 제대로 검증했다고 볼 수 없다.

과거사 재구성의 역할

인지치료와 정신분석은 내담자의 과거 탐색이 전통적인 치료 과정에서 하는 역할에서 중요한 차이를 보인다. 정신역동적 접근은 내담자의 과거사에 초점을 두는 것이 평가 과정의 핵심적인 부분이며 변화 과정에서도 본질적인 부분이라고 그 중요성을 항상 강조해 왔다. 이에 비해 인지치료는 내담자의 과거에 대해 광범위한 초점을 두는 것을 전통적으로 피해 왔다.

하지만 이제는 달라지고 있다. 예를 들면, Guidano와 Liotti(1983), Guidano(1987), Liotti(1988)는 내담자의 암묵적인 신념을 명료화하는 한 방법으로서 내담자의 과거를 포괄적으로 평가한다. 또한 그들은 탈중심화 과정을 활성화하기 위해서 내담자의 과거사를 체계적으로 재구조화하는 작업을 하기도 한다. 유사한 입장에서, Young(1990)은 내담자의 과거를 탐색하는 것이 도식 구조에 접근해서 도식을 수정하는 데 상당히 유용하다고 제안한 바 있다.

변화는 자기 문제의 역사적 기원을 이해함으로써 일어난다는 생각은 정신분석에 대한 Freud의 가장 초기 관점이었다. Sulloway(1979)가 주장했듯이, 변화 과정에 대한 이런 생각은 이해와 합리성이 치유의 힘이라고 믿었던 계몽주의 문화 시기에 Freud가 남겨놓은 지적 유산의 일부다.

하지만 정신분석 역사의 초기에도 일부 분석가는 체험적 수준에서 일어난 새로운 자각을 통해서만 변화가 가능하다고 믿었으며, 이들에 의해서 Freud의 초기 관점이 도전을 받은 바 있다. 예를 들면, Strachey(1934)는 어떤 해석이라도 치료적이기 위해서는 치료 관계에서 당시에 일어나고 있는 사건을 정서적이고 즉각적으로 해석해 주는 것이 중요하다고 강조하였다. Gill(1982), Kohut(1984), Strupp과 Binder(1984) 같은 동시대의 정신분석 이론가들은 과거사 재구성의 필요성을 점차 덜 강조하였으며, 대신에 내담자의 특징적인 부적응적 대인관계 교류를 반복하지 않고 내담자에게 새로운 건설적인 대인관계 경험을 제공하는 것의 중요성을 강조하였다. 실제로 Gill(1982), Strupp과 Binder(1984)는 내담자가 현재 보이는 대인관계 행동과 부모와의 관계가 관련 있음을 보여 주는 전이 해석은 여분으로 사용할 것을 권하고 있다. 선도적인 정신분석 이론가들이 과거사적인 기억을 지나치게 강조하지 않고 지금 여기에서의 치료 관계에 대한 탐색을 더 강조하던 때에 인지치료자들이 관련된 과거사적인 경험에 대한 기억에 초점을 두도록 역설한 사실은 흥미롭다.

과거사적인 경험들이 대인관계 도식 형성에 중요한 역할을 하고 어떤 맥락에서는 관련된 그 경험들을 탐색하는 것이 치료적일 수 있다고 여기지만, 또한 우리는 과거사적인 기억들에 대한 탐색이 언제 어떻게 변화 과정에 기여할 수 있고 언제 치료에 방해가 되는지를 변별하는 것이 필요하다고 생각한다.

과거사에 대한 체계적인 재구성을 표준 관행으로 사용하는 것은 문제에 대한 주지화된 이해를 가져와 진정성 있는 변화에 방해가 될 수 있다. 더구나 7장에서 다루는 것처럼 과거에 초점을 두게 되면 치료 관계에서 현재 일어나고 있는 것에 주의를 둘 수 없게된다. 그래서 역기능적인 인지적-대인관계 순환을 지속시키는 결과를 가져올 수 있다.

과거사적인 기억들에 대한 탐색이 잘못된 맥락에서 이루어지면 반치료적이지만, 적절한 맥락에서 이루어지면 변화를 촉진시킬 수 있다. 첫째, 옳은 맥락에서 이루어진다면 내담자의 대인관계 도식을 형성시킨 역사적 사건들을 탐색하는 것은 중요한 많은 암묵적 신념을 어떻게 해서 갖게 되었는지 더 잘 이해하는 데 도움이 된다. 또 이런 태도와 신념들이 불변하는 것이 아니고 수정 가능하다는 인식을 갖게 하는 데도 도움이 될 수 있다. 둘째, 관련된 역사적 선행 사건들에 대한 탐색은 역기능적 태도와 신념이 과거의 특정 환경으로 인해 형성되었으며 그 당시의 환경에서는 그것이 필요하고 적절한 적응이었음을 이해하는 데 도움이 된다. 과거 당시의 환경에서는 그런 태도와 신념을 갖는 것이 적응적인 것이었음을 이해하게 되면 죄책감과 책임감이 줄어들게 되고, 이는 내담자가 주요 역기능적 태도와 신념을 수용하고 인정하는 것을 더 쉽게 해 준다. 책임감을 수용하고 인정하는 과정은 어떤 변화에서도 꼭 필요한 전제 조건이다(Greenberg & Safran, 1987). 셋째, 자신의 경험을 느껴 보고 싶은 것은 자연스러운 경향이다. 특정 신념과 태도를 갖게 만든 역사적인 맥락을 이해하게 됨으로써, 내담자는 성취감을 경험할 수 있다.

그렇다면 과거적인 기억을 탐색할 때 옳은 맥락은 무엇인가? 내담자의 사고, 신념, 태도를 정서적으로 즉각적인 방식으로 탐색하다 보면, 흔히 그것이 형성된 역사적 사건들이 자발적으로 떠오르게 된다. 이런 맥락에서, 연합된 기억들과 그에 수반되는 감정들이 활성화되는 것은 관련된 대인관계 도식이 활성화되었음을 보여 주는 증거이기도 하다. 대인관계 도식은 삽화적인 기억, 심상, 연합된 정서들로 구성되어 있다. 이 과정에서는 분석을 위한 주지화된 시도가 일어나기보다는 뭔가를 체험적으로 발견한 느낌을 일반적으로 갖게 된다.

반대로, 관련된 기억이 과거사 재구성을 위한 관행적인 부분으로서 사실 중심으로만 논의되고 촉발된 기억과 연합된 정서적이고 새로운 뭔가가 경험되지 않으면 변화 과정을 촉진시키기 어려울 것이다. 그래서 치료자는 과거사적인 기억들에 대한 탐색이 지금 여기에서의 경험을 회피하기 위한 내담자의 시도인지, 아니면 내담자가 진정으로 기억과 심상을 떠올리고 있고 그와 연합된 감정들이 활성화되어 자신의 현재 대인관계 교류의 의미를 명료화하는 데 도움이 되는지를 항상 평가해야 한다.

회기 밖 초점 탈중심화 사례

탈중심화 과정이 일어날 때 그 개입이 유용하려면 맥락이 무엇보다 중요하다. 탈중심화 과정을 두 가지 맥락에서 살펴보기 위해서 우리는 Rice와 Greenberg(1984)를 따를 것이고 '내담자 표식(patient marker)'이라는 용어를 사용할 것이다. 이 용어는 특정 개입에 대한 수용 정도를 알려 주는 내담자의 언어적 표현들을 일컫는 것으로 기저의 해석 과정을 반영하고 있다. 우리는 인지적 개입에 대한 서로 다른 시사점을 지니는 두 표식, 즉 충분히 몰입된 표식(fully immersed marker)과 분열된 인식 표식(divided awareness marker)을 관찰하였다(Safran, 1985). 충분히 몰입된 표식에서 내담자는 역기능적이거나 문제가 있는 지각을 말로 표현하고 그 타당성에 의문을 보이지 않는다. 그래서 그들은 그 관점에 충분히 몰입되어 보인다. 예를 들면, 내담자는 "나는 앞으로 내게 맞는 사람을 못 만날 거 같습니다." 또는 "엉망입니다! 내가 다섯 살짜리가 된 기분입니다."라고 말할 수 있다. 치료 동맹이 좋다면 충분히 몰입된 표식은 근거를 살펴보거나 대안적 관점을 고려해 보는 것과 같은 도전적인 개입을 시도해 볼 만한 적절한 맥락이 될 수 있다.

분열된 인식 표식에서 내담자는 부적응적이거나 역기능적인 지각에 대한 증거를 보여 주지만 아직 자신의 지각을 동시에 의심하거나 부정한다. 예를 들면, 내담자는 "사람들이 나를 나쁘게 판단하고 있다고 느끼지만, 그게 사실과는 다르다는 것을 나는 압니다."라고 말할 수 있다. 곧 이유를 얘기하겠지만, 분열된 인식 표식은 도전적인 개입을 위한 좋은 맥락을 제공하지 않는다.

다음의 대화는 충분히 몰입된 표식 맥락에서 일어나는 탈중심화 과정을 보여 주는 예다. 이 예를 보면, 치료 동맹이 충분히 잘 형성되어 있어서 내담자는 치료자의 행동이 매우 타당하다고 보며, 실제 현실과 자신이 구성한 현실을 구분하도록 도와주는 치료 개입 과제를 기꺼이 수행하고자 한다.

이 내담자는 작은 도시에서 치료를 위해 의뢰되었고 친구가 아무도 없어 도시가 매우 낯설게 느껴졌다. 처음에 그녀는 입원해서 치료를 받았지만, 이번 치료 회기가 이루어지기 직전에 퇴원해서 지금은 친구의 어머니의 집에 머물고 있다. 치료적 개입은 자신이 집주인에게 폐가 되고 집주인을 불편하게 하고 있다는 내담자의 느낌에서 시작되고 있다. 다음 대화는 12회기 내용 중에서 발췌한 것으로, 치료자는 내담자의 핵심적인 인지 과정에 대한 작업 가설을 이미 가지고 있다.

치료자: 그래요. 오늘 금요일 아침 일찍은 어땠어요?

내담자: 아침에는 늘 더 안 좋습니다. 아침에는 항상 기분이 더 안 좋아요. 특히 오늘 아침에는 더 오랫동안 기분이 안 좋았습니다. 이유는 모르겠어요. 아마 몸이

안 좋아서 그럴 수도 있고요. 일주일 정도 어디 처박혀 푹 자고 싶은 기분이 네요.

치료자: 실제로 피로감을 느끼나요?

내담자: 정말 피곤해요. 몸도 마음도. 다 소진된 듯해요. 친구 수전의 엄마 집에 머물고 있는데, 정말 기분이 안 좋아요. 저는 수전의 엄마를 그렇게 잘 알지도 못하고 짐이 되고 싶지도 않아요. 그래서 가능한 한 방해가 안 되려고 합니다. 그녀는 정말 좋은 분이에요. 제가 문제죠. 그들에게 폐가 되고 있습니다. 제가 함께 있도록 허락해 줘서 정말 고맙습니다. 그녀가 혼자 있지 않아서 정말 좋다고 말했지만, 저와 지내다 보면 짜증이 나기도 할 겁니다.

여기서 내담자는 충분히 몰입된 표식을 보여 주고 있다. 그녀는 자신이 짐이 되고 폐가 되고 있으며, 수전의 엄마도 그것에 짜증이 날 것이 틀림없다고 얘기하고 있다. 이런 표현은 자신의 지각이 실재인지를 의심하지 않고 있음을 보여 준다. 내담자는 자신의 지각이 상황에 대한 자신의 해석에 어느 정도 영향을 받았다기보다는 처한 상황 자체로 인한 어쩔 수 없는 경험이라고 본다. 이어지는 대화에서 치료자는 근거를 살펴보는 도전적인 개입으로 충분히 몰입된 표식에 반응하고 있다.

치료자: 수전의 엄마에게 폐가 되고 있다는 말이지요?

내담자: 예.

치료자: 그렇군요. 지내다 보면 그녀가 틀림없이 짜증이 날 거라고 여기시네요.

내담자: 그렇습니다.

치료자: 그걸 어떻게 알지요?

내담자: 글쎄요(잠시 멈춤). 내가 그녀에게 폐가 되고 있다고 생각합니다.

치료자: 예. 가정을 하고 있네요.

내담자: 예.

치료자: 그녀가 어떻게 느끼고 있을지에 대한 또 다른 가정이 있나요?

내담자: 글쎄요. 제가 갔을 때 그녀는 저를 전혀 모르는 상태였어요. 놀랍지 않아요? 특히 이렇게 큰 도시에서 말이지요. 그녀는 "수전, 그녀를 이리로 데려오렴." 하고는 제게 아파트 열쇠를 주면서 "편하게 드나들어요."라고 말했어요. 제

생각에는 그게 제게 (잠시 멈추었다가 감정적인 목소리로) 일종의 죄책감을 갖게 했어요. 근데 그게 왜 그런지는 모르겠는데, 제가 그녀를 이용하는 게 아닌가 생각되었어요. 다른 머물 장소를 찾아봐야 하지 않을까 싶어요. 제가 폐가 되지 않았으면 하니까요. 지금도 그렇게 느끼고 있어요.

치료자: 예. 좋습니다. 그 상황을 살펴볼 수 있겠네요.

(내담자의 웃음이 더 커진다.)

"그걸 어떻게 알지요?"라는 치료자의 질문은 내담자가 경험을 해석하고 있는 자신을 돌아보도록 하는 탈중심화 과정을 활성화하고 있다. 내담자는 불편감을 일으키는 가정들을 탐색하기 시작했으며, 또한 자기 감정의 진짜 이유를 탐색하고 있다(제 생각에는 그게 제게 일종의 죄책감을 갖게 했어요."). 여기서 내담자의 목소리 톤이 달라졌는데 그 상황에서 실제로 경험했던 어떤 정서를 재경험하는 것처럼 보였다.

내담자: 그녀는 폐가 되지 않는다고 말하지만⋯⋯.

치료자: 그래요. 당신이 지금 거기에 있다고 치고 당신이 염려하는 것들을 좀 더 얘기할 수 있을지 궁금하네요.

내담자: 잘 모르겠네요. 다른 사람과 같이 지낸다는 건 참 어려운 일이기 때문에, 제가 다른 곳으로 옮기기 위해서 돈을 빌리거나 필요한 뭔가를 해야 하지 않을까 생각 중이에요. 저는 그녀가 생활에 지장을 받기를 원하지 않고, (잠시 멈춤) 제가 방해가 되고 있다고 느껴요(목소리가 더 감정적이 됨). 제가 다른 누군가와 함께 지내고 있다면, 다시 돌아가고 싶은 생각이 들 거예요. 음, 독립하는 거죠.

치료자: 그래요. "나는 다른 곳에 머물렀어야만 해." "나는 돈을 빌렸어야만 해." "나는 그녀에게 폐를 끼치고 있어." 그리고 "했어야만 해."라는 다른 것이 더 있나요?

내담자: 제가 대부분의 관계에서 그렇게 느끼는 것 같네요. 저는 편하게 있을 수 없어요. 새집으로 이사 갔을 때 저는 (멈춤) 저는 꽤 오랫동안 몸이 아픈 상태였어요. 2월 1일에 병원에 가기로 되어 있었고 1월 28일에 이사를 갔지요. 그리고 (멈춤) 많은 사람이 이사하는 걸 돕고 싶어 했어요. 음. 전 저 혼자 할 수 있을

거 같았어요. 제가 혼자서 할 수 있어야 한다고 생각했던 거 같아요. 제가 할
수 없다는 것을 용납하기 어렵네요.

치료자: 그래요. '내 스스로 해야 한다.'는 것이 당신에게는 중요한 주제인 것처럼 들
립니다. 이번 같은 경우에는 당신이 좀 더 독립적 '이어야 한다'고 느끼고 있
는 건가요?

내담자: 그렇죠. 그리고 다른 머물 곳을 찾고요.

치료자: 당신이 독립적이지 않아서 그곳에 머물고 있다는 것이 당신에게는 어떤 의미
로 다가오나요?

내담자: 제가 남을 이용하고 있고, 그것이 제가 책임져야 할 몫이라고 생각해요.

치료자: 그렇군요. "내가 남을 이용하면서 책임감 없는 모습을 보이고 있다."

내담자는 이 대목에서 관련된 생각과 감정을 더 깊이 탐색하고 있다. 관련 정서 상태
에 접근하는 것은 관련된 해석 과정과 접촉하는 과정을 촉진시킨다. 그녀는 자신의 감
정 상태와 스스로에게 내린 명령을 알게 되었다("다른 곳에 머물렀어야만 했다, 돈을 빌렸
어야만 했다."). 이어서 그녀는 이것이 이전 치료에서 나타났던 핵심 주제, 즉 자신은 독
립적이어야 하고 스스로를 돌볼 수 있어야 한다는 그녀의 신념과 어떻게 관련이 있는지
를 알게 되었다. 앞서 소개했던 이론에 따르면, 이것은 대인관계 도식의 일부인 관계 유
지를 위한 암묵적인 규칙으로 이해될 수 있다.

이 과정에서 내담자는 자동적 사고와 상위 수준의 구조인 역기능적 태도를 오가고 있
다. 자동적 사고에서 역기능적 태도로 이동하는 것이 인지치료 책에 적혀 있는 것처럼
선형의 연속적인 과정인 것만은 아니다.

내담자: 제가 늘 당연한 것처럼 여겼던 것들, 내가 독립적이고 통제할 수 있어야 하고
책임감 있어야 한다는 생각이 모든 것에 영향을 미치고 있었다니 뜻밖입니다.
아~ 제가 정말 문제가 많은 것처럼 보이네요.

치료자: 그것이 당신에게 실제로 어떻게 여겨지는지 생각해 볼 때, 지금도 당신은 이
전에도 경험했듯이 부정적인 자기비난적 소용돌이 속에 빠져들기 시작하네
요. 맞나요?

내담자: 그것을 곧바로 인식하지는 못합니다. 때로는 알아차리지만 잘 안 됩니다. 그

것은 자동적으로 일어납니다.

치료자: 그래요. 이것이 예상 가능하다는 것을 알고 있는 것이 중요합니다. 당신 자신에 대해서 새로운 걸 발견하면, 당신은 자신을 비난하게 되네요. 맞나요?

내담자: 아직 제가 갈 길이 멀어 보입니다. 때로는 제가 뭘 느끼는지 제대로 알기 어렵습니다. 너무 빨리 지나가 버려서 알기 어렵습니다.

치료자: 하지만 그것을 주목하고 있는 지금, 당신은 그것을 알아보고 있지요?

내담자: 예.

치료자: 그래요. 잠시 그것은 내버려 두고 이제 우리는 수전의 어머니와 함께 지내는 것에 대한 당신의 반응에 초점을 맞춰 보도록 하지요. 괜찮으세요?

여기서 내담자는 이 상황이 자신이 독립적이고 통제할 수 있어야 한다는 그녀의 일반적인 신념과 어떻게 연결되는지를 분명히 알고 있다. 그녀는 이런 신념이 자신의 삶의 전반에 퍼져 있음을 알게 되었고, 이런 깨달음과 함께 그녀에게는 새로운 자기비난 활동 고리가 나타난다. 역기능적 양상을 새롭게 자각하게 될 때 이 같은 자기비난 활동 고리는 치료에서 흔히 보인다. 그것이 일어날 때, 치료자는 새로운 자기비난 고리가 처음의 초점을 압도할 만큼 강력한지를 판단하는 것이 중요하다. 그렇다면 지금 보이는 자기비난으로 초점을 옮기는 것이 좋은데, 그것이 처음 초점보다 내담자에게는 경험적으로 더 생생하며 이어지는 진전을 방해할 수 있기 때문이다.

하지만 이 사례에서 치료자는 원래 가졌던 초점이 더 두드러진다고 평가하였고, 그래서 내담자가 거리를 두게 도움으로써 새로운 자기비난 고리를 다루지 않고 넘어간다. 치료자는 이름을 붙이고 이전의 비슷한 경우들을 언급하면서 이 부분을 다루고 있다. 치료자는 보다 중요해 보이는 처음의 주제에 대한 조사를 계속 이어 간다.

내담자: 저는 그것에 관해 좋은 어떤 것도 느끼지 못하는 거 같아요. 저는 불편한 것 말고는 없어요. 거기 있는 것, 그리고 그녀의 어머니에 대해 저는 늘 하던 대로 똑같이 하고 있어요. 다른 누가 무슨 말을 하든 중요하지 않지만, 그들이 어떻게 느끼는지는 제게 고민이 돼요. 사람들이 하는 말은 중요하지 않아요.

치료자: 아, 당신이 한 말을 살펴봅시다. 지금의 일과 관련해서 몇 가지 가정을 하고 있네요. 그와 관련된 증거들을 같이 찾아봅시다. 당신이 그녀를 불편하게 하

고 있다는 증거로는 어떤 것이 있습니까?

내담자: 그녀가 저녁에 귀가해서 식사를 준비하는 거라든가, 아침 준비하는 것도 그렇고요. 혼자 있는 것에 익숙하실 텐데 불편하죠. 다른 누군가가 함께 있으면 설거지며 다른 집안일도 더 많아질 거고요. 이불이며 수건도. 그런 것들이 불편하시겠죠.

치료자: 그녀의 일상생활에 변화가 생길 거고 그러면 그런 것들을 그녀가 좋아하지 않을 거라 여기는군요. 그런 것들이 그녀에게는 안 좋은 것이라 여기는 건가요?

내담자: 그녀가 '지금까지는 혼자 살아와서 잘 먹지 않게 돼 살이 많이 빠졌는데 누가 같이 있으니 훨씬 좋다'고 아무리 말을 해도, '왜 함께 있는 게 싫겠냐'고, '그렇지 않고 누가 같이 있는 것이 더 좋다'고 아무리 말하더라도 여전히 제가 느끼는 부담감은 같습니다.

치료자: 그녀는 당신과 함께 있는 것이 오히려 도움이 되고 그녀에게는 나쁜 일이라기보다는 좋은 일이라고 실제로 말하고 있네요. 그녀가 말하는 그런 얘기가 어떻게 들리세요? 믿을 수 있나요?

내담자: 다른 사람들은 믿을 거라 봐요. 하지만 한편으로는 그녀가 친절해서 저를 편하게 해 주려고 하는 것 같아요. 저만 해도 불편한 것이 있어도 다른 사람을 편하게 해 주려고 하거든요. 제가 물어봤을 때 사람들이 다르게 말해도 저는 받아들이지 않아요.

치료자: 그렇군요. 의문이 들거나 다른 증거들이 있으면요?

내담자: 저는 그런 것들을 무시해요.

치료자: 한번 보세요. 당신 스스로 어떤 증거를 무시하고 있으시네요.

내담자: 예.

치료자: 그렇군요. 당신이 증거를 무시하고 있다는 것을 알고 있네요. 무시하고 있는 증거들이 구체적으로 무엇이지요?

내담자: 그녀가 자기는 누군가 집에 같이 있는 게 좋다, 그러니까 아파트에 혼자 있는 것이 싫고 누군가와 함께 앉아 식사하고 저녁을 준비하고 청소하고 그런 것들이 좋다고 말해도 저는 여전히 제가 그녀에게 폐가 된다고 느껴요.

치료자: 아. 지금 중요한 것은 당신 자신이 그녀의 말을 소홀히 여기고 있음을 알고 있다는 것입니다.

내담자: 전에는 그러는 줄 몰랐습니다. 제가 그러고 있네요. 매사에 그러네요. (잠시 멈춤) 심지어는 제가 원했던 것이 긍정적인 보상이더라도, 그걸 받을 수 있더라도 저는 그걸 수용하지 않네요.

여기서 내담자는 현실에 대한 대조되는 두 틀 사이를 오가고 있다. 그녀는 함께 있는 것이 좋다는 집주인의 말과 자신이 폐가 된다고 여기는 자신의 생각을 비교하고 있다. 상황과 증거에 대한 자신의 틀 사이를 오가는 이런 과정을 통해서, 그녀는 자신이 증거를 무시하고 있음을 자연스럽게 알게 되었다("제가 그것들을 무시하고 있네요."). 증거에 대한 자신의 해석(또는 다른 상황에서는 현실에 대한 두 가지 대안 해석)을 살펴보는 것은 내담자가 역기능적인 양상을 보이는 과정을 거리를 두고 살펴보도록 하는 데 도움이 된다. 끝 부분에서 그녀는 '무시하는 것'에 대한 자신의 생각을 명확히 하고 있다("전에는 그러는 줄 몰랐습니다. 제가 그러고 있네요. 매사에 그러네요. 심지어는 제가 원했던 것이 긍정적인 보상이더라도, 그걸 받을 수 있더라도 저는 그걸 수용하지 않네요.").

치료자: 지금 어떠세요? 지금 이 자리에서 어떤 경험을 하고 있으세요?

내담자: 제가 과거에 집에 돌아가고 싶었을 때를 돌아보고 있어요. 사람들이 저를 참아 주는 거지, 실제로는 제가 그렇게 하기를 원하지 않는다고 저는 확신했어요. 이 경험이 영향을 미쳐서 어느 누구도 저를 위해서 불편을 감수해 줄 거라 여기지 않게 된 거 같아요. 저는 그러고 싶지 않거든요. 저는 그게 늘 부담으로 느껴져요.

치료자: 부모님이 있는 집으로 돌아가고 싶었나요?

내담자: 저는 결코 집에 가겠다고 요구하지 않았습니다.

치료자: 으흠.

내담자: 집에 몇 달이라도 머물렀더라면 더 좋아졌을 거라 생각해요.

치료자: 그게 부모님과 헤어진 후였나요?

내담자: 예. 혼자라는 게 제게 매우 분명하게 다가왔어요. 저는 독립된 어른이었고 그들은 저의 아이들이었어요. 저는 그들을 책임져야 했어요. 그대로 받아들여야 했어요. 살아남아야 한다는 것이요.

치료자: 으흠.

내담자: 그래서 저는 독립적으로 지냈고 거의 집착에 가까울 정도로 독립적이었어요. 집에 먹을 것이 아무것도 없을 때도 도움을 청하지 않았지요.

치료자: 그 경험이 당신에게는 엄청나게 고통스러운 경험이었을 거 같은데요?

내담자: 전 단절감을 느꼈어요. (멈춤) 그게 저를 많이 성장시켰어요. 그것 때문에 생긴 일들. 그것 때문에 좋은 일이 많았어요. 매우 독립적이어야 했기 때문에. 그래서 저는 살아남았어요.

치료자: 당신이 실제로 자신을 돌봐야 했고 독립적이 되어야 했네요. 그리고 당신이 그렇게 할 수 있음을 배웠고, 당신은 어떻게든 살아남을 수 있었네요.

내담자: 또 어떤 누구에게도 의지할 수 없다는 것도 알게 된 거 같아요(강조하며 말함).

치료자: 동시에 어떤 누구에게도 의지할 수 없다는 것도 알게 되었군요. 그 경험에서 얻은 긍정적인 배움이 있었고 당신에게 부정적으로 영향을 준 어떤 배움도 있었네요.

자신의 처리 양상에 대한 내담자의 재인식은 분명한 정서 톤을 갖고 있는 연합된 일련의 기억을 떠올리게 한다. 그녀는 독립과 의존이라는 큰 주제와 관련된 과거의 중요한 사건, 즉 험난했던 결혼 생활이 끝난 후에 부모님과 살고 싶어 했던 고통스러운 기억을 회상한다. 부모님이 거절했고 그녀는 혼자서 견뎌 낼 수밖에 없었다. 이 일은 다른 사람은 믿어서도 의지해서도 안 된다는 신념을 강화하고 견고하게 만들었으며, 항상 철저하게 독립적이어야 한다는 그녀의 결심을 더 굳건하게 해 주었다.

그것은 자기-타인 상호작용에 대한 일반적인 기대를 형성하는 데 중요한 기여를 한 학습 경험이었다. 처음에 지적했듯이, 이 같은 연합된 기억의 자연스러운 회상은 그것이 전형적인 것임을 시사한다. 독립 및 의존 주제와 관련된 얘기를 탐색해 들어가자 구체적인 자동적 사고와 구체적인 정서 상태에 접근하게 되었고, 그 순간의 안심시켜 주는 피드백을 무시하는 그녀의 패턴을 명확히 알게 되었다. 이 모든 것이 결합해서 도식적으로 관련된 중요한 기억을 활성화하였다.

이번 회기에서 독립과 의존이라는 주제와 도식적으로 관련된 자료가 이런 자발적인 기억 인출을 위한 맥락을 준비시키는 데 기여하긴 했지만, 그녀가 당시의 안심시켜 주는 정보를 무시하고 있음을 자각한 것이 그녀에게 정서적 충격을 주었고 이것이 고통스러운 기억을 촉발시키는 데 기여한 것으로 보인다. 무시하는 자신의 모습을 갑작스럽게 인식하게 된 것은 내담자에게 현실을 역기능인 방식으로 애써 구성하고 있음을 보여 주는 극적인 증거를 제공하였고, 자신의 모습을 납득하기 위해서 기억을 찾아 들어가도록 촉발시켰다. 이런 맥락에서, 정서를 담고 있는 기억을 자발적으로 회상하는 것은 관련된 대인관계 도식이 활성화되었음을 알려 준다.

이 시점에서 치료자의 아주 사소한 도움을 받음으로써 내담자는 이 과거 사건의 중요성을 평가하게 된다. 그리고 이 경험이 어느 누구에게도 결코 의지할 수 없고 항상 철저히 독립적이어야 한다는 자신의 신념을 형성하는 데 어떻게 기여하고 있는지를 명확히 이해하게 된다. 치료자가 요약하듯이, 그 태도는 이점과 단점 모두를 갖고 있다.

> 내담자: 이혼 과정에 있을 때, 제가 남편에게 의지할 수 없다는 것은 분명했어요. 그리고 부모님한테도 의지할 수 없다는 것 또한 분명했어요. 정서적인 지지든 신체적인 지지든 금전적인 지지든 어떤 것에서도 말이죠. 나는 단절감을 느꼈어요. (감정이 실린 목소리로) 아들이 태어났고 내가 이혼했을 때 내 나이는 20세였어요.
>
> 치료자: 으흠.
>
> 내담자: 좋은 일도 있었어요. 나 혼자 힘으로 견뎌 냈고 아이들을 키웠어요. 예상보다 훨씬 빨리 일터로 돌아갔어요. 내 아들은 4주밖에 안 되었죠. 나는 애들을 먹여야 했고 우리는 살아남았어요. 아이들은 먹을 것이 있었지만 나는 토마토를 먹으며 몇 주를 지내기도 했어요. 내가 아직도 토마토를 좋아한다는 것이 놀랄 일이죠. 한 음식만 먹고 산다는 것은 안 좋은 거 같아요.
>
> 치료자: 으흠.
>
> 내담자: 하지만 선생님도 아시다시피, 우리는 모두 이렇게 살아남았어요.
>
> 치료자: 지금 얘기하면서 당신은 속에서 뭔가를 느끼고 있는 것 같은데요……
>
> 내담자: 그게 나를 슬프게 해요. (목이 메며) 그것은 지금도 상처로 남아 있어요. 왜냐하면 그것은 정말 싫은 경험이었으니까요.
>
> 치료자: 으흠.
>
> 내담자: 다르게 보면, 좋게 느낄 수도 있어요. 살아남았고, 혼자서 견뎌 냈고, 어떤 도움도 청하지 않았으니까요.
>
> 치료자: 뒤섞여 있네요. 그런가요? 한편에는 진짜 슬픔과 아픔이 있고, 다른 한편에는

"내가 해냈다. 내 스스로 돌볼 수 있어."라는 자기만족감, 강해진 느낌이 있네요.

여기서 내담자는 얘기 중인 구체적인 사건과 독립 및 의존이라는 일반적인 주제에 관한 복잡하고 다면적인 자신의 감정을 탐색하고 있다. 거절의 아픔을 떠올릴 때 느끼는 슬픔과 혼자라는 아픔이 있지만, 또한 자신을 잘 돌보았다는 자부심과 자기 능력에 대한 만족감도 있다. 독립과 의존 주제를 둘러싼 다면적인 감정을 인식하는 것은 독립이 그녀에게 갖는 진정한 의미가 무엇인지를 명료화해 주는 데 도움이 되고, 이는 탈중심화 과정을 촉진한다. 이어서 이는 이런 식으로 계속 살고 싶은지 그렇지 않은지를 결정하는 데 있어서 그녀가 가지고 있는 선택의 정도를 증가시킨다. 그녀 목소리의 정서적톤은 고통스러운 감정을 주지화하여 회피하기보다는 진정한 자기탐색 과정이 계속해서 일어나고 있음을 보여 준다.

내담자: 한 가지 사실은 늘 제 스스로 돌봐야 했다는 거예요. 이 점은 제가 뭘 하든 모든 일의 기본이 돼요. 다른 길은 없었고 제가 그 교훈을 얻을 때는 그랬던 거 같아요. 그래서 저는 늘 그 교훈 속에서 모든 일을 처리해 왔고 그렇게 하고 있어요. 그렇게 할 때 좋은 점도 있고 나쁜 점도 있기 때문에, (잠시 멈춤) 나는 제 아이들은 다른 교훈을 얻었으면 해요. 아이들은 다른 누군가에게 의지할 수 없다고 생각하지 않았으면 좋겠어요. 애들이 저를 필요로 하면 제가 그곳에 기꺼이 있을 거라는 점을 알았으면 해요.

치료자: 그렇군요.

내담자: 부모님은 정말 매우 엄하신 분들이셨어요. 그들은 애들은 그렇게 키워야 한다고 생각하셨죠. 그것에 대해서 생각해 보면, 당시에 그들이 왜 그렇게까지 했는지 궁금합니다. 오빠는 늘 부모님께 의지하고 싶어 했던 거 같아요.

치료자: 아마 그분들 나름의 이유가 있었겠지요.

내담자: 예.

치료자: 그럼에도 불구하고 당신에게는 참 힘든 경험이었네요.

내담자: 정말 그랬어요. 엄마는 제가 집에 돌아올 수 없다는 것을 매우 분명히 했던 거 같아요. 심지어는 생각조차 하지 않도록.

치료자: 으흠.

내담자: 그들이 어린 나이에 그런 상황에 있었다면 저도 그들이 집에 영원히 돌아오지 않기를 원했을까요. 하지만 저는 그들이 집에 돌아와서 자신의 힘으로 그 상황을 이겨 낼 수 있기를 바랐을 거 같아요. 그래야 그들에게 닥친 상황이 덜 갑작스럽지 않겠어요? 제게는 그 상황이 너무 갑작스러웠어요. 한꺼번에 모든 것을 잃어버린 거 같았어요. 그 경험이 이후에 내가 삶을 대하는 방식에 영향을 주고 있습니다.

치료자: 그래서 당신 자녀들은 때로는 다른 사람에게 손을 내밀어 도움을 청하고 도움을 받을 수 있었으면 하는군요.

내담자: 저는 늘 보답해야 한다고 느껴요. 선생님이 보답하는 정상적인 의미에서가 아니라, 저는 늘 사람들에게 더 많이 해야 한다고 느껴요. 그렇게 생각하는 것이 정말 속상한데, (작게 흐느끼며) 그래도 저는 제가 왜 이렇게 힘든지 알아보려고 한 적이 전혀 없었어요.

치료자: 이렇게 돌아보고 어떤 관련성을 찾고 이런 일들이 실제로 어디서 비롯되었는지를 알아가는 것이 당신 자신에 대한 이해를 도울 겁니다.

내담자: 그러게요. 저절로 일어나는 감정이야 바꾸는 것이 어렵겠지만, 제가 하고 있는 모습들을 살펴볼 수 있다는 게 어떤 진전이지 않을까 생각해요. 특히 그것은 지금 남편인 존과의 관계에 영향을 미쳐요. 그는 제게 뭐든 말한다는 걸 저도 알아요. 하지만 저는 그를 신뢰하지 않아요. 그를 믿지 못하다니 제가 나쁜 사람 같이 느껴집니다.

치료자: 그래서 그가 당신을 돌보겠다고 말하면, 혹은 어떤 일에 있어서 괜찮다고 그가 말한다든가 하면 당신은 수전의 엄마가 한 말에 대해서 그랬던 것처럼 그것을 믿지 않는군요.

내담자: 예.

여기서 내담자는 항상 완벽하게 독립적이어야 한다는 자기 신념의 절대성을 인식하고 자신의 행동을 이끌고 있는 암묵적인 규칙을 이전 학습 경험에 비추어서 다시 살펴보고 있다. "제 아이들은 다른 교훈을 얻었으면 해요."라는 말에 반영되어 있듯이, 그녀는 자신의 이러한 역기능적 태도가 자신의 삶에 끼친 파괴적 영향을 점점 더 알아 가고 있다. 또한 그녀는 이러한 태도가 얼마나 임의적인 것인가에 대해서도 깨닫기 시작한 듯하다.

이제 축어록을 전체적으로 살펴보도록 하자. 진행되고 있는 과정은 기본적인 인지 구조와 신념 체계의 수정 및 재조직화로, 이 과정은 표면 구조(즉, 구체적인 자동적 사고와 안심시켜 주는 정보를 믿지 않는 역기능적 과정 활동들)에서부터 심층의 구조적 수준의 핵심 주제("나는 늘 완벽하게 독립적이어야만 한다.")를 추론해 가는 것을 통해 진행되고 있다. 도식적으로 연결되어 있는 자동적 사고들의 형태에 접근하고 자기평가 활동을 조성하는 대인관계 도식의 성격을 탐색함으로써, 치료자와 내담자는 전체 구조를 느슨하게 만드는 과정을 증진시키고 있다.

이번 회기의 한 가지 중요한 특징은 내담자가 심층의 구조적 규칙(역기능적 태도)과 표면 수준의 활동들(자동적 사고, 믿지 않는 것)이 어떻게 연결되어 있는지를 구체적이고 의미 있게 경험할 수 있었다는 점이다. 상위 수준의 구조에 대한 탐색과 이 구조들이 만드는 인지적 활동들에 대한 현실 검증 사이를 오가며, 내담자는 즉각적인 경험을 일으키는 이런 구조들의 영향을 인식하게 된다. 그리고 이를 통해서 그녀의 구조는 점차 느슨해지고 있다.

일단 부정적인 자기평가 활동과 그것을 만드는 역기능적 태도가 명백히 드러나고 내담자가 심층 구조와 당시의 표면 구조 간의 복잡한 상호연결성을 알게 되면서, 현실 검증이나 근거 찾기 같은 인지적 개입이 기저의 대인관계 도식을 수정하는 데 기여할 수 있게 되었다.

우리의 경험에 따르면, 근거 찾기나 대안적 관점 살펴보기 같은 개입은 정확히 이 같은 맥락에서 가장 효과적이다. 그래서 무작위로 선택된 자동적 사고에 도전하는 것은 특별히 강한 치료 개입이 되지 못한다. 하지만 특정한 조건 및 검증 중인 사고가 전체 인지 조직에 어떻게 기여하고 있는지를 알고 있는 상황이라면, 자기비난 사고, 지각 혹은 가정의 타당성을 살펴보도록 내담자를 격려하는 것은 핵심적인 인지 구조의 변화를 촉진시킬 수 있다.

내담자의 변화 과정에서 중요한 점은 그녀가 개입 전에 자신의 역기능적 관점에 충분히 몰입해 있고 정서적으로 생생하게 자신의 지각("그녀에게 폐가 되고 있다.")을 경험하고 있다는 것이다. 그녀의 관점에 이 같이 완벽히 몰입하는 것은 새로운 정보로서 대안적 관점을 경험하도록 해 주고, 이는 탈중심화 과정을 촉진시킨다.

내담자가 자신의 역기능적 과정 활동을 스스로 경험하도록 충분히 허용하지 않으면 반박하는 증거는 오래된 도식이나 세상을 보는 오래된 방식에 쉽게 동화되어 버린다. 하지만 내담자가 자신의 역기능적인 인지 활동을 충분히 경험하도록 허용하면 실제 현실과 해석된 현실 사이의 불일치가 보다 분명해지고 도식이 수정될 가능성은 더 높아진다.

이제 우리는 분열된 인식 표식이 있는 변화 과정을 살펴보겠다. 이 내담자는 만성적인 꾸물거림으로 고통을 겪고 있다. 그는 지난 회기에 자신의 고등학교 성적증명서를 대학교에 제출하는 것을 미루고 있다고 호소하였는데, 그 이유를 모르겠다고 하였다.

앞서 소개한 사례에서처럼 역기능적인 평가가 표면적으로는 분명하지 않지만, 치료자는 심상을 사용해서 내담자가 가능한 한 생생하게 그 상황을 재구성해 보도록 격려하였고, 관련된 감정과 역기능적인 인지 과정을 알아 가고 있다.

치료자: 당신은 그 상황으로 다시 돌아가서 지금 이 자리에서 그 일이 벌어지고 있는 것처럼 얘기할 수 있겠습니까?

내담자: 글쎄요. 그것을 떠올릴 수는 있는데, 잘 얘기하기는 어려울 거 같아요. 제가 만나야 하는 사람들의 모습이 보이고 뭔가가 영향을 주고 있는 거 같아요. 그 사람들이 저를 싫어한다는 것을 내가 알고 있어요. 저를 귀찮아하는 것처럼 보여요.

치료자: 으흠.

내담자: 그 사람들이 모든 힘을 갖고 있고 저는 아무것도 할 수 없어요.

치료자: 실제로 그 사람들을 그려 볼 수 있나요?

내담자: 예. 그럴 수 있습니다. 제가 상대해야 하는 여자분의 얼굴을 그려 볼 수 있어요. 그녀의 표정을 볼 수 있어요. 그녀는 저를 귀찮게 여기고 있어요.

치료자: 으흠. 잘하셨습니다. 그래서 당신은 그녀와 그녀의 반응을 볼 수 있네요. 그녀가 당신을 귀찮게 여기고 있다고요?

내담자: 예.

치료자: 그래요.

내담자: 저는 말썽만 일으키는 사람이죠. 문제를 일으키는 불량 청소년이에요. "유감스럽지만, 대답은 알려 드린 대로입니다. 더 이상 드릴 얘기가 없습니다." 이게 그녀의 반응이에요.

치료자: 으흠.

내담자: 그런데 제가 그녀 윗사람을 통해서 얘기하면 눈감아 주겠죠. 그녀는 눈감아 줄 거예요. 참 우스꽝스러운 두려움이죠, 그렇죠?

내담자는 분열된 인식 표식을 보여 주고 있다. 그는 사무실의 직원이 실제로는 자신을 봐주고 있다고 보는 것 같다. 동시에 그는 "참 우스꽝스러운 두려움이죠, 그렇죠?"라고 말하며 자신의 주관적인 지각을 부정한다.

치료자: 하지만 당신에게는 매우 생생하죠?

내담자: 예. 정말 생생해요.

치료자: 그래요. 이곳에 그 여자분이 있습니다. 당신은 잘 상상하고 있습니다. 당신은 그녀의 심상을 떠올릴 수 있네요. 그녀는 눈감아 주고 있습니다.

내담자: 그렇죠. 맞아요. (웃음)

치료자: 지금 웃으시지만, 그건 진짜처럼 생생하죠?

내담자: 예. 제게는 현실이에요. 그렇죠.

치료자: 그녀는 당신을 불량 청소년쯤으로 여기고 있네요.

내담자: (웃으며) 예. 그렇죠.

치료자: 또 웃으시네요. 그것은 무언가 약간……

내담자: 예. 제가 말하는, 말했던 것을 들으니 웃기네요.

치료자: 으흠.

내담자: 제가 거기서 왜 웃죠? 선생님을 통해 그것을 다시 들어보니, 그게 사실은 정확한 것이 아니기 때문인가? 그녀는 저를 불량 청소년이라고 전혀 생각하고 있지 않을 거예요. 하지만 그래도, 다른 관점에서 보면 제가 말할 때 그건 실제로 그렇죠.

치료자: 으흠.

치료자는 내담자가 자기비난적인 판단을 유보하고 자신의 평가에 대한 주관적인 타당성을 받아들이도록 격려하는 개입을 하고 있다. 그에 대한 반응으로 내담자는 자신의 숨겨진, 전의식적인 주관적 평가를 계속해서 보여 주고 있다("그녀는 저를 불량 청소년쯤으로 여기죠."). 동시에 그는 자신의 웃음에 나타나듯이 일부는 자신의 불편감 때문에 그것을 계속해서 부인한다. 끝 부분에서 내담자는 그 지각이 객관적으로는 타당하지 않지만 주관적으로 자신에게는 진짜인 것 같다고 자신의 주관적 경험을 분명하게 정리하고 있다.

내담자: 이상하네요.

치료자: 그렇죠. 그 당시에는 그게 진짜 같죠, 그렇죠?

내담자: 예.

치료자: 그런데 웬일인지, 제가 하는 그 말을 들을 때 당신은 아주 빨리 발을 빼는 듯한 느낌이 있어요.

내담자: 예. 그래요. "아, 우습네요, 그죠?" 이런 식으로 말이죠.

치료자: 예.

내담자: "물론 그녀는 저를 불량 청소년으로 보지 않죠." 이렇게 말이죠.

치료자: 예. 당신이 발을 빼기 전에 먼저 잠시 당신의 주관적 경험에 머물러 보셨으면 합니다. 어떠세요?

내담자: 알겠어요.

내담자는 스스로 자신의 주관적인 지각을 부인하고 있는 현재의 과정을 계속해서 지켜보고 있다. 이 과정은 일종의 하위 작업(subtask)이다.

치료자: 좋습니다. 여기 그 여자분이 있습니다. 당신은 그녀를 보면서 '그녀는 내가 불량 청소년이고 말썽을 일으킨다고 생각하고 있어.'라고 생각하고 있습니다. 이렇게 상상할 수 있겠어요?

내담자: 글쎄요. 상상이 잘 안 되네요. 제 모습을 보면, 저는 지금 여기 침대에 누워서 생각하고 있어요. "이게 내가 해야 하는 거야. 나는 그 여자에게 전화해야 해." 아, 웃기네요. 이 모든 것을 얘기하고 나서 보니, 갑자기 그게 제게는 놀라운 일이 아닌 거 같아요. 제게 일어난 것은 제가 한 시간 동안 침대에 누워 있었던 것이죠.

치료자: 마음속에 그 여자분을 그려 보세요. 그리고 노력하면 그녀와 접촉할 수 있을 겁니다. 당신은 이렇게 하는 것이 별 가치가 없어 보이나 봐요, 그런가요?

내담자는 자신의 주관적인 해석이 자신의 경험에 미치는 영향을 분명히 이해하기 시작했다. 그의 꾸물거림이 이제 그에게는 더 이상 미스터리가 아니고, 그는 자신의 해석을 덜 부정하고 자신이 하고 있는 것을 알아 가기 시작한다.

내담자: 예. 그렇습니다.

치료자: 그녀와 접촉해서 두 사람이 실제로 대면하고 있는 모습을 그려 볼 수 있겠어요?

내담자: 예. 아, 글쎄요. 그녀가 전화로 "안내입니다."라고 대답하겠죠. 그러면 저는 "안내 상담을 받고 싶은데요. 저는 오래전 졸업생입니다."라고 말해요. 그녀는 제 이름을 묻고, 저는 알려 줘요. 그러면 그녀는 "저희가 뭘 해 드릴 수 있을지 모르겠네요."라고 말해요. 제가 지금 상상해 볼 때, 그녀가 "그래요. 제가 뭘 도와드릴 수 있을지 한번 봅시다."라고 말하는 것 말고는 다른 건 없을 거 같네요. 하지만 그녀가 매우 적극적으로 일을 처리해 주지는 않을 거 같아요. 그날 하루라도 책상에 메모로 남겨 놓을지는 두고 봐야겠죠.

치료자: 으흠.

내담자: 음, 그게 제가 떠올릴 수 있는 가장 있을 수 있는 상상이에요.

치료자: 있을 수 없는 상상에는 어떤 것들이 있을까요?

내담자: 그냥 재미로 한번 생각해 보는 건가요?

치료자: 예.

내담자: 아, 그녀가 날카로운 목소리로 말하는 거예요. "잘 들으세요. 2주 전에 다 처리되었습니다. 12학년 성적표를 준비해서 지원하는 게 전분데 그걸 못했군요. 그러고서 왜 이런 말도 안 되는 일로 여기 사람들을 괴롭게 합니까?" 그러고 나서는 저를 협박하겠죠, 어떻게든.

치료자: 어떻게요?

내담자: 아, 글쎄요. 좀 말이 안 되네요. 그녀도 그렇고 우리 사회에서 누구도 그런 일로 윽박지르지는 않겠죠.

치료자: 으흠. 지금 또 당신은 발을 빼고 있는 듯하네요.

내담자: (웃으며) 그러네요.

치료자: 그렇죠. 잠깐 동안이라도 당신의 주관적인 경험 속에 머물러 보시겠어요?

내담자: 알겠어요. 해 보죠. 아, "당신이 이런 식으로 계속 전화를 하면, 우리는", 아,

역시나 우스꽝스럽네요. 계속해 보죠. "대학에 당신에 대해 알리겠습니다."
나의 나쁜 기록 같은 것들, 재수강한 거라든가. 여름 학기에 재수강했거든요.
그런 것들을 다 더해서, 그녀는 이전 기록을 보내겠다고 협박할 거 같습니다.

치료자: 으흠.

내담자: 하지만 제가 봐도 너무 바보스럽네요.

치료자: 지금 또 발을 빼고 있네요. "너무 바보스럽네요."라고 말하는 걸 보면.

내담자: 음.

치료자: 그래도 시나리오를 쉽게 잘 만드실 수 있는 거 같은데요, 그렇죠?

내담자: (웃으며) 예. 기이한 뭔가가 이 자리에서 일어나고 있네요. 그것은 진짜 낯선
것이에요. 제가 쉽게 할 수 있는 건데, 사실 저는 그녀가 11, 12학년의 제가 보
이고 싶지 않은 이전 보고서를 보낼 가능성을 상상해 보고 있습니다.

치료자: 예.

내담자: 대학에요. 근데 그녀는 제가 어느 대학에 지원할 건지도 모를 겁니다.

치료자: 으흠.

내담자: 하지만 어쨌든 그녀가 제게 그런 식으로 할 거 같은 기분이 들어요.

치료자: 으흠.

내담자: 매우 강한 상상이에요. 마치 진짜처럼 생생하게 느껴져요. 아무튼 그런 상상
이 왜 일어나는지 제가 정확히 알아보려 하지는 않네요.

내담자는 그 상황에 대한 숨겨진 평가에 접촉해서 자신의 실제 지각을 지배하는 시나
리오를 상상 속에서 계속해서 구성하고 있다. 내담자가 여러 번 자신의 지각을 부인하
지만 치료자는 그의 이성적 관점과 자기비난을 보류하고 실제 지각을 잘 표현해 보도록
계속 격려하고 있다. 그는 상황에 대한 자신의 숨겨져 있던 평가를 보다 구체적으로 이
해해 가고, 자신의 경험에 대한 그것의 영향을 계속해서 알아 가며, 자신의 주관적 평가
를 부인하는 과정에 대한 성찰적 관점을 계속해서 공고화하고 있다.

내담자: "이것은 우스꽝스러워." 또 "한 번도 생각해 본 적이 없어."라고 말하며 제가
계속 도망다니고 있네요.

치료자: 으흠.

내담자: 하지만 제가 해냈어요! 제가 생각해 냈어요!

치료자: 계속해 보세요. 지금처럼 시나리오를 좀 더 만들어 보세요.

내담자: 알겠어요. 노력해 보죠. 그게 저를 당혹스럽게 해요.

치료자: 으흠.

내담자: 그렇게 하고 있으면 제가 정말 어리석게 느껴지지만, 노력해 보죠.

치료자: 좋습니다. 할 수 있는 한 자기평가를 유보해 보세요.

내담자: 예. 그녀와의 전화로 돌아갈까요?

치료자: 좋습니다.

내담자: (웃으며) 아. (더 크게 웃으며) 갑자기 상상 속에 떠오른 게 있어요. 그녀가 자신이 저를 어떻게 혼내 줄지 얘기해 줘요. "나는 지금 당장 교장에게 전화를 걸 거야. 다 준비되어 있어. 우리가 가서 너의 엉덩이를 걷어차 주겠어."라고요.

치료자: 으흠.

내담자: 예. (웃으며) 그녀가 지금 당장 교장에게 전화를 할 거 같고, 저는 전화를 못 걸도록 해야 해서 당장 달려가 전화를 숨기고는……

치료자: 잘 하고 있습니다.

내담자: 똥 밟은 거죠.

치료자: 으흠. 내가 엉덩이를 걷어차일거다. 내가 처벌을 받을 거다.

내담자: 예. 맞습니다.

치료자: 마치 나는 잘못을 한 작은 꼬마네요.

내담자: 제가 벌레처럼 짓눌려질 거 같습니다.

치료자: 그렇군요.

내담자: 그리고 저는 전혀 방어할 수 없습니다, 전혀.

내담자의 말에서 그의 대인관계 도식, 즉 자기와 타인에 대한 핵심적인 독특한 지각이 충분히 잘 드러난다. 그는 자신을 힘센 어른들에게 처벌받을 위험에 처한 힘없는 아이, 다시 말해 나쁜 어른들에게 벌레처럼 짓눌려질 수 있는 힘없고 방어하지 못하는 아이로 보고 있다. 여기서 강한 비유적 표현에 주목할 필요가 있다. 이는 경험의 정서적 즉시성을 보여 준다.

두 변화 과정 비교

앞에서 예로 들은 두 사례의 변화 과정을 비교해 보자. 첫 사례의 경우, 치료자는 충분히 몰입된 표식에서 내담자가 지각의 기반이 되는 근거를 명료화하도록 격려함으로써 개입을 시작한다. 이런 종류의 변화가 일어나기 위해서는 특정한 상태들이 치료적 동맹 안에 존재할 필요가 있다. 내담자는 자신의 평가에 대한 치료자의 적극적인 도전을 사적인 반박이 아닌 협업 과정의 일부로 경험할 수 있어야 한다. 이런 종류의 개입은 내담자가 비난으로 경험하기가 매우 쉬워 강한 동맹이 요구된다. 아니면 내담자가 아주 순응적이거나 복종적인 사람일 경우 주관적인 지각을 부인하거나 부정할 수 있는데, 치료자에게 자신의 지각을 숨기고 심지어는 자기 자신에게도 그럴 수 있다.

올바른 표식과 적절한 동맹 상태가 있다고 가정한다면, 내담자는 개입을 지각과 현실 간의 부합 정도에 적극적으로 의문을 갖는 데 사용하고, 지각을 재평가가 필요한 가설로 받아들이기 시작할 것이다. 그래서 현실을 달리 해석하는 데 개방적이 될 것이다. 근거와 지각 사이를 오가며 내담자는 역기능적 인지–지각 과정에 대해 성찰적으로 살펴보고, 주관적 평가가 경험에 미친 영향을 구체적으로 이해하게 된다. 그래서 내담자는 실제 현실과 해석된 현실 사이를 구별하게 된다(하지만 이 과정의 효율성은 순전히 새로운 정보로 간주되는 대안적 관점에 달려 있음을 주목할 필요가 있다). 끝으로, 내담자는 자신의 대인관계 도식과 관련 있는 암묵적 신념들을 살펴보고 재평가하고 있다("나는 항상 독립적이거나 통제력을 유지해야만 해.").

두 번째 사례의 경우, 치료자는 분열된 인식 표식에서 내담자가 자기비난적 판단이나 이성적인 관점을 유보하도록 격려함으로써 개입을 시작하고 있다. 이 과정은 내담자가 관련된 감정과 숨겨 뒀던 평가를 충분히 경험하도록 해 주는 하위 작업으로 간주될 수 있다. 이런 하위 작업 역시 특별한 동맹을 요구한다. 특히 내담자는 유치하게 생각해 숨겨 뒀던 평가에 접근하는 위험을 기꺼이 감수할 수 있을 정도로 치료자의 선의와 수용성을 충분히 신뢰해야 한다.

자신을 뭔가 잘못하고 있는 힘없는 아이로 지각하고 다른 사람을 변덕스럽고 적의가 있으며 벌주는 어른으로 지각하고 있는 내담자라면, 이런 동맹 수준을 충족한다는 것이 얼마나 어려울지 상상할 수 있다. 여기서 치료자는 내담자가 그 자신의 평가를 부인하는 과정을 성찰적으로 살펴보도록 돕고 있으며, 이는 또한 내담자가 이성적인 관점을 유보하도록 돕는다.

다음의 하위 작업은 관련 정서와 내담자의 숨겨 둔 평가에 접근해 가는 것을 포함하고 있다. 여기서 내담자가 이제 막 나타나기 시작한 자신의 주관적 평가를 성급하게 부인해 버릴 위험성이 있기 때문에, 치료자는 내담자가 그렇게 하지 않도록 계속해서 격려하는 것이 필요하다. 다음 하위 작업에서 내담자는 자신의 주관적 평가가 그의 경험에 미친 영향을 구체적으로 이해하고 자신이 그 자신에게 필수적으로 행하고 있는 것을 성찰적으로 살펴볼 수 있는 위치에 서기 시작한다.

두 변화 사례의 유사점과 차이점을 정리하면 다음과 같다. 두 사례는 내담자가 자신이 현실을 능동적으로 해석하고 있음을 알게 되고 대안적 해석에 개방적이 되어 가는 탈중심화 과정을 포함하고 있다. 하지만 첫 번째 사례의 경우, 그 과정은 내담자가 자신의 지각을 하나의 가설로 보도록 격려하고 자신의 지각과 현실 사이의 일치 정도를 분명히 살펴보도록 하는 도전적인 개입에 이끌리고 있다. 두 번째 사례의 경우, 이전에 숨겨 뒀던 지각적 평가에 접근해 가는 과정은 내담자가 자신의 경험에 해석 과정이 미친 영향을 이해하고 그러한 지각이 갖고 있는 자명한 부조리를 알아 가도록 해 준다. 이 같은 변화는 Rice(1984)가 '문제 반응(problematic reaction)'이라고 표현한 것과 유사한데, 여기서 내담자는 문제가 되는 기저의 해석 과정에 완벽하게 접근하지 못했기 때문에 상황에서의 자기 반응에 혼란스러움을 경험하고 있다.

CHAPTER
07

체험적 반박과 탈중심화 2: 회기 내 초점

회기 내에 초점을 둔 체험적 반박과 탈중심화

　우리가 회기 안 초점 맥락에서 살펴볼 첫 번째 변화 기제는 내담자의 대인관계 도식을 치료적 상호작용을 통해서 반박하는 것이다. 이는 내담자가 인지-대인관계 순환에서 벗어날 수 있도록 새로운 학습 기회를 제공한다.

　이 관점은 병인적(pathogenic) 신념을 반박하는 것이 정신역동치료에서 하는 역할에 대해 Mount Zion 그룹(Weiss, Sampson, & The Mount Zion Psychotherapy Research Group, 1987)이 갖고 있는 견해와 많은 점에서 수렴한다. Weiss와 동료들(1987)은 신경증적 문제는 대인관계에 관한 병인적 신념에 의해 초래되며, 이런 신념은 중요한 타인과의 외상적인 경험으로부터 형성된다고 가정한다. 자기주장을 하거나 자립하려 하면 치료자가 자신을 버릴 것이라고 믿는 것도 병인적 신념의 한 예라 할 수 있다. Mount Zion 그룹에 따르면, 내담자는 '전이 시험(transference tests)'이라 일컬어지는 것에 치료자를 무의식적으로 걸려들게 한다. 전이 시험에서 내담자는 의식적으로든 무의식적으로든 치료자의 반응을 통해 자신의 병인적 신념이 확증되는지를 주시한다. 예를 들면, 독립적이면 벌을 받을 거라고 믿는 내담자는 치료를 도중에 그만두겠다고 말하면서 치료자가 염려하거나 통제하는 방식으로 반응하지 않기를 바랄 것이다. 치료자가 내담자의 병인적 신념을 확증해 주지 않음으로써 전이 시험을 통과하면 치료 과정이 계속 진행될 수 있다.

내담자가 의식적이든 무의식적이든 치료자에게 전이 시험을 치르게 한다는 것은 우리 입장의 필수 요소는 아니다. 하지만 우리는 치료 관계를 통해 역기능적 신념들이 반박되는 것이 중요한 부분이라는 점에 동의한다.

내담자의 인지–대인관계 순환에 걸려들지 않으면서 관계에 대한 내담자의 역기능적 신념에 도전하려면, 걸려들기와 **빠져나오기** 사이를 구별하는 것이 반드시 필요하다. 이를 위해서 치료자는 대인관계 및 인지적 수준 모두에서 치료 과정을 평가할 수 있어야 한다.

대인관계 수준에서 치료자는 자신의 감정과 행동 경향성, 이것들을 일으키는 대인관계 표식을 잘 알고 있어야 한다. 그래야 대인관계 장면에서 자신의 어떤 반응이 내담자가 이끄는 힘에 상응해서 일어난 것이고 어떤 반응이 상응해서 일어나지 않은 것인지를 잘 구별할 수 있다. 예를 들면, 내담자가 치료자의 지지와 안심시켜 주는 반응을 계속해서 유발하고 있음을 치료자가 인식하고 있으면 그런 반응을 줄일 수 있다. 혹은 치료자가 내담자에게 경쟁적으로 반응하고 있음을 알면 그렇게 하지 않도록 의식적으로 노력할 수 있다.

하지만 대인관계 수준에서의 평가는 관계에서의 치료적인 입장을 거칠게만 안내해 준다. 보다 섬세한 안내를 위해서는 내담자의 대인관계 도식에 대한 평가가 필요하다. 내담자의 내적 작동 모델을 이해하고 있는 만큼, 치료자는 내담자의 역기능적인 대인관계 도식을 확증하지 않고 반박하는 대인관계 입장을 보다 잘 이해할 수 있다.

예를 들어, 내담자가 자신이 독립적으로 행동하면 다른 사람이 자신을 방치하거나 거절할 거라고 여긴다면, 내담자가 독립적으로 행동할 때 화를 내거나 거절하는 것은 그의 대인관계 도식을 지지하는 것이 된다. 정서적으로 취약하면 다른 사람이 자신을 멀리할 거라고 믿는 내담자가 있다면, 내담자가 정서적으로 취약한 모습을 보일 때 이를 불편해하는 모습을 보이는 것은 내담자의 역기능적인 대인관계 도식을 지지하는 것이 된다. 그래서 치료자가 내담자의 대인관계 도식을 많이 이해하고 있을수록, 치료자가 어떤 모습을 보이는 것이 도식을 반박하는 것인지에 대해서 정확히 예측할 가능성이 높아진다.

인지-대인관계 순환에서 빠져나오기

5장에서 언급했듯이, 치료자는 내담자의 역기능적인 인지-대인관계 순환에서 벗어나기 위해서 참여자-관찰자로서 유능하게 기능해야 한다. 다르게 말하면, 치료자는 내담자와의 상호작용에 자연스럽게 참여해야 하고 동시에 자신이 하고 있는 상호작용을 관찰해야 한다. 이 같은 병렬적 과정, 즉 치료자가 주체이자 대상으로서 동시에 기능하는 것은 내담자가 자동적 사고에서 탈중심화할 때 겪는 변화에 관여된 심리적 과정과 유사하다. 치료자는 자신의 주의를 분리하는 기술을 개발해야 한다.

이 기술을 개발하는 첫 단계는 상호작용 동안 자신이 경험하는 감정과 생각을 예민하게 감지할 수 있도록 주의를 내부로 잘 향하게 하는 것이다. 인지치료자들은 대개 이 같이 주의가 내부로 향하도록 훈련되지 않았기 때문에, 이는 중요한 변화다. 실제로 치료자가 자신의 감정과 행동 경향을 인식할 수 있을 때만 내담자가 타인에게 불러일으키는 반응의 종류에 대한 가설을 생각해 낼 수 있기 때문에 이는 중요하다.

자신의 감정에 실제로 근거하지 않고서 내담자의 상호작용 양식에 대한 가설을 만들 경우, 치료자는 자주 틀릴 수 있다. 앞서 언급했듯이, 치료적인 교류 동안 자신의 감정을 인식하는 것을 어렵게 하는 가장 큰 장애물 중 하나는 어떤 감정들에 대한, 그리고 그 감정들을 자신이 경험하는 것을 수용하지 않는 경직된 신념들이다. 예를 들면, 치료자가 내담자에게 분노를 느끼는 것은 바람직하지 않다고 생각하는 치료자는 치료적 상호작용에 영향을 미치고 있는 분노감을 진정으로 인정하고 인식하는 것이 어려울 것이다. 내담자의 인정받지 못한 감정이 제대로 인식되지 못한 채 내담자가 하는 상호작용에 영향을 미치는 것처럼, 치료자의 인정받지 못한 감정 역시 치료자 모르게 치료적 상호작용에 영향을 미친다. 치료자는 내담자를 돕고자 하는 말이라고 믿더라도, 사실은 그 말이 인정받지 못한 분노감에 의해 불 지펴진 것일 수 있다. 예로, 내담자가 상담에 늦은 것에 대한 책임을 져야 한다고 치료자가 주장하면서, 치료자는 아주 은밀하게(혹은 너무 은밀하지 않게) 벌하듯이 반응할 수 있다. 유사하게, 치료자가 내담자에게 성적으로 끌리거나 내담자의 성적인 유혹을 즐기지만 이를 인정하기 어렵다면, 치료자는 의도치 않게 가벼운 연애질을 격려하는 식으로 행동할 수 있다.

상담 중에 일어나는 감정을 충분히 인식하지 못하고 있음을 알려 주는 단서는 치료자가 자신의 감정과 행동 경향을 인식하는 중요한 단계를 먼저 거치지 않고 상호작용 중인 내담자에게 무엇이 일어나고 있는지에 대한 가설을 성급히 세우는 경우다. 치료자 자신의 감정과 행동 경향에 대한 인식은 내담자의 대인관계의 덫에 완전히 걸려들었을 때 특히 어렵다. 그 덫에 걸리게 되면, 치료자는 자신의 감정과 행동 경향을 제대로 인식하지 못하고서 자기도 모르게 내담자의 상호작용에 말려들게 된다.

그 상호작용의 덫에서 벗어나기 어려울 때 도움이 되는 한 과정은 녹화(녹음)된 관련 회기를 다시 시청(청취)해 보는 것으로, 동료나 수퍼바이저가 함께 할 수도 있고 그렇지 않을 수도 있다. 즉각적으로 어떻게 반응하도록 요구하는 특성들이 제거되기 때문에, 우리는 내적 감정과 행동 경향을 살펴보는 데 보다 많은 주의를 기울일 수 있다. 이런 훈련은 참여자-관찰자 역할을 처음 배우는 초기 훈련 단계에서 특히 유용하다.

수퍼바이저나 동료와 함께 녹음된 회기를 다시 관찰하는 것도 도움이 되는데, 이는 명확하지 않았던 감정과 경험을 명료화하는 데 도움을 주는 촉진자로서 타인이 기능할 수 있기 때문이다(Kiesler, 1982c).

치료자가 가질 수 있는 암묵적인 감정을 명료화하고 명확히 할 수 있게 되는 과정은 시간이 걸리고 고통이 따른다. 따라서 치료자는 공감 반응을 통해 내담자가 자신의 암묵적인 감정을 명료화하도록 돕는 데 할애하는 시간만큼이나 많은 시간을 여기에 할애할 준비가 되어 있어야 한다. 치료자가 자신의 진짜 감정에 대한 선입견을 갖고 있는 것은 자신의 진짜 감정을 발견하는 과정에 방해가 된다.

진정한 발견 과정은 여기서 이루어진다. 치료자는 신체적으로 느끼는 감각에 주의를 기울이고, 점차 느낀 감각에 접촉하면서 이러한 신체 감각에서 개념적인 의미를 추출해 낸다. '성난' '슬픈' '좌절된' 등의 한 단어 표현으로는 치료자가 실제로 경험하고 있는 감정들의 복잡한 풍미를 적절히 담아낼 수 없을 것이다.

일단 치료적 상호작용 중의 진짜 감정을 발견하기 시작했다면 치료로 돌아가서 내적 상태를 살펴보는 데 주의를 할당하는 것이 가능하다. 그리고 녹음된 회기 내용을 들을 때 일어났던 감정이 실제 치료 중에 일어났는지도 짚어 볼 수 있다.

물론 녹음된 회기 내용을 사용할 수 없는 경우에는 곧바로 상호작용 동안의 내적 상태를 살펴보는 데 주의를 할애할 수 있다. 다시 말하지만, 자신의 내적 상태에 대한 선입견을 갖지 않는 것이 우선이고, 자신의 내적 감정을 비판단적인 위치에서 살펴봐야 한다. 게다가 압박감을 느끼지 않는 것도 중요하다. 수퍼비전에서 치료자가 혼란스럽거나 정체된 느낌을 호소하면, 최소한 한두 회기는 뒤로 물러나 차분히 자신의 내적 경험과 내담자와의 상호작용을 관찰하는 데 집중하도록 조언하는 것이 도움이 될 수 있다. 뭔가를 성취해야 한다는, 문제를 해결해야 한다는 조급함은 내적 경험을 살펴보고 상호작용의 덫에서 벗어나기 위해서 필요한 조건인 이완 상태를 만드는 데 종종 방해가 된다.

내적 경험에 휩싸이지 않고 그것을 관찰하기 위해서는 집착하지 않는(nonattachment) 태도를 기르는 것이 필요하다. 자신의 감정과 생각을 떠다니는 구름처럼 생각하는 것이 도움이 될 수 있다. 이 작업은 이해하려 하지 않으면서 알아차리고, 어떤 식으로 변화시키려 하지 않으면서 그것들을 냉정하게 관찰하는 것이다.

일단 자신의 내적 경험을 충분히 인정할 수 있고 그것을 집착 없이 관찰할 수 있으면 덫에서 벗어나는 과정이 시작된다. 다음의 예를 보자. 치료자에게 항상 도전하는 내담자와 작업 중인 치료자는 내담자에게 그의 도전적인 행동에 대해서 알려 주고 싶다. 하지만 내담자는 자신이 치료자에게 도전하고 있음을 어쨌든 인정하지 않을 것이다. 치료자는 자신이 화가 나는 것을 비판적으로 보기 때문에 내담자에게 화가 났음을 인정하는 것이 어렵다. 그래서 치료자는 계속해서 내담자에게 그가 도전적으로 행동하는 것에 대한 피드백을 주려고 시도할 수 있는데, 이는 내담자가 상호작용에서 자신의 역할을 인정해야만 그가 혐의를 벗을 수 있다고 느끼기 때문이다. 이것이 치료자를 비난, 부인, 맞비난의 악순환 속에 갇히게 한다.

하지만 치료자가 자신의 분노를 무비판적으로 인정할 수 있으면, 그는 내담자가 상호작용에서 자신의 역할을 알고 있어야 할 필요성을 덜 인지할 것이다. 왜냐하면 치료자의 자존감이 현재 상황에 대한 책임을 내담자가 수용하는지 여부에 더 이상 달려 있지 않기 때문이다. 따라서 자신의 입장을 내담자에게 납득시키려는 압력이 줄어들게 되고, 그러면 상호작용에서 벗어날 수 있고 자유로워질 것이며, 새로운 가능성에 열려 있을 수 있게 될 것이다.

일단 냉정하게 거리를 두고서 자신의 감정이나 생각을 관찰하기 시작하면, 치료자는 자신의 감정과 관련되어 보이는 내담자의 비언어적 행동과 소통들을 찾아 확인할 수 있다. 시간을 두고 치료적 상호작용을 관찰하면, 자기 속에서 확인한 관련 감정들과 연결되는 대인관계 표식이 얼마나 규칙성을 갖고 함께 발생하는지를 평가하는 것이 가능해진다. 치료자가 내담자와 함께 있을 때 두드러지게 경험되는 감정과 특정 대인관계 표식 간의 일관된 관계를 관찰하면, 이 표식을 내담자의 경험을 탐색하기 위한 단서로 사용할 수 있다.

예를 들어, 치료자는 좋아질 거라는 안심시키기와 함께 치료의 이론적인 배경에 대해서 상당한 시간을 할애하여 내담자에게 설명하고 있는 자신을 관찰했다. 치료자는 뭔가 제대로 진행되고 있지 않다는 느낌이 들었지만 그것이 정확히 무엇인지는 알 수 없었다. 자신의 내적 경험을 살피며 몇 회기를 보낸 후, 치료자는 자신이 불안감을 느끼고 있고 내담자를 돌봐 주고 싶은 바람을 갖고 있음을 알게 되었다. 그런 후에 치료자는 대인관계 표식을 찾거나 내담자가 일으키는 소통들을 위한 단서로 이 감정을 이용하기 시작했다.

얼마 후, 치료자는 내담자가 그럴 때마다 보여 주는 구체적인 취약한 목소리 톤과 비언어적 자세를 확인할 수 있었다. 대인관계 표식을 확인한 후 치료자는 내담자를 안심시키는 반응을 자제할 수 있었고, 당시에 인지적 및 정서적으로 무엇이 진행되고 있는지를 탐색할 수 있었다.

일단 치료자가 참여자-관찰자 태도를 통해서 한발 물러나 있을 수 있으면, 내담자와 메타소통하고 그들의 상호작용에 대해서 얘기할 수 있다. 메타소통에는 두 가지 기능이 있다. 첫째, 치료자가 상호작용에서 벗어나는 과정을 지속시킴으로써 내담자가 자신의 대인관계 도식을 체험을 통해 반박할 수 있게 돕는다. 둘째, 내담자가 상호작용에서 자신이 하는 기여들을 알아 가도록 돕는다. 이런 식으로 탈중심화 과정이 촉진된다. 실제로는 이 두 과정이 서로 얽혀 있어 분리할 수 없지만, 우리는 이들을 분리해서 언급하겠다.

회기 내에 초점을 둔 탈중심화

앞서 언급했듯이, 인지치료자들은 정신역동치료의 두 가지 중요한 특징, 즉 전이 해석, 그리고 과거사 정보에 대한 포괄적인 활용을 전통적으로 거부해 왔다.

내담자의 인지-대인관계 순환을 탐색하고 이를 끊기 위해서 치료 관계를 활용하는 것이 우리 접근의 핵심적인 특징인 건 분명하지만, 이 책에서 기술한 치료 관계의 활용은 고전적 정신역동 이론에서 소개하는 전이 해석보다는 Strupp과 Binder(1984), Gill(1982) 같은 오늘날의 정신역동 이론가들의 접근과 보다 유사하다. 고전적 정신역동 이론에서는 내담자가 치료자에게 갖는 전이 환상은 내담자가 중요한 아동기 기억을 회복하고 그 경험이 현재 자신의 대인관계 기능에 어떻게 영향을 미치고 있는지를 통찰하도록 돕는 기회를 제공한다.

Strupp과 Binder(1984)가 지적했듯이, 전이 해석이 작용하는 기제에 대한 이해는 이성적인 지식과 이해가 반복되는 부적응적인 대인관계 교류로부터 내담자를 벗어날 수 있게 해 줄 거라는 가정에 기초하고 있다. 이런 개념화는 두 가지 가정에 기초한다. 첫째, 이성적 사고는 변화 과정에서 중요한 역할을 한다. 둘째, 전에는 숨겨져 있었던 기억을 밝혀내는 것이 가능하다. 첫 번째 가정은 변화에서 정서적 과정의 중요성을 지지하는 증거들이 증가함에 따라 도전을 받고 있다(Greenberg & Safran, 1987). 두 번째 가정은 정신분석을 과학적인 해석학으로 보는 Spence(1982)와 Peterfreund(1978) 같은 비평가들에게 도전을 받았다. 우리가 제안했듯이, 기억은 구성적 과정이어서 결과적으로 우리는 기억의 역사적인 정확성을 결코 신뢰할 수 없다.

앞서 언급했듯이, 메타소통 과정은 역기능적인 인지-대인관계 순환에서 벗어나게 함으로써 내담자가 자신의 역기능적인 대인관계 도식을 체험적으로 반박하도록 하는 면이 있다. 두 번째 기제는 내담자가 상호작용에서 자신이 기여하는 바를 관찰함으로써 6장에서 기술했던 것과 다르지 않은 탈중심화 과정을 촉진시키는 것이다.

내담자의 기대, 신념, 치료적 상호작용에 대한 평가 등을 공감적으로 탐색함으로써, 치료자는 내담자가 그 자신의 인지적 과정이 그 자신의 경험을 어떻게 형성시키는지를 알아 가도록 하는 데 도움을 준다. 그래서 그들은 실제 현실과 자신들이 해석한 현실을 구분하기 시작한다. 그들은 그들의 지각을 검증 가능한 가설로 여기게 된다. 내담자에게 그들의 정서적 반응에 대해 알려 주고 그런 반응을 일으키는 행동을 지적해 줌으로써, 내담자는 무력하고 환경에 구속된 희생자의 위치에서 능동적으로 상호작용에 기여하는 존재로 자신을 보는 주체자의 입장으로 점차 옮겨 간다.

일단 치료자와 내담자가 치료 관계를 사용해서 역기능적인 인지-대인관계 순환에 기여하는 신념과 기대를 확인해 가면, 치료자는 적극적인 인지적 개입을 사용해서 역기능적인 기대들을 분명히 확인할 수 있게 되고 그것들이 치료 관계에서 확증되는지 반박되는지 내담자가 명료화하는 데 도움을 줄 수 있다. 내담자의 역기능적인 대인관계 기대들과 일관되지 않은 방식으로 행동하는 것은 그런 기대를 수정하기도 하고 때로는 그렇지 않을 수도 있다. 내담자는 반박하는 상호작용 정보를 처리하지 못할 수 있다. 치료자-내담자 상호작용의 맥락에서 일어나는 정보처리도 다른 영역에서 기록 과정에 일어나는 것과 같은 확정적 편향 규칙을 따를 거라고 가정하는 것이 합리적이다(Nisbett & Ross, 1980).

이런 이유로, 치료자는 기대가 무엇인지, 그리고 상호작용이 그 기대를 확증하는지 반박하는지를 내담자와 명확히 메타소통하는 것이 필요하다. 이런 메타소통은 상호작용 동안 혹은 상호작용에 이어서 일어날 수 있다(Safran, 1990b).

이 같은 메타소통의 더 큰 이점은 그것이 치료자가 내담자의 역기능적 대인관계 기대에 대한 가설을 평가할 수 있게 해 주고, 내담자의 피드백에 따라 가설을 다듬고, 내담자의 기대가 확증되는지 반박되는지를 알아보는 평가를 계속해서 하도록 한다는 점이다. 치료자는 내담자가 회기 안에서(치료자와 새로운 방식으로 함께 하려 노력함으로써) 그리고 회기 밖의 다른 사람들과의 상호작용 과정에서 확인된 역기능적인 기대를 적극적으로 검증하도록 격려할 수 있다.

예를 들면, 한 내담자의 대인관계 도식 평가에서 다음과 같은 신념이 확인되었다. 그가 독립성을 표현하거나 다른 사람에게 정서적 관심을 갖는 것이 치료자에게는 배신으로 해석될 수 있고, 그래서 치료자로부터 보복을 당하고 버림을 받을 거라고 그는 생각했다. 치료자는 내담자와 협력해서 이 작동 모델을 구체적으로 명확히 살펴본 후에 내담자가 자기 기대가 맞는지를 평가할 수 있는 방법을 생각해 보도록 제안했고, 이에 내담자는 상담실의 비서와 좀 더 친하게 지내 보겠다고 했다. 그다음에 초점은 그의 가설이 확증되는지 혹은 반박되는지를 알아보기 위한 방법을 구체화하는 쪽으로 옮겨 갔다. 다음 상담 회기에서 그가 치료자의 태도를 평가하는 말을 할까? 그가 치료자의 태도를 오해할 가능성이 있었나? 이런 식으로 내담자는 자신의 신념을 적극적으로 검증하도록 격려받고, 치료자는 내담자가 사건들을 자신의 일상적인 기대에 맞추어서 해석하는 경향에 주의하도록 돕는다. 이어지는 회기들에서 내담자는 타인과의 관계에서 보이는 유사한 패턴을 찾아보고 상담실 밖에서 대인관계 도식을 반박하기 위한 다른 적극적인 전략들을 만들어 보도록 격려받았다.

우리의 관점은 대인관계에 관한 역기능적 신념들을 내담자가 명확히 언어화할 수 있도록 함께 작업하고, 치료 관계 속에서 그것들을 검증해 보는 적극적인 방법들을 고안하는 것이 중요하다는 것을 강조한다. Weiss와 동료들(1987)은 내담자는 치료자가 전이 시험에 걸려들게 함으로써 자신의 병리적인 신념들을 무의식적으로 평가한다고 보았다. 현재의 접근은 이 관점과 Beck과 동료들(1979)이 제안한 협력적 경험주의 입장을 통합한 것으로, 내담자가 자신의 관점을 가설로 여기고 그 가설을 평가하기 위해서 치료 관계를 적극적으로 활용할 수 있도록 격려한다. 이런 식의 적극적이고 의도적인 가설 검증을 도모하는 것은 이 과정을 우연에 맡기기보다는 의식적인 가설 검증을 격려함으로써 변화 과정을 촉진할 것이다(Safran, 1990b).

게다가 이 접근은 내담자의 일상적인 상황으로 변화를 일반화하는 것에 대한 인지행동적인 강조를 반영하고 있다. 따라서 치료 관계에서 일어난 학습이 자동적으로 일반화될 거라고 가정하기보다, 내담자는 치료 관계에서 탐색되고 평가되었던 기대와 신념들을 치료실 밖의 상호작용에도 적용해서 검증해 보도록 확실히 지시를 받는다. 이런 식으로, 내담자는 치료 과정의 적극적인 협력자가 되어서 상담실 밖에서도 이 작업을 계속하도록 격려받는다(Safran, 1990b).

이론상 내담자의 대인관계 도식이 경직되고 제한적일수록 교정적인 대인관계 경험이 더 많이 필요하다. 내담자가 평생 갖고 살아 온 일반적인 자기-타인 표상이 한두 번의 반박 사례로 달라지지는 않을 것이다. 게다가 내담자가 실생활 속에서 새로운 상호작용 패턴을 활성화하여 다르게 행동하지 않는다면, 치료자 한 사람과의 새로운 경험이 내담자의 일반적인 상호작용 표상을 변화시키지는 못할 것이다.

Weiss와 동료들(1987)의 이론에 따르면, 사람들은 자신의 역기능적인 기대들을 반박하고자 타인을 시험해 보려는 자연스러운 성향이 있다. 이게 사실이더라도, 많은 예를 보면 역기능적 기대를 확증하는 것에 대한 두려움이 그 기대를 적극적으로 검증하는 것을 막을 거라고 가정하는 것이 적절해 보인다.

일반화 문제에 확실히 관심을 갖고 내담자가 자신의 신념을 검증하기 위해서 치료 관계와 실제 장면의 상호작용 모두를 의식적으로 이용하도록 격려하는 것은 대인관계 도식을 점진적으로 변화시키기 위해서 필요한 다양한 대인관계 경험을 제공하는 중요한 역할을 할 수 있다.

메타소통

치료 관계에 대한 메타소통은 체험적 반박과 탈중심화 과정을 촉진시키는 데 핵심적인 역할을 한다. 여기서 우리는 네 가지 메타소통에 대해서 살펴보겠다.

① 치료자는 내담자가 타인에 대한 자신의 영향과 상호작용에서 자신의 역할을 인식
   하도록 돕기 위해 자신의 감정을 전달한다.
② 치료자는 내담자가 자신의 내적 경험을 탐색하게 하기 위해서 자신의 감정을 전달
   한다.
③ 치료자는 내담자가 상호작용에서 자신의 역할을 인식하도록 돕기 위해 내담자의
   대인관계 표식을 확인하고 알려 준다.
④ 치료자는 인지적 · 정서적 탐색을 위한 연결 고리로 확인된 대인관계 표식을 이용
   한다.

우리가 여기서는 구분해서 언급하겠지만, 실제 장면에서는 여러 종류의 메타소통이
결합되어 나타난다. 처음 두 형태의 메타소통은 치료자가 내담자에게 자신의 감정을 개
방하는 것이다. 상호작용 중에 치료자에게 유발된 감정에 대해 내담자와 얘기하는 것은
치료에서 상당히 중요한 역할을 하기 때문에, 치료자가 자신의 감정을 언제 어떻게 개
방할 것인지에 대한 지침을 갖고 있는 것은 꼭 필요하다. 내담자에 대한 치료자의 감정
을 언제 얘기해야 하고 언제 참아야 하는가? 내담자와 자신의 감정을 나누기 전에, 치료
자는 감정과 충분한 거리를 유지함으로써 상호작용 내에서 진정한 참여자-관찰자가
되어야 한다. 혼란스럽고 내담자와 역기능적인 상호작용 순환에 사로잡혀 있다고 느낄
때라도, 치료자는 혼란스럽고 사로잡힌 상태에 놓여 있는 자신을 계속해서 관찰하는 경
험을 할 수 있어야 한다.

하지만 감정(부정적이든 긍정적이든)이 너무 강해서 진정한 참여자-관찰자 위치에 있
기가 어렵다면, 치료자가 자신의 경험을 명료화하고 어느 정도 거리를 둘 수 있을 때까
지 피드백을 유보하는 것이 최선이다(Kiesler, 1988). 지침은 치료자가 자신의 감정을 내
담자에게 피드백할 때는 자신의 동기를 분명하게 인식하고 그것이 긍정적으로 기능할
수 있도록 균형감을 충분히 유지하고 있어야 한다는 점이다.

내담자가 치료자에게 아주 강한 감정을 유발시키는 상황에서, 치료자는 그 감정에 대
해 내담자와 살펴보기 전에 혼자든 동료와 함께든 자신의 반응을 탐색하는 시간을 갖는
것이 도움이 된다. 예들 들면, 내담자의 특정한 대인관계 방식이 때로는 중요한 타인과

의 이전 경험으로 인해 아주 예민해져 있는 치료자의 상태를 자극할 수 있다. 이런 일이 일어나면, 치료자 자신의 정서적 문제가 치료적 상호작용 안에서 균형감을 유지할 수 있는 자신의 능력을 떨어뜨릴 수 있다. 그래서 치료자는 아주 강한 정서적 반응을 경계해야 하고 내담자와 문제들을 보다 깊이 다루기 전에 스스로 이런 경험들의 의미를 명료화하는 기회를 가져야 한다.

첫 번째 유형의 치료적 자기개방의 목적은 내담자가 타인에게 미치는 자신의 영향을 좀 더 의식하고 상호작용에서 자신이 기여하고 있는 것이 무엇인지 알도록 돕는 것이다. 내담자를 양육하듯이 대하는 치료자가 자신의 그런 경향을 의식했다면, 내담자에게 "지금 제가 당신을 보호하고 있는 것처럼 느껴집니다."라고 말할 수 있다. 내담자가 지신을 모욕하고 있다고 느끼는 치료자라면, "지금 당신이 저를 무시하는 듯이 느껴집니다."라고 말할 수 있다.

이 같은 피드백을 전달하는 방식은 매우 중요하다. 임시적이고 탐색적인 느낌이 들도록 해야 하는데, 그래야 내담자는 치료자가 그 자신의 감정을 명료화하기 위해서 정직하게 노력하고 있음을 이해하고, 자신을 책망하기보다는 보다 깊은 탐색을 위해서 자신을 초대한다고 느낄 것이다. Kiesler(1982b, 1988)가 주장했듯이, 이 같은 피드백은 흔히 치료자의 감정과 연결되어 있는 내담자의 구체적인 행동이나 표현과 결합해서 하는 것이 좋다.

두 번째 유형의 자기개방에서, 치료자는 내담자의 내적 경험을 탐색하기 위해서 자신의 감정을 나눈다. 예를 들면, 치료자는 "저는 지금 당신에게 매우 조심스러운 마음이 듭니다……. 마치 제가 뭔가를 쉬이 잘못 말하거나 행동할 것 같습니다. 이런 것이 당신이 경험하는 어떤 것과 관련이 있나요?" 혹은 "체스를 두고 있는 느낌입니다. 이게 당신에게 이해되세요?"라고 말할 수 있다. 치료자가 짜증이 나는 것을 인식하면 이렇게 말할 수 있다. "제가 당신을 사소하게라도 비난할 것 같은 마음이 듭니다. 이게 당신의 경험과 부합합니까?" 치료자가 무력감이 드는 것을 인식하면 이렇게 말할 수 있다. "저는 지금 힘이 빠지는 느낌입니다. 마치 제가 도움이 되기 위해서 할 수 있는 것이 아무것도 없는 것 같은 마음입니다. 이것이 당신의 경험과 관련이 있습니까?" 혹은 "제가 밀쳐지거나 거리감이 생긴 느낌입니다. 이것이 당신에게는 어떻게 이해되세요?" 다시 강조하지만, 피드백은 책망이 아닌 탐색을 유도하기 위한 것이라는 점이 중요하다. 상호작용에 대해 언급하는 것도 도움이 될 수 있다. 예를 들면, "지금 저는 갈등에 빠져 있는 것처럼 느낍니다. 이것이 당신의 경험과 관련이 있습니까?"

세 번째 유형의 메타소통에서 치료자는 내담자가 상호작용에 기여하는 바를 명료화하도록 돕기 위해서 내담자의 행동이나 표현에 대해 언급한다. 앞에서 지적했듯이, 이는 내담자의 행동이 유발시키는 감정에 대한 자기개방과 흔히 연결된다. 예를 들면 다음과 같다. "지금 저는 풋내기 취급을 받는 것 같습니다. 당신의 목소리와 미소에서 그런 인상을 받습니다."

치료자 자신의 감정과 연결하지 않고 내담자에게 직접적인 피드백을 할 수도 있다. 하지만 그렇게 할 경우에는 그것이 자신의 주관적인 지각임을 충분히 인정하고 관찰에 대한 책임을 수용함으로써 그것이 객관적인 현실로서 얘기되는 것이 아님을 강조해야 한다. 예를 들면, "제게는 지금 당신이 매우 조심하는 것처럼 보입니다." 혹은 "제가 보기에 당신은 지금 믿기 어려운 것처럼 보입니다." 지각의 주관적인 성격을 강조함으로써, 치료자는 자신이 틀릴 수 있음을 분명히 인정하고 탐색을 위한 자극으로 치료자의 지각을 내담자가 이용하도록 초대할 수 있다. 지각의 주관적인 성격을 인정하지 못하면 내담자는 자신의 지각에 대한 확신이 흔들릴 수 있다. 물론 이런 종류의 메타소통은 치료자가 내담자의 현실에 대한 전문가가 아니며 치료자의 목적이 내담자가 자신의 경험을 보다 신뢰하도록 돕는 것이라는 견해와 일관된다.

네 번째 종류의 메타소통은 내담자에 대한 치료자의 지각을 피드백해 주는 것으로, 이는 내담자의 주관적인 경험 탐색을 촉진하기 위해서 이루어진다. 여기에는 두 가지 주요 하위 유형이 있다. 첫 번째는 치료자가 일반적인 피드백을 주고 내담자가 자신의 내적 경험을 탐색하도록 초대하는 것이다. 예를 들면, "지금 당신이 저를 매우 조심스러워하는 것처럼 느껴집니다. 이것이 당신의 경험과 관련이 있나요?" 혹은 "제게는 지금 당신이 짜증이 난 것처럼 보입니다. 어떤 경험을 하고 계신가요?"이다.

두 번째 유형은 치료자가 좀 더 구체적인 피드백을 제공하고 내담자가 자신의 내적 경험을 탐색하도록 초대하는 것이다. 예를 들면, "제가 말할 때 당신이 주먹을 꽉 쥐는 것을 봤습니다. 당신 자신도 그것을 아셨습니까?" 혹은 "당신의 목소리가 작아지면서 서둘러 얘기를 해 버리려는 것처럼 보였습니다. 지금 뭔가 복잡해 보이는데 어떠신가요?"이다.

내담자가 의식하지 못했던 비언어적 행동에 관심을 갖게 함으로써, 치료자는 관련된 내적 경험에 대한 인식을 촉진할 수 있다. 예를 들면, 얘기하면서 주먹을 꽉 쥐었던 내담자는 분노라는 관련 감정을 인식하게 될 수 있다. 목소리가 작아졌던 내담자는 수치심과 치료자가 자신을 부정적으로 평가할 거라는 자신의 생각을 인식하게 될 수 있다.

일단 치료자가 내담자와 메타소통 과정을 시작했으면, 참여자-관찰자 원칙을 계속 지키는 것이 중요하다. 그렇지 않으면 메타소통은 스스로 벗어나게 되는 바라던 결과로 이어지기 보다는 상호작용 현상을 유지하게 될 수 있다. 예를 들어, 늘 옆길로 새는 내담자가 있다고 해 보자. 치료자는 내담자가 이런 모습에 주의를 두도록 개입하기로 결심했다. 내담자는 치료자의 지적을 잠깐 인정하는가 싶더니, 다시 옆길로 새는 것을 계속했다. 치료자는 일단 다시 중단시키고 내담자가 옆길로 새는 것에 주의를 두게 했다. 자신이 갈등에 빠져 있음을 먼저 인식했을 때, 치료자는 이어서 내담자에게 자신이 갈등에 빠지고 있는 느낌이었음을 말함으로써, 그리고 내담자도 비슷한 느낌을 경험했는지 물어봄으로써 그 상호작용에서 벗어날 수 있다.

이런 상황에서 내담자와 메타소통하려는 치료자의 첫 시도는 상호작용 통제를 두고 치료자와 내담자 간에 갈등을 초래했으며, 그것을 악화시켰다. 일단 벗어나서 다시 현재의 상호작용에 대해 메타소통함으로써 치료자는 치료적 과정을 촉진할 수 있었다.

현재에 초점 두기

메타소통 과정 동안 줄곧 강조되는 것은 지금 여기에서의 치료 관계다. 그 이유는 두 가지다. 첫째, 치료자와의 상호작용 경험 속에서 내담자는 관계에 관한 자신의 역기능적 신념을 검증하고 이를 반박하는 과정을 체험할 수 있다. 둘째, 상호작용에서 내담자 자신이 기여하는 바를 직접 확인하도록 도움으로써 탈중심화 과정을 촉진시킬 수 있다. 이 두 경우 모두 추상적이고 지적인 작업이 아닌 구체적인 경험을 통해서 학습 과정이 촉진된다.

변화가 지속적으로 촉진되려면 관련된 대인관계 도식들이 충분히 활성화되어야 한다. 내담자는 정서적으로 즉시적인 형태로 치료적 상호작용에 대한 인지를 탐색해야 한다. 내담자는 흔히 지금 여기에서의 치료 관계에 초점을 두기를 주저하는데, 탐색된 감정과 생각이 치료자를 자기로부터 멀어지게 하고 결국 대인관계에 대한 자신의 가장 큰 두려움을 확인시켜 줄 것 같은 불안감 때문이다. 내담자는 흔히 치료 관계에 관한 자신

의 고민을 구체적으로 다루기보다는 자신의 고민거리들에 대해서 얘기한다. 또한 내담
자는 흔히 치료실 밖에서의 관련된 상황들에 대해서 얘기하거나 부모 또는 다른 인물과
의 과거 경험에 대해서 이야기한다. 그런 내용이 주제 면에서는 현재 경험하고 있는 대
인 간 교류와 유사할지 모르지만 치료 관계에서 일어나는 불안을 일으키는 문제를 직접
적으로 다루게 하지는 못한다. 예를 들면, 자신이 치료자에게 지배당하고 있다고 느끼
는 내담자는 치료자와의 관계에 대해서 얘기하지 않고 지배적인 아버지에 대해서 얘기
할 것이다. 정신분석 이론가들(Gill, 1982)이 '암시 전이(allusion to transference)'로 일컬은
이 행동은 치료 관계를 해칠 수 있는 주제를 치료자 앞에서 직면하게 될 때 경험할 불안
에 대한 회피로 이해될 수 있다.

이와 같은 상황에서 치료자가 치료 관계에서 현재 일어나고 있는 것이 아닌 과거 기
억을 탐색하도록 내담자를 격려하면, 치료자는 지금 여기에서의 경험을 다루지 않도록
내담자와 공모하는 꼴이 된다. 그 결과, 내담자가 당면한 불안과 마주하고 이를 건설적
으로 활용할 수 있는 대인관계 경험을 할 수 없게 된다.

과거 사건에 대해 이야기하는 것에 의해서나 치료에서 현재 드러나고 있는 것과 내담
자의 생활 속 다른 상황과 연결 짓는 것에 의해서 치료자는 흔히 지금 여기에서의 치료
관계를 피하려 한다. 많은 치료자는 현재 대인 간 교류에 자신이 관여하는 바가 제대로
탐색될까 봐 흔히 불안해하는데, 내담자의 문제를 부모와의 관계로 설명하는 것은 내담
자와 자신의 지금 여기에서의 상호작용을 살펴보는 것을 회피하게 해 준다. 예를 들면,
타인이 비난적이라고 흔히 경험하는 내담자를 치료 중인 치료자라면, 자신이 내담자의
역기능적인 인지-대인관계 순환에서 비난적인 존재로 지금 참여하고 있을 가능성을
탐색하기보다는 비난적인 부모와의 경험이 내담자의 해석 양식의 기원이 된다고 강조
할 수 있다.

내담자의 역기능적인 대인관계 도식의 발달적 기원에 지나치게 초점을 두면, 치료자
는 내담자의 역기능적인 인지-대인관계 순환을 지속시키는 데 자신이 기여하고 있으며
자신이 실제로 내담자를 비난하고 있을 가능성을 제대로 점검하지 못하기 쉽다. 치료자
는 문제가 현재의 상호작용이 아닌 내담자의 머릿속에 있다는 메시지를 전달함으로써
내담자의 역기능적인 인지-대인관계 순환을 자기도 모르게 지속시키게 된다. 이는 다
른 사람들이 실제로 비난적이라는 내담자의 역기능적 신념을 확인시켜 준다. 이런 이유
로 치료자는 내담자의 과거사를 탐색하는 동안 치료적 상호작용을 내담자 삶의 다른 관

계와 관련지을 때, 혹은 치료 관계에서 탈중심화를 촉진하기 위해서 과거와 관련지을 때
현재 상호작용의 의미와 자기 행동의 영향을 항상 자각하고 있는 것이 반드시 필요하다.

치료 관계에서 탈중심화를 촉진하기 위해
과거와 연결하기

이제 우리는 치료에서의 상호작용과 이전 관계를 연결짓는 것이 유용한 개입일 수 있
는 구체적인 상황과 그것이 일어나는 과정을 살펴볼 것이다. 정신역동치료에서 흔히 기
원(genetic) 전이 해석으로 일컫는 이런 개입을 인지치료자들은 전통적으로 거부했다.

하지만 기원 전이 해석이 작동하는 기제는 다른 인지적 개입들이 작동하는 방식과
유사하다. 전이 해석은 탈중심화 과정을 활성화하고, 이를 통해서 내담자는 자신이 과
거의 틀로 현재의 경험을 바라보고 해석하고 있음을 자각하게 된다. 이 점에서 보자면,
전이 해석은 근거를 조사하는 것과 같은 인지치료자들이 널리 사용하는 개입들과 크게
다르지 않다.

효과가 있으려면 기원 전이 해석이 정서적으로 즉각적인 방식으로 이루어져야 한다.
정서적으로 생생한 상황에서 자동적 사고를 자각하는 것이 지적인 수준에서 자동적 사
고를 평가하는 것보다 변화를 유도할 가능성이 더 높기 때문에, Strachey(1934)의 말처럼
변화를 이끄는 효과적인 해석은 반드시 정서적으로 즉각적이어야 한다. 기원 전이 해석
이 이런 정서적 즉각성을 가지지 못하면, 지금 여기에서의 경험을 회피하게 하는 주지
화된 방식을 조장할 수 있다. 우리는 이미 지금의 해석과 과거를 연결하는 것이 갖는 위
험성에 대해 살펴보았다. 하지만 이런 종류의 관련짓기가 특히 도움이 되는 특수한 상
황이 있다. 치료자의 특성과 행동에 대한 내담자의 왜곡이 너무 심해서 치료 동맹의 질
이 심각하게 훼손된 상황에서는 중요한 타인과의 특별한 의미를 담고 있는 기억과 내담
자의 현재 경험을 관련짓는 것이 그렇지 않을 경우 폐쇄된 채로 남아 있을 지각 체계 안
으로 침투할 수 있게 길을 열어 준다.

예를 들어, 내담자가 치료자를 매우 비판적으로 보고 있으면 치료자가 이러한 지각에
도전하는 것이 또 다른 비판으로 해석될 수 있다. 하지만 내담자가 비판적인 부모와의
상호작용에 대해서 치료자에게 이미 구체적으로 자세히 얘기했다면, 지금의 경험이 부

모와의 경험과 어떤 점에서 유사한지 물어봄으로써 내담자가 두 상황 간의 유사성을 순간적으로 인식하도록 할 경우 통찰('아하') 경험을 이끌 수 있다. 이런 해석은 내담자가 과거 경험을 상세하게 얘기한 적이 있고 그때 그 경험과 관련된 정서를 경험했다면 더 큰 효과가 있을 것이다. 치료에서 관련된 이전 기억과 그에 연합된 감정에 접근하는 과정은 내담자가 현재 정서 경험과 유사하게 여기는 뚜렷한 정서 기억을 떠올려 줄 것이다. 기억이 생생하고, 그래서 내용상 유사한 정서 경험에 더 가까이 접근할수록 해석의 효과는 더 클 것이다. 이런 이유로 치료자가 치료 관계에 대한 내담자의 왜곡에 특히 관심이 있고 이 점을 해석해 주고 싶다면, 대인관계 경험 중에서 관련된 기억을 적극적으로 탐색해 보는 작업을 먼저 하는 것이 필요하다.

치료 관계에서 이루어지는 현재 대인관계 경험이 과거의 관계와 관련이 있다고 내담자에게 알려 주기보다는, 현재 정서 경험이 이전 경험과 어떤 점에서 비슷한지 단순히 물어보는 정도로 개입하는 것이 더 좋다. 이런 식의 질문은 현재의 지각이 왜곡되었다고 암시하기보다는 유사한 감정을 내담자가 적극적으로 찾아보도록 분위기를 만들기 때문에 내담자에게 덜 위협적으로 다가온다. 이 점은 현실에 대한 최종 판단자는 항상 내담자 자신이라는 원칙에도 부합한다.

동맹 손상의 복구 과정

5장에서 언급했듯이, 동맹 손상을 복구하는 것은 매우 중요한 회기 내 변화 사건이다. 동맹 손상을 탐지하고 복구하는 것의 중요성을 강조하는 것은 자기심리학(Kohut, 1974)과 상호주관성 접근(Stolorow, Brandhoft, & Atwood, 1983)에서 공감 실패를 다루는 것을 강조하는 것과 같은 맥락이다. 동맹 손상은 치료 개입이 중요한 대인관계 도식을 활성화할 때 흔히 일어나기 때문에, 손상에 대한 건설적인 해결 과정은 대인관계 도식을 탐색하고 그것을 수정할 수 있는 이상적인 기회가 되기도 한다.

이것이 일어나는 과정은 전형적으로 체험적 반박과 탈중심화 모두를 포함한다. 동맹 손상에 대한 탐색과 해결은 내담자에게 자기-타인 관계에 관한 중요한 역기능적 가설을 검증하고 도전할 것을 요구한다. 또한 이는 내담자에게 자신의 해석 과정이 동맹 손상에 어떤 식으로 관여하는지를 탐색해 볼 기회를 제공하기도 한다.

　4장에서 논의했던 정서적인 불화와 회복에 관한 연구가 동맹 손상이 일어나고 치유되는 데 관여한 과정을 명료화하기 위해 유용하게 활용될 수 있다. 발달 과정에서 부모와의 상호작용 시 일어난 실수들이 복구될 수 있음을 일관되게 경험해 본 적이 없는 사람들은 자신이 사람들에게 수용되고 영향력이 있으며, 타인은 신뢰할 만하고 믿을 수 있는 존재임을 표상하는 대인관계 도식을 발달시키지 못한다. 자신의 정서 상태가 이해받지 못한다고 경험한 사람은 자신이나 치료자에게 자신의 경험을 표현해 보는 노력을 지속하기가 어렵다. 그런 상황에서 그들은 이해받지 못한다는 최초의 경험에 대한 이차 정서 반응(예: 분노나 슬픔)을 경험할 것이다. 하지만 이조차도 충분히 경험되거나 표현되기 어려운데, 이는 대인관계에 잠재적인 위협이 되기 때문이다.

　예를 들면, 부모가 슬픈 정서를 계속해서 이해해 주지 못했거나 그 상황에서 불안을 느꼈던 내담자는 슬픔을 충분히 경험하기 어렵다. 게다가 내담자는 슬픔이 받아들여지지 않을 거라 예상하기 때문에, 처음의 슬픈 감정은 분노라는 이차 감정으로 이어질 수 있다. 하지만 내담자는 분노가 관계를 위협할 것이라 믿기 때문에 분노 감정을 직접 표현하는 것이 어렵다. 이때 치료자가 내담자의 이차 감정인 분노를 수용하고 공감하는 것이 아주 중요한데, 그래야 일차 감정인 슬픔이 좀 더 제대로 드러나서 치료자에게 이해받을 수 있기 때문이다. 불안해하거나 방어적으로 대하기보다 내담자의 이차 감정과 일차 감정 모두에 공감적으로 반응함으로써, 치료자는 대인관계의 손상은 해결될 수 있는 것임을 내담자가 알아 가도록 돕고 또한 관계를 유지하기 위해서 굳이 자신의 내적 경험을 단절시킬 필요가 없다는 것을 알도록 도울 수 있다. 이 과정은 Kohut(1984)이 '변형적 내재화(transmuting internalization)'라 일컬은 것으로, 내담자가 자신을 인정하고 타인과 접촉할 수 있다고 믿게 하는 방향으로 대인관계 도식을 수정하는 것을 담고 있다. 많은 내담자가 치료자와 소원해질까 봐 두려워서 자신의 부정적인 감정을 드러내는 것을 흔히 주저하며, 이 때문에 변형적 내재화 과정이 제대로 일어나지 못하는 경우가 많다. 게다가 많은 내담자가 자신의 부정적인 감정을 제대로 표현하는 것을 어려워한다. 그래서 치료자는 5장에서 소개한 동맹 손상의 표식들을 잘 알아차리도록 준비되어 있는 것이 매우 중요하다.

　동맹 손상을 해결하는 데 요구되는 원칙들은 메타소통 방식에서 요구되는 것들과 동일하다. 치료자는 자신의 감정을 알아 가는 과정을 거치고, 상호교류에서 한발 물러나고, 내담자에게 피드백하며, 내담자의 경험을 탐색하고 공감한다. 특히 중요한 원칙은 상호교류에서 자신이 기여한 바에 대한 책임을 수용하고 인정하는 것이다(Gill, 1982). 동맹 손상이 일어나면 내담자와 치료자는 각자 자신의 입장을 옹호하려는 상호작용적 태도에 갇히게 되고 치료자는 내담자를 은근히 책망하거나 병적으로 몰아가는 말을 하기 쉽다.

다음의 예를 살펴보자. 치료자와 내담자는 대화 주제와 관련해서 갈등에 빠져 있다. 치료자는 지금 이 자리에서 일어나고 있는 것에 대해 내담자와 메타소통을 하기 위한 노력으로 다음과 같이 말했다. "내가 보기에 당신은 우리의 상호작용을 통제하고 싶어 하는 거 같습니다." 자존감 유지에 애쓰는 내담자는 이 말을 자신을 탓하는 것으로 경험하고 상호작용을 더 통제하고 싶어졌다.

그래서 상호작용에 대해 얘기할 때는 자신을 포함해서 기술하고 상호작용에서의 자신의 역할 부분을 인정하는 것으로 시작하는 것이 중요하다. 그렇게 하면 내담자는 자신이 지적당한다는 느낌을 갖지 않기 때문에 부담을 덜게 되고, 탐색 과정을 협력적인 활동으로 이해하게 된다. 이 예에서 좋은 반응은 다음과 같다. "저는 당신과 씨름하고 있는 것처럼 느끼고 혼란스럽기도 합니다. 이것이 당신이 지금 경험하고 있는 것과 어떤 관련이 있어 보이나요?" 이렇게 반응하면 내담자는 더 이상 자신이 지적당하거나 이해받지 못한다고 느끼지 않게 되고, 지금 상황에서 일어나고 있는 것을 치료자와 협력해서 탐색해 보는 노력을 자유롭게 할 수 있게 된다.

어떤 경우에는 치료자가 상호작용에서 자신의 역할을 인정하고 난 후 내담자의 역할을 언급하더라도, 내담자는 여전히 자신이 비난받거나 책망받고 있다고 느낄 수 있으며 그래서 자기보호적인 태도를 내려놓지 못할 수 있다. 이런 상황에서는 치료자가 상호작용에서 내담자가 기여한 부분에 대한 언급을 중단하는 것이 필요할 수 있다. 상호작용에서 치료자의 역할 부분에 대한 책임을 인정하는 것만으로도 내담자가 상호작용에서 자신의 역할을 탐색하도록 도울 수 있다.

치료자가 상호작용에서의 자기 역할을 인정하는 데서 시작해야 하는 또 다른 이유는 많은 내담자가 현실이 무엇인지 혼란스러워하기 때문에 특히 위협감을 느낀다는 점이다. 당면한 상황에서의 자기 반응이 자신에게도 납득이 안 될 수 있고, 그래서 자신에게든 치료자에게든 자신의 감정을 진정으로 인정하는 것이 어려울 수 있다. 특히 이 점이 내담자가 상호작용에서 자신의 역할을 이해하는 데 걸림돌이 될 수 있다.

하지만 치료자가 상호작용에서 자신의 역할을 명료화할 수 있으면 내담자도 자기 반응의 맥락을 이해하게 되고, 그래서 자신의 반응을 보다 수용하게 될 수 있다. 예로, 어떤 치료자가 자신에게 화를 내고 있는 내담자를 대하고 있으며, 그에 대한 반응으로 자신도 모르게 내담자를 비난하게 되었다고 해 보자. 치료자가 내담자에게 화가 났는지 물었을 때, 내담자는 그 감정을 부인했다. 하지만 치료자가 스스로 내담자에게 비난적이 되었음을 깨닫고 이를 내담자에게 인정하면, 내담자 자신의 반응이 내담자 스스로에게 더 이해 가능해졌을 것이고, 내담자가 치료자에 대한 자신의 분노 감정을 인정하는 것이 보다 수월해질 것이다. 치료자가 상호작용에서 자신이 기여한 바를 책임감 있게 수용하는 것은 내담자가 동맹 손상을 복구해 줄 자기탐색 과정을 용이하게 밟아 가도록 해 준다.

상호작용에서 자신의 기여를 인정하는 것에 더해서, 치료자는 내담자의 경험에 대한 공감적 이해를 전달하는 것이 필요하다. 앞에서 든 예의 경우, 치료자가 자신이 내담자 입장이었더라도 화가 났을 거라고 얘기하는 것이 도움이 될 수 있다. 동맹 손상 동안 치료자가 내담자의 경험을 정확히 공감할 수 있고 내담자에게 그 경험에 대한 이해를 전달할 수 있으면, 내담자는 이해받는다고 느끼고 상호작용에서 일어나는 것을 보다 쉽게 탐색할 수 있을 것이다. 상황에 맞는 정확한 공감 반응은 내담자가 제대로 자각하지 못하고 있던 감정을 인정하도록 하는 데 도움이 된다.

끝으로, 촉진적인 효과가 있으려면 어떤 메타소통이라도 반드시 내담자의 대인관계 도식에 대한 정확한 공감적 이해에 바탕을 두어야 한다. 메타소통을 통해서 동맹 손상을 회복시키려는 노력은 그 의도가 기술적으로는 잘못된 것이 없더라도 흔히 벽에 부딪힌다. 하지만 치료자가 내담자의 내적 작업 모델 속의 실제 감정을 짚어 낼 수 있으면 상호작용에서 중요한 변화가 일어나 치료자가 내담자와 메타소통하는 것이 내담자에게 비난적이기보다는 촉진적으로 경험될 수 있다.

임상 사례

다음의 축어록은 치료 관계에 관한 메타소통의 한 예로, 탈중심화와 체험적 반박 과정을 촉진시키기 위한 작업이 이루어지고 있다. 또한 동맹 손상을 회복해 가는 예이기도 하다. 소개한 회기는 20회기 중 네 번째 회기로, 만성적인 우울감을 호소하는 50세 남성의 치료 사례다. 이전 회기에서는 일방경(one-way mirror)을 통해서 관찰되는 것에 대한 내담자의 불만을 다루었다. 내담자는 두 번째 회기를 마친 후에 관찰자 중 한 명인 에릭을 복도에서 보았지만 그가 자신에게 인사를 하지 않았다(관찰자들은 치료를 시작할 때 내담자에게 소개가 되었다)고 얘기했다. 그래서 그 내담자는 거절감을 느꼈고 화가 났다.

이 회기에서 내담자는 자신의 화난 감정과 일방경을 통해서 관찰되는 것에 대한 불만을 탐색했지만 어떤 해결도 경험하지는 못했다. 치료자가 보기에는 내담자가 전체 상황에 대해서 소극적으로 탐색하고 있어, 내담자를 만족시켜 줄 만한 해결을 경험하기 위해서 필요한 대인관계적인 모험이 제대로 일어나지 않고 있는 것 같았다. 내담자는 이번 회기를 상사와 반복해서 겪고 있는 상황에 대한 얘기로 시작하고 있다.

내담자: 이번 주에는 특별한 일이 없었어요. 음, 어제 상사와 업무에 대해서 잠깐 얘기를 했어요. 제 자신이 썩 맘에 들지 않네요. 그 일에 대해서 좀 더 오래 얘기를 하고 싶었어요. 하지만 그녀는 별로 얘기하지 않았던 거 같아요. 아시겠죠? (웃음) 그래서 근본적으로는 불만이 여전히 남아 있어요.

치료자: 하고 싶었던 얘기는 하셨나요?

내담자: 예. 그래도 그녀에게서 얻어 낸 것도 있어요. (웃음) 별거 아니지만, 글쎄요, 모르겠네요. 하지만 여전히 근본적으로 불만스러운 게 있어요. (한숨) 제대로 논의도 하지 않고 그녀가 모든 목표와 우선순위를 정하는 거 같다고 그녀에게 말했어요. 그러자 그녀가 그렇게 하고 싶지는 않았지만 시한이 정해져 있는 캠페인이라 그랬다나요. 저는 그녀가 뭘 기대할 때 그것을 알고 있는 것은 좋아요. 하지만 저는 단지, 으, 모르겠어요. 제 느낌은 더 복잡해요. 아시겠어요? 제가 그녀에게 물었어요. 저는 그녀에게 솔직하게 말했어요. "제 솔직한 심정은…… 제가 한 일이 마음에 들지 않으면 제게 얘기해 주면 좋겠다는 겁니다." 그러니까 그녀가 한동안 가만히 있었어요. (웃음) 그리고 나서 그녀가 말했지요. "좋습니다. 그래요." 작년 5월과 6월의 일은 마음에 들지 않았지만, 올해는 그렇지는 않았다고 하더군요. 그리고 자기와 내가 작년에는 마음이 잘 맞지 않았지만 올해는 잘 맞았다고 했어요. (웃음) 이어서 제가 말했어요. "그게, 아마 당신이 모든 목표와 우선순위를 정해서 그런 거겠죠." 그러자 그녀는 "글쎄요, 저는 그렇게는 생각하지 않습니다."라고 말했어요. 그러고는 제가

제 시간을 제대로 쓰고 있는지로 얘기가 옮겨 갔어요. 제가 적절히 위임하고 있는지와 같은 얘기였죠. 모든 게 혼란스러웠어요. 저는 제 입장을 바로 얘기했어요. "제가 당신 마음에 들게 일을 제대로 못한다면, 제가 그만두는 게 맞다고 생각합니다." 저는 진심이었어요. 저는 그만두는 것을 진지하게 고민하고 있었어요. 제가 잘 하고 있지 않은 것은 분명하니까요. 아시겠죠? 제가 일을 시작하면 그래도 집중은 어느 정도 할 수 있어서 일을 해낼 수 있었어요. 그런데 지난주에는 집중을 할 수 없었어요. 모르겠어요. 출근해서 앉아 있으면 일할 거리들이 생각이 안 나요. 앉아서 서류들을 잠깐 뒤적이고는 힘도 안 나고 집중도 할 수 없어요. 그러다 나도 모르게 포기해 버리죠.

치료자: 으흠. 그러니까 당신이 그녀에게 정말 솔직하게 얘기한 것 같습니다. 전과는 비교가 안 되게 솔직하게 얘기하신 거 같네요. 전 같으면 결과에 대한 두려움 때문에 피했을 것들에 대해서 말이지요.

내담자: 예. 그래요. 그렇게 얘기하는 게 맞다고 생각해요.

치료자: 그래서 조심스러웠던 많은 것을 어렵게 털어놓았는데, 그래도 뭔가 혼란스럽고 만족스럽지 못한 느낌을 갖고 있네요.

내담자: 예. 맞아요. 혼란스럽고 만족스럽지 못한.

　내담자는 대인관계 상황에서 장황하고 불분명하고 애매한 모습을 특징적으로 보인다. 이런 모습이 상호작용을 혼란스럽고 불만족스럽게 만드는 데 일조하고 있다고 잠정적으로 가정할 수 있지만, 상사와의 상호작용에서 정확히 어떤 일이 일어났는지, 즉 내담자가 기여한 부분과 상사가 기여한 부분을 분명히 구분해서 이해하기는 어렵다. 그럼에도 불구하고 내담자의 애매한 의사소통 방식이 아직 밝혀지지 않은 인지-대인관계 순환에서 보이는 중요한 대인관계 표식일 수 있음을 염두에 두는 것은 중요해 보인다.

　상사와 있었던 일과 전 주에 치료에서 일어났던 일은 놀라울 정도로 유사하다. 내담자가 상사와 있었던 일을 치료에서 언급하는 것이 치료자와의 관계를 암시하는 것이라고 한다면, 이는 Gill(1982)이 얘기한 암시 전이라고 볼 수 있다. 내담자가 치료 관계를 간접적으로 얘기한 것이든 아니든 간에, 관계를 내담자의 인지-대인관계 순환을 보다 자세히 탐색할 수 있는 실험실로 이용하는 것은 유용할 수 있다. 치료자는 회기가 시작된 지 얼마 안 되어서 그런 시도를 하고 있다.

치료자: 당신은 여전히 만족스럽지 않네요. 하지만 상사와 대면해서 분명히 해 둘 사실이 있다고 말하고 있는 거네요?

내담자: 예. 맞아요. 하지만, 아, 그게 아니고, 예, 맞아요. 그렇게 생각해요. 그녀와 대면한 게 그게 처음은 아니라는 뜻이에요. 전에도 한 번 그녀와 대면한 적이 있는데, 그게, 제가 그녀와 대면하는 데 너무 많은 에너지를 쏟고 있는 거 같아요. 제가 뭔가 하고 있다는 것을 그녀에게 납득시키려고 너무 애쓰고 있는 거 같아요. 근데 그게 정말 효과가 있는지는 모르겠어요.

치료자: 아, 그러니까 그녀와 헤어진 후에 그렇게까지 힘들게 고생해서 그녀와 얘기할 가치가 있는지 의문이 많이 드는 모양이네요.

내담자: 예.

치료자: 지금 당신과 얘기하는 동안 저번 상담 시간에 대해서 생각하지 않을 수가 없었습니다.

내담자: 예. 그렇죠. 저도 뭔가 계속 마음에 걸려 있는 게 있어요.

치료자: 저번 상담 시간의 당신을 떠올려 보면 뭔가 행복해 보이지 않고 좌절감을 느끼고 있는 거 같았습니다. 당신이 저에게 불만을 어렵게 얘기하는 상황이었지요. 그 상황이 당신에게 어떻게 정리되었는지 궁금합니다.

치료자: 그게, 그 문제를 그냥 묻어 두는 느낌이었어요. 그게 마음에 걸렸던 거 같아요. 오늘 아침에도 그랬어요. "아, 그냥 넘어가야 하나? 아니면 그 일과 관련해서 뭔가를 해야 하나?" 그건 "그 일을 다시 꺼내 볼까? 걸고 넘어져 볼까?" 하는 거죠.

치료자: 당신은 그 일을 다시 끄집어내고 싶은지 아닌지 아직 정리가 안 되셨군요.

내담자: 예. 맞아요.

치료자: 그렇군요. 저 때문에 화제가 달라지는 건 원하지 않습니다. 무슨 말이냐면, 당신의 상사와 있었던 상황에 초점을 맞추어도 괜찮습니다.

내담자: 음. 그게, 제가 생각하기에는 두 상황이 비슷한 점이 있어 보이는데, 지난주에 제가 선생님과 마주했고, 지금은 제가 끝까지 가 볼지 말지 확신을 못하고 있죠. 그리고 어제는 상사와 마주했어요. 제가 말하고 싶은 건, "아, 내가 뭔가를 이루어 냈지만, 고생해서 끝까지 가 볼 가치가 있는지 확신하지는 못한다."는 겁니다.

치료자: 거기에 뭔가 공통적인 면이 있지 않나 싶은데요?

내담자: 그러네요.

치료자: 첫발은 디뎠는데, 끝까지 가 볼 만한 일인지 확신이 서지 않는 거 같네요. 끝까지 갔을 때, 어떤 것이 걱정되세요? 그럴 만한 가치가 있을지 확신이 안 선다고 하셨는데, 그에 대해 더 자세히 얘기해 보면 좋겠네요.

　이 축어록 초반에 치료자는 내담자가 상사와 직접적으로 대면한 행동을 새로운 건설적인 행동으로 보고 이에 대해 긍정적으로 얘기하고 있다. 이런 의도는 선택적 발췌(selective abstraction)의 결과로, 놓칠 수 있었던 긍정적 사건에 주의를 두게 하는 인지 전략과 일관된다. 하지만 지금과 같은 맥락에서는 내담자가 좌절감 및 혼란감과 보다 접촉하고 있기 때문에 이런 개입이 비공감적으로 비칠 수 있다. 또한 그것은 뜻하지 않게 상사와의 관계 양상, 즉 자신의 말이 경청되고 있지 않다고 느끼는 것을 반복하는 데 기여하고 있을 수도 있다. 지금과 같은 상황에서는 치료자의 공감 실패와 해결책을 찾으려는 바람이 부분적으로는 내담자의 의사소통 방식에 대한 치료자 자신의 좌절 반응일 수 있다.

　하지만 치료자는 그 뒤에 내담자의 경청받고 있지 않는 느낌과 자신의 행동이 그만한 가치가 있는지에 대한 실제 걱정에 관심을 둘 수 있었다. 이어서 치료자는 그 경험이 지난번 상담 회기와 유사한 점이 있는지를 탐색하고 있다. 하지만 지금 벌어지고 있는 대인관계 교류(즉, 치료자의 공감 실패)에 보다 즉각적인 초점을 두었다면 훨씬 생산적이었을 것이다.

　내담자는 두 상황 간에 유사점이 있다는 데 동의하고 그 유사점을 탐색하는 데 암묵적으로 동의했다. 이 점은 중요한데, 그렇게 하지 않았다면 지난 회기를 탐색하는 것이 내담자가 보기에 자기를 개인적인 틀로 덮어씌우는 또 다른 한 사람이 있다고 여기는 내담자의 역기능적인 인지-대인관계 순환을 영속시킬 수 있었기 때문이다. 치료자는 대인 간 만남을 통해 갈등이 해결되는 것을 방해하는 내담자의 역기능적인 기대들을 탐색하기 시작한다. 여기에 옮기지는 않았지만, 상담 중에 내담자는 자기 상사와 승산 없는 무의미한 싸움을 하고 있는 느낌이라고 말한 바 있다. 치료자는 이 같은 느낌을 공감하는 것으로 이어지는 대화를 시작하고 있다.

치료자: 승산 없는 싸움과 같이 느낀다고 말씀하셨나요?

내담자: 예. 맞아요.

치료자: 그게 지난주 저와의 상담에서 느낀 것이기도 하고요?

내담자: 아, 예. 제 생각에 지난 상담에서 그 느낌을 그냥 담아 놓고 넘어간 이유 중 하나가 "이 일에 대해 얘기해 본들 뭘 기대할 수 있을까?" "앞으로 어떻게 될지 나는 알 수 없어."와 같은 생각이 있었기 때문이었어요. 제가 제대로 세게 밀어붙이지 않고 있죠. 아시겠죠? 우리가 시작할 때 선생님이 알려 주셨죠. 에릭이 지금은 없지만 상담 중에 올 거라고요. 근데 그렇지 않았어요. 그게, 우리는 마무리를 하지 않았어요. 그가 왔나요, 오지 않았나요? 그가 왔다면 우리가 어떻게 했을까요? 아니면 지금 그가 있나요? 아니면 우리가 뭔가를 해야 하나요? 오늘은 지난주처럼 감정이 올라오지는 않네요. 하지만 제 느낌에는 어떻게 할 여지가 정말 없는 것 같았어요. 어떤 다른 가능성도요.

치료자: 그렇군요. 그래서 쓸데없는 짓 같은, 승산 없는 싸움 같은 느낌을 갖고 상담실을 나가셨네요. 우리가 끝까지 가 보지 않은 뭔가가 있다고 말하고 계신 거군요. 그런가요?

내담자: 그래요.

치료자: 뭐가 우리가 끝까지 가 보는 것을 멈추게 했을까요?

내담자: (긴 침묵) 글쎄요. 잘 모르겠네요. 그게 제가 밀어붙이지 않아선가요? 일어날 수 있는 많은 것에 대해서 얘기를 나누었는데, 으. (침묵) 제가 선택한 적은 없어 보이네요. "그게, 좋습니다. 저는 이렇게 하고 싶어요."라고 말한 적이 없네요. (긴 침묵) 제가 두려워하는 게, 음, 에릭이 안에 들어오도록 요구했다면, 음, 그렇게 말했다면, 아무튼 실제로 더 좋아지지는 않았을 거 같아요. 그게 실제로 어떤 것도 보증해 주지는 않았을 거예요. 그가 들어와서 몇 마디 나누고 다시 나가는 것이.

치료자: 그래서 어떻게든 하고 싶은 게 있었네요.

내담자: 그러네요.

치료자: 제가 듣기에는 별 도움이 안 될 거 같아서 끝까지 가 보지 않은 거 같은데요.

내담자: 예. 맞아요. 아, 참 유감이네요.

치료자: 당신도 그렇게 되고 싶지 않은가 보네요?

　내담자: 예. 그런 식으로 살고 싶지 않아요.

　치료자: 어떤 부분이 마음에 안 드세요?

　내담자: 그게, 너무 패배주의자처럼 보이는 거요. 그래도 그게 제 모습이네요.

　치료자: 그렇군요. 제가 당신을 거울처럼 비추어 줬을 때, 그런 모습이 마음에 들지 않
　　　　　는다고 말하시네요.

　내담자: 예. 그래요.

　치료자: 지금 어떤 느낌이세요?

　내담자: (긴 침묵) 그게, 지금 불안하네요.

　치료자: 뭔가에 불안감을 느끼나요?

　내담자: 예. 그게, 제가 여기서 어떤 결정을 해야 할 거 같아서요. 음, (침묵) 제가 너무
　　　　　부담을 느끼고 있는 거 같아요. "해야 할까, 하지 말아야 할까?" 제가 결정을
　　　　　두고 너무 많은 에너지를 낭비하는 거 같아요.

　　이 대화에서 내담자는 지난주 상담에서 도움이 될 거라 기대하지 않았기 때문에 해
결을 위해 밀어붙이지 않기로 선택한 과정을 보다 명확히 이해해 가고 있다. 이 같은
책임감에 대한 수용은 이전 모습("우리는 마무리를 하지 않았어요.")과는 중요한 차이가
있으며 그 상황을 지금 여기에서 다시 돌아볼 수 있게 해 준다. 내담자는 이전에는 피
해 왔던 결정을 다시 직면하고 있는데, 그런 회피는 상호작용에서의 자기 역할에 대한
책임을 수용하지 않음으로써 가능했다. 그리고 그런 분노 섞인 체념은 불안으로 돌아
왔다.

　치료자: 그렇군요. 지금 당신은 구체적인 결정 앞에서 불안을 느끼고 있네요. "해야 할
　　　　　까, 하지 말아야 할까?" 그리고 그게 특별한 경험이 아니라고 말하고 계시고요.

　내담자: 예.

　치료자: 좋습니다. 그러면 이제 잠깐 한 걸음 물러나 지금 여기서 일어나고 있는 것을
　　　　　살펴봅시다.

　내담자: 그러지요.

　치료자: 지금 경험 중인 일이 다른 상황에서도 비슷하게 일어난다면, 이번 일을 그런
　　　　　상황에서 반복해서 벌어지는 일을 더 잘 이해할 수 있는 기회로 삼도록 같이

노력했으면 합니다. 당신을 그렇게 묶어 두는 과정과 지금 당장은 명확하지

않더라도 다른 선택들은 없었는지 살펴보고 점검해 보는 것 말이지요.

내담자: 으흠.

치료자: 이해되셨나요?

내담자: 예.

탐색 중인 주제가 불안을 초래할 가능성이 있기 때문에, 치료자는 같이 할 작업의 필요성을 명확히 설명하고 내담자의 동의를 계속해서 구함으로써 작업 동맹을 강화하려고 노력하고 있다.

치료자: 자, 지금 당신 마음속에는 무엇이 일어나고 있나요?

내담자: (긴 침묵, 한숨) 글쎄요. 저는 여전히 해야 할 결정과 관련해서 불안해하고 있

어요. 음, 어떻게 될까. 예를 들면, 에릭에게 들어와 얘기해 주길 부탁하기로

결정을 한다면.

치료자: 으흠. 당신이 앞으로 할 결정에 대해서 생각하는 방식은 어떤 시나리오를 상

상하는 거네요?

내담자: 예. 그렇죠. 매우 자세한 것은 아닙니다. (웃음) 좀 모호하죠.

치료자: 으흠.

내담자: 에릭이 저기 앉아 있고, 제가 걱정하는 점을 얘기하려고 애를 쓰고 있는 모습

을 상상해요. 그게 그렇게 분명하지는 않아요. 저는 멈출 거예요.

치료자: 지금 멈추고 있네요. 다시 말하면, 뭔가 끝을 보기 위해 시작은 했는데 멈추고

마네요. 무엇이 당신을 멈추게 하나요? 알 수 있겠어요?

내담자: 아, 제 생각에는 뭐가 일어날지에 대한 불안을 느끼는 것이 절 멈추게 하는 거

같아요. 제가 잘 표현할 수 있을지. 그리고 음, 선생님과 저 사이에 무엇이 일

어날지 모르겠고, 아니면 선생님의 반응도 그렇고요. 기본적으로는 제가 솔

직히 털어놓는 것이 사태를 더 악화시키기만 할 거라고 가정하고 있는 거 같

아요. 그게 절 멈추게 하는 거 같네요. 제 생각에는 그게 가장 안전한 길이니

까요.

여기서 내담자는 걱정을 털어놓는 것이 사태를 더 악화시킬 거라고 자신이 믿고 있으며, 그것이 자신의 행동에 미치는 영향을 구체적으로 확인할 수 있었다. 내담자는 문제 상황과 연관된 불안 때문에 자신이 그 상황에 대해서 생각하기를 피하고 있음을 알게 되었다. 이어지는 대화에서 치료자는 내담자의 회피 행동을 유발하는 두려움을 더 깊이 탐색하고 있다.

치료자: 어떻게 더 안 좋아질 거 같으세요? 당신이 지금 제게 더 밀어붙인다면 어떻게 안 좋아질 거 같은가요?

내담자: 대단한 건 아니더라도 뭔가 위험한 일이 일어날 것 같아요. 하지만 그렇더라도 할 수 있는 건 실제로 아무것도 없죠. 그래서 저는 기분만 안 좋아질 거예요. 이 상황에서 우리가 실제로 할 수 있는 것이 무엇이든 간에 제가 느끼는 안 좋은 기분은 해결되지 않을 거예요. 저는 그런 부정적인 감정을 그대로 갖고 자리에서 일어나겠죠. 우리는 서로 마주하고 눈 맞춤을 하고 "안녕하세요?"라고 인사를 나눌 겁니다. 저는 그게 마치 게임과 같다고 생각해요. 부정적인 감정은 그대로 둔 채 게임이 계속될 테니 위험은 계속 증가하겠죠. 그래서 그냥 있는 게 더 나을 수 있겠어요. (웃음) 하나님 맙소사! 이렇게 어처구니가 없을 수가!

치료자: 그렇군요. 그래서 당신은 지금 무엇을 경험하고 있으세요?

내담자: 아, 글쎄요. 그게 참 바보스럽기도 하네요. 전부가 다 바보스러워요. 그러네요.

치료자: '바보스럽다'는 당신의 말이 모호하게 들립니다.

내담자: 그건 매우 복잡한 과정이니까요. 그렇지 않겠어요?

치료자: 그렇죠. 당신은 모든 가능성을 살펴보고 나서 어떤 것도 할 만하지 못하다고 결정하고 있네요. 왜냐하면 그게 사태를 더 호전시킬 거 같지 않고, 아마 결국 더 악화시키기만 할 거 같기 때문에요.

내담자: 그게 도움이 안 될 거라고 제가 결론 내리는 이유 중 하나입니다. 제가 너무 복잡하게 만들죠. 저는 그 상황에서 너무 많은 것을 기대하고 있습니다.

치료자: 당신이 이 상황에서 너무 많은 것을 기대하고 있다는 말씀이네요. 그러면 뭐가 당신을 만족시켜 줄 수 있을까요? 당신이 기대하는 것은 무엇이지요?

내담자는 아무 소용이 없을 것 같은 자신의 경험을 털어놓고 있다. 그는 자신의 기대가 너무 높기 때문에 치료자가 자신을 만족시켜 줄 수 없을 거라고 생각하고 있다. 이런 예상을 확인해 보는 위험을 무릅쓰다가 자신의 욕구 좌절로 인해 유발된 부정적인 감정을 안고 살아가느니, 내담자는 그 상황을 피하는 것을 선택하고 있다. 여기서 드러난 중요한 점은 내담자가 자신의 욕구들이 불합리하거나 지나치다고 믿고 있는 점이다. 그래서 치료자는 내담자의 욕구를 탐색하기 시작한다.

내담자: 글쎄요.

치료자: 지금 저와 관련해서 무엇이 당신을 만족시켜 줄 수 있을까요? 당신이 무언가를 원하고 있다는 느낌은 있으신가요?

내담자: (긴 침묵, 한숨) 불만은 있어 보이는데. 글쎄요, 잘 모르겠네요. 그게, 선생님이 제게 일일이 가르쳐 주기를 기대하고 있네요, 제가요. 이 상황에서 합당하게 할 수 있는 것이 무엇인지를 제게 알려 주기를요.

치료자: 그래서 지금 만족스럽지 않으신 거군요. 당신은 지금 제가 해 드리고 있는 것이 아닌 다른 것을 원하고 있네요.

내담자: 그러네요. (긴 침묵) 그게, 지난주에 제가 존중받지 못하는 거 같다고 강하게 얘기했죠. 이번에는 제가 그렇게까지 강하게 얘기하고 있지는 않네요. 지난주를 다시 돌아보면, 제가 해야 할 선택에 대한 어떤 지시를 기대했던 거 같아요. 직접적으로 얘기하면, 에릭이 더 이상 뒤에 있지 않았으면 좋겠다고 말하는 것도 그 선택 중 하나가 아니었을까 싶네요.

치료자: 그랬군요. 지난주에는 그러셨고, 그러면 지금은요?

내담자: 어, 저는 지금 다시 그것에 대해 강하게 얘기하고 있어요. 왜냐하면 지금 우리가 그 문제를 다시 가져와서 얘기하고 있고 그게 지금의 쟁점이 되고 있으니까요.

치료자: 그래서 당신은 제가 당신이 무엇을 선택해야 하는지 자세히 알려 주기를 원하고 계셨나요? 당신은 어디까지 가고 싶으셨나요? 제가 이렇게 해 드리고 있는 것은 어떠시죠? 만족하세요? 지금 이 자리에서는 제게 원하는 것을 얻고 있으신가요?

내담자: 그게, 저는, 아니요. 제 말은, 선생님이 잘 반응해 주신다는 느낌은 들지 않아

요. 제가 선생님께 질문을 해도 될지 모르겠네요. 제가 말하고 싶은 선택 중 하나가 '에릭이 저 뒤에 있지 않았으면 한다.'는 게 아닌가 싶은데요?

치료자: 그렇습니다.

내담자: 그래요. 제가 말하고 싶은 선택 중 하나는 '누군가 저 뒤에 있지 않기를 바란다.'가 아닌가 싶은데요?

치료자: 그렇습니다.

치료자의 탐색에 대한 반응으로, 내담자는 그 상황에서 자신이 원했던 바를 탐색하기 시작했다. 처음에 그는 지난주의 일에 대해서 얘기함으로써 지금 느끼는 자신의 욕구와 바람을 직접 얘기하기를 피하고 있다. 치료자는 안심시켜 주기 위한 지지를 하지 않고, 내담자가 지금 현재 바라는 바를 직접적으로 얘기해 보도록 격려한다("지난주에는 그러셨고, 그러면 지금은요?"). 직접적으로 말하는 것에 대한 두려움이 이 내담자의 주된 문제이고, 그래서 내담자가 자신의 욕구를 계속해서 충족하지 못하고 있는 면이 있기 때문에 이런 개입은 중요하다. 뒷부분에서 내담자는 자신이 관찰되기를 원하지 않는다면 어떻게 될지 치료자에게 물어본다("제가 말하고 싶은 선택 중 하나가 '에릭이 저 뒤에 있지 않았으면 한다.'는 게 아닌가 싶은데요?" "제가 말하고 싶은 선택 중 하나는 '누군가 저 뒤에 있지 않기를 바란다.'가 아닌가 싶은데요?").

아직 자신이 원하는 바를 직접적으로 말한다고 보기에는 다소 부족함이 있지만, 자신의 요구가 지나치고 그것을 표현하는 것이 소용없거나 위험할 수 있다는 자신의 생각을 시험해 보는 위험을 내담자가 감수하고 있다는 점에서는 진전이 있다. 치료자의 반응은 직접적이고 분명하게 "그렇습니다(Yes)."다. 치료자가 만약 모호하게 대답했다면 내담자에게는 그것이 상사로부터 느꼈던 혼란스러운 반응과 유사하게 경험되었을 것이고, 자신의 욕구를 직접적으로 말하는 것이 무익하다는 자신의 생각을 지지하는 결과를 초래했을 수 있다.

내담자: (긴 침묵) 다시 약간 혼란스러워지네요. 제가 가정을 만들어 놓고 있었네요. 하지만 어떤 면에서는 제가 치료실을 찾았고, 그리고 거기에는 특정한 규정이 있으니까. 물론 제가 받는 상담에서 관찰을 허락한 것은 제가 선택한 것이지만요. 그 규정은 누구에게나 해당하지 않을까요? 제가 규정으로 간주되는 것

들을 수용하고 또 편하게 물어봐도 되나요? 사실, 지난주에 제가 했던 생각 중에는, 아, 그게, 거울 뒤에서 누군가 관찰자로 있어도 된다고 한 이유가 그게 눈에 띄지 않을 거라 여겼기 때문이거든요. 저 뒤에서 어떤 소리가 들리는 것만 빼면요. 아시겠죠? 근데 지금은 그게 문제가 돼요. 매우 의식이 되거든요. 그게 정말 눈에 띄지 않는 게 아니라는 점에서요. 저 사람들이 방 안에 있도록 하면 문제가 되나요? 저도 관찰이 필요하다는 걸 인정하고, 그게 처음에 제가 관찰을 반대하지 않았던 이유이기도 해요. 하지만 지금은 그게 문제가 되고 있고, 그래서 그들이 방 안에 있도록 하면 뭐가 문제가 될까요? 그게 지속적인 관계에서 더 좋을 수도 있잖아요.

치료자: 저는 그 문제에 대해서 당신과 솔직하게 살펴볼 준비가 되어 있습니다.

처음에 내담자는 치료자의 반응에 다소 혼란스러워하는 것 같다. 아마 그가 치료자의 반응을 충분히 지지적이라고 느끼지 않은 모양이다. 그는 자신의 딜레마에 대해서 치료자를 탓하기보다는 자신의 책임을 인정하는 쪽으로 전환하는 것이 어려워 보인다. 뒷부분을 보면 그 상황에 대한 자신의 책임을 인정하지 않았다면 내담자가 자존감에 상처를 입었을 수도 있어 보인다.

하지만 그러한 상처입은 경험은 오래 지속되지는 않은 것 같아 보인다. 내담자는 능동적이고 건설적인 상태로 옮겨 가서 자발적으로 관찰자에게 거울 뒤가 아닌 방 안에 있어도 좋다고 제안한다. 이번에 그는 이전에 자신이 보였던 조심스럽고 주저하는 모습과는 대조되게 힘 있고 열성적인 모습을 보이고 있으며, 이런 모습은 치료자와의 상호작용이 그의 역기능적인 대인관계 도식을 반증하는 경험으로 작용하고 있음을 시사한다.

치료자: 좋습니다. 잠깐 멈출 필요가 있어 보입니다. 우리 사이에 뭔가 진행 중인 게 있습니다. 저는 뭐가 우리 사이에 일어나고 있는지 살펴봤으면 합니다.

내담자: 그렇게 하지요.

치료자: 뭔가 달라 보이는 것들이 있었습니다. 여쭤 봐도 될까요? 지금 여기서 일어나고 있는 것에서 당신에게 도움이 될 만한 주제를 찾아보셨으면 합니다.

내담자: 아, 그렇게 하죠. 하나는 명확히 하기 위한 질문이에요. 가정을 하지 말고 명확히 하기 위해 질문을 하려고 노력하는 거예요.

치료자: 맞습니다. 그렇게 당신 의견을 주장한 거죠, 맞나요?

내담자: 음, 그렇죠. 다른 것은 결정하는 것의 어려움이에요. 둘은 관련이 있어 보여
요. 우유부단한 게 아마 저의 가정들과 관련이 있을 거예요. 그리고 명확히 하
기 위한 노력들이 결정을 더 쉽게 만들어 준 거 같네요.

치료자: 어떤 가정들이죠?

내담자: 그게, 상황에 따라 달라지겠죠. 이번 경우는 이렇게 생각했어요. 관찰자는 거
울 뒤에 있었지만 거기 있는 사람에게 개방할 수 있을 거라고요. 하지만 이렇
게도 생각해요. 저의 어려움은 명확히 하기 위해서 물어보지 않고 가정을 너
무 쉽게 하는 거라고요. 어제의 직면으로 일어난 감정과 비슷하게 보이는데,
제가 뭔가 명확히 하기 위해서 질문하고 있다는 단순한 불만, 그리고 제가 아
직 만족할 수 없다는 거예요.

치료자: 그래서 벌어지는 일이, 당신이 때때로 엉성한 공격을 하는 것인 것 같네요. 맞
나요?

내담자: 예.

치료자: 그리고 당신은 그 결과가 상당히 만족스럽지 못하고, 그래서 다시 시도하기를
주저하네요.

내담자: 예. 맞아요. 또 다른 주제인 것 같네요. 끈기죠.

치료자: 맞아요. '어쨌든 도움이 안 된다' '그게 무슨 소용이야?'라는 전반적인 가정
이 기저에 있네요. 제가 마지막으로 강조하고 싶은 것은 일반적인 질문인데
요, 우리가 얘기를 나눌 때 저에게 정말 인상적이었던 부분이었습니다. 당신
이 원하는 것을 당신이 얻고 있는지, 그리고 그렇지 않다면 원하는 것을 얻기
위해서 당신이 할 수 있는 것은 무엇인지를 묻는 일반적인 질문입니다.

내담자: 으흠. 예.

치료자: 예를 들면, 우리가 한 최근의 상호작용에서 제가 "당신이 원하는 것을 얻고 있
나요?"라고 물었을 때, 당신은 "아니요, 제가 원하는 것을 얻고 있지 않습니
다."라고 분명하게 얘기하셨습니다. 그리고 나서 당신은 실제로 행동을 하셨
습니다. 단도직입적으로 표현하셨지요. 당신이 원하는 것을 얻고 있는지 여부
를 분명히 알지 못하면, 원하는 바를 얻기 위해서 필요한 어떤 행동도 하는 것
이 어려울 겁니다.

내담자: 그렇네요. 그게 저에게는 무엇보다 중요한 문제인 거 같아요.

치료자: 계속할까요?

내담자: 계속하시지요.

치료자: 좋습니다.

관찰자들이 방 안에 함께 있는 것에 대한 새로운 계획을 내담자가 제안한 데서 알 수 있듯이, 내담자는 테스트에 대한 치료자의 반응에 고무되어 보인다. 이 회기는 회기에서 드러난 주제를 명료화하는 것으로 마무리된다. 이어지는 회기들은 이번 회기가 내담자에게 특히 중요한 회기였음을 확인시켜 준다. 그가 원하는 것을 지금 얻고 있는지, 그렇지 않다면 무엇이 그 상황을 변화시킬지에 관한 기본적인 질문이 그에게 중요한 주제가 되었으며, 동시에 그는 반복해서 그 주제로 다시 돌아갔다. 인용한 축어록에서 드러났듯이, 내담자의 인지-대인관계 양상의 중요한 특징을 요약하면 다음과 같다.

내담자는 자신의 욕구와 바람이 타당하지 않고 합리적이지 않으며 자신의 욕구와 바람을 충족하기 위한 어떠한 노력도 무익할 것이라고 철저히 믿고 있다. 이런 어려움 때문에 그는 자신의 바람을 직접적으로 말하는 것을 굉장히 힘들어한다. 이런 어려움은 그런 주제를 거론하고 그 주제를 지속적으로 살펴보는 것에 대한 그의 주저하는 모습에서 드러나고 있다. 또한 그의 매우 애매하고 불분명하며 조건을 다는 의사소통 양상에서도 드러나고 있다. 이 모든 요인은 사람들이 그의 욕구를 만족시켜 주기 어렵게 하며, 그의 역기능적인 신념들을 확인시켜 주고 그에게 좌절감과 분노감을 느끼게 하고 있다.

다음의 축어록은 체험적 반박과 탈중심화 그리고 다양한 종류의 메타소통 과정의 또 다른 예를 보여 준다. 치료 동맹은 축어록의 대부분에서 약해 보인다. 그래서 이 축어록은 동맹 손상에 대한 작업의 좋은 예가 된다. 동시에 그것은 내담자의 대인관계 도식 내의 관계에 대한 좋은 예를 제공하며, Ryle(1979), Horowitz와 Marmar(1985)가 얘기한 일종의 치료적 딜레마를 제시한다. 아울러 내담자의 대인관계 도식을 정교하게 이해하는 것이 치료 동맹을 발전시켜 가는 과정에서 얼마나 중요한지도 보여 주고 있다.

이 내담자는 38세 남성으로, 대인관계에서 전반적인 어려움을 호소하고 있으며 특히 여자친구와의 관계에서 어려움이 크다. 그는 사람들이 자신을 불신하고 경계한다고 주장한다. 여자친구와 끊임없이 다툰다고 하며, 그가 필요할 때 그녀가 없다고 느끼고, 그 결과 그는 그녀에게서 거절감을 느끼고 있다.

내담자는 강한 인상을 준다. 그는 상냥하고 친절하지만 공격적인 스타일이고, 그의 친절함이 다소 억지스럽기도 하다. 그는 정서 경험을 배제하고 있고, 인간관계에서 분석적이며 문제 해결적이다. 다음의 축어록은 20회의 상담 중 여섯 번째 회기에서 발췌한 것이다.

> 내담자: 우리가 상담을 시작한 후로 얼마나 진전이 있었나 생각하고 있었습니다. 선생님은 어떻게 여기시는지 모르겠지만, 저는 더 진전이 있기 위해서 우리가 뭘 더 할 수 있는지 알고 싶습니다. 그리고 음, 뭘 해야 하는지 저는 모르겠습니다. 우리의 목표, 그러니까 우리가 가고 있는 방향을 다시 돌아가 보는 건 어떨지요? 진전이 없는 것 같은데, 무엇이 그렇게 방해를 하고 있는지 알 수 있을까요? 선생님은 어떻게 느끼세요? 선생님은 어떤 부분에서든 우리가 진전이 있다고 생각하세요?
>
> 치료자: 좌절감을 좀 느끼시는 거 같네요. 우리가 생각이 늘 같을 수는 없겠지요.
>
> 내담자: 다시 말하면, 얼마나 진전이 있다고 여기시나요? 분명히 하기 어려울 수 있지만 선생님은 어떻게 느끼세요? 예를 들면, 지금 상담에서 좌절감을 느끼시나요?
>
> 치료자: 좌절할 때가 분명히 있기는 합니다. 예.
>
> 내담자: 지금까지 해 왔던 것과 다른 뭔가를 했으면 하는 게 있으세요?
>
> 치료자: 아직은 잘 모르겠네요.

내담자는 진행 중인 치료에 대한 불만을 직설적이고 강하게 얘기하는 동시에, 공동의 문제 해결 과정 속에 치료자를 포함시킴으로써 자신의 불만을 완화하거나 조절하려고 하고 있다. 진전에 대한 치료자의 감정을 평가함으로써, 관계에 잠재적인 해가 될 수 있는 특정한 말을 할 가능성을 줄이려 한다. 어떤 의미에서는 상황을 조사하고 있는 셈이다. 이어서 그는 자신이 느끼는 불만의 성질을 더 노골적으로 드러내서 위험을 무릅쓰기보다는 치료자가 다른 접근을 제안해 보는 것이 어떨지 묻고 있다.

> 치료자: 좌절감과 불만감을 느끼고 계신 거 같은데 그게 어떤 건지 듣고 싶습니다.
>
> 내담자: 저의 상황, 아니면 적어도 그게 옳은 것이든 틀린 것이든 제 생각의 핵심적인 부분을 우리가 잘 파악하고 있는지 잘 모르겠습니다. 음, 뭔가가 저를 그런 식

으로 생각하게 만들고 있겠죠. 아니면 어떤 식으로 행동하게 하든가요. 음, 왜 나하면 제가 변하고 싶은 것은 그런 행동이니까요. 잘못된 채로 내버려 두면 안 되잖아요. 선생님이 좌절감을 느끼고 있고 저 또한 그렇다면 우리 둘 다 좌절하지 않기 위해서 뭔가 변화를 위한 과정이 필요하지 않을까요?

치료자는 내담자에게서 좌절감과 불만감의 성격을 더 깊이 탐색하는 쪽으로 초점을 바꾸려 하고 있다. 이에 대한 반응으로 내담자는 자신의 감정을 좀 더 세밀히 얘기하고는 그들의 공동의 문제와 관심에 대해 얘기하면서("선생님이 좌절감을 느끼고 있고 저 또한 그렇다면 우리 둘 다 좌절하지 않기 위해서 뭔가 변화를 위한 과정이 필요하지 않을까요?") 거짓 동맹을 보이며 안전을 위해 후퇴한다. 이를 통해서 내담자는 책임을 다시 치료자에게 돌리고 있다.

치료자: 지금 옳게 가고 있는지 저도 확신은 서지 않네요. 하지만 제가 경험하고 있는 것은 당신으로부터 뭔가 압력을 받고 있는 느낌입니다. 그리고 당신은 뭔가 뒤로 물러나 있는 듯한 느낌이고요. 뭔가를 제게 말하고 나서 다시 거두어들이는 것처럼요.

내담자: 거두어들인다고요?

치료자: 예.

내담자: 그러니까 무마하려 한다는 건가요?

치료자: 맞습니다. 당신은 무마하는 듯합니다. 그게 제가 당신과 접촉하는 것을 어렵게 하는 것처럼 보입니다. 왜냐하면 당신은 매우 점잖으시지만, 동시에 벨벳 장갑 속에 철권을 숨기고 있는 것처럼 느껴지기도 합니다.

내담자: 아, 좌절감 같은 걸 느끼고 있고 그래서 제가 뭘 해야 할지는 잘 모르겠습니다. 어떻게 해야 하는지 모르겠네요. 전 가능하다면 여전히 선생님의 도움을 받고 싶습니다. 선생님께서도 뭘 해야 할지 모르겠다고 얘기하셨지요. 됐네요, 공평하네요. 제가 선생님을 휘어잡고 있다는 인상을 선생님께 드리고 싶지는 않았습니다. 저는 단지 새로운 선택을 찾고 싶었습니다. 그래서 제가 이 과정을 좀 더 잘 이해하고 우리가 그 과정 안에서 어디쯤 와 있는지 이해하고 싶었습니다. 그리고 우리 두 사람 다 뭔가 진전이 있다고 느낄 수 있도록 다시

정비를 하고 싶었습니다.

　　치료자는 내담자가 너무 점잖고 관계 보호적인 방식을 보인다는 점에 대해서 메타소통을 하였다. 이런 메타소통이 내담자의 자기탐색의 깊이를 늘리는 데 도움이 되었는지는 불분명하다. 한편으로, 자신이 치료자를 휘어잡고 있다는 인상을 주고 싶지 않다는 그의 얘기는 '벨벳 장갑 속의 철권'과 관련된 해석 과정에 대한 통찰을 증진시킬 수는 있다. 다른 한편으로는, 내담자는 거두어들이거나 치료자를 안심시키려 하면서 계속해서 자신의 불만을 전달하려고 노력할 수도 있다. 후자라면 내담자는 치료자의 마지막 말을 비난으로 해석하고 그 결과에 대한 두려움이 섞인 부정적인 감정을 계속해서 경험하고 있을 수 있다. 그래서 치료자는 내담자의 현재 경험을 탐색한다.

치료자: 지금 당신은 어떠십니까?
내담자: 아, 지금 저는 선생님의 말을 제가 어떻게 느끼나 생각 중입니다. 아, 선생님은 저를 벨벳 장갑처럼 여기셨습니다. 철권, 벨벳 장갑…… 아, 제가 그렇게 보인다니 매우 실망스럽네요.
치료자: 제가 그렇게 말했을 때 기분이 안 좋으셨네요.
내담자: 좋지 않았습니다. (살짝 웃음) 예. 그랬죠, 그랬습니다. 제 말은 선생님의 말을 믿는다는 겁니다. 선생님은 제게 정직하게 말하고 계십니다. 그래서 아무튼 우울하지는 않습니다. 선생님이 망치로 두들겨 맞는 것처럼 여기지 않게 하기 위해서 제가 어떻게 해야 하는지 알고 싶네요.
치료자: 제가 겪고 있는 어려움은 압력을 너무 많이 받고 있는 것 자체는 아닙니다. 물론 어느 누구도 압력을 느끼고 싶지는 않겠지만, 저는 그걸 견딜 수 있습니다. 그게 당신이니까요. 제가 어려워하는 것은 당신이 제게 압력을 주고 나서 '점잖아지는 것'처럼 보이는 점입니다.
내담자: 알겠습니다.
치료자: 그러니까 당신과 진짜 만나고 있다는 느낌을 갖기가 어렵다는 겁니다.
내담자: 알겠습니다.
치료자: 제가 멀쩡한지 궁금해지기 시작한 거 같습니다.
내담자: 오. (웃음) 그게, 제가 선생님을 개인적으로 공격하지는 않았다는 점을 분명히

하고 싶습니다. 저는 그 과정을 지켜보고 있었습니다. 저는 우리가 논의를 다시 물리고 있었다고 생각합니다. 제가 경계를 넘어서고 있지는 않나 싶은 느낌이 들기 시작했습니다. 우리가 다가가고, 저는 당신에게 다가가고 있었습니다. 제가 선생님의 성격 영역 안으로 들어가고 있었습니다. 그래서 그 경계를 넘어서지 않도록 확실히 하기 위해서 뒤로 물러서고 싶었습니다.

내담자의 반응("제가 그렇게 보인다니 매우 실망스럽네요.")을 보면, 그가 치료자의 언급을 비난으로 해석했음을 알 수 있다. 실망감을 나타내면서도 그는 계속해서 같은 대인관계 전략, 즉 관계를 위태롭게 하지 않기 위해서 부정적 감정의 충격을 완화시키려는 모습을 보이고 있다("선생님이 망치로 두들겨 맞는 것처럼 여기지 않게 하기 위해서 제가 어떻게 해야 하는지 알고 싶네요."). 치료자는 그가 부정적 감정을 갖고 있다고 해서 비난하려는 게 아님을 분명히 하고 싶어 한다. 문제가 되는 것은 그보다는 부정적 감정을 완화시키려는 시도다. 치료자는 자기 감정에 대한 책임을 지고 있다("당신과 진짜 만나고 있다는 느낌을 갖기가 어렵다는 겁니다." "제가 멀쩡한지 궁금해지기 시작한 거 같습니다."). 이 반응이 내담자의 자기탐색을 깊게 한 것 같다("제가 경계를 넘어서고 있지는 않나 싶은 느낌이 들기 시작했습니다. 우리가 다가가고, 저는 당신에게 다가가고 있었습니다. 제가 선생님의 성격 영역 안으로 들어가고 있었습니다.").

> 치료자: 당신은 제가 이 부분을 개인적인 것으로 받아들이고 있지 않나 걱정하고 계시 군요.
>
> 내담자: 비슷합니다.
>
> 치료자: 이 부분을 좀 더 깊이 살펴보시겠어요?
>
> 내담자: 예.
>
> 치료자: 제가 그것을 개인적인 것으로 받아들인다면 어떤 일이 있을 거 같으세요?
>
> 내담자: 저는 관계가 걱정이 될 겁니다.
>
> 치료자: 그렇군요. 어떤 일이 일어날 거 같으세요? 관계가 걱정이 될 거라고 하셨는데.
>
> 내담자: 아, 제가 선생님을 개인적으로 공격하고 있다고 느끼신다면, 그건 제가 의도하고 있는 것이 아닙니다. 선생님이 그것을 좋게 보시든 나쁘게 보시든, 그걸 어떻게 받아들이시든 간에요. 만약 선생님이 그걸 나쁘게 받아들이시면 안 좋

아지겠죠. 좋게 받아들이시면 잘된 거고요. 음, 그게 우리에게 문제를 일으키
지는 않더라도, 어느 경우라도 저에 대해서 나쁜 인상을 심어 줄 거 같긴 합니
다. 저는 선생님을 괴롭히고 싶지 않습니다. 선생님은 저를 돕고 싶어 하시잖
아요. 저는 다만 상담에 확실한 진전이 안 보여서 좀 실망했을 뿐입니다.

치료자: 자, 보세요. 지금 이 순간에도 당신은 정확히 똑같이 행동하고 계십니다. 제가
보기에 당신은 여전히 "이것을 개인적인 것으로 받아들이지 마세요."라고 말
하는 것처럼 보입니다. 제가 여쭤 봤죠. 제가 그것을 개인적인 것으로 받아들
인다면 어떤 일이 있을 거 같으냐고요. 이걸 지금 솔직히 탐색해 보셨으면 합
니다.

　내담자가 자신의 두려움을 자세히 말해 보도록 질문함으로써 치료자는 계속해서 내
담자의 대인관계 도식을 탐색하고 있다. 이 주제를 탐색할 때 내담자가 겪는 어려움에
공감하면서, 치료자는 더 깊은 탐색을 위해 내담자의 동의를 구함으로써 치료 동맹을
강화하고자 한다. 이를 통해서 치료자는 그 과제를 가지고 작업하는 것에 대한 내담자
의 동의를 분명히 얻고자 한다("이 부분을 좀 더 깊이 살펴보시겠어요?"). 하지만 내담자는
개인적인 의미가 아니었다며 계속해서 치료자를 안심시키려 하고, 치료자는 이 말 역시
자신을 재차 안심시키려는 것으로 보인다고 메타소통하고 있다. 이어서 치료자는 더 깊
은 탐색을 시도하며, 내담자에게 다시 허락을 구하고 있다.

내담자: 예. 좋습니다. 할 수 있습니다. 제가 개인적인 것으로 받아들이면, 그러면 긍
정적인 면과 부정적인 면의 두 가지 측면이 있는 거 같은데요. 하지만 개인적
으로 괜찮으세요? 제가 그것이 나쁘다고 개인적으로 부정적으로 받아들이면,
제가 그렇게 느낄 수 있을 텐데요. 그게 선생님이 그렇게 느끼시지 않을까, 제
가 제대로 이해하고 있지 않다고 느끼시지 않을까, 제가 비인간적으로 처리한
다고 여기시지 않을까 걱정되는 이유입니다. 여기에 과정이 있고, 우리는 어
쩔 수 없이 그것을 따라야 하며, 선생님은 거대한 조직 속의 하찮은 존재일 뿐
이고요. 아, 그래서 제게 그런 일이 일어났다면 저는 개인적인 관계를 회복하
기를 원할 겁니다. 선생님은 어째서 그렇게 느끼세요? 어떠세요? 저의 이런
모습이? 지금 떠오르는 질문들입니다. 제가 개인적으로 공격받고 있다는 느

낌을 갖고 있다면. 저는 그런 부정적인, 선생님을 해치는 그런 반응을 원하지
않았습니다. 아시잖아요.

치료자: 아, 좀 이해하기가 어렵네요. 제가 개인적으로 받아들인다면 어떤 일이 있을
거 같으세요? 저는 아마도……

내담자: 선생님은 개인적인 수준에서 어떤 이해를 다시 하려고 노력하실 거 같습니다.
아니면 제가 선생님을 제대로 이해하고 있지 않다고 보시거나 제가 선생님과
협력해서 작업하고 싶어 하지 않는 게 아닌가라고 생각하실 거 같기도 하고요.

내담자의 다소 혼란스러운 반응은 내담자가 그것을 매우 위협적으로 느끼고 있음을
시사하며 중요한 대인관계 표식일 수 있다. 하지만 치료자는 이와 관련된 해석 과정을
탐색하지는 않는데, 내담자가 즉각적인 경험에 접촉하는 것을 너무 어려워하기 때문이
다. 대신에 치료자는 명료화를 위한 질문을 단순히 하고 있다. 반응에서 내담자는 더 깊
은 탐색을 할 수 있었다. 치료자를 제대로 이해하고 있지 않다거나 치료자를 좋아하지
않는다거나, 협력하고 싶어 하지 않는다는 등 치료자가 자신에 대해 그렇게 생각할지도
모른다는 두려움을 인정하고 있다. 이는 그의 대인관계 도식을 일부 말해 주지만 자기
관련(self-referent)적인 것이 아니기 때문에 여전히 도식의 핵심은 빠져 있다. 이어지는 대
화에서 치료자는 탐색을 계속하고 있다.

치료자: 제가 당신이 저를 좋아하지 않는다, 혹은 당신이 협력하고 싶어 하지 않는다
고 여길 수 있다고요?

내담자: 맞습니다.

치료자: 그렇군요. 제가 그렇게 여긴다면요? 당신이 저를 좋아하지 않는다? 이게 탐색
하기 쉬운 주제는 아니라 생각됩니다.

내담자: (멈춤) 제가 하려고 하는 것과는 좀 다른 길로 가지 않았나 싶습니다.

치료자: 더 구체적으로 말해 주실 수 있을까요?

내담자: 그게, 계속해서 질문하고 대답하고 있는 거 같네요. 뭔가 벗어난 거 같습니다.
관계를 다시 회복해야 되지 않을까 싶어요.

치료자: 그러니까 우리가 지금 뭔가 잘못 들어섰다는 거네요. 좋습니다. 우리가 관계
를 회복하기 위해서 시간을 보내야 할 거 같다는 말씀이시네요. 그러면 그 전

에 어떻게 했어야 했을까요?

내담자: 뭘 잘못했는지는 저도 확신이 안 섭니다. 개인적인 수준에서 뭔가 잘못된 것이 있다는 인상을 제가 심어 주었다면, 선생님은 관계를 다시 회복하고 싶으실 겁니다. 왜냐하면 어떤 진전이 있으려면 먼저 지금의 사태에 대해서 공동의 이해 같은 게 필요하다고 여기실 거니까요. 그러면 우리는 그 문제에 대해서 얘기하느라 한 시간을 보낼 거고, 그러면 결국 저는 이번 상담에서 진전을 이룰 수 있는 우리의 능력에 대해 좋은 느낌을 못 가질 겁니다.

치료자: 저에 대한 당신의 대답은, 그러니까 놓치고 있다. 음, 핵심에서 벗어나고 있다는 거네요.

내담자: 음, 그렇죠. 무슨 말인지 알거 같네요. 에, 그게, 으, 그렇죠. 선생님과 제가 절친한 친구는 아니죠, 그렇죠. 그런 친구라면 저녁에 같이 한잔 할 수도 있겠죠. 그러면 저는 친구로서 선생님의 지지를 받을 수도 있고요. 저는 정말이지 우리가 대화를 하면서 대립각을 세우는 것을 원치 않습니다. 제 얘기가 무슨 뜻인지 아시겠죠? 그게 놓치고 있는 부분 같습니다. 우리 중 누구도 어떤 대립도 원치 않을 겁니다.

치료자: 제게 물어보신 건가요?

내담자: 예. 선생님께 말하고 있습니다. 저는 우리가 같은 생각을 갖고 있다고 봅니다. 제가 여기에 와서, 이를테면 "선생님의 프로그램이 구리다, 선생님이 구리다, 나는 더 이상 이걸 참을 수 없다."고 말하는 것이 선생님을 그리 기쁘게 할 거라고는 생각하지 않습니다. (웃음)

내담자는 계속해서 그의 관심사를 자신과 관련된 개인적인 것으로 이해하고 탐색하는 데 어려움을 보이고 있다. 그는 작업이 궤도를 벗어나기를 원치 않는다고 말하고 있는데, 이는 그의 관심이 효율성임을 암시한다. 치료자는 내담자의 반응이 정서적으로 생생한 면이 없다고 메타소통을 하고 있다. 다시 한 번 그는 지각에 대한 책임을 수용한다("저에 대한 당신의 대답은……").

이 같은 메타소통은 보다 깊은 자기탐색을 촉진시키는 것 같다. 내담자는 대립되는 것에 대한 염려를 인정한다. 하지만 여전히 그는 치료자의 적의에 대한 두려움을 말하는 것이나 자신의 적대적인 느낌을 인정하는 것을 어려워하고 있다. 대신에 그는 '대립각'이라고 말하고 있는데, 이는 그게 그나 치료자가 느낄 수 있는 정서이기보다는 마치 그 상황의 비인격적인 면인 것처럼 여기고 있음을 보여 준다.

"우리 중 누구도 어떤 대립도 원치 않을 겁니다."라는 말은 일종의 거짓 동맹("우리는 같은 것을 원한다.")을 만들어 낸다. 어느 쪽의 어떤 분노도 관계가 버텨 내기에는 너무 큰 위협이 된다는 가정이 있다. "제게 물어보신 건가요?"라는 치료자의 언급에 대한 반응에서, 내담자는 자신이 부정적인 감정을 표현하면 치료자가 싫어할지 모른다는 자신의 두려움을 좀 더 제대로 인정할 수 있었다. 내담자의 웃음은, 비록 가정이지만 부정적인 감정을 표현했을 때 그가 그런 감정에 대해 불안감을 느끼고 있음을 보여 준다.

치료자: 보세요. 저는 이 순간조차도 당신이 우리 관계를 지키기 위해서 애쓰는 것으로 보입니다. 재밌게도, 모순이 있습니다. 당신이 관계를 지키기 위해서 그렇게 열심히 노력하고 있는 것이, 음, 어떤 면에서는 거의 숨이 막힐 것 같고, 우리가 진정한 관계를 가질 수 있는 여지가 없는 것 같습니다. 당신이 관계를 지키기 위해서 그렇게 열심히 노력하기 때문에요.

내담자: 아, 정상적인 환경에서라면, 음, 선생님은 사람들과 대화할 때 이런 식으로 하시지 않겠죠. 그게 선생님을 양파 같은 소용돌이 속으로 말려들게 하는 거 같네요. 음, 대화의 겉 표면이 있고 더 깊은 층들이 있습니다. 선생님은 저를 매우 세밀하게 살펴보기 위해 아래로 끄집어 내리고 있고, 그게 현미경을 사용하는 것 같습니다. 선생님은 매우 작은, 아마도 핵심인 어떤 것을 들여다보고 계십니다. 하지만 선생님은 큰 그림 속에서 현미경을 사용해서 그것을 보고 있기 때문에, 그래서 그게, 우리가 세세하게 사용하는 모든 말 말이죠. 그리고 선생님에게서 제가 듣고 있는 것은 이게 선생님을 숨이 막히게 만들 것 같다는 거고요. 그게 지금 너무 강해서 여기를 압도하고 있습니다.

치료자: 지금 질문을 해도 될까요? "숨이 막히게 만들고 있다."고 제가 말했을 때, 어떤 감정이 올라왔는지 기억할 수 있겠습니까?

내담자: 예. 음, 제가 선생님을 지배하고 압도하고 있다는, 음, 제가 너무 통제하고 있는 게 아닌가 하는, 그래서 실망스러웠습니다. 그리고 선생님이 방 저쪽에 어떻게 앉아 계신지 보았습니다. 보면서 이렇게 생각했습니다. 아, 그게 뭐, 그래서 그러면 뭐.

치료자: 좋습니다. 다시, 자, 어떤 일이 일어날 때 저는 그걸 말하고 당신에게 어떻게 느끼는지 물어봅니다. 그러면 당신은 실망했다고 말합니다. 제 경험에 따르면, 당신을 실망시키는 뭔가를 제가 말하면, 그때, 음, 저는 우리 둘 사이에 어떤 벽이 있는 거 같은 느낌이 듭니다.

내담자: 제가 뭔가를 설명하기 위해서 계속 애쓰는 것 때문에요?

치료자: 맞습니다. (멈춤) 이 순간에는 어떤 경험을 하고 계십니까?

처음에 치료자는 관계를 온전히 유지하려는 내담자의 지속적인 노력이 그에게 미치는 영향—내담자 자신과 치료자가 독립된 개인이고 상대방에게 화가 날 수도 있다고 생각하는 데 어려움이 있는 것—에 대해서 메타소통을 하고 있다. 그의 여자친구 리사는 숨이 막힐 것 같은 것과 유사한 느낌을 경험하고 있을 수 있으며, 이것이 그녀가 그에게서 반복해서 철수하게 하는 요인이 된다고 가정해 볼 수 있다. 이 시점에서는 그게 유일한 추측일 수 있다. 그에 더해서 치료자가 다른 추측을 지금 끌어내는 것은 상호작용에서 치료자의 기여를 부인하고 내담자를 책망하거나 병리화할 수 있다. 내담자가 지나치게 세세하고 복잡하게 뭔가를 설명하려는 모습은 자신을 정당화하려는 모습이고, 이것은 그가 비난받고 있는 것처럼 느끼고 있음을 시사한다. 앞에서 언급했듯이, 이런 식의 반응은 내담자의 중요한 대인관계 표식일 수 있기 때문에 치료자는 맥락 속에서 자신의 내적 경험을 탐색해 볼 필요가 있다. 이 내담자의 반응("실망했습니다.")에서 동맹 손상이 있었음을 확인할 수 있다. 이 시점에서 치료자는 다시 이런 대인관계 표식이 자신에게 미친 영향을 피드백해 주고 있다. 치료자는 거리감이 생기는 과정에 내담자 자신이 기여한 부분을 그가 알아 가도록 탈중심화 과정을 촉진시키려는 바람에서 그런 개입을 하고 있다. 치료자는 내담자가 이 피드백을 어떻게 받아들이는지 탐색하고 있다. 그게 탈중심화 과정을 촉진시키는가? 아니면 여전히 내담자가 그것을 비난으로 경험하는가?

내담자: 아, 제가 뭘 해야 하는지 좀 알 거 같습니다. 저는 선생님을 분석하려고 했는데, 선생님이 중요하게 여긴 건 아니네요. 저는 분석하는 걸 중요하게 여겼는데 선생님은 분석하고 계시지 않네요. 그래서 (멈춤) 분석을 그만 하려고 합니다.

치료자: 제가 "당신이 분석할 때면 벽이 앞에 놓여 있는 것 같다."고 했을 때, 당신이
그 말을 비난으로 받아들일까 봐 걱정이 되었습니다. 당신의 실제 모습과는
다르게 제가 얘기하고 있는 것일 수도 있습니다.

내담자: 알겠습니다.

치료자: 이에 대해서 하실 얘기가 있으세요?

내담자: 예. 아, 그렇게 생각되네요. 아, 좀 실망감이 들고, 처지네요. 그러니까 제가 사
용하고 있는 방법이 소용이 없었네요.

치료자: 그건 속임수죠. 왜냐하면 음, 우리가 어떤 것에 사로잡혀 있는 듯합니다. 그것
은 마치⋯⋯

내담자: 춤.

치료자: 그렇네요. 어떤 면에서는 춤 같네요. 그게 리사와 당신의 관계도 어떤 면에서
는 그럴 수 있습니다. 아, 그녀가 당신에게 "지금 당신의 모습으로는 충분치
않아."라고 말하죠. 그러면 당신은 그 관계를 잃고 싶지 않기 때문에 관계를
유지하기 위해서 뭔가를 하려고 애쓰는 식으로 반응할 겁니다. 그게 그렇게
기분 좋은 일은 아니죠. 그런 것이 우리 관계에서도 일어나고 있지 않을까 염
려가 됩니다.

한편으로는 내담자의 반응("제가 뭘 해야 하는지 좀 알 거 같습니다.")을 보면 치료자의
피드백이 탈중심화를 촉진시켰음을 짐작할 수 있다. 다른 한편에는 치료자를 걱정하게
하는 반응 부분이 있다. "저는 분석하는 걸 중요하게 여겼는데 선생님은 분석하고 계시
지 않네요."라고 내담자가 말하는 데서 내담자가 자신보다는 치료자를 위해 뭔가를 하
고 있지 않나 생각된다. 과정에 대한 이런 지각은 타인, 특히 여자친구와의 관계뿐만 아
니라 부분적으로는 지금까지 상담에서 일어난 것에 대한 치료자의 평가에 의해서도 영
향을 받은 것이다. 여기서 치료자를 위한 또 다른 잠재적으로 중요한 정보는 자신의 감
정이다. 치료자가 좌절감을 느끼고 있는가? 그의 질문과 어조가 그런 감정으로 채색되
어 있지는 않은가? 그렇다면 이는 내담자가 자신이 있는 그대로의 모습으로 수용되고
있지 않다는 느낌을 갖게 할 수 있다.

치료자는 내담자 입장에서 가질 수 있는 경험을 공감적으로 이해하기 위해서 노력하
고 있다("당신의 실제 모습과는 다르게 제가 얘기하고 있는 것일 수도 있습니다."). 이번에는

내담자가 자신의 실망감을 인정하고 있으며, 한편으로 동시에 자신이 피드백에 개방적인 태도를 갖고 있음을 나타내고 있다. 이런 상호작용 모습은 동맹이 향상되고 있음을 시사해 준다. 치료자가 "그건 속임수죠. 왜냐하면 음, 우리가 어떤 것에 사로잡혀 있는 듯합니다……."라는 말로 문장을 시작하자, 내담자는 이에 조율해서 '춤'이라는 말로 문장을 완성한다. 이는 공감적 반향이 일어나고 있는 것이다. 치료자는 지금 여기에서 일어나고 있는 일과 내담자의 여자친구와의 관계에서 겪는 일 사이의 유사점을 짚어 주고 있다. 이때 유사점을 짚어 주는 것은 상호작용에 대한 치료자의 책임을 부인하거나 내담자를 책망하려는 것은 결코 아니다. 그보다는 내담자의 딜레마에 대한 공감적 인식이다. Horowitz와 Marmar(1985)의 용어로 보면, 내담자는 현재 환경에서 적절한 치료 동맹의 형성을 어렵게 하는 구체적인 역할-관계 모델을 가지고 있는 것 같다.

한편으로 내담자는 몹시 변하고 싶어 한다. 다른 한편으로는 관계를 보호하고자 하는 강한 욕구가 자신이 아닌 다른 사람을 위해서 자신을 변화시키려 하고 있다. 이는 내담자를 화나게 하는데, 있는 그대로의 자신의 모습이 수용되지 못하기 때문이다. 치료자의 딜레마는 내담자의 춤추는 스타일에 대해서 그와 메타소통하고 그 자신의 감정을 살펴보도록 격려하는 것이 내담자가 자신의 역기능적인 대인관계 도식을 반박하게 하기보다는 오히려 그것을 확증하도록 하지 않을까 하는 점이다.

치료자: 지금 어떤 경험을 하고 계십니까?

내담자: 아, 저는 우리가 그렇게 멀리 떨어져 있지 않다는 느낌이 들어서 좀 더 낙관적인 느낌이 듭니다. 어, 선생님이 저와 더 연결되어 있는 것 같네요. 어, 안개가 어디에 끼었는지 제가 찾고는 그것을 거둬 내어 선생님이 저와 연결되어 있다고 느끼게 하고 싶어 하는 거 같습니다. 그런 거 같습니다. 제가 안개를 만들어 낸 거 같아요. 그게 맞는 거 같습니다. 선생님을 보지 못하지요. 어, 하지만 제가 의도한 것은 아닙니다. 그렇게 생각합니다. 제가 선생님에게 안개를……

치료자: 당신은 자신의 마음을 들여다보고 자신이 된다는 게 어떤 것인지를 알아 가려고 노력하고 계시네요. 당신은 잘해 보려고 너무 열심히 노력하고 계신 것 같습니다. 음, 그런데 그게 그렇게 잘 되지 않고 있고요.

내담자: 맞습니다.

치료자: 그게 매우 좌절스러울 것 같습니다. 그게 당신을 더 열심히 노력하게 만들고

요. (멈춤) 제가 이런 얘기를 하면 어떠십니까?

내담자: 아, 확실히, 아시겠지만, 제가 이루려고 하는 것을 제가 알기 때문에 많이 좌절스럽습니다. 제가 벗어나려고 애쓰고 있는 것을 저도 압니다. 어, 단지 그게 안 될 뿐이죠.

치료자: 지금 당신 모습은, 마치 컨테이너 같은 것 안에 갇혀 있는데 거기서 나오지 못하는 것처럼 보입니다.

내담자: 예. 제가 많은 문이 있는 방 안에 갇혀 있는 것 같습니다. 이 문을 열어 보면 어디로도 길이 없습니다. 저 문을 열어 봐도 길이 없습니다. 거기에 분명히 문은 있습니다. 저는 이해할 수 없었습니다.

치료자: 엄청나게 좌절스럽게 들립니다.

내담자: 예. 그렇습니다. (긴 침묵) 선생님은 제 말이 진심이 아닌 것 같나요?

치료자: 아닙니다. 전혀 그렇지 않습니다. 어떤 면에서는 슬픈 얘기입니다. 어떤 진정한 갈망이 있네요. 당신은 접촉하기를 몹시 갈망하고 있네요. 어떻게든 잘해 보고 싶은데, 그게 당신 뜻대로 결코 되지 않네요.

내담자: 그렇습니다.

치료자: 이게 당신이 하고 있는 경험인가요?

내담자: 예. 바로 그렇습니다. 이 자리도 그렇고 리사와 대화할 때도 많이 그렇습니다.

치료자: 잘해 보려고 너무나도 많이 애를 쓰고 계시다는 느낌이 듭니다. 그것이 당신의 경험에 부합하나요?

내담자: 예. 그리고 리사는 제가 늘 세세하게 설명하면서 그녀를 몰아붙인다고 저를 비난합니다.

치료자가 내담자의 엄청난 좌절감—덫에 걸려 헤어날 수 없는 느낌—에 대해 공감할 수 있게 되자 동맹이 계속해서 향상되고 있다. 컨테이너 속에 갇혀 있는 것 같다는 치료자의 공감적인 언급에 대한 내담자의 반응이 그 예다. 그는 많은 문이 있는 방에 갇혀 있으면서 끊임없이 옳은 문을 찾아 헤매고 있다고 자신의 모습을 비유하고 있다.

이 같은 비유는 잘해 보려고 매우 노력하지만 자신이 정말 원하는 것을 오히려 망치는 모순적인 일이 반복되는 내담자의 일반적인 모습을 잘 반영하고 있다. 관계를 위해서 엄청나게 쏟는 그의 노력 이면에는 사람들과의 관계 형성에 대한 강한 열망과 있는 그대로의 자신의 모습이 관계를 형성할 만큼 가치 있지 못하다는 믿음이 있다. 하지만 그가 열망하는 것을 그냥 내버려 두는 것—억지로 노력하기보다는 단지 있는 그대로 있어 보는 것—에서 그가 얻을 것이 있다는 데 역설이 있다. 이 축어록은 이 남자의 변화 과정에서 시작에 불과하다. 그의 대인관계 방식에 대해서 메타소통하고 그의 역기능적인 대인관계 도식을 정확히 공감적으로 이해하며, 그가 자신의 인지-대인관계 순환을 다시 반복하지 못하도록 함으로써 탈중심화와 체험적 반박 과정이 시작되고 있다.

이어지는 축어록은 대인관계 표식을 인지적 및 정서적 탐색을 위한 출발점으로 사용하는 예다. 이 대화는 동일한 내담자의 나중 상담 회기에서 발췌한 것이다. 이번 회기에 이르기까지 치료 동맹에 상당한 향상이 있었고 내담자의 자기탐색 능력도 많이 증진되었다. 내담자는 치료자가 그에게 했던 피드백에 대해서 이전에 그가 보였던 것처럼 복잡하고 분석적인 반응을 지금 막 하였다. 이런 모습이 이 내담자의 중요한 대인관계 표식이기 때문에, 치료자는 이 경험을 탐색하고 있다.

치료자: 당신이 제게 지금처럼 얘기하실 때 어떤 느낌이셨습니까?

내담자: 제가 분석적으로 얘기하고 있다는 생각이 들었습니다.

치료자: 지금 분석적으로 얘기하는 것을 버려야 한다면 어떨 것 같으세요?

내담자: 아, 선생님이 그렇게 말씀하셨을 때, 약간 실망감을 느꼈던 것 같습니다. 하지만 그게 저를 혼란스럽거나 그와 비슷하게 하지는 않았습니다. 제 말은, 선생님은 자신의 인상을 제게 얘기하고 있고 저는 그에 반응하고 있다는 겁니다. 일종의 주거니 받거니 대화를 하고 있는 것이지요. 저는 선생님 얘기를 개방적으로 듣고 있고, 실망스러운 기분을 빼고는 부정적으로 반응하고 있지는 않습니다. "선생님이 얘기하는 것을 저는 듣고 싶지 않습니다. 왜냐하면 그게 제게는 중요한 얘기가 아니니까요."라거나 그 비슷한 것은 아니라는 말입니다.

치료자: 만약 그랬다면 어떨 것 같으세요? 당신이 "저는 혼란스럽지 않습니다. 그것에 대해서 별로 심하게 느끼지 않습니다."라고 장담하고 있는데, 그랬다면 어떨 거 같으세요?

내담자: 글쎄요. 아마 제 반응이 더 강해졌을 겁니다. 더 극단적으로요. 아주 침묵해 버리거나 매우 신경질적이 되거나, 음, (웃음) 혹은 그와 비슷하게요. 이런 생각

을 할 수도 있습니다. "여기서 내가 뭘 하고 있지?" 저는 편안합니다. 일반적으로 보면 저는 매우 편안한 상태입니다.

치료자의 탐색에 대한 반응에서 내담자는 다소 부정적인 감정을 드러내고 있다. 하지만 동시에 그는 그 감정이 그렇게 강한 것은 아니라고 서둘러 무마하면서 자신이 편하다고 말하고 있다.

> 치료자: 저에 대해서 강한 감정을 갖는 것을 방해하는 뭔가가 있나요? 아, 강한 부정적인 감정 같은 것에 대해서 말이죠?
> 내담자: 아마, 음. 그게 제가 원하는 것은 아닙니다. 음, 음, (멈춤) 제 생각에는, 음, 음, 그런 생각을 하는 게 좀 두렵기는 한데, 그래도 선생님이, 선생님이 저를 공격할 때 매우 개인적인 것으로, 그 비슷한 것으로 느끼면 저는 정말 좀 당황할 겁니다. (낮은 목소리로) 아니면 그걸 개인적인 공격, 그 비슷한 성격의 것으로 느낀다면 (거의 들리지 않는 소리로) 저는 화가 날 수 있습니다.

내담자가 어떤 강한 부정적인 감정들을 지속적으로 설득력 없게 부인하는 것에 주목하면서, 치료자는 그런 감정을 금기시하는 역기능적 태도를 탐색하고 있다("저에 대해서 강한 감정을 갖는 것을 방해하는 뭔가가 있나요?"). 내담자의 어조의 변화는 그 탐색이 부정적인 감정 표현을 막고 있는 두려움("그런 생각을 하는 게 좀 두렵기는 한데") 및 그 기저의 감정("저는 화가 날 수 있습니다.")과 체험적으로 진정한 접촉을 하도록 촉진시켰음을 시사한다.

> 치료자: 그렇군요. 바로 지금 당신은 어떤 경험을 하고 있으세요?
> 내담자: 아, 저는 그게, 제가 더 강하게 반응하는 것을 떠올려 보고 있습니다. 그런 생각을 하는 게 저를 진짜 불쾌하게 하네요. 정말 그렇게는 하고 싶지 않네요. (웃음)
> 치료자: 많이 불쾌한 것 같다고 했는데 그에 대해서 더 말해 보시겠어요?
> 내담자: 아, 그건 통제를 못하는 거예요. 지금까지 꽤 좋은 기분으로 있었는데 그걸 바꾸고 싶지 않네요.

치료자: 통제를 못하는 것이라고요?

내담자: 예.

치료자: 지금 여기서 통제력을 잃은 자신의 모습을 한번 상상해 보실 수 있겠어요? 어떨 것 같으세요?

내담자: 아, 제가 그럴 때 어떻게 느낄지 얘기할 수 있습니다. 리사와 그런 상황에 있다면 또, 음, 여기서도 매우 비슷하다고 가정하죠. 저는 (멈춤) 그게 (낮은 목소리로) 제가 가치 없다는, 아니면 인정받지 못한다는 느낌이 들게 하고, 음, 저 자신에 대해서 매우 실망하고 좌절감을 느끼고 진짜 저 자신한테 화가 날 겁니다. 가끔은 엄청난 허무감도 느끼게 될 거고요. 그래서 저는 여기서 나가고 싶어질 거 같습니다. 모든 것을 깨끗이 하고 싶어질 겁니다. 저는 혼란에 휩싸이겠죠. 그리고 그걸 해결할 수 없을 거고요.

치료자: 그래서 당신은, 음……

내담자: 그래서 가끔씩 멀리 달아나죠. 리사에게 종종 그렇게 했습니다.

치료자: 그랬군요. 당신이 강한 감정을 느끼기 시작하고 통제를 잃기 시작하면, 거기서 도피하고 싶어만 지네요.

내담자: 제가 하는 유일한 방법은 도피입니다. 다른 걸로는, 다른 때는 고래고래 고함을 지르기도 합니다. 저는 많은 것을 쏟아낼 겁니다. 내가 어떻게 느끼는지, 내가 어땠는지, 그리고 상대방에 대한 생각 같은 걸 말이지요. 그 비슷한 모든 것을요. 말을 피 토해 내듯 하는 거죠. 그리고……

치료자: 그러고 나면 무가치감이 밀려오고요?

내담자: 예.

치료자: 그렇군요. 그러면 바로 여기서 그 상황으로 다시 돌아가 보죠. 당신이 저에 대한 통제를 잃었다고 상상해 보시겠습니까? 어떤 일이 있을 것 같으세요?

내담자: 그게 (한숨) 매우 끔찍하네요. 그러네요. 스스로가 실망스럽고요. 분노감이 일어나고 혼란스럽겠죠. 지금 상황과 이런 사태를 파악하고 통제하지 못할 거라는 무능감, 그리고 지지받지 못하는 느낌. 음, 저는 아마, 아마 여기를 나가 버릴 겁니다. 아마 이렇게 말할 겁니다. "지금 여기서 이렇게 하는 게 무슨 의미가 있는지 모르겠습니다." 그러고는 나가면서 "나중에 전화 주세요."라든가 아니면 그와 비슷하게 말하겠죠. 심하게 화가 나면 저는 수습을 못합니다. "여

기를 나가겠습니다."라고 말하는 게 고작입니다. 이해하시겠죠.

치료자: 알겠습니다. 그 상황이 당신에게는 상당히 끔찍하게 생각되나 봅니다. 그런가요?

내담자: 예. 그렇습니다. 그렇죠.

치료자: 그렇게, 그렇게 끔찍하게 느끼시기 때문에 저와 만나고 있는 게 힘들 수 있겠네요.

내담자: 맞습니다.

치료자: 당신이 자신에 대한 통제력을 유지하지 못한다고 느끼면요.

내담자: 완전히요. (멈춤)

치료자: 그래서 당신이 더 분석적으로 반응하게 된다는 게 놀라운 일이 아니네요.

내담자: 그렇습니다.

　　여기서 내담자는 부정적인 감정 표현에 대한 자신의 두려움을 더 깊이 탐색하고 있다. 다양한 비언어적 표식(웃음, 낮은 목소리)은 그 주제와 관련된 그의 불안과 이 과정이 지적인 탐색에 그치지 않고 체험적으로 생생하게 이루어지고 있음을 계속해서 시사해 준다. 내담자는 동시에 자신의 경험과 여자친구 리사를 관련짓고 있다. 그의 실감나는 표현들("고래고래 고함을 지르기도 합니다." "말을 피 토해 내듯 하는 거죠.")은 통제력을 잃은 자신의 모습에 대해서 그 자신이 얼마나 역겨워하는지를 보여 준다. 치료자가 지금 여기에서의 치료 관계에 대한 주제로 초점을 옮겨 오자 내담자는 전보다 더 강하게 통제력을 잃는 것에 대한 불쾌감을 표현하고 치료자에 대한 부정적인 감정을 쏟아 낼 수 있었다.

　　대인관계 도식의 정확한 성격을 이해하기 위해서는 좀 더 명료화가 필요하지만, 이런 탐색 과정은 중요한 출발점이 된다. 이런 작업은 내담자가 초래될 결과에 대한 두려움 때문에 회피해 왔던 부정적인 감정을 탐색하는 데 도움이 되고 있다. 또 이 과정은 체험적 반박 과정을 더 깊이 촉진시켜 줄 것이다.

CHAPTER
08
행동준비성 정보에 접근하기

공감의 역할

정서나 행동준비성(action-disposition) 정보를 인식하는 과정은 그것이 발생하는 대인관계 환경에 의해 매개된다. 따라서 내담자는 치료자에게 수용된다고 느끼면 이전에는 충분히 처리되지 않았을 수 있는 행동준비성을 인정할 수 있고 내적 경험을 탐색할 수 있다. 더불어 이전에는 충분히 처리되지 않던 감정들에 내담자가 접촉할 때마다 내담자에게 지각된 치료자의 반응은 내담자의 그 경험이 치료적일지를 결정하는 데 있어서 아주 중요할 것이다. 예를 들면, 내담자가 치료자를 향해 분노감을 느끼기 시작한다면 치료자의 적대적이거나 방어적인 반응은 분노를 경험하는 것은 위험하다는 역기능적 신념을 확인해 주는 것이 될 것이다. 내담자가 전에는 인정하지 못했던 슬픈 감정을 접촉하고 있을 때, 이에 대해서 치료자가 상황을 이성적으로 재평가하는 반응을 함으로써 슬픔을 몰아내 버리려는 시도를 한다면 이는 슬픔은 수용될 수 없다는 내담자의 신념을 확인시켜 줄 뿐이다. 반대로 수용적이고 공감적인 반응은 자신의 감정에 대해 갖고 있던 역기능적 신념에 도전이 되고 내담자가 내적 경험에 보다 개방적이 되도록 하는 데 도움이 될 것이다. 치료자의 수용성은 내적으로 일어난 정보에 대한 처리를 촉진시키고, 이는 내담자의 자기감에 변화를 가져올 것이다.

앞에서 얘기했듯이, 어떤 내적 경험은 대인관계에 위협이 되기 때문에 내담자는 그런 경험의 일부를 외면하거나 왜곡할 수 있는데, Sullivan(1953)의 표현을 빌리면 그렇게 할 경우 그 경험은 '내가 아닌 것(the not me)'이 된다.

정서 조율에 대한 Stern(1985)의 저작에 따르면, '내가 아닌 것'은 불안에 의해 촉발된 내적 경험을 외면하는 것뿐 아니라 아동기에 중요한 타인이 그런 경험을 제대로 공감해 주지 못해 내적 경험의 모습을 분명하게 충분히 표현하지 못한 것 때문에도 만들어진다. 이런 이유로, 대인관계에 대한 통합이 일어나지 않았거나 지난 발달 과정에서 중요한 사람들에게 공감을 정확히 받지 못한 내적 경험은 결코 분명하게 충분히 표현될 수 없다. 내담자의 내적 경험을 정확히 공감해 주는 치료자의 능력은 내담자가 자신의 내적 경험과 당위적이지 않은 있는 그대로의 자신을 더 잘 이해하도록 하는 데 매우 중요한 기여를 한다. 내담자의 내적 경험을 정확히 공감하고 수용해 줌으로써, 치료자는 타인과의 관계를 유지하는 데 필요하다고 여겨 왔던 내담자의 역기능적 신념에 매우 강력한 도전을 할 수 있다. 진정한 공감은 효과적인 인지적 개입을 위해서 필요한 전제 조건이며 그 이상이다. 그 자체가 내담자의 역기능적인 대인관계 도식에 도전하는 데 있어서 매우 강력한 수단이 될 수 있다.

정서 경험을 막는 태도 탐색

정서 표현을 지배하고 있는 내담자의 태도를 명확히 탐색하고 그에 도전하려면, 이 작업은 부드럽고 수용적인 방식으로 이루어지는 것이 최선이다. 내담자가 정서를 표현하도록 밀어붙이지 말고 내담자 자신이 정서를 경험하고 표현하는 것을 막고 있음을 정서적으로 즉각적인 방식으로 알아 가는 데 초점을 두어야 한다. 정서 표현 자체가 목적은 아니다(Greenberg & Safran, 1987). 내담자 자신이 정서를 어떻게 차단하고 있는지를 직접 경험해 보도록 하는 것이 보다 중요하고, 그런 다음에 대인관계적인 위험을 감당할 수 있을 정도로 충분히 신뢰감이 들 때 그런 감정에 접촉하고 그것을 표현하도록 선택하는 것이 좋다(Safran & Greenberg, 1991). 치료자의 영향으로 내담자가 특정한 정서를 표현하도록 강요받을 수 있지만, 이것은 내담자가 위험을 감당할 준비가 되어서라기보다는 치료자를 기쁘게 하기 위해서 하는 것일 수 있으므로 결코 치료적이지 않다. 이는 강제이고, 관계를 유지하기 위해서는 어떤 식으로 해야만 한다는 내담자의 역기능적 신념을 강화시켜 줄 뿐이다. 다음의 축어록은 중요한 정서 경험을 하지 못하게 하는 역기능적 태도와 자동적 사고를 탐색하는 과정을 보여 준다. 이 내담자는 자신은 항상 강해야 하고 취약감은 받아들일 수 없다는 경직된 신념을 갖고 있다. 그 결과, 그녀는 슬픈 감정과 접촉하는 것이 어렵다. 연애 감정을 느끼고 있는 한 남자와의 관계에 대한 얘기로 그녀는 시작하고 있다.

내담자: 여름에 이 남자를 만났어요. 그는 지금까지 매일 제게 전화를 해요. 그는 저를 보기 위해서 두 번 내려왔어요. 그는 재밌긴 하지만, 뭐가 문제냐면, 아, 여자친구가 있어요. 그 일로 그가 힘들어하고 있는 거 같아요. 여자친구를 바꾸어야 할지 말지를 결정해야 하는 일로 말이죠.

치료자: 매우 심각한 상황으로 보이네요.

내담자: 그렇죠. 그렇게 됐어요. 그게 저를 많이 힘들게 해요. 지난주 금요일엔 정말 힘들었어요. 저는 쇼핑이나 하러 나갔어요. 저를 바쁘게 하는 것, 그게 제가 한 것이었어요. 쇼핑하러 간 거요. 그리고 들어와서 저녁을 만들고 있었는데 갑자기 울음이 터져서 제 얼굴이 눈물범벅이 되었어요. 혼자서요. 대개는 주말에 혼자 있는 걸 좋아하지 않아요. 그 주 내내 집에 있었어요. 근데 저는 흔히는 그렇게 하지 않죠. 아직도 그게 절 괴롭혀요.

치료자: 매우 마음 아파 보입니다.

내담자: 그러네요.

치료자: 혼자 남겨진다는 것.

내담자: 음.

치료자: 지금 여기서도 그와 비슷한 감정을 느끼고 있으세요?

내담자: 조금은 그래요. 그게, 저는 그런 감정을 곱씹고 싶지 않아요. 그게 저 자신을 멈추고 있는 이유예요. 그건 몹쓸 감정이니까요. 거기서 벗어나는 게 너무 힘드네요. 조금 처지기 시작하네요. 다시 저를 회복하려면 제 모든 힘을 쏟아야 하는데, 저는 그렇게 할 여유를 못 찾겠어요.

치료자: 자신을 멈추고 있다고 하셨나요?

내담자: 예.

치료자: 지금 여기서도 자신을 멈추고 있으세요?

내담자: 예.

치료자: 어떻게 하고 계시지요? 당신은 이 감정을 어떻게 차단하고 계신가요?

　내담자가 슬픈 감정을 돌아보며 표현할 때, 치료자는 그녀가 지금도 그와 비슷한 감정에 접근해 있는지 물어봄으로써 과거 장면을 현재로 가져오려는 노력을 즉각적으로 하고 있다. 이런 질문은 감정과 관련 있는 해석 과정을 깊고 생생하게 탐색하도록 해 준다. 자신이 그런 감정을 경험하도록 스스로에게 허락하는 것이 어렵다고 고백하자, 치료자는 그녀가 감정을 차단하는 과정을 탐색하기 시작한다. 중요한 것은 감정을 피하는 이유들을 추측해 내는 것이 아니다. 중요한 것은 그녀가 자신의 감정을 지금 실제로 어떻게 차단하고 있는지를 알아가는 데 있다.

내담자: 방금 저는 생각을 잘라내 버렸어요. 그에 대해서 생각하기를 방금 멈췄어요.

치료자: 그랬군요. 그걸 어떻게 하시나요? 어떻게 잘라내 버렸습니까?

내담자: 모르겠네요. 단지 그것에 대해서 생각을 안 하는 거예요. 속으로 제 자신에게 이렇게 말하는 것 같아요. "그것에 대해서 생각하지 마. 멈춰." 그래서 그렇게 한 거죠.

치료자: 그게 당신이 지금 하고 계신 거군요. 당신은 방금 그것들을 차단해 버렸네요. "그것에 대해서 생각하지 마, 멈춰." 하고요.

내담자: 그래요. 맞아요. 억지로 다른 생각을 하려고 하는 것 같아요. "너는 오늘 일하러 가야 해. 그리고 미소를 지어야 해." 또, 아, 거기에 이런 말도 있네요. "강해져야 해."

치료자: "강해져야 해. 정신 차려."

내담자: 으흠. "투사가 되어야 해."

치료자: 투사라고요?

내담자: 예. 아버지가 즐겨 하셨던 말이죠. "투사가 돼. 절대 포기하지 마."

치료자: 그래요?

내담자: 그랬어요.

치료자: 그래서 당신은 항상 정신을 바짝 차리고 있으시려는 거군요. "절대 포기하지 마. 투사가 되어야 해." 하고요.

내담자: 예. 가끔 아버지는 이렇게 말씀하시기도 했어요. "아, 걱정할 거 하나도 없어." 아니면 "절대 굴복하지 마." 아니면……

치료자: 으흠.

내담자: 그런 거예요. 혹은 저의 고모가 "왜 그렇게 울고 있었어?"와 같이 말씀하시면 저는 '아, 내가 나 자신에게 연민을 느끼고 있는건가, 지금.' '너는 자신을 불쌍히 여길 여유 같은 건 없어.'라고 생각해요.

치료자: 당신은 그 고통을 느끼시네요.

내담자: 예.

치료자: 그러고 나면 다른 목소리가 끼어드네요. "너는 너 자신에 대해서 실제로 연민을 느끼고 있어."

내담자: 예.

치료자: "투사가 되어야 해."

내담자: 예.

치료자: "정신 차려."

내담자: 잘 모르겠네요. 그게 건강한 건지 그렇지 못한 건지. 어쨌든 전 그렇게 해요.

치료자: 예. 지금 여기서는 어떠세요? 당신은 어디에 계신가요?

　치료자의 탐색에 대한 반응으로, 내담자는 감정을 차단하고 있는 자동적 사고에 대해 잘 표현하고 있다("강해져야 해. 정신 차려. 투사가 되어야 해."). 내담자는 이런 태도가 자신의 삶에서 중요한 인물인 아버지와 고모의 생각을 나타내는 것임을 자연스럽게 자각한다. 이 축어록의 끝으로 갈수록 내담자는 회상을 통해서 자신의 경험과 자신 사이에 거리를 두는 것처럼 보이고, "그게 건강한 건지 그렇지 못한 건지"라는 말을 하고 있다. 치료자는 그녀가 '지금 여기서'는 어떤지 물어보면서 현재 경험에 다시 초점을 둔다.

내담자: 중간 즈음 있는 거 같네요.

치료자: 중간이라고요?

내담자: 예.

치료자: 그것에 대해서 제게 좀 더 얘기해 주시겠어요? 지금 중간 즈음 있다는 거 말이죠.

내담자: 제가 느끼기에, 슬픔 비슷한 거. 아직은 그걸 보여 주고 싶지 않네요. 아, 마치, 뭔가를 느끼게 저를 충분히 내버려 두긴 하지만 아직은 저를 억압하는……

치료자: 으흠. 알겠습니다. 당신은 슬픔을 느끼고 계시고, 그것을 드러내기를 원치 않으신다는 건가요?

내담자: 예.

치료자: 알겠습니다. 드러내는 것을 막는 뭔가가 있는 거 같은데, 그게 뭔가요?

내담자: 아, 제 여동생이 말한 것처럼 "그건 보기에 좋지 않아요." 아시다시피 외양 말예요.

치료자: 좋게 보이지 않는다?

내담자: 좋게 보이지 않죠. 다른 사람들을 불편하게 만들잖아요. 제 기분을 좋게 하지도 않죠. 진짜 나쁜 상황인 것처럼 보이게 해요. 그건 피해야 하는 거죠.

치료자: 지금 여기서 당신의 진짜 감정을 제게 보여 주면, 그게 제게 좋지 않게 보일까요?

내담자: 그렇겠죠. 저 역시 편치 않을 거예요. 그래서 이유는 단지 제가 그걸 편하게 여기지 못한다는 거예요.

치료자: 알겠습니다. 당신은 이 부분을 좀 더 깊이 탐색해 보고 싶으신가요?

내담자: (망설이며) 예. 그렇게 하죠.

치료자: 주저하듯이 들리네요.

내담자: 예. 하지만 해 볼게요.

치료자: 뭔가로 뛰어들기 전에 당신을 주저하게 하는 게 뭔지 궁금하군요.

내담자: "내가 그걸 어떻게 느낄까?" "그게 내게 어떤 영향을 줄까?" 제가 저 자신을 보호하려는 거 같네요.

치료자: 그렇군요. 당신을 보호하고 싶어 하는 게 합리적으로 들립니다. 당신의 걱정은 더 깊이 탐색해 들어가면 "어떤 일이 일어날까?" "내가 어떻게 느낄까?"라고 말하셨는데.

내담자: 제가 직면하고 싶어 하지 않는 것 같이 느낄 수 있을 거예요. 저는 느끼기를 원치 않아요. 그것들을 마주하고 싶지 않네요. 모르겠어요. 저는 때로는 막 염려가 되죠. "내가 준비가 되어 있나?" 혹은 "내가 그걸 위해서 어떤 마음 상태에

있어야 하나?"

치료자: 중요한 얘기를 하고 계신 거 같습니다. 여기서 멈추고 더 이상 앞으로 가지 말아야지. 자신이 있는 곳을 제대로 존중해 주는 것. 이렇게 말하고 계시네요. "내가 나를 더 깊이 들여다볼 준비가 되어 있는지 잘 모르겠다."

내담자: 예.

치료자: "지금 당장은 그것을 다룰 준비가 되어 있지 않은 것 같다. 그래서 나 자신을 보호하고 싶다."

　　내담자는 자신의 슬픔과 접촉하는 것에 대한 깊은 걱정을 드러내고 있다("그건 보기에 좋지 않아."). 치료자는 지금의 대인관계 상황을 중심으로 탐색을 시도한다("지금 여기서 당신의 진짜 감정을 제게 보여 주면, 그게 제게 좋지 않게 보일까요?"). 치료자는 내담자가 더 깊이 탐색하고 싶어 하는지와 관련해서 억지로 그렇게 하도록 하지 않고, 내담자가 능동적으로 결정하도록 격려하는 모습을 일관되게 보이고 있다. 내담자의 목소리에서 주저함을 느꼈을 때 치료자는 이를 무시하지 않고 탐색한다. 그녀를 몰아붙이지 않고, 치료자는 자신을 보호하고 싶어 하는 내담자의 표현된 욕구를 존중하고 있다. 여기서는 내담자가 자신을 통제하고 있다고 경험할 수 있고, 상황에 대한 평가에 따라 그녀가 자신의 감정을 공유할 수도 있고 그렇지 않을 수도 있다고 가정하고 있다.

분열적 의사소통과 책임성

　　4장에서 언급했듯이, 인지치료자들은 외면된 경험에 대한 정신역동적 개념을 전통적으로 거부해 왔다. 그 개념은 심리치료에서 가장 까다로운 주제 중 하나인 책임과 관련이 있기 때문에 특히 문제가 되어 왔다.

　　H. Kaiser(1965)는 책임이라는 주제와 관련된 주요 문제들, 특히 여기서 소개할 내용과 관련된 것들을 자신의 주요 논문에서 명확히 소개하였다. 그의 언급에 따르면, 치료자는 변화 이론과의 개념적인 연결 속에서 책임을 이해하지 않고 도덕적으로만 그 용어를 흔히 사용하는 경향이 있다. 내담자가 치료에서 호전을 보이지 않을 때 책임을 수용하지 않는다고 치료자가 내담자를 책망하는 일은 드물지 않다. 하지만 Kaiser의 지적처

럼, 책임을 수용하지 않는다고 내담자를 책망하는 것은 비협조적인 내담자에 대한 치료자 자신의 좌절과 짜증을 터뜨릴 기회를 스스로에게 준 것밖에 되지 않는다.

치료 맥락에서 책임에 대한 더 깊은 개념적 이해가 필요하며, 그래야 치료자는 책임을 수용하지 않는 내담자를 도울 수 있다. Kaiser에 따르면, 책임을 수용하지 못하는 것은 자기 행동을 지지하기 어렵다는 것을 의미한다. 화난 목소리로 말하고 있지만 화난 경험은 인정하지 못하는 사람이라든가, 어떤 식으로든 타인의 보호 행동을 요청하는 모습을 보이지만 돌봄을 받고 싶어 하는 자신의 바람은 인정하지 않는 사람은 모두 Kaiser가 말한 분열적 의사소통을 보이고 있는 것이다. 소통할 때 내담자가 인정하고 있는 것과 타인에게 전달되는 충격 사이에 비일관성이 있기 때문에 이런 소통은 분열적이다. 분명히 뭔가가 어긋나고 있다. 내담자는 상호 보완적이고 확인시켜 주는 반응을 이끄는 행동과 소통을 통해 부적응적 대인관계 악순환을 자각 없이 영속적으로 보일 것이다.

R. Schafer(1983)가 이에 수렴하는 관점을 제안하였다. 그는 정서를 일종의 행동으로 보았는데 비언어적으로 표현된 의도와 욕구를 인정하지 못하는 것은 자신의 행동을 부인하는 것으로 개념화하였다. 4장에서 언급했듯이, 부인이 일어나는 심리적 과정은 정서에 관한 오늘날의 심리치료 이론과 연구에서 명확히 알아볼 수 있다. 정동에 대한 동시대의 관점들을 정리하면서, Greenberg와 Safran(1987), Safran과 Greenberg(1988)는 정서를 환경과 상호작용할 때 자기에 대해 갖는 특정 형식의 정보로 보았다. 모든 정서는 유기체가 특정한 형식으로 행동하도록 준비시키는 성질이 있으며, 그런 점에서 중요한 표현 운동 요소를 가지고 있다(Arnold, 1970; Izard, 1977; Plutchik, 1980; Tomkins, 1963). 따라서 정서는 행동준비성으로 간주될 수 있다(Lang, 1983).

따라서 대인관계 도식이 수용 가능한 정서와 행동의 범위를 제한하고 있는 사람의 경우, Sullivan의 틀에서 '좋은 나(good me)'와 일관되지 않는 정서 및 일관되는 표현 운동 정보를 통합하는 것이 어려울 수 있으며, 그래서 합치되지 않는 소통을 보일 수 있다. 그러면 다른 사람은 자기도 모르는 사이에 비언어적으로 전달하고 있는 메시지나 의도에 반응할 것이다.

책임을 받아들이는 과정은 자신의 비언어적 소통이 대인관계에 미치는 영향을 알고 자신이 그것의 저작자임을 경험하는 것을 담고 있다. 자신의 행동과 의사소통이 자기 것임을 인정할 때, 그동안 무력하게 사로잡혀 있던 부적응적이고 자기파괴적인 대인관계 순환이 점차 확실히 보이기 시작한다. 통제감을 경험하면서 희생자로서의 삶을 경험하기보다 행동하기를 선택하는 삶을 살 수 있게 된다. 따라서 부인했던 행동준비성들을 인정해 가는 과정은 위축된 자기감에 도전하고 예상하지 못한 부정적인 반응을 타인에게 유발시켰던 분열적 의사소통을 수정하는 데 중추적인 역할을 할 수 있다.

내담자가 더 유연한 대인관계 도식을 개발하고 정서 정보를 더 충분히 처리하게 되면, 언어적 및 비언어적 행동은 더 일치성이 있게 되고 분열적 의사소통은 감소하게 된다. 그리고 자신의 역기능적 대인관계 양상을 더 많이 자각할 수 있게 되고, 그 양상에 대해 더 많은 책임을 갖게 된다. 예를 들어, 자신을 항상 유쾌한 사람으로 경직되게 정의하고 살고 있는 사람은 그런 자기감을 수정하게 되면서 자신의 분노감을 더 충분히 처리할 수 있게 된다. 자신을 항상 강하거나 통제를 잘하는 사람으로 정의하고 있는 사람은 자신의 슬픈 감정에 더 접근하게 되면서 취약함을 포함하는 방향으로 자기개념을 확장시키기 시작할 것이다.

상호작용에서 자신이 관여한 바에 대한 자각이 증가하면, 무력감이 아닌 행동에 대한 주인의식이 생겨난다. 게다가 자신의 감정을 더 인식하게 되고 관련된 행동의 위험에 대해 덜 걱정하게 되면, 욕구가 간접적으로보다는 직접적으로 충족될 가능성이 더 높아진다.

다음의 축어록은 치료자와의 상호작용에서 전에는 인정하지 못했던 감정과 접촉하게 되면서 책임을 수용하게 되는 과정을 보여 주고 있다. 내담자는 다른 사람의 요구에 피상적으로 호응해서 결국엔 일을 제대로 이행하지 못하는 모습을 보인다. 이런 모습은 대인관계에 문제를 초래하고 있으며 치료의 진전 또한 저해한다.

내담자는 치료자의 요구에 응하는 것 외에 다른 선택이 없다고 생각하기 때문에 흔히 반감을 갖고 치료 과제를 수행하며, 이는 과제의 유용성을 손상시킨다. 따라서 이 경우 책임을 수용하는 과정에서 치료자의 요구에 대해 내담자가 갖는 부정적인 감정을 인정하고 말로 표현해 보게 한다. 치료자와 내담자가 맺고 있는 관계에서 자신의 위치가 어딘지 진정으로 인정하고 수용한 후에야, 내담자는 진전을 보일 수 있을 것이다.

이번 회기에서 내담자는 최근에 있었던 고모와의 상호작용에 대해 불평하고 있는데, 그녀는 자신이 비난받고 있다고 느끼고 있었다. 관련된 인지 과정을 표현해 보도록 돕기 위해서, 치료자는 게슈탈트치료에서 사용하는 두 의자(two-chairs) 기법(내담자는 자신의 고모와 자신의 역할을 다른 의자에서 번갈아 가며 해 보도록 지시를 받는다)을 적용했다. 시작 부분에서 치료자는 그녀가 다른 의자로 옮겨 가도록 부탁한다.

치료자: 다른 의자로 옮겨 앉으시겠어요?

내담자: 같은 의자에 앉아서 하면 안 되나요?(크게 웃으며 익살스럽게)

치료자: 진짜 궁금하셔서 물으시는 건가요, 아니면……

내담자: 예. 왔다 갔다, 왔다 갔다, 저는 선생님께 말하고, 선생님은 또 제게 질문하고요.

치료자: 으흠. 두 의자를 오가는 것이 마음에 안 드시나 보군요?

내담자: 예. 진짜 그렇습니다. 그렇죠.

치료자: 뭐가 싫으신 건가요?

내담자: 그냥 왔다 갔다 하는 거요. 제 생각에 그게 저를 변화시켜요.

치료자: 으흠.

내담자: 제가 하고 있던 생각을 차단하는 거 같아요. 그리고 저기 앉아 있는 누군가를 떠올린다는 게, 제 말은, 그렇게 상상되지 않네요.

치료자: 그렇군요. 뭔가 그와 관련해서 힘드신 거라도 있으세요?

내담자: 힘든 건 아니지만, 아무튼 제대로 느낄 수가 없네요.

치료자: 아, 예. 중요하다면 제게 더 말씀해 주시면 좋겠네요. 당신을 불편하게 하는 게 뭔지에 대해서요.

　내담자는 진행 중인 작업에 반대 목소리를 내는 동시에 그 얘기의 진지함을 웃음과 비아냥대는 어조로 희석해 버리고 있다. 여기서 그녀의 비언어적 행동이 하는 기능은 치료자를 불쾌하게 만들 위험성을 최소화하는 것이라 가정할 수 있다. 이런 식의 비언어적 행동은 사람들이 그녀의 진심을 제대로 알아차리지 못하고 그녀의 의지와는 다르게 그녀를 몰아갈 가능성을 높이기 때문에 자기패배적인 면이 있다. 이어서 치료자는 작업에 대한 내담자의 거부감을 명료화하려고 탐색을 시작한다.

내담자: 말한 것처럼, 왔다 갔다 옮겨 다니는 것이요. 그게 제 생각의 고리를 끊어요. 그리고 저기 누군가 앉아 있다고 떠올리려고 하면 그게 잘 안 돼요. 그저 의자로만 보여요.

치료자: 그렇군요.

내담자: 아무리 노력해도 그냥 의자로 보여요. 다른 사람이 아니라요.

치료자: 알겠습니다. 뭔가로 볼 수 있게, 새로운 뭔가로 볼 수 있게 도와주는 유용한

도구 정도로만 보면 됩니다.

내담자: 예.

치료자: 제가 보기에는 뭔가를 달리한다는 게 당신에게는 어려워 보이네요. 사실과는 다르게 말이죠. 사실과는 다르더라도 한번 노력해 보시겠어요?

내담자: 예. 물론 한번 애써 볼 게요. 저는 괜찮아요. (웃음) 예.

치료자: 으흠. 예. 그게 무슨······

내담자: 저는 항상 단념해 버리기 때문에, 저는 항상 져 주고는 이렇게 말해요. "예. 좋아요. 그렇게 하죠." 제가 무슨 말을 하는지는 중요하지 않은 거 같아요. 누군가 제게 늘 이렇게 말하려는 것 같아요. "이게 당신에게는 더 좋습니다. 이렇게 되어야 합니다." 그러면 저는 따지기보다는 "좋아요."라고 말해요. 그러면 저는 뭔가 손해를 볼 수 있는 거죠. "좋아요. 제가 그렇게 하죠. 노력해 보죠." 제게는 그게 새롭고 아무튼, 그래서······

치료자: 그래서 그런 것들이 흔히 있는 일이군요. 당신은 다르게 하기를 원하는데, 다른 사람은 다른 식으로 하기를 원하고······

내담자: 예.

　내담자는 이 작업에서 어려움을 호소하고 있으며, 계속 하기를 주저하고 있다. 이 시점에서 치료자가 물러날 수도 있었을 것이다. 하지만 과제를 주저하는 내담자의 성향이 충분히 말로 표현되지 않았다. 이 작업을 하는 것이 그녀의 자의식을 건드리는 것으로 보인다. 내담자는 자신에게 편치 않은 것을 하도록 강요하는 치료자에게 화가 날 수도 있다. 그래서 치료자는 이 점을 실제 문제로 가져와 초점을 두고 싶어 하며, 이를 위해서 내담자가 실험적으로 작업에 임하도록 격려하고 있다. 내담자는 한번 시도해 보는 것에 동의하는데, 여기서 치료자는 그녀의 목소리에서 항복하는 듯한 특이한 점을 감지하고 있다. 이제 치료자와 내담자의 상호교류를 탐색하는 것이 내담자가 처음에 거부했던 과제를 하도록 하는 것보다 중요한 것으로 보인다.

치료자: 그렇다면 당신은 포기하는 것으로 마무리하실 건가요?

내담자: 예. "그건 잊으세요. 우리는 당신 뜻대로 할 겁니다." 그러고 나서 그게 제게 도움이 되면 잘 된 거고요. 제가 논쟁하듯이 되는 것을 진짜 원하지 않기 때문

에, 혹은 제가 모른 척한다거나 제가 잘 모르기 때문에, 제가 분명 모든 것을
알지는 않으니까 노력할 거예요. 그래서 제가 그렇게 하고 나중에 그게 저를
위한 것이 진짜 아니게 되면, 저는 그 사람에게 이렇게 말할 거예요. "그게, 저
는 그렇게 하지 않을 겁니다, 그만 하겠습니다! 당신이 시키는 대로 해 봤는데
그게 저를 위한 것은 아닙니다, 감사드립니다!" 하지만 제가 좀 항복하는 듯
하네요. 그리고 "좋습니다. 괜찮습니다."라고 저는 말할 거예요. 제가 할 말에
대해 약간의 논쟁이 있을 거 같으면, 저는 "잘 됐네요. 좋습니다."라고 말할
거예요.

치료자: 으흠.

내담자: 얘기를 더 하면서 밀어붙이지 못하고 그냥 "좋습니다. 당신이 좋으실 대로 하
지요, 그렇게 하겠습니다."라고요.

치료자: 얘기를 심각하게 떠벌리는 것이 초래할 위험은 뭔가요?

내담자: 아마 논쟁에 휘말려서, 아시다시피 나쁜 감정을 갖게 하겠죠.

치료자: 으흠.

내담자: 그게 오랫동안 머릿속에 남아 있을 거예요. 사람들은 그걸 잘 보관해 두었다
가 당신과 맞서기 위해서 나중에 사용하겠죠. 아시죠? "너는 비협조적이야."
"너는 부정적이야." 또 이러쿵저러쿵 허튼 소리를 해대겠죠.

치료자의 탐색에 대한 반응으로, 내담자는 논쟁적으로 보이는 것을 피하기 위해 사람
들에게 져 주는 식의 모습을 특징적으로 보이는 것에 대해 탐색하고 있다. 그녀가 묵인
하도록 만드는 역기능적 기대나 두려움을 치료자가 깊이 탐색해 들어가자, 내담자는 자
신이 다른 사람들에게 비협조적으로 비치는 것에 대한 전반적인 두려움을 표현한다.

다음 대화에서, 치료자는 지금 여기에서의 치료 관계에 대해서 탐색하는 데 충실함으
로써 정서적으로 즉각적인 방식으로 내담자의 감정과 믿음을 탐색하려 시도한다.

치료자: 그렇다면 제가 당신이 비협조적이고 부정적이라고 여기면서 지금 앉아 있는
것 같으세요?

내담자: 음, 선생님이 꼭 그렇다는 건 아니고요, 지금 상황에서 선생님에 대한 건 아니
에요. 하지만, 아시다시피 다른 상황들에서, 예.

치료자: 대체로 사람들과.

내담자: 예. 예.

치료자: 지금 상황에서는 어떠세요?

내담자: 선생님이 그러실 거라고는 생각지 않아요. 제 말은, 선생님은 치료자시니까
요. 선생님이 여기서 판단하고 계실 거라 생각지는 않아요.

치료자: 그렇다면 시원하게 털어놓음으로써 당신이 짊어질 부담은 뭐가 있나요?

내담자: 잘 모르겠어요. 제가 마치 고지식한 늙은이처럼 보일 것 같아요, 선생님이 뭔
가 가르쳐 줘도 배우지 못하는. 잘 모르겠네요.

치료자: 당신은 그게 어떤 면에서는 습관이라고 하셨죠?

내담자: 예. 제 생각에는 그래요. 예.

치료자: "좋습니다. 당신 방식대로 합시다." 하고 져 주는 식으로 하실 때, 그 경험이
당신에게는 어떠세요?

내담자: 저를 책망할 거 같아요. '나는 가치 없는 사람이야.' '내 말은 중요하지 않아.'
하는 식으로요. '결코 잘 한 게 아니야.' 제가 바보 같을 거예요.

치료자: 그렇게 좋게 들리진 않네요.

내담자: 그렇죠. 좋지 않죠. 좋지 않아요. 그런데 일이 제대로 풀리지 않으면, 저는 승
리감을 느끼며 다른 사람에게 이렇게 말하겠죠. "그 봐. 내가 처음에 그건 좋
은 생각이 아니라고 했잖아." 아니면 속으로 이렇게 느끼겠죠. "그 봐, 내가
따라가니까 이렇게 내가 점수를 따잖아. 그게 정말 잘못됐다는 걸 다른 사람
이 알게 하자."

치료자: 그게 이겨서 점수를 따고 소신을 지키는 유일한 길인 거군요. 따라가면서 다
른 사람이 잘못되었다는 걸 증명해 보이는 식으로 말이죠.

내담자: 그렇죠. 그 사람들이 옳은 것으로 밝혀지면, 아, 그러면 좋죠. 그러면 내게도
득이 되고 다른 사람에게도 그렇고요. 하지만 그렇지 않은 것으로 밝혀지면,
저는 체면을 세운 셈이죠. 왜 강하게 논박을 해요? 아시는 것처럼, 그게 나쁜
감정을 일으키지 않고, 나중에 그들이 늘 옳은 것은 아니고 그들이 달라지려
면 누군가에게 귀를 기울여야 한다는 것도 좋게 확인시켜 주기도 하잖아요.

여기서 내담자는 자신을 주장하는 것 때문에 평가받거나 비난받는 것에 대한 자신의

기대가 현재 상황과 관련이 있다는 것을 부인하고 있다. 치료자에게 져 주듯이 상황이 진행되고 있음에도 불구하고 말이다. 이런 부인은 지금 여기에서의 치료 관계에 대한 회피로 보이며, 이는 그것이 당장 그녀에게 너무 큰 불안감을 유발하기 때문에 나타난다. 역설적이게도, 안전감을 확보하려면 그 전에 먼저 취약성을 인정할 수 있어야 한다. 내담자의 부인은 그녀가 지적으로 알고 있는 것과 정서적으로 알고 있는 것 간의 괴리 또한 반영하고 있다.

여기서 특히 중요한 것은 비난하고 이를 부인하는 교착상태, 치료자가 탐색하고 있는 대인관계 고리를 정확히 지속시키는 갈등, 즉 직면을 피하게 만드는 내담자의 감정 등을 치료자가 피해 갔다는 점이다. 이는 오래된 순환 고리에 다시 말려들지 않도록 항상 경계를 늦추지 않으려 하는 것을 보여 준다. 대신, 치료자는 다른 모습을 보여 주는데, 내담자의 순응이 초래하는 감정을 탐색한다. 이런 탐색은 더 생생하고 아픈 감정과 생각을 활성화한다("저를 책망할 거 같아요. '나는 가치 없는 사람이야.' '내 말은 중요하지 않아.' 하는 식으로요.").

이런 감정이 드러나면서, 내담자는 자신이 자기주장을 간접적으로나마 시도한 것에 대한 책임을 분명히 수용한다("그런데 일이 제대로 풀리지 않으면 저는 승리감을 느끼며 다른 사람에게 이렇게 말하겠죠. '그 봐. 내가 처음에 그건 좋은 생각이 아니라고 했잖아.'"). 이 점은 치료 과정에서 결정적으로 중요한 교류로 간주된다. 내담자는 자신이 이전에 부인했던 행동을 인정하고 있다. 치료자는 그 행동이 그녀가 자신의 소신을 유지하는 유일한 방법이라고 이해하고 있음을 전달함으로써, 내담자가 수용할 수 없을 것처럼 여겼던 행동준비성에 대한 인정을 촉진하도록 시도한다.

치료자: 기대했던 대로 일이 잘 되지 않게 되면……

내담자: 음, 일이 잘되지 않게 되면…… 저는 논쟁을 하지 않았으니까, 저는 비협조적이라는 얘기를 들을 필요가 없고 다른 사람들은 제가 한 말이 가치가 있다는 것을 알게 되겠죠.

치료자: 그렇군요. 그러면 이렇게 말할 수 있겠네요. "내가 당신한테 그렇게 얘기했잖아."

내담자: 예. 속으로 그렇게 말하겠죠. 말로 그렇게 하지는 않을 거 같지만, 속으로는 그럴 거 같아요. "내가 그렇게 얘기했잖아. 네가 내 말에 먼저 귀를 기울였다

　　면, 혹은 네가 네 방식대로 하자고 그렇게 단호하게 얘기하지만 않았어도 결
　　과는 아마 달라졌을 거야."

치료자: 예. 생각하고 있는 것을 겉으로 얘기하지는 않을 거라고요?

내담자: 예.

치료자: 속으로만?

내담자: 그렇죠.

치료자: 다른 사람에게 협조적으로 비치면서, 결국에는 "그 봐. 내가 그렇게 얘기했잖
　　아." 다른 말로는 "내가 옳았어." 이렇게 되어서 만족감을 느낄 거다.

내담자: 그렇죠.

치료자: 제 생각에는, 당신을 질책할 것 같아서 당신이 다른 사람의 뜻을 따르기로 했
　　을 때, 이후에 느끼는 감정이 중요해 보입니다.

내담자: 으흠. 많은 사람이 제 생각에 콧방귀를 뀌어요. 상사 같은 내가 만나는 많은
　　사람이요. 만약 선생님이 어떤 제안을 했는데, 사람들이 그것에 대해 "우리는
　　그렇게 할 수 없어요! 그렇게 하는 것은 절대 소용없을 겁니다!"라는 반응을
　　보였다고 하죠. 그리고 두세 달 후 상사가 더 좋아하고 오랫동안 알고 지내
　　온 다른 누군가가 그 제안을 하죠. 그런 일이 저는 있었어요. 누가 회의에서
　　그 아이디어를 냈어요. 상사는 "오, 참 좋은 생각이네요!"라고 말해요. 그러
　　자 그 사람이 이렇게 말하죠. "아, 제 생각은 크리스틴이 몇 달 전에 이미 얘
　　기한 겁니다." 그리고 저는 그들의 표정을 살펴보죠. "와, 내가 이번에는 한방
　　먹였어." 하는 생각이 들어요. 그리고 돌아가서 속으로 말하겠죠. "내가 미치
　　지 않았다는 걸 나는 알아."

　　내담자는 일이 다른 사람들의 뜻대로 되지 않았을 때 자신이 경험할 만족감과 인정받
는 느낌에 대해서 더 깊이 인식하고 있다. 다시 한 번, 치료자는 솔직해지기 위한 자신의
노력을 인정받기 위해 자신의 한 부분을 포기해야 하는 경험에 대해 공감해 준다. 그러
고 나서야 그녀는 그렇게 하는 과정에서 뭔가를 희생시키고 있는 자신의 간접적인 시도
에 대해 알아갈 수 있을 것이다.

　　치료자: 좋습니다. 잠깐 우리 상황으로 돌아갈 수 있을까요?

내담자: 예.

치료자: 이제 제가 당신에게 뭔가를 부탁할 겁니다.

내담자: 예.

치료자: 당신은 여러 이유로 그렇게 하고 싶지 않다고 느낍니다. 아시겠죠? 그리고 제가 말할 겁니다. "아, 아무튼 당신은 그렇게 할 건가요?" 그러면 당신은 이렇게 말하겠죠. "좋습니다. 그렇게 하지요."

내담자: 당신이 저를 비협조적이라 생각하기를 원하지 않으니까요.

치료자: 그러면 그동안 당신 안에서는 어떤 느낌이 올라올 것 같으세요?

내담자: 그게, 저의 한쪽에서는 일이 잘 되기를 바라는데 다른 한쪽에서는 일이 잘 되지 않기를 바라겠죠.

치료자는 현재 상황에 초점을 두려고 다시 시도한다. 내담자의 대인관계 고리를 일반적인 용어로 탐색하는 것도 가치 있지만, 그녀가 치료자와의 관계에서 이전에는 부인했던 행동을 직접 인정해 보도록 하는 것은 특히 더 중요하다. 왜냐하면 이 과정에서 직접적인 방식으로 자신을 주장하는 것은 부정적인 결과를 가져올 거라는 역기능적인 기대를 치료자와의 상호작용 속에서 검증해 볼 기회를 갖기 때문이다. 내담자가 현재 당면한 상호작용 중에 자신의 감정을 탐색해 볼 수 있다는 사실은 치료자의 입장이 그녀에게 충분히 전달되어서 그녀가 더 큰 위험을 무릅쓰도록 하는 것(즉, 그녀의 역기능적인 대인관계 도식에 제대로 도전해 보는 것)임을 보여 준다. 치료자의 탐색에 대한 반응으로, 그녀는 치료자의 개입에 대해서 자신이 갈등적인 욕구(개입이 성공하기를 바라는 동시에 성공하지 않기를 바라는)를 갖고 있음을 이제는 알 수 있으며, 이는 그녀의 행동에 대한 책임을 수용하는 과정에서 보자면 큰 진전이다. 이후 회기들에서 치료자의 반응이 도식과 합치되는지 그렇지 않은지에 대한 내담자의 지각은 그녀가 자신의 부인하는 행동준비성을 알아 가는 과정을 계속할 수 있을지를 정하는 데 중요한 역할을 할 것이다.

내담자는 자신의 현재 태도에 대한 책임을 이제 수용하기 시작했다. 이 과정에서 중요한 것은 그녀의 뜻과는 상관없이 그녀가 치료 과제를 엄격히 수행하게 하는 것이 아니라 치료 과제에 대한 그녀의 갈등적인 감정을 제대로 인정하도록 돕는 것이다.

CHAPTER
09
일반적인 임상적 주제

치료 초점 유지하기

　보다 구조화된 형태의 치료에서 치료자는 치료 초점을 유지하기 위해 적극적인 역할을 하는데, 이런 역할은 내담자와 협력해서 치료 계획(agenda)을 세우고 그 계획을 담도록 회기를 구조화함으로써 이루어진다(Beck et al., 1979). 이 책에서 소개하고 있는 보다 과정지향적인 인지치료 접근에서는 미리 회기를 구조화하는 것이 항상 가능하지는 않다. 그럼에도 불구하고 치료 초점을 유지하는 것은 필수적인데, 특히 낭비할 회기 수가 거의 없는 단기치료에서는 더 그렇다. 그렇다고 장기치료도 예외는 아니다. 적절한 치료 초점을 유지하지 못하는 것은 회기의 방향성을 잃게 해서 치료에 임하는 내담자의 사기를 저하시킨다.

　여기서 우리는 이 책에서 이미 소개한 치료 초점 유지를 위한 다양한 지침을 요약할 것이다. 첫째, 많은 정신역동 이론가가 제안했듯이(예: Mann, 1973; Luborsky, 1984; Strupp & Binder, 1984), Strupp과 Binder가 '역동적 초점'으로 일컬었던 것이나 Luborsky가 '핵심적인 갈등 관계' 주제라는 용어로 표현했던 것을 짚어 보는 것은 회기의 초점을 잡아

가는 데 중요하다. 하지만 치료자가 내담자의 내적 작동 모델에 대한 선입견으로 인해 편협해질 수 있고, 이로 인해 개념화가 계속해서 제약받을 수 있음을 아는 것 또한 중요하다. 내담자의 내적 작동 모델에 대한 개념화는 획일적이어선 안 된다. 그것은 이어지는 상호작용을 평가할 때 암묵적으로 적용해 볼 수 있는 배경 정보 중 하나로 기능해야 한다.

둘째, 치료자는 치료 상호작용에서 일어나는 것에 대한 평가를 계속해서 해야 하는데, 늘 다음과 같이 질문해야 한다. "내담자에 대한 내 감정은 무엇인가?" "내담자의 내적 경험은 무엇인가?" "내담자가 내게 주고 싶어 하는 영향은 무엇인가?"

셋째, 치료자는 내담자가 당장 경험하고 있는 정서가 무엇이고 경험적으로 내담자에게 생생한 것이 무엇인지 항상 평가해야 한다. 변화는 내담자가 정서적으로 즉각적인 방식으로 경험을 처리하고 있을 때 가장 잘 일어난다. 게다가 정서는 내담자에게 주관적으로 의미 있는 사건과 경험을 알려 주는 지표다. 그래서 치료자는 정서에 대한 단서가 될 만한 내담자의 비언어적인 행동, 예를 들면 어조의 변화나 신체 표현 같은 것에 주의를 두어야 한다.

치료자는 내담자가 특히 추상적이고 지적인 수준에서, 혹은 특히 경험적인 수준에서 정보를 처리하는지 계속해서 주시해야 한다. 내담자중심 전통에서 바라보는 경험하기에 대한 개념(Klein, Mathieu-Coughlan, & Kiesler, 1986)은 특히 여기서 경험을 보는 개념과 관련된다. 경험하기 정보를 고차 수준에서 처리하는 것은 다양한 다른 형태의 심리치료에서 좋은 치료 결과를 가져오는 것과 관련이 있음이 확인된 바 있다(Klein et al., 1986). 경험하기 개념은 두 가지 요소를 포함한다. 첫째는 내담자가 거리를 두고 지적으로 정보를 분석하지 않고, 자신의 내적 경험 및 감정과 접촉해서 정보를 처리하도록 요구한다. 둘째는 내담자가 자기에 대한 지적과 관련하여 개방적이고 탐색적인 시각으로 문제를 바라보고 정보를 처리하도록 요구한다. 이 두 요소는 반드시 합쳐져야 한다. 즉, 내담자들이 당장의 경험과 감정에 주의를 두지 않은 채 자신에 대한 탐색을 위해 주지화된 질문을 던진다면, 그들은 경험적으로 정보를 처리할 수 없을 것이다.

하지만 내담자가 이 두 요소를 결합해서 경험을 처리하면, 그들은 타인과의 상호작용에서 자기에게 갖게 되는 핵심 신념들을 수정할 가능성을 갖게 된다. 정서적으로 정보를 처리하는 것은 사건이 자신에게 갖는 진정한 의미와 접촉하게 해 주는데, 이는 Frijada (1988)의 주장대로 정서가 가치, 목표, 체계 전체에 대한 관심을 반영하기 때문이다.

끝으로, 치료자는 내담자에게 주관적으로 가장 중요하고 의미 있는 경험들에 초점을 두고 반영해 줌으로써 내담자가 하는 경험을 더욱 깊이 있게 만들어야 한다. 따라서 치료자의 공감적 반응은 내담자가 치료자에게 이해받고 있다는 것을 알게 할 뿐 아니라 내담자의 경험을 더욱 선명하고 확실하게 해 준다. 이는 치료자가 내담자의 감정을 잘 선택해서 반영해 줄 때, 내담자가 하는 소통에서 주관적으로 중요한 부분들에 정확하게 공감해 주어야 함을 의미한다(Rogers, 1961; Rice, 1974; Gendlin, 1981).

앞서의 지침을 명심하면, 치료자는 구조를 부여해서 진술한 치료 과정에 둔감해지는 일 없이 핵심 쟁점에 치료 초점을 맞출 가능성을 높일 수 있을 것이다.

치료자 활동 수준

내담자중심치료나 정신역동치료 같은 접근과는 달리, 인지치료자는 전통적으로 내담자를 위해 회기를 구조화하고 과제를 할당할 때 적극적이고 지시적인 역할을 해 왔다. 그것이 적절할 때, 이론상 치료자가 적극적이 되지 못할 이유는 없다. 하지만 부적절하게 적극적이 되는 것은 부적절하게 수동적이 되는 것만큼이나 임상적으로 문제가 된다. 치료자는 구체적인 내담자의 필요에 맞게 자신의 활동 수준을 적절히 하는 것이 필요하다.

그 정도를 가늠하는 데 있어서 두 가지 일반적인 고려 사항이 유용할 수 있다. 첫째는 내담자의 핵심적인 역기능적 대인관계 도식이다. 그 성질에 따라 치료자의 활동 수준은 내담자에게 다른 의미를 가진다. 예를 들면, 자신이 무력하다고 믿고 있고 그래서 치료자가 늘 충고와 지지를 해 주어야 한다고 생각하는 내담자가 있다면, 지나치게 적극적인 치료자의 모습은 내담자의 역기능적인 대인관계 도식을 확증시켜 줄 것이다. 혹은 독립적인 어떤 행동이라도 타인에게 위협이 될 것이라는 역기능적인 신념을 갖고 있는 내담자가 있다면, 치료자는 내담자가 독립적으로 행동하도록 격려하고 불필요한 지지를 해 주지 않음으로써 자신이 위협적이지 않음을 보여 주는 것이 중요하다.

반대로 의존적인 어떤 행동도 거절이나 버려짐을 초래한다고 믿는 내담자라면, 다소 소극적인 역할을 하고 치료에 적극적으로 참여하는 것을 피하는 치료자일 경우 내담자의 역기능적 신념을 확증시켜 줄 것이다. 이런 경우에는 인지치료자들이 전통적으로 취하는 입장을 받아들여서, 치료자가 훨씬 더 적극적인 역할을 하는 것이 도움이 될 것이다.

두 번째 일반적인 원칙은 최적의 좌절 원칙이다(Kohut, 1984). 궁극적으로는 자율적으로 행동하도록 배우고, 타인을 통해 간접적으로 지지를 얻기보다는 자기 안에서 지지를 얻도록 배우는 것은 내담자의 관심에 달려 있다(Perls, 1973). 그래서 내담자가 탐색을 통해 홀로 서는 것을 배워 가는 과정에 안전 기지가 필요한데, 치료자의 활동이나 지지는 그 안전 기지를 세우는 데 필요한 만큼 세심하게 조절되어야 한다. 한편, 치료자는 너무 많은 지지를 제공함으로써 내담자가 스스로 할 수 있는 기회를 빼앗는 일이 없도록 해야 한다. 흔히 내담자들은 자신의 능력을 과소평가하고 환경에서 더 많은 지지를 끌어내고 싶어 한다. 그래서 내담자가 자기지지를 개발할 수 있도록 하려면, 치료자는 내담자의 불안을 줄여 주고 작업 동맹을 적절히 유지하는 데 필요한 지지가 어느 정도인지를 항상 살펴야 한다. 지지와 좌절 사이의 최적의 균형은 계속해서 변한다. 그래서 치료자는 이 균형점을 가늠하기 위해 임상적 판단에 의지해야 한다.

관련된 한 가지 원칙은 Luborsky(1984)가 치료의 지지적이고 표현적인 면들의 균형 잡기라고 기술한 것이다. 내담자가 자기탐색 과정에 안심하고 참여할 수 있으려면, 불안 수준이 이 과정을 허용하도록 충분히 잘 조절되어야 한다. Sullivan(1953)이 강조했듯이, 불안은 외적 및 내적 경험 과정 모두를 방해한다. 그러므로 치료자는 내담자의 불안 수준을 계속해서 평가해야 하는데, 이는 내담자가 치료 관계에서 자기탐색 과정을 계속하는 데 필요한 지지와 안전감을 현재 충분히 경험하고 있는지 알아보기 위해서다.

만약 치료자의 평가 결과, 내담자가 치료 관계에서 안전감이 부족하여 불안을 지나치게 느끼기 때문에 자기탐색이 방해받고 있다면, 치료자는 더 많은 지지를 제공해야 한다. Luborsky(1984)가 제안했듯이, 내담자 지지를 위한 우선적인 방식은 치료 동맹에 대한 그들의 경험을 촉진하는 것이다.

치료에서 이론적 배경의 역할

인지행동치료에서는 내담자에게 치료의 이론적 배경(rationale)을 전달하는 것의 중요성을 강조한다(Beck et al., 1979; Burns, 1980; McMullin, 1986). 우리는 이것이 어떤 치료 접근에서든 매우 유용한 요소라고 생각하며 심리치료의 다른 접근에서는 과소평가되고 있는 부분이라 여긴다. 치료의 이론적 배경을 알려 주는 것이 치료 과정에서는 어떤 역할을 하는지 살펴보는 것이 필요한데, 그래야 이런 개입을 할 때 우리가 고려해야 할 사항들을 보다 정교하고 세분해서 살펴볼 수 있다.

본질적으로, 치료의 이론적 배경을 알려 주는 것은 치료 동맹의 발달을 촉진시킨다(Luborsky, 1984). 우리가 치료 동맹을 Bordin(1979)이 주장한 차원들, 즉 과제, 목표, 유대 등으로 개념화한다면 치료의 이론적 배경을 알려 주는 과정은 이 세 차원 중 어느 하나 혹은 전부를 강화해 줄 것이 분명하다.

예를 들면, 내담자에게 감정과 생각의 관계에 대해서 알려 주고(Beck et al., 1979) 감정이나 생각을 알고 있는 것의 가치를 명료화해 주는 것은 치료 동맹의 과제 차원에 대한 합의를 촉진시킬 수 있다. 한편, 치료 표적을 구체화하고 변화를 위한 계획을 세우는 것은 목표 차원과 관련이 있다. 어떤 맥락에서는 치료자가 특정한 치료 절차의 목적에 대한 내담자의 물음에 반응해 주고 내담자의 염려에 주의를 기울임으로써 안심시켜 주는 행동이 치료 동맹의 유대 차원을 촉진시킬 수 있다.

이런 이유 때문에, 치료를 시작할 때 치료 동맹을 증진시키는 한 방법으로 치료자가 치료의 이론적 배경에 대해서 짧게 소개하고 그것이 내담자에게 제대로 전달되었는지를 확인하는 것이 도움이 된다. 치료가 계속되는 중에 치료자는 긴장 같은 것이 탐지될 때마다 동맹을 강화하기 위한 한 방법으로 치료 과정에서 현재 진행 중인 것을 내담자가 잘 이해하고 있는지 살펴보고, 내담자가 혼란스러워하거나 모호해하면 다시 설명해 줘서 명확히 하는 것이 필요할 수 있다. 이런 방식으로 치료자는 내담자가 가질 수 있는 조정당함에 대한 근심을 줄여 주거나 혼란으로 인해 경험할 수 있는 불안을 감소시켜 줄 수 있다.

그러나 이론적 배경을 알려 주고 동맹을 촉진시키려는 치료자의 첫 시도가 성공하지 못하면, 치료 관계에 대한 내담자의 현재 경험을 깊이 탐색해 보는 것이 좋다. 그 이유는 회의적인 내담자를 설득하려 애쓰기보다는 회의적인 시각 아래 있는 감정과 지각을 탐색해 보는 것이 중요하기 때문이다.

내담자는 회의적이거나 비판적인 느낌을 갖고 있을 때 이론적 배경을 이해하지 못하겠다고 말하는 경우가 흔히 있다. 결론적으로 말하면, 치료자와 내담자 사이의 교류에 대한 대인관계적인 의미는 교류의 내용보다 훨씬 더 중요하다. 왜냐하면 특정한 맥락에서 구체적인 이론적 배경을 이해하거나 납득하는 내담자의 능력은 치료자에 대한 내담자의 지각과 교류의 의미에 의해 채색될 것이기 때문이다.

치료적 관여

　내담자가 치료에서 도움을 받으려면 치료 과제에 참여해야 한다. 그 과제들에는 구체적인 행동 과제부터 추상적이고 섬세한 인지적·정서적 과제까지 포함되어 있다. 보다 섬세한 인지적·정서적 과제에는 자신의 내적 경험을 추적해 보고, 진짜 감정을 경험해 보고, 특정한 사건이 자신에게 갖는 진짜 의미가 뭔지를 명료화해 보는 것을 목적으로 하는 자기탐색 과정에의 참여와 같은 활동이 포함된다.

　치료 과제가 명확하고 구체적이면 내담자가 그 과제를 하고 있는지 알아보는 것은 꽤 쉬운 일이다. 예를 들면, 다음 상담 시간까지 집에서 자기비난적인 생각들을 모니터해서 적어 오도록 하는 과제를 내담자가 해야 한다면, 완성한 자동적 사고 기록지를 가져오는 것이 과제를 했다는 구체적인 증거가 된다. 혹은 공포증을 느끼는 상황에 있어 보거나 강박적인 의식 행동을 하지 않는 것이 과제라면, 그 과제를 실제로 했는지를 확인하는 것이면 충분하다. 보다 행동적인 지향의 접근에서는 내담자가 처방받은 과제를 수행하지 않으면 예정대로 치료가 진척될 수 없는 것으로 받아들인다.

　섬세한 인지적·정서적 과제에서는 내담자가 제대로 진정성 있게 과제를 수행하는지를 알아보는 것이 훨씬 어렵다. 내담자가 심리적으로는 과제에 임하고 있지 않으면서 겉으로만 행동적으로 과제를 수행하는 것이 얼마든지 가능하다. 예를 들면, 내담자가 자동적 사고를 겉으로는 모니터하고 도전할 수 있지만, 심리적인 수준에서는 충분히 과제를 수행하고 있지 않을 수 있다. 극단적인 경우에는 내담자가 치료가 효과가 없다는 것을 증명해 보이기 위해서 치료 계획에 따라 과제를 수행하는 모습을 보일 수 있다.

　이런 이유로 치료자는 내담자가 전반적이고 관찰 가능한 수준에서 치료 과제를 수행하는 것뿐만 아니라, 섬세한 심리적인 수준에서도 과제를 잘 수행하고 있는지 눈여겨볼 필요가 있다. 두 번째 수준에서 참여하고 있지 않다면, 치료자는 그것 자체를 주요 치료적 탐색의 초점으로 삼을 필요가 있다. 치료 과제에 냉소적으로 접근하는 내담자라면 삶의 많은 활동에서도 유사한 방식으로 접근하고 있을 가능성이 높다. 치료 과정에 걸림돌이 되는, 제대로 참여하지 않는 내담자의 태도는 내담자가 삶에서 뭔가를 이루거나 대인관계를 할 때에도 장애가 될 수 있다. 그런 경우에 치료자는 자신의 감정과 미세한 비언어적인 행동들을 관찰함으로써 무엇이 일어나고 있는지 가설을 세워 볼 필요가 있다. 이런 종류의 패턴을 찾아서 살펴보는 작업은 인지-대인관계 순환을 찾는 데 요구되는 것과 동일한 원리들에 의해 도움을 받을 수 있다.

예를 들면, 내담자가 치료에서 다양한 과제를 수행하려고 애쓰지만, 치료자는 내담자에 대해서 미묘하게 성가시고 짜증 섞인 감정을 경험하고 있음을 알았다. 이런 감정들과 그것들을 일으키는 대인관계 표식을 탐색하는 것은 치료자가 내담자 안에 있는 빛바랜 애처로운 특성을 알게 해 주었다. 치료자는 그것이 내담자가 그 자신에게 요구되는 것을 하고는 있지만 그것의 요점을 제대로 알지 못하고 있다는 것을 은근히 말하고 있는 것처럼 느꼈다.

치료자가 자신의 지각에 대해 내담자에게 비판단적으로 말했을 때, 내담자는 자신의 경험을 살펴보기 시작했고 치료자의 지각이 실제로 자신의 경험을 반영하고 있음을 인정할 수 있었다. 보다 깊은 탐색은 내담자가 자신의 삶의 다른 영역들에 스며들어 있던 공허하고 절망적인 태도에 주목하게 해 주었다. 일단 내담자가 이런 태도가 치료 장면과 일상생활 모두에서 자신의 경험에 전반적인 영향을 미치고 있음을 분명히 알게 되자, 내담자는 좀 더 심리적으로 관여해서 참여하려는 실험을 할 수 있었다. 심리적인 관점에서의 이 같은 미묘한 변화를 수반한 실험은 치료에 영향을 주기 시작했고, 이는 치료 동맹의 향상으로 이어졌으며, 결국 변화가 일어나기 시작했다.

어떤 상황에서는 내담자가 치료 과제에 진심으로 참여하고 있는지를 치료자가 판단하기 어려울 수 있다. 치료자가 관찰 가능한 구체적인 행동 과제를 내주지 않았다면 특히 더 어려울 수 있다. 이 경우 유용한 한 가지 전략은 관찰 가능한 구체적인 과제를 내주는 것인데, 내담자가 치료 과제에 적극적으로 임하지 않음을 인정하지는 않더라도 명확한 행동 과제를 수행하지 못한 것은 분명하기 때문이다. 치료자는 이런 증거에 내담자가 주목하게 할 수 있는데, 이는 내담자에게 적극적으로 참여하지 않는 것과 관련된 기저의 기대 및 태도를 탐색해 보게 하거나 확실한 직면을 하게 해 줄 수 있다. 이 직면 안에서 내담자는 충분히 깨어 있는 상태에서 자신이 지금의 치료 과제에 기꺼이 참여할지에 대한 실존적인 선택을 하도록 요구받는다.

안전 조치 인지에 도전하기

인지치료자는 상황에 대한 직접적인 반응(reaction)인 역기능적 인지 평가, 그리고 내담자의 핵심적인 자기감과 대인관계에 대한 주관적인 느낌을 유지시키는 데 기여하는 것들을 구분할 수 있어야 한다. 인지 과정이 조직적이고 위계적으로 이루어져 있다면, 다양한 인지 과정은 전체 인지 구조에서 다른 역할을 하고 있을 것이다. 핵심 층에는 자기와 타인에 대한 기본적인 신념 및 타인과의 관계를 유지하기 위해서 자신이 어떤 사람이 되어야 하는지에 관한 신념이 있다. 표면적인 층에는 자신의 자존감과 잠재적인 대인관계를 유지하기 위해 기능하는 인지 구조와 과정들이 있다(Safran et al., 1986). 그래서 개인은 예를 들어 자신에 대해서 과장되게 긍정적으로 평가할 수 있다. 일부 인지치료자는 자기에 대한 지나치게 긍정적인 평가가 비현실적으로 긍정적인 자기도식에서 비롯된 것이라고 본다(예: Winfrey & Goldfried, 1986). 그러나 자신이 이상적으로 되고 싶다는 환상과 근본적인 자기감을 구분하는 것은 중요하다. 예를 들면, Horney(1950)는 개인의 실제 자기와 이상적인 자기를 구분하였다. 그녀에 따르면, 사람은 깊숙이 있는 부적절감을 보상하기 위해서 자신에 대한 이상화된 상을 발달시킨다. 그녀는 신경증적인 사람은 이런 이상적 자기를 실현하는 데 자신의 에너지를 낭비하고 있는데, 치료 과제는 실제 자기를 실현하는 데 그 에너지를 쓸 수 있게 해 준다고 보았다.

고양된 자기감은 기저의 취약감을 보상해 주는 것을 돕는 기능을 하는데, 이에 더해서 사람들은 불안을 줄이고 자존감을 높이기 위해 정보를 지속적으로 왜곡하기도 한다. 앞서 언급했듯이, 이런 종류의 인지적 조작들은 자신의 불안을 줄여 주고 잠재적인 대인관계에 대한 주관적인 느낌을 유지시켜 주는 안전 조치로 간주될 수 있다.

예를 들면, 여성들이 자신에게 아주 매력을 느낀다고 반복해서 말하는 사교적으로 미숙한 한 남성 내담자가 있다. 치료자가 그것을 어떻게 아는지 그에게 묻자, 그는 '그냥 느낄 수' 있다고 대답했다. 치료자의 평가를 보면, 이런 상황에 대한 내담자의 비현실적인 평가는 그가 여성들과 보다 의미 있는 관계를 갖도록 사회적 기술을 발달시키는 것을 방해하고 있었다. 그래서 치료자는 지각의 증거들을 구체적으로 얘기해 보도록 내담자에게 요구함으로써 상황에 대한 그의 지각에 도전을 시도했다. 그러나 치료자가 그의 지각에 도전하면 할수록, 그는 자신의 믿음을 더 고집했다.

이런 상황에서 내담자의 지각에 대한 치료자의 도전은 성공하기 어려운데, 그 이유는 그 상황에 대한 내담자의 왜곡이 그를 위해서 자존감과 주관적인 대인관계 느낌을 유지시켜 주는 기능적인 역할을 하고 있기 때문이다. 그래서 왜곡에 도전하는 시도가 기저의 개인적인 부적절감을 다루지 못하고 성공하지 못한 것은 놀라운 일이 아니다. 게다가 치료자의 도전은 여성들에게 수용되지 못하는 또 다른 예로 내담자에게 정확히 이해되었을 가능성도 있는데, 이런 수용되지 못하는 경험은 내담자의 기저의 근본적인 부적절감과 관련이 있다. 내담자가 이런 상황에서 자신의 안전 조치들을 내려놓도록 하기 위해서는, 먼저 그렇게 할 수 있을 정도로 충분히 편안하게 느끼도록 하는 것이 필요하다. 그래서 내담자가 현실을 보다 정확히 보도록 하기 위해서 안전 조치들을 직접 공격하기보다는 지지적이고 공감적인 환경을 충분히 만들어 줘서 내담자가 자신의 기저에 있는 부적절감이나 취약감에 접촉할 수 있도록 하는 것이 필수적이다.

종결과 관련된 주제

앞서 지적했듯이, 이 책에서 소개하고 있는 접근은 장기 혹은 단기 치료에는 물론이고 시간제한적인 치료에도 적용될 수 있다. 우리의 경험에서 보자면, 단기치료를 하기로 했다면 치료를 해 가면서 종결에 대해서 얘기하는 것보다는 종결할 날을 미리 정해놓거나 진행할 회기 수를 미리 합의해 두는 것이 좋다(Beck et al., 1979; Mann, 1973; Sifneos, 1972). 하나의 이유는 그렇게 하지 못하면 흔히 종결일에 대한 협상이 치료의 주된 주제가 되는 결과를 초래할 수 있기 때문이다.

물론 종결일에 대한 협상이 장기치료에서는 중요한 치료적인 주제가 된다. 하지만 단기치료의 경우에는 짧은 시간(예: 6개월)이 지나갔을 때 내담자가 종결을 원하지 않을 가능성을 증가시킬 수 있다. 이 경우 시간을 늘리는 것에 대한 협상은 치료를 늘려 줄 정도로 치료자가 자신에 대해서 신경을 쓸지 의문스러워하는 내담자에게는 흔히 중요한 상징적 의미가 있을 수 있다.

치료 기간이나 종결일을 미리 정해 놓는 것은 내담자가 더 절실하게 목표의식을 갖고 상담에 임하도록 격려해 주기 때문에 실제로 치료 과정을 촉진시킬 수 있다.

많은 내담자가 종결이 임박해 오면 관계에서 분리의 의미와 관련된 중요한 주제나 걱정이 활성화된다(Mann, 1973). 자신이 처음에 기대했던 것만큼 치료에서 진전을 보지 못한 내담자의 경우, 종결일이 다가오는 것은 복잡하고 양가적인 다양한 감정을 일으킬 수 있는데, 이것들은 치료뿐만 아니라 치료자에게서 그들이 원하는 것을 얻었는지와도 관련된다.

우리 접근의 기본 가정은 사람들은 대인관계에 대한 타고난 욕구가 있고 많은 부적응적인 학습이 중요한 대인관계의 붕괴를 피하려는 노력에 의해 형성된다는 것이다. 치료에서 이루어지는 관계가 내담자에게는 잠재적으로 중요한 대인관계이기 때문에, 종결에 즈음해서 복잡한 감정과 이별을 다루는 특징적인(흔히 부적응적인) 방식들이 나타나기 마련이다. 그래서 치료자는 내담자에게 종결이 갖는 잠재적인 상징적 의미를 사려 깊게 살펴보고 종결이 다가오는 것을 이별에 대한 내담자의 특징적인 반응을 탐색할 기회로 여기는 것이 중요하다.

치료 초기에 치료자가 내담자의 핵심적인 관계 도식에 관한 그럴듯한 작업 가설을 세워 둘 수 있다면, 종결에 즈음해서 내담자와 특히 관련이 있을 수 있는 잠재적인 주제들에 대한 가설을 더 잘 생성해 낼 수 있을 것이다. 이것은 내담자의 과거력에서 누군가와 이별할 때 부적응적으로 강하게 반응했던 것이 확인된 경우 특히 중요하다. 예로, 어떤 내담자는 헤어진 연인이 자신을 보고 싶어 하지 않는데도 이별 후 수년이 지난 뒤에 다시 접촉을 하려 하는 등 관계를 끝내는 것에 어려움을 보였다. 게다가 이전 치료에서 이 내담자는 치료자와의 로맨틱한 관계에 대한 환상을 발전시켰으며, 치료가 끝나고 6년이 지난 뒤에 치료자가 그녀를 만나고 싶지 않다고 분명히 밝혔는데도 치료자를 만나려고 계속해서 노력하였다.

이 내담자의 과거력은 종결이 그녀에게 특히 문제가 될 수 있음을 시사하고 있다. 따라서 치료 초반부터 종결에 대해서 세세하게 작업하거나, 아니면 이별에 대한 그녀의 강한 반응을 다루기 위해서 충분한 시간을 가질 수 있도록 장기 심리치료를 하기로 하는 것이 적절할 것이다.

이 경우는 극단적인 예이긴 하지만, 임박한 종결은 내담자의 핵심적인 관계 도식과 관련된 감정, 태도, 신념, 관계 전략 등을 탐색할 기회를 흔히 제공한다. 예를 들면, 한 내담자는 타인으로부터 버림받는 경험을 피하기 위해서 계속해서 혼자 지내기를 고집하는 모습을 특징적으로 보였다. 이런 모습이 어떤 면에서는 적응적이었지만, 남자와 연애 관계를 지속하는 데 방해가 된다는 점에서는 역기능적이었다. 그녀와의 초기 상호작용과 부모나 중요한 타인과 그녀가 맺는 관계에 대한 정보에 근거해서, 치료자는 버림받는 것에 대한 두려움 때문에 그녀가 치료자 자신에게 정서적으로 애착하는 것이 어려울 것이라고 가정하였다. 치료가 중간 정도 진행되었을 때 치료자는 내담자에게 종결에 대해서 얘기를 꺼내기 시작했는데, 처음에 그녀는 그것에 대해서 전혀 신경 쓰지 않는다고 했다. 그러나 시간이 지나자 그녀는 앞으로 10회기가 지나면 치료자가 자신을 떠날 것이기 때문에 친밀한 상황에 대해서 치료자와 얘기를 나누는 것이 과연 가치 있는 일인지 의문을 보였다.

이는 그녀가 이별에 대한 엄청난 불안 때문에 타인과 친해지는 데 어떻게 어려움을 보이는지 탐색할 기회를 제공하였다. 치료 과정에서 두 사람은 이별이 어쩔 수 없을지라도 치료자와 보다 친밀하게 자신을 나누는 것이 가치 있을 수 있는지에 대해서 탐색해 보았다. 이 내담자와의 치료에서는 이별 가능성과 연합된 아픔에 대한 두려움 때문에 친밀감을 회피하기보다, 이별의 고통을 삶의 필연적인 한 부분으로 수용해 보며 친밀감을 회피하는 대가를 지불하고 그 고통을 회피할 수 있는지를 탐색하였다. 이 내담자에게 있어서 종결의 잠재적 의미를 조율함으로써, 치료자는 이별 주제와 관련된 내담자의 근본적인 신념들과 대인관계 책략들을 탐색하고 변화시키도록 내담자를 도울 수 있다.

어떤 경우는 치료자가 보기에 종결이 내담자에게 어느 정도 문제가 될 수 있겠다 싶어도 내담자가 종결에 대한 걱정을 인정하지 않을 수 있다. 여기서 치료자는 내담자에게 자신의 생각을 강요해서는 안 된다. 최선의 정책은 내담자가 종결에 대한 자신의 감정을 탐색해 보도록 초대하는 것이다. 하지만 만약 내담자가 얘기할 것이 없다고 하거나 거부하면 그 입장을 존중해 주어야 한다.

내담자가 걱정하지 않는다는 입장을 계속 보이면, 종결이 그 내담자에게 갖는 중요한 의미를 치료자가 잘못 가정한 것일 수 있으며 내담자는 실제로 염려하지 않을 수 있다. 치료자가 보기에는 내담자가 종결에 대해서 불안해하고 있는 것 같더라도, 내담자는 종결 후 치료자로부터 독립해서 살아가는 것을 진정으로 기뻐할 수 있다. Weiss와 동료들 (1987)이 지적했듯이, 어떤 내담자는 독립적인 모습을 보이는 것이 중요한 타인에게 해가 될 수 있다는 병리적인 믿음을 가지고 있다. 이런 내담자라면 내담자가 하는 말을 그대로 수용하는 것이 대인관계에 대한 내담자의 역기능적인 신념을 반박하는 중요한 역할을 할 수 있다.

단기치료의 어려움 중 하나는 치료자가 뭔가를 이루어 냈다고 느끼고 싶어 하는 것이다. 이것은 시작할 때부터 분명한 치료 목표를 세우고 그것을 이루기 위해 작업해 나가는 것을 전통으로 하는 인지치료에서 특히 그렇다. 그러나 우리의 경험에 따르면, 치료자는 내담자와의 모든 접촉이 잠재적으로 중요한 영향력을 가질 수 있음을 인식하는 것이 중요하며, 한편으로 내담자의 인생에서 그들이 하는 역할이란 것이 크게 보면 아주 미세한 것임을 명심해야 한다. 치료자는 변화에 대한 책임을 내담자에게 맡겨 놓고 치료가 끝날 때 자신이 어디에 있든 수용하는 것을 배워야 한다.

치료적인 만남이 끝난다고 해서 내담자의 변화 과정도 반드시 끝나는 것은 아니다. 때로는 종결 후에 내담자에게 극적인 변화가 일어나기도 한다. 이 점은 단기치료에서 더욱 그렇다. 때로는 치료 동안에 일어나는 사건들이 나중에 내담자가 만들어 갈 변화를 위한 씨를 내담자에게 심어 놓는 것일 수 있다. 때로는 내담자가 경험한 치료적인 만남이 충분히 신뢰할 만했다면 이는 내담자가 나중에 새로운 치료자와 치료를 다시 시작할 가능성을 높여 줄 수도 있다.

이처럼 일생이라는 안목에서 바라보는 것은 지금 당장의 변화에 연연하는 압박감을 줄여 주고 치료 동안에 일어나는 작지만 그럼에도 중요한 변화들에 보다 개방적이고 수용적이 되도록 해 준다. 반대로 큰 변화를 만들어 내고자 하는 압박감을 느끼는 치료자는 작고 중요한 변화에 대해서 제대로 자각하지 못하기 쉽고 내담자를 있는 그대로 수용하는 것이 어려울 수 있다.

치료가 끝날 때 진전에 대한 내담자의 생각이 자신의 능력에 대한 전반적인 평가라고 여기는 치료자라면 이 점이 특히나 어려울 수 있다. 치료자는 자신과 내담자 모두에 대해서 수용적이어야 한다. 치료자는 주어진 자신의 역량과 지식 안에서 내담자의 성장을 위해 그 당시에 자신이 최선을 다했음을 인정하고 믿어야 한다.

치료자가 이처럼 자신에 대해서 수용적이지도 온정적이지도 못하다면, 내담자를 위해서 가장 도움이 되는 수용적이고 온정적이며 관조적인 태도를 발전시키는 것이 어려울 것이다. 그러나 어느 정도 관조적인 태도를 유지할 수 있으면, 종결할 때 내담자가 어떠하든 수용할 수 있으며, 이는 내담자가 처음에 기대했던 극적인 변화를 이루지 못했을 때 특히 더 중요하다.

종결 시 드러나는 모든 것은 내담자의 내적 작동 모델이나 치료자와 내담자의 관계에서 그것이 갖는 의미 면에서 체계적으로 이해되고 가능한 한 충분히 탐색되어야 한다. 그것이 치료자가 얼마나 유능한지를 보여 주는 것으로 이용되어서는 안 된다.

조기 종결

　내담자가 조기 종결을 원하는 경우에도 치료자의 관점에서 보자면 동일한 원리가 적용된다. 여기서 중요한 원칙은 내담자가 문제가 있거나 책망당한다고 느끼면서 치료실을 떠나게 해서는 안 된다는 점이다. 이 상황을 다루는 공식이 있는 것은 아니지만, 대개 치료자는 내담자가 조기 종결을 원하는 이유를 탐색해 보도록 도와야 하며 이런 탐색을 지지하고 촉진하는 적절한 분위기를 제공해야 한다. 내담자가 치료자를 의심하거나 비난하는 것처럼 보이는데도 이런 감정에 대해서 함께 얘기해 보는 것을 꺼리는 경우가 있는데, 이런 내담자들은 이와 같은 염려를 직접 다루기보다는 종결에 대한 다른 변명들을 흔히 늘어놓는다. 치료자가 허용적인 분위기를 제공해서 내담자가 부정적이거나 양가적인 감정을 탐색할 수 있으면, 종결의 이유가 해소되어 내담자는 종결을 하지 않기로 결심할 수도 있다.

　때로는 치료에 대한 내담자의 양가적인 태도를 탐색하는 것이 치료의 주된 초점이 될 수 있다. 다르게 말하면 이런 양가적인 태도가 타인과 관계를 맺을 때 내담자가 겪는 주된 고민일 수 있다. 예를 들면, 만약 타인이 자신을 지배하고 조정하려 한다고 지각하고 이런 이유로 의미 있는 관계를 형성하는 데 어려움을 겪는 내담자라면 치료자와 적절한 작업 동맹을 맺는 것 또한 어려울 수 있다. 버림받거나 보복당하는 것에 대한 두려움 때문에 내담자가 이런 고민들에 대해서 치료자와 얘기하는 데 문제가 있다면, 이 주제가 해결될 가능성은 희박하다.

　그러나 치료자가 이런 부정적인 감정을 내담자가 탐색하도록 충분히 잘 이끌어 주면, 부정적인 감정을 말로 표현해 보고 치료자의 행동이 대인관계에 대한 자신의 역기능적인 신념을 지지하지 않는다는 것을 관찰해 보는 것은 변화 과정에서 중요한 부분이 될 수 있다.

　내담자가 부정적이거나 양가적인 감정을 탐색하고 그것을 직접적으로 분명하게 표현해 보도록 최대한 허용하는 촉진적인 분위기를 만들어 주는 것이 중요하지만, 내담자가 그런 감정을 탐색할 수 없거나 하기 싫어한다면 그런 내담자의 태도 또한 존중해 주는 것이 마찬가지로 중요하다. 내담자가 조기 종결을 원하는 것이 치료자 자신의 유능성을 의심하는 것처럼 보일 때 치료자는 해석을 할 수 있는데, 이것은 내담자에게 아무리 흥미 있을 만한 내용이라 하더라도 결국에는 해가 되거나 파괴적일 수 있다는 점을 치료자는 반드시 기억하고 있어야 한다.

종결의 이유를 탐색해 보도록 최선을 다했고 그럼에도 내담자가 여전히 종결을 원하면, 치료자는 끝까지 존중하고 침범하지 않는 태도를 계속해서 유지하는 것이 중요하다. 내담자의 종결 이유에 대한 치료자의 가설이 틀렸을 수도 있다. 아니면 내담자들이 종결 이유를 좀 더 자세히 탐색할 수 없거나 탐색하기를 꺼린다면, 그 당시 자신을 보호할 필요가 있는 뭔가를 하고 있는 것일 수 있다. 이런 상황에서 내담자가 치료를 계속 받도록 압력을 주거나 병리화하여 해석하는 것보다 내담자에 대해 존중하는 태도를 계속 유지하는 것이 결국에는 보다 치료적일 것이다.

조기 종결을 다루는 방법에서 핵심적인 요소는 당연히 내담자의 대인관계 도식에 대한 평가다. 예를 들어, 자신이 독립적으로 행동하면 타인이 상처를 받을 거라는 신념을 갖고 있고 이를 중심으로 한 대인관계 도식을 가지고 있는 내담자라면, 종결에 대한 자신의 계획을 얘기하는 것은 역기능적인 기대에 대한 중요한 시험이 될 수 있다. 여기서 중요한 것은 치료자가 독립적으로 행동하려고 마음먹은 내담자의 결정을 존중하고 자신이 지나치게 걱정하지 않음을 내담자에게 보여 주는 것이다.

하지만 타인이 자신을 돌보기 위해서 충분히 많은 노력을 하지 않는다는 신념이 중심인 대인관계 도식을 가지고 있는 내담자라면, 치료를 그만두는 이유를 보다 적극적으로 탐색함으로써 치료자가 내담자를 돕고 싶어 하고 걱정하고 있음을 보여 주는 것이 중요하다. 치료자가 내담자의 대인관계 도식에 대한 작업 가설을 가지고 있는 만큼, 종결을 얘기하는 내담자의 의도를 최선으로 다룰 수 있는 방법과 관련한 정보를 더 가질 수 있다. 그래서 치료자는 조기 종결을 언급하는 것이 내담자에게는 여러 의미가 있을 수 있고 내담자가 치료에 계속 임하도록 하는 것이 반드시 최선의 관심거리만은 아니라는 점을 명심해야 한다.

다음의 축어록은 임박한 종결을 내담자의 역기능적인 대인관계 도식과 친밀한 관계에 대처하는 내담자의 특징적인 방식을 탐색할 기회로 삼은 예다. 20회의 상담 중에서 15회기의 내용 중 일부다. 이 지점까지의 치료 과정은 상당히 약한 치료 동맹 속에서 험난했던 것으로 보인다. 하지만 지금에서야 내담자는 치료자에게 어느 정도 신뢰감을 형성하고 있다.

치료자: 뭔가 다른 하고 싶은 말이 있으신 거 같은데요? 치료와 관련해서 우리가 제대로 하고 있는지, 그리고 어떻게 되어 가고 있는지와 관련해서요. 당신은 어떻게 하고 싶으세요?

내담자: 이제 어떻게 할지 잘 모르겠습니다. 그냥 선생님께 맡기고 싶고 선생님이 알아서 해 주시면 좋겠어요.

치료자: 제가 알아서 해 줬으면 한다?

내담자: 예. 선생님에 대한 믿음이 이제 좀 생겼거든요. 어느 정도 신뢰감이요. 아시겠지만 제게는 이런 경우가 흔치 않습니다.

치료자: 제가 받은 느낌은 당신이 다소 모험을 해 보겠다는 식으로 보이는데요?

내담자: 그렇습니다.

치료자: 원래는 매우 조심스러운 분이시지요?

내담자: 예.

치료자: 어느 정도 모험을 감수해 보겠다고요?

내담자: 예. 맞습니다. 선생님은 지금까지 제게 상처는 주지 않으셨거든요. 15회 상담을 하는 동안은요. 제가 생각하기에, 사실은 그동안 상담에서 힘든 과정을 거쳐 온 거 같습니다. 초반에는 불신감도 있었고요. 이제 저는 알고 있습니다. 선생님이 제게 해가 되지 않는다는걸요. 선생님은 저를 더 좋게 만들기 위해서 여기 계시지요. 제게 해가 될 수 있는 유일한 사람은 바로 저 자신이지요. 그런 상태입니다.

치료자: 저는 다른 누군가를 신뢰하게 되는 전체 과정이 매우 중요한 과정이라 생각합니다.

내담자: 예, 그렇죠. 긴 과정이지요.

치료자: 그렇습니다.

내담자: 예. 다른 사람도 이런지는 모르겠네요. 더 쉽게 신뢰하는지, 아니면 쉽게 신뢰한다고 말은 하지만 사실은 그렇지 않은지. 아무튼 제게는 긴 시간이 걸립니다. 왜지는 저도 모릅니다. 지금껏 아무한테도 제대로 의지한 적이 없습니다. 모든 것을 제가 짊어졌습니다. 사람들은 실수를 많이 하지요. 아무튼 저는 그렇게 봅니다. 부모님, 가족 등 모두가요.

치료자: 당신은 자신만을 철저히 의지하면서 살아오셨다는 얘기네요.

내담자: 저는 그렇게 생각합니다. 예.

치료자: 어느 누구에게도 의지할 수 없다.

내담자: 그렇습니다. 정서적으로 의지하지 않지요. 제가 스스로를 위로하죠. 혼자서 자신에게 말하기도 하고. 경제적으로는 별 문제 없습니다. 고모가 가까이 있었으니까요. 재정적으로 그녀가 그랬다는 겁니다. 그게 그녀가 돌보는 방식입니다. 실제로 어떻게 느끼는지 그녀가 얘기할 수 있을 거라고는 생각하지 않습니다. 그녀는 나타나지 않습니다. 저와 접촉 같은 건 하지 않지요. 저를 안아 주는 것 같은 일도 없고요. 아버지는 가까이 있지 않았습니다. 어머니도 그랬고, 여동생도 그랬습니다. 조부모님도요.

제 말은, 제 생각에 저는 모든 것을 가지고 시작했지만 어느 순간 모든 것이 사라졌습니다. 저는 화가 나고 상처를 받았고 오랫동안 우울했습니다. 항상 저는 그랬던 것 같습니다. 제가 저 자신을 회복시켜야만 했습니다. 아무도 저를 위해 뭔가를 해 줄 수 없었고 제가 잘 살아왔는지도 저는 모릅니다. 하지만 저는 최선을 다했습니다.

치료자: 당신이 할 수 있는 최선을 했다.

내담자: 예.

치료자: 당신을 위해서 누군가를 신뢰하기 시작한다는 것, 다른 사람에게 의지하기 시작한다는 것이 보통 일은 아니네요.

내담자: 그렇죠.

치료자: 쉬운 일이 아니다.

내담자: 예. 제가 느낀 것은 누군가를, 예를 들면 남자라든가, 누군가에게 의지하고 그 사람을 신뢰하면, 그 사람은 관계를 끝내고 언젠가는 나를 떠날 것이다. 내 옆에 있지 않을 거다, 그런 일이 일어날 거다. 나 자신을 위해서 그 사람이 그 자리에 있지 않을 거라는 두려움 같은 건데, 아시겠어요? 선생님이 마음을 열고 누군가를 받아들였는데, 그 사람이 갑자기 다시 가 버린 거죠. 그러면 큰 상처가 남죠. 그 뒤에 오는 아픔은 극복하는 데 상당한 시간이 걸립니다.

치료자: 그렇군요. 그와 관련해서 제가 궁금한 건 우리가 상담을 끝내면 어떤 생각을 하실까입니다. 5회기만 하면 우리가 하는 상담이 끝날 거니까요.

내담자: 예.

치료자: 제가 느끼기에는 당신이 이제 마음을 열고 당신의 일부분을 저와 나누기 시작
하셨거든요.

내담자: 그렇죠.

치료자: 그 시점에서 상담을 중단하면 어떠실 거 같으세요?

내담자: 글쎄요. 다시 얘기할 누군가가 필요할 때가 있을지도 모르죠. 아마도 그렇겠
죠. 그런 상황이 되면 제가 잘 해결해야겠죠. 제 얘기는 그렇게 되지 않을 방
법을 찾고 싶다는 건데, 아니면 제 스스로를 돌볼 수 있는 방법이라든가, 아니
면 어디로 가야 할지 혹은 뭘 해야 할지에 대해서 말이죠.

치료자: 그런 생각을 해 보신 적은 있으세요? 우리가 상담을 중단할 거라는 생각 같은 것?

내담자: 사실 생각을 해 봤습니다. 몇 주 전에요. 근데 그게, 몇 주 선생님을 뵙지 못했
기 때문인지 '낯선 것 같다'고 생각했죠. 선생님이 얘기하고 싶어 하시는 모
든 것, 그런 말을 해 줄 사람이 정말 아무도 없다는 것이요. 다른 누군가에게
얘기하는 방법을 배워야겠다고 생각했던 것 같기도 하고, 잘 모르겠네요. 하
지만 같은 반응을 경험할 것 같진 않아요. "바보 같다. 말도 안 되는 생각 좀
하지 마." 같은 얘기를 듣지 않도록 얘기를 할 수 있을지 모르겠어요.

남은 치료 동안의 목표에 대해 치료자가 질문했을 때, 내담자는 치료자에게 그것을
맡긴다고 말하고 있다. 이 내담자의 경우 신뢰와 불신 혹은 독립과 의존 문제가 아주 중
요한 주제라는 것을 이미 알고 있기 때문에, 치료자는 이 경험이 내담자에게 어떻게 와
닿는지를 탐색하려고 시도하고 있다. 이런 노력은 버려지는 것에 대한 두려움 때문에
누군가를 신뢰하는 것이 어려운 그녀의 문제를 탐색하게 해 줄 것이다. 그녀는 가족에
게서 버려진 경험이 그런 두려움을 만들어 줬다고 짧게 강조했지만, 이것이 여기서 자
세히 탐색되지는 못하고 있다.

그녀는 남자를 신뢰하기가 얼마나 어려운지에 대해서도 내비치고 있다. 이 점은 그녀
가 안정된 연애 관계를 맺지 못하는 것이 그녀의 주요 문제 중 하나이기 때문에 특히 중
요하다. 치료자는 그녀의 경험을 강조하면서, 치료 관계 및 임박한 종결과 관련해서 이
주제를 탐색하는 데 초점을 두는 쪽으로 돌아가고 있다.

그 후에(여기서는 생략된 부분에서) 내담자는 과거의 상실과 버려진 경험, 그리고 앞으
로 안정적인 대인관계를 맺지 못할 거라는 두려움 때문에 느끼는 슬픔에 좀 더 전반적

인 초점을 두었다. 그녀가 그 회기에서 슬픈 감정을 갑자기 차단해 버리자, 치료자는 그 순간에 그 감정을 충분히 경험하지 못하도록 방해하는 생각(기대)과 두려움을 탐색하기 시작한다.

치료자: 슬픈 감정을 경험하지 못하게 막은 것이 무엇인가요?

내담자: 제 속에서 그런 감정을 보았다면, 그것은 제가 선생님께 마음을 열었다는 것을 말합니다. 하지만 선생님은 사실, 아시다시피 친구는 아니잖아요. 선생님은 외부에서 오셨다고 해야 되나. 선생님께 관심이 없다는 얘기는 아니에요. 그게, 제 속에서 어떤 감정이 일어나서 제가 선생님과 가까워질 수도 있겠지만, 그리고 나서 다시 선생님은 저와 함께 있지 않게 되겠죠. 제 말이 무슨 뜻인지 아시겠어요?

치료자: 저도 그렇게 생각합니다. 맞습니다.

내담자: 그렇죠.

치료자: 중요한 얘기 같은데, 그렇죠?

내담자: 예.

치료자: 당신 안에 있는 진짜 친밀감을 일부 보여 준다면, 그건 당신 자신을 제게 개방하는 것일 텐데요.

내담자: 예.

치료자: 그리고 나서 제가 당신을 위해 더 이상 거기 있지 않을 것 같다는?

내담자: 예. 그럴 것 같습니다. 이해하시죠? 하지만 그러고 나면 나중에 저는 다른 사람이 되어 있을 것 같습니다. 저는 선생님의 이 방을 들락거리겠죠. 아시겠어요? 그게 제가 여기 있는 이유라는 걸 저도 압니다. 하지만 저도 어쩔 수 없어요. 그게 저니까요.

치료자: 그렇군요. 아, 참 중요한 얘기로 들리네요.

내담자: 예. 선생님께 제가 너무 많이 개방할 수도 있다는 겁니다. 아시겠죠? 저의 모든 것은 아니더라도. 아, 제가 지금 뭘 하고 있는 거죠? 제가 잘못하고 있는 건가요? 모르겠네요.

치료자: 당신이 잘못하고 있다고는 생각지 않습니다. 당신의 얘기가 중요하게 들립니다.

내담자: 예.

치료자: 당신은 존중받고 싶은 욕구가 있고 그게 진짜 관심사 같네요.

내담자: 예.

　치료자의 탐색에 대한 반응으로, 내담자는 치료자에게 버림받는 것에 대한 두려움을 개방하고 있다. 이것은 추상적이거나 주지화된 설명이 아니라, 슬픈 감정을 차단하고 있는 진행 중인 상황에서 정서적으로 생생하게 일어나고 있는 것이다. 치료자는 그녀의 감정을 나누도록 밀어붙이지 않고, 그녀의 자기보호 욕구에 대한 이해와 존중을 전하고 있다.

치료자: 그래서 "너무 많이 허용할 수 있다. 너무 많이 개방할 수 있다."라고 말한 거군요.

내담자: 그렇습니다.

치료자: "너무 많이 보여 주고, 그래서 내 자신을 완전히 열어 놓았는데, 선생님은 나를 위해 계속 있지는 않을 거다. 그게 내가 염려하는 거다."

내담자: 예. 그렇죠! 선생님이 제게 더 큰 의미가 있어지는 것 같은 거죠, 기본적으로는. 제 말은, 저는 이렇게까지 선생님을 신뢰하는데, 글쎄요, 그렇게 되면 저 자신을 누군가에게 맡기다시피 하는 느낌이죠. 제 말은 저와의 관계에서 그렇다는 겁니다. 제가 누군가와 잠자리를 가지면 그것은 그게, 제가 그들과 함께 있기를 원해서입니다. 그들에게 저를 맡기고 있는 겁니다. 제가 참 촌스러운 것 같네요. 선생님이 사랑하는 누군가와 잠자리를 가졌고 그걸로 끝났어요. 근데 그럴 수 있죠. 하지만 그렇지가 않습니다. 그게 나중에 선생님께는 상처가 될 수 있죠.

치료자: 그게 나중에 상처가 될 수 있다고요?

내담자: 예. 그렇습니다. 선생님은 단지 "나는 그 사람과 같이 잤어. 우리는 이런저런 걸 함께 했어."라고 느끼겠죠. 친밀감이라든가 하는 것 말이에요. 그리고 그는 아침에 깨어나 떠나겠죠. 근데 그게 제게는 정말 끔찍한 일이에요. 아시겠지만 저는 그렇게 대처할 수 없어요. 허락하고, 제 스스로 드러내고…… 근데 다른 사람에게는 그렇게 떠나가는 게 너무나도 쉬워 보인단 말이에요.

치료자가 자신을 보호하려는 내담자의 욕구를 강조하자 그녀는 자발적으로 현재의 경험을 남자들과 갖는 일반적인 친밀감 경험과 비교하고 있다. 그녀는 신뢰하는 것의 중요성과 어려움, 그리고 자신의 신뢰에 실망한 아픔에 대해서 얘기하고 있다. 치료자가 다른 관계와 연결지어야 할 필요는 보이지 않는다. 그녀는 자발적으로 치료 관계를 문제가 되는 대인관계 양상을 탐색하는 계기로 사용하고 있다.

치료자: 좋습니다. 제가 보기에 당신은 일반적인 경우를 말하고 나서 지금과 관련한 구체적인 경우도 들고 있네요.

내담자: 예.

치료자: 그래요. 당신이 실제로 자신을 드러내면, 당신은 상처를 입는다?

내담자: 예.

치료자: 그렇군요. 어떤 점에서는 그게 현실이네요, 그렇죠? 우리는 5회기를 남겨 놓고 있습니다.

내담자: 예.

치료자: 당신이 5회기 끝에 당신 안에 있는 뭔가를 실제로 드러낸다고 할지라도 우리는 이별의 인사를 나누겠죠.

내담자: 예.

치료자: 그렇게 당신은 상처를 입고 끝나는군요. 당신은 끔찍하다는 표현을 쓰셨는데요?

내담자: 예.

치료자: 끔찍하다.

내담자: 글쎄요. 저를 내버려 두면, 누군가에게 저를 실제로 열어 보이고, 저는 상처를 받고…… 그게 늘 있어 왔던 제 경험입니다. 저는 취약했습니다.

치료자: 그래서 모험이라고 했군요?

내담자: 맞습니다. '강해져야 해.' 그러니까 그건 중요한 게 아냐. '느끼지 마.'라는 태도를 취하든가, 아니면 끔찍한 감정에 압도돼서 '심장이 찢어지든가' 둘 중 하나를 선택해야죠.

치료자: 당신이 할 수 있는 유일한 선택이란 게 그런 거군요?

내담자: 예.

치료자: 스스로를 강하게 만들어라. 그건 오랜 시간이 걸려야 할 수 있는 것 같은데요?

내담자: 그렇죠.

치료자: 당신의 감정을 차단해 버린다든가. 정말 세네요. 아니면 실제로 개방을 하고 끔찍하게 되든가라는 거죠.

내담자: 예. 극단적이죠. 제게는 중간이란 게 없어요. 모 아니면 도죠.

치료자: 어떻게 해서든 다른 가능성을 찾아볼 수는 없나요?

내담자: 그러면 좋겠죠. 예. 제가 편하게 느끼고 끔찍하게, 취약하게 여기지 않을 수 있는 방법 말이죠. 그러면서도 완전히 폐쇄적이지는 않은 거요. 저는 늘 갑옷 같은 걸 걸치고 사는 것 같습니다.

치료자: 그래요. 우리가 함께 있는 이 시간에 초점을 두려고 노력한다면, 완전히 폐쇄적이 되면서 안전하다고 느끼는 것과 완전히 개방을 하고서 끔찍해지는 것 말고 다른 대안을 찾는 데 이 시간을 우리가 함께 사용해 보면 어떨까 하는데요.

내담자: 그래요.

치료자: 다르게 말하면, 실험을 위해서 우리 관계를 사용해 볼 수도 있죠. 대안이나 다른 가능성을 찾기 위해서 말이죠.

내담자: 그거 좋은 생각 같네요.

치료자: 그렇게 해 보겠어요?

내담자: 예.

치료자: 좋습니다. 그럼 오늘은 여기까지 하지요.

내담자: 다음 주에 계속하지요.

치료자는 다시 현재의 대인관계 상황을 탐색하는 데 초점을 두고 있다("제가 보기에 당신은 일반적인 경우를 말하고 나서 지금과 관련해서 구체적인 경우도 들고 있네요."). 이 마지막 대화에서 내담자는 친밀한 관계에 대한 이분법적인 사고를 보이고 있다("'강해져야 해.' 그러니까 그건 중요한 게 아냐. '느끼지 마'라는 태도를 취하든가, 아니면 끔찍한 감정에 압도돼서 '심장이 찢어지든가' 둘 중 하나를 선택해야죠.").

치료자는 다른 대안을 찾기 위해서 지금의 관계를 이용해 보자고 분명히 제안하고 있다. 이런 탐색이 이성적으로 생각해서 이루어지기보다는 경험적으로 이루어지고 있음을 알고 있는 것이 중요하다. 내담자가 자신의 딜레마에 대해 치료자와 함께 이야기했고, 그에 대해 치료자가 수용적으로 반응했는데, 이런 행동 자체가 그녀에게는 새로운 학습 경험이다. 비록 20회에 치료가 종결되더라도, 치료자의 일관된 공감적 태도는 그 것이 버림받는 것과는 전혀 다르다는 것을 보여 준다는 점에서 이 과정은 친밀한 관계에 관한 내담자의 '흑백 논리'에 도전해 보는 경험이 된다. 이별은 어쩔 수 없이 아픔을 수반하지만, 이것은 우리 삶의 한 부분이다. 문제가 되는 것은 이런 아픔을 전혀 경험하지 않고 싶어 하는 욕망이다. 다음은 오래된 일본 시의 한 구절이다.

꽃이 피어서(Flowers opening)
바람과 비를 맞듯이(Meet wind and rain)
우리 삶도(Human life)
이별로 채워지네(Is full of parting).

역할 모델로서의 치료자

이 책 전체에서 우리는 치료자의 내적 수련의 중요성을 강조했고, 치료자 자신과의 관계가 결국은 내담자와의 관계와 변화 과정에 영향을 미친다고 언급했다. 예를 들면, 치료자는 자신의 슬픔과 취약함을 수용할 수 있어야 다른 사람들의 유사한 감정을 공감하고 그들이 이런 감정을 자기감으로 통합하도록 도울 수 있을 것이다. 자신의 분노감을 수용할 수 있는 것은 그 감정이 올라올 때 그것을 인정하는 것을 돕고 화가 나지 않았다고 억지를 피우지 않게 해 줄 것이다.

자기와 자신의 관계가 치료 과정에 영향을 주는 또 다른 민감한 방식이 있다. 이미 앞에서 언급했듯이, 인지행동치료자들은 치료자가 내담자에게 중요한 역할 모델이 되어야 한다고 오랫동안 인식하고 있었다. 하지만 모델이 되는 특징으로는 구체적인 행동기술이나 인지 전략 이상의 무언가가 있다.

치료자가 가지고 있는 기본적인 가치와 철학적 관점은 치료에서 그것들에 대해 많이 언급하든 적게 언급하든 상관없이 결국은 내담자에게 전해진다. 이것은 장기치료에서 특히 더 그렇다. 장기치료에서는 내담자가 치료자의 반응과 행동을 통해 치료자의 가치 및 삶에 대한 일반적인 신념을 추측할 만큼의 긴 시간을 지닌다. 자신과 인간으로서의 자신의 불완전함을 대체로 수용하고 있는 치료자라면, 치료자로서 내담자 안에 심어 주고 싶은 자기수용의 모델이 되고 있는 것이다. 한편, 자신의 단점에 대해 낮은 인내력을 보이는 치료자는 내담자에게 심어 주고 싶은 자기수용의 모델이 되는 것이 어려울 것이다.

모델링은 발달 과정에서 일어나는 자연스러운 한 부분이기 때문에, 내담자의 가치와 신념이 어느 정도 치료자의 가치와 신념에 영향을 받는 것은 당연한 일이다. 사실 심리치료 연구에서 태도 변화와 관련된 부분을 보면, 내담자의 가치가 치료자의 것과 일관된 방향으로 변화를 보이는 것이 일반적인 현상이다(Beutler, Crago, & Arrizmendi, 1986). 이런 식의 모델링이 치료 과정의 불가피한 부분인 이상, 이 과정이 성장을 증진시키든 그렇지 않든 이를 매개하는 요인들을 명확히 하는 것은 중요한 일이다.

치료자가 내담자의 모든 면을 진정으로 수용하면, 내담자는 자신이 공감할 수 있는 치료자의 가치들을 탐색해 보는 경향이 있다. 이 과정은 결국 내담자의 가치 체계에 영향을 주게 되는데, 이 과정에서 내담자는 치료자의 가치들을 통째로 채택하기보다는 자신의 가치 체계의 일부분과 점진적으로 통합해 나가고, 결국 내담자는 자신만의 독특한 세계관을 완성할 수 있게 된다. 이와는 반대로, 치료자에게 제대로 수용되기 위해서는 내담자가 어떤 식이어야 한다는 메시지를 치료자가 내담자에게 전달한다면, 치료자가 갖고 있는 가치들은 내담자가 관계를 유지하기 위해서 맞추어야 하는 새로운 조건이 된다. 내담자가 치료자의 가치 중 일부를 수용할 수 있지만, 이런 가치 채택 과정은 내담자의 아동기에서 문제가 있었던 경험과 유사한 것일 수 있어, 이 과정은 내담자의 다른 내적 경험의 측면들을 명확히 표현하게 돕지 못하고 모호하게 했을 수 있다.

정신분석 문헌에서 모델링이라는 주제는 내재화라는 일반적인 주제에서 다루어져 왔다. Eagle(1984)이 지적했듯이 모델링은 내재화에 대한 이론이 다양하고 적절한 메타심리학이 존재하지 않아서 다소 혼란스럽게 간주되는 주제다. 하지만 내재화의 두 과정은 우리가 앞서 기술한 두 모델링 과정인 동일시와 내사에 해당되는 것으로 이해된다(Meissner, 1981; Schafer, 1968).

동일시 과정에서, 사람들은 동일시하는 사람의 가치 체계를 탐색하고 궁극적으로는 그중의 일부를 자신의 가치 체계 안으로 통합하며 다른 것들은 거부한다. Eagle(1984)의 표현에 따르면, 동일시의 고유한 특징은 전반적인 자기감 안으로 관련된 가치들을 제대로 통합한다는 것이다.

하지만 내사의 경우는 모델이 되는 사람의 가치를 자신의 조직 내로 제대로 통합하는 과정을 거치지 않고 바로 채택하는 특징이 있다. 그 결과, 이렇게 내사된 가치들은 어떤 의미에서는 자기 바깥에 있는 것으로 경험된다.

자기-타인 상호작용에 대한 인지적 표상 면에서 내재화 과정을 살펴보면, 이는 인지적 틀과 이론적으로 일관된다. 내사 과정은 타인과의 상호작용에서 타인과의 관계 유지를 위해 필요한 것으로 보이는 제약 같은 조건에 해당하는 인지적 표상을 담고 있다. 그리고 동일시 과정은 대인관계 유지의 필요성보다는 내적으로 경험된 것에 초점을 두고서 새로운 가치와 기준을 명확히 하는 것을 담고 있다.

CHAPTER

10

단기 인지치료를 위한 내담자 선별

Jeremy D. Safran, Zindel V. Segal, Brian F. Shaw, & T. Michael Vallis

　단기치료에서는 장기치료에서 내담자와 치료자 모두에게 나타나는 많은 주제와 문제가 더욱 부각된다. 내담자의 경우 임박한 종결 날짜를 알고 있는 것은 분리 및 개별화 주제와 관련된 걱정을 고조시킨다. 물론 명확히 시간제한적인 관계 속에서 치료자에 대한 신뢰와 의존에 대한 걱정은 서로 밀접히 관련된다. 치료자의 경우 단기라는 틀 내에서 작업할 때, 내담자에 대한 선입견 없이 내담자에게 실제로 일어나는 것에 개방적인 자세를 유지하면서 적절한 사례개념화와 적절한 시간제한 속에서 명확한 치료 초점을 갖는 것이 중요하다.

　또한 단기적인 틀 안에서 작업하는 것은 가용한 시간 안에서 뭔가를 성취해야 한다는 압박감을 만들어 낼 수 있다. 치료자는 이런 감정이 자신의 욕구를 만족시키기 위해서 내담자를 몰아붙이거나 조종하도록 허락하지 않는 것이 중요하다. 이런 이유로 앞에서 얘기했듯이 전 생애적인 조망을 유지하는 것이 중요한데, 그래야 치료가 최종적인 완쾌가 아니라 긴 기간에 걸쳐 일어나는 변화 과정 속의 한 사건으로 이해될 수 있다.

　단기치료 틀에서 구체적으로 요구되는 것들이 있기 때문에, 어떤 내담자가 이 접근에 적절한지 평가하는 방법을 알고 있는 것이 중요하다. 역사적으로 볼 때, 다른 접근들은 자신의 치료 형태에 적합한 내담자를 미리 결정하는 문제를 놓고 갈등이 있었다. Malan (1976)의 작업은 영국의 단기치료 동향을 형성하는 데 영향을 미쳤다. Malan의 선택 과정은 정신의학적이고 정신역동적인 개인사를 알아보고 내담자의 핵심적인 신경증적 갈등에 대한 첫 해석에 내담자가 어떻게 반응할지를 알아내는 것을 포함한다. 이른 해석에 대해 내담자가 수용적이면, 이는 치료 과정이 잘 진행될 수 있음을 시사하는 것으로 간주된다. 이런 평가에서 드러나는 두 가지 선택 기준은 변화에 대한 내담자의 초기 동기와 내담자의 호소가 얼마나 초점을 지니고 있는가에 대한 추정이다. 내담자 호소의 초점성은 내담자의 호소가 오이디푸스적인 성격의 것(내담자가 갖고 있는 목표, 그 목표에 반하는 도덕적 명령이나 위협, 그리고 불안을 줄이기 위해 사용되는 방어 등의 요소로 구성된 삼자 관계로 흔히 기술됨)이면 특히 단기치료에 적합할 수 있음을 잘 예언해 준다.

같은 시기에 대서양의 다른 쪽에서 Sifneos(1972)와 Mann(1973)이 동일한 주제에 대해서 언급하였다. Sifneos(1972)는 단기 불안유발(anxiety-provoking) 심리치료를 개발했는데, 이 치료는 신경증적 갈등의 해소를 통해서 지속적인 성격 변화를 가져오는 것을 목표로 한다. Sifneos 치료의 실제 절차를 보면 직면적이고 직접적인 개입을 많이 한다. 치료를 받을 수 있으려면 내담자는 먼저 사전 면접을 받아야 하는데, 여기서 내담자는 다음의 능력을 평가받는다. 즉, 짧은 치료 기간에 ① 빨리 관계를 형성할 수 있는지, ② 방어 탐색 시 유발된 불안을 견딜 수 있는지, ③ 적극적인 작업 태도를 갖고 있는지 등이다. 이에 더해서 다음의 특징들이 좋은 치료 결과를 예언해 준다고 간주되었다.

① 평균 이상의 지능
② 생애 동안 의미 있는 관계를 적어도 한 번 이상 경험했을 것
③ 평가자와 상호작용을 잘 할 수 있는 능력
④ 국한된 주 호소
⑤ 변화 동기

Mann(1973)도 앞서 언급한 두 접근처럼 치료에서 초점을 둘 주된 주제를 찾는 것을 강조하였다. Mann에게 있어서 이런 접근에 이상적으로 적합한 내담자는 흔히 발달적 위기(예: 부모와의 분리나 사회적·성적·직업적 정체감 관련 문제를 겪고 있는 대학생)를 겪고 있는 경향이 있다. Mann은 높은 지능 조건을 Sifneos만큼 강하게 요구하지는 않는다.

Mann에게 있어 적합성의 가장 중요한 지표는 치료에서 작업할 핵심 갈등을 찾는 능력이다. Mann은 의존과 독립, 적극성과 수동성, 적절한 자존감과 위축된 자존감, 해소된 슬픔과 해소되지 않은 슬픔 등의 주제가 이런 치료 형태에서 다루기에 특히 적합한 주제라고 하였다.

최근 Davanloo(1980)는 앞서 논의한 것보다 치료 범위를 넓힌 야심찬 접근을 제안하였다. 그는 선택 기준을 넓혀 강박증, 공포증, 성격 문제(많은 갈등으로 인해 치료에서 하나의 문제에 초점을 두기가 어려운) 같은 만성적인 장애도 포함하였다. Davanloo는 또한 이 같은 다소 다루기 어려운 문제들이라도 상당히 짧은 시간 안에(최대 30회기 안에) 좋아질 수 있다고 주장하였다. Davanloo가 내담자를 선택할 때 사용한 기준은 다음과 같다.

① 과거에 의미 있는 관계를 맺은 경험
② 불안, 죄책감 등을 견딜 수 있는 능력
③ 심리적 감수성(a sense of psychological mindedness)
④ 성격 문제에 대해 알아 가고 작업하는 것을 견뎌 내려는 동기
⑤ 치료 전 평가 면담 시 이루어진 시범 해석에서의 긍정적 반응
⑥ 주로 오이디푸스적 초점을 가진 문제

이와 같은 간략한 조사에서도 알 수 있듯이, 오늘날의 다양한 단기 정신역동 치료는 어떤 내담자가 치료에서 가장 많은 도움을 받을 수 있을지를 구체화하고 있으며, 이와 관련해서 많은 특징을 비슷하게 강조하고 있다. 이 치료들이 채택하고 있는 제외 기준도 유사한데, 심각한 우울증과 정신분열형 정신장애, 만성적인 약물 남용, 경계선적 혹은 기타 파괴적 성격장애 등을 보이는 개인은 대개 제외한다. 이 같은 포함 및 제외 기준을 모두 고려했을 때, 과연 이런 종류의 치료에 적합한 내담자의 비율이 얼마나 될지는 의문이다. Sifneos(1979)는 외래 내담자의 20% 정도가 자신의 접근에 적절하다고 하였으며, Silver(1982)도 Malan이 발표한 문헌의 평가를 따랐을 때 자신의 접근에 적합한 외래 내담자의 비율은 20%라고 하였다. 이에 비해 Davanloo는 20%보다 훨씬 높은 비율의 내담자가 자신의 접근에서 도움을 받을 수 있다고 하였다.

인지치료를 위한 선택 기준

인지치료적인 접근이 치료에서 점점 더 많은 비중을 차지하게 됨에 따라, 그런 개입이 가장 적절하게 적용될 수 있는 내담자들을 구체화할 필요성 역시 더 커질 것이다.

Beck과 동료들(1979)은 우울증 치료에 있어서만 인지치료를 실시할 수 있는 기준을 구체화한 바 있다. 그들은 다음의 기준을 충족하는 내담자라면 약물 처방보다는 인지치료를 권한다.

① 두 종류의 항우울제를 적절히 복용했음에도 반응을 보이지 않음
② 적절한 용량의 항우울제에 부분적인 반응을 보임
③ 다른 심리치료들에 반응을 보이지 않거나 부분적인 반응만 보임
④ 주요 정동장애로 진단됨
⑤ 환경적 사건들에 대해서 다양한 기분 반응을 보임
⑥ 다양한 인지에 따라 다양한 기분을 보임
⑦ 가벼운 증상적 어려움을 호소함(수면, 식욕, 체중)
⑧ 적절한 현실 검증력을 지님(환각이나 망상을 보이지 않을 것)
⑨ 적절한 주의력과 기억력을 지님
⑩ 약물의 부작용을 견딜 수 없거나 약물치료에 대한 위험성이 매우 높음

이들 기준에서 인상적인 부분은 이전에 다른 학자들이 비중 있게 언급했던 심리적 변인들이 빠져 있다는 점이다. 더해서 인지치료는 약물 처방이나 다른 형태의 치료가 효과가 없을 때에만 적용되었다. 인지치료의 긍정적인 예후에 대한 지표들을 찾기보다는 다른 형태의 치료들이 효과가 없을 때 적용할 수 있는 치료로서 인지치료를 제안하고 있다.

최근에는 두 연구가 단기 인지치료의 효과를 예언해 주는 것에 대해서 경험적으로 조사하였다. Fennell과 Teasdale(1987)은 문서화된 자료를 통한 개입에 긍정적으로 반응하고 집에서 해 오도록 한 과제에 긍정적인 반응을 보인 내담자들이 그렇지 않은 내담자들보다 단기 인지치료에서 더 많은 도움을 얻어 간다는 것을 발견하였다. Persons,

Burns와 Perloff(1988)는 다음의 요인들이 결과를 예언해 준다는 것을 확인하였다. 즉, ① 낮은 Beck 우울검사(Beck Depression Inventory) 점수, ② 내준 과제를 잘 해 올 것, ③ 내 인성 증상이 없을 것이다. 그들은 또한 성격장애를 함께 보이는 내담자들의 경우 조기 종결이 쉽게 일어난다고 보고하였다.

우리의 접근

지난 5년간 우리는 단기 인지치료에 적합한 내담자를 평가하기 위한 선택 기준과 면 담 틀을 마련하는 데 노력을 기울였다. 사실 처음에는 토론토에 있는 Clarke 정신의학협 회의 인지치료센터에 내담자를 의뢰하기 위한 노력의 일환으로 시작되었다. 즉, 우리를 찾은 모든 내담자를 제한 없이 수용하는 정책을 따랐을 때 단기 인지치료가 별 도움이 되지 않는 내담자가 늘 일정 비율 있었다. 게다가 이런 현상은 치료 과정에서 꽤 초기에 명확했으며, 내담자들이 여러 치료 회기를 예상하고 찾아왔기 때문에 치료 계획대로 마 무리하지 않고 종결하거나 다른 곳으로 의뢰하는 것은 어려웠다. 우리는 내담자와 치료 자 모두의 좌절을 최소화하기 위한 방법, 즉 우리가 하는 치료에 가장 적합한 내담자를 선별할 수 있는 면담 혹은 사전 형식을 마련할 필요가 있다고 느꼈다.

우리가 선별 과정 안에 넣어 놓은 기준은 우리 센터와 이 책에서 기술한 이론적인 강 조점을 당연히 반영하고 있다. 하지만 동시에 이 이론적 강조점은 인지치료 영역에서 일어나고 있는 보다 보편적인 발전들과도 일관된다. 변화 과정에서 정서의 역할을 강조 하는 것(Foa & Kozak, 1986; Guidano, 1987; Mahoney, 1985; Rachman, 1980), 치료 관계를 점 점 강조하는 것(예: Jacobson, 1989; Young, 1990), 그리고 응집된 자기감을 유지하기 위해 취하는 안전조치들의 역할에 대한 인식(Guidano & Liotti, 1983), 대인 간 연결감(Safran, 1984a, 1984b, 1990a, 1990b) 등이 그것이다. 이런 이유로, 현재의 선별 절차가 이 책에서 기술한 특정 접근을 넘어서서 유용할 것이다. 물론 다른 치료자들이나 이론가들이 그들 의 구체적인 환경에 맞도록 이 절차를 변형해서 사용할 수도 있을 것이다.

사전 면담에 포함할 문항들을 선정할 때, 우리는 이전 문헌(Budman & Gurman, 1988; Horowitz et al., 1984)에서 얻은 통찰과 심리치료 결과에 대한 가장 좋은 예언자가 치료 동 맹의 질이라는 오늘날의 인식에 중점을 두었다.

치료 동맹에 대한 Bordin(1979)의 개념화는 유대, 과제, 목표 요소로 구성되어 있는데, 이는 우리 생각의 중요한 출발점이 되었다. 우리의 치료 접근에서 중요한 과제와 목표를 명료화해 감에 따라 우리는 적절한 후보자에게 요구되는 구체적인 특징을 찾아갈 수 있었다.

우리는 이론, 접수면접에서 한 관찰, 그리고 임상적 결과에 대한 평가 사이를 오랜 기간 오가며 살펴보았고, 결과를 가장 잘 예언해 주는 변인이 무엇인지가 분명해짐에 따라 우리의 선택 기준과 접수면접 내용도 수정되어 갔다. 마침내 우리는 10개의 기준으로 구성된 평정 척도를 만들었고, 그것에 대한 면접자 매뉴얼도 개발했다(부록 1에서는 면접자 매뉴얼과 문항을, 부록 2에서는 면접자 평정 척도를, 부록 3에서는 적합성 평정 양식을 소개하였다). 각 문항을 위한 평정 척도는 세부적인 기술을 담은 다섯 가지 보기로 구성되어 있다. 평정은 0.5점 간격으로 이루어진다. 면접자 매뉴얼은 면접자의 평정을 신뢰할 만하게 해 줄 정보를 탐색하는 데 도움을 준다. 이 면접은 임상적으로 섬세하게 사용하도록 고안되었으며, 탐색되는 문항 순서는 특정 상황에 맞게 변형될 수 있다.

이 면접의 주요 특징은 내담자들의 중요한 강점과 역량이 당장에는 드러나지 않더라도 잠재적으로는 드러날 가능성이 증가하도록 고안된 '연속적 검사 조사(successive test probes)'를 취하고 있다는 점이다. 예를 들면, 지난 한 주간 일어난 사건에 대한 자동적 사고를 떠올리는 데 어려움이 있는 내담자라 하더라도 현재 회기 중에 경험한 뭔가에 대한 자동적 사고에 접근할 수는 있을 것이다. 면접은 한 시간이면 충분하다. 두 번째 면접은 대개 내담자에게 피드백을 주고 빠진 정보를 보충하는 데 사용된다. 두 번째 면접을 하는 또 다른 이점은 면접자가 내준 과제를 내담자가 어떻게 소화하는지를 평가할 수 있는 기회가 된다는 점이다. 10개 문항은 다음과 같다.

① 자동적 사고에 대한 접근성(accessibility of automatic thoughts)
② 정서에 대한 인식과 분화(awareness and differentiation of emotions)
③ 변화를 위한 개인적인 책임의 수용(acceptance of personal responsibility for change)
④ 인지적인 이론적 배경에 대한 이해 정도(compatibility with cognitive rationale)
⑤ 동맹 잠재력: 회기 내 근거(alliance potential: in session evidence)
⑥ 동맹 잠재력: 회기 밖 근거, 이전 치료 포함(alliance potential: out-of-session evidence, including previous therapy)

⑦ 문제의 만성화(chronicity of problems)

⑧ 안전 조치(security operations)

⑨ 초점성(focality)

⑩ 치료에 대한 전반적인 낙관주의 혹은 비관주의(general optimism or pessimism regarding therapy)

　　자동적 사고에 대한 접근성　내담자가 문제 상황 동안 경험하는 해석이나 평가를 얼마나 쉽게 혹은 어렵게 보고하는지 분명히 아는 것은 중요하다. 그 이유는 인지치료의 주요 과제가 비교적 자동적인 평가로부터 자신을 탈중심화하고 현실을 구성할 때 그것이 하는 역할을 경험해 보는 것이기 때문이다.

　　정서에 대한 인식과 분화　이 문항은 현재 정서를 경험하는 능력뿐 아니라 과거에 경험한 다양한 정서 상태에 이름을 붙일 수 있는 능력을 측정한다. 기분 변동에 대한 탐지는 자동적 사고를 모니터링하기 위한 필수 전제 조건이다. 더해서 회기 중에 관련 정서를 경험하는 능력은 관련 인지 과정에 접근하고 암묵적인 해석을 명확히 이해하기 위해서 중요하다. 정서적으로 생생하게 상황을 재경험할 수 있다는 것은 과거 상황에서 일어난 특징적인 정보처리가 회기 안에서 다시 일어날 수 있고, 그래서 탐색에 더 용이할 수 있음을 의미한다.

　　변화를 위한 개인적인 책임의 수용　이 문항은 내담자가 자신의 회복을 위해 스스로 해야 할 역할이 있음을 얼마나 알고 있는지 평가한다. 여기에는 전문가들이 내담자를 위해서 뭔가를 하는 것(약물 처방, 뭐가 문제인지를 알려 주는 것 등)이라고 보는 변화 모델에서부터 내담자 자신이 스스로의 치료에서 보다 적극적인 노력을 기울이는 것에 이르는 모델까지 다양하다. 이 문항은 이어서 소개하는 것과 다소 내용이 중복된다.

　　인지적인 이론적 배경에 대한 이해 정도　이 항목은 내담자가 주요 과제들, 즉 감정과 사고의 관계 탐색하기, 자기탐색의 촉진자로 치료 관계 사용하기, 기대 검증하기, 내준 과제하기 등의 가치를 얼마나 잘 알고 있는지 평가한다.

동맹 잠재력: 회기 내 근거와 회기 밖 근거   이어지는 두 문항은 치료 동맹 형성을 위한 내담자의 잠재력을 평가한다. 회기 내 증거는 치료자와 내담자의 관계의 질에 대한 평가에서 얻는다. 한편, 회기 밖 증거는 이전의 의미 있는 관계와 관련된 개인사에 근거하는데, 여기에는 이전 치료가 포함된다. 이 문항들은 Bordin의 유대 요소와 유사하다.

문제의 만성화   이 문항은 내담자 문제들의 지속 기간을 평가한다. 여기서는 만성적인 경과를 보이는 문제들은 작업하기가 더 어렵고, 그래서 아마도 종결일이 정해지지 않은 치료가 필요할 것이라고 가정한다. 이 문항에서 낮은 점수를 보이는 내담자들은 최근에 증상이 시작된 내담자들에 비해서 덜 적합한 것으로 간주된다.

안전 조치   이 문항은 치료자와 내담자의 회기 내 상호작용에 근거해서 안전 조치들을 평가한다. 여기서는 내담자의 안전 조치들의 강도가 단기간에 적절한 양의 자기탐색을 하는 데 얼마나 방해가 될지를 측정하고자 한다. 내담자가 자기탐색을 방해하는 안전 조치들을 취하고 있다 싶으면, 면접자는 내담자가 안전 조치들과 그 기저의 경험에 대해서 메타소통하는 것에 수용적인지를 평가해야 한다. 면접자 매뉴얼(부록 1)은 이런 목적을 위해서 필요한 구체적인 평가 질문을 제안하고 있다. 자기탐색이나 메타소통에 수용적이지 않은 내담자들은 나중에도 그럴 가능성이 높으며, 불안이 신뢰할 만한 관계 발달에 영향을 주기 때문에 장기치료 접근이 필요할 것이다.

초점성   이 문항은 문제의 초점을 유지할 수 있는 내담자의 능력을 평가한다. 이 능력은 시간제한적인 단기 접근에서 특히 중요하다. 한편, 기저에 있는 중요한 주제를 찾아서 작업하는 것이 어려운 내담자에게는 장기 접근이 필요하다.

치료에 대한 전반적인 낙관주의 혹은 비관주의   이 문항은 치료 과정을 통해 내담자의 삶이 얼마나 달라지리라고 기대하는지를 평가한다.

이러한 문항들에 대한 보다 완전한 기술과 면접 시 탐색되는 세부적인 여건들에 대한 이해를 위해서는 부록 1의 면접자 매뉴얼과 부록 2의 평가 척도를 참고하기 바란다.

신뢰도

한 신뢰도 연구에서, 세 명의 평정자가 네 명의 다른 면접자가 한 11개의 적합성 면접을 평가하였다. 모든 평정은 해당 척도의 가장 낮은 보기에서 시작했으며, 그 보기를 충족하면 그다음 윗단계의 보기로 이동하였다. 이런 식의 방법은 다른 정신과 평정 척도들의 방식과 유사하다(예: DSM-III-R의 전반적인 기능 평가). 문항별로 평정자 간의 일치도를 알아보기 위해서 급내(intraclasss) 상관을 구했다. 그 결과는 다음과 같았다.

이 결과는 평정자 간 신뢰도가 적절하고 좋음을 보여 준다.

문항	신뢰도
1. 자동적 사고에 대한 접근성	.82
2. 정서에 대한 인식과 분화	.75
3. 변화를 위한 개인적인 책임의 수용	.77
4. 인지적인 이론적 배경에 대한 이해 정도	.86
5. 회기 내 동맹	.82
6. 회기 밖 동맹	.80
7. 만성화	.98
8. 안전 조치	.76
9. 초점성	.46
10. 낙관주의/비관주의	.76

요인 구조와 구인타당도

적합성 면접의 개별 문항이 인지치료에서 과제와 목표를 중요하게 여기는 개념적 고려들에 근거해서 만들어지긴 했지만, 개별 요소가 의미 있는 방식으로 함께 묶이는지를 살펴보는 것은 필요하다. 이를 위해서 42명의 병원 내담자를 피검자로 한 요인분석을 실시했으며, 문항 간 상관과 적합성 면접의 요인 구조를 살펴보았다. '낙관주의/비관주의' 문항은 이 분석에서 제외되었는데, 그 이유는 다른 문항들이 개발된 다음에 만들어지기도 했고 평정치가 42명의 피검자 모두에게서 얻은 것이 아니었기 때문이다. 표본의

〈표 10-1〉 요인 구조

요인	변량의 %
과제와 목표에 대한 좋은 호응(compatibility with tasks and goals)	34.8
유대(bond)	15.4
변화에 대한 불응성(refractoriness to change)	11.9
총 합	62.1

회전 요인 행렬	요인 1	요인 2	요인 3
자동적 사고에 대한 접근성	.89	−.01	.24
인지적인 이론적 배경에 대한 이해 정도	.74	.23	−.22
정서에 대한 인식	.59	.16	.11
회기 내 동맹	.23	.77	−.33
개인적인 책임성의 수용	.08	.74	.25
회기 밖 동맹	.20	.61	.53
만성화	−.11	−.07	.73
초점성	.29	.16	.57
안전 조치	.50	.37	.51

피검자 특징을 살펴보면, 52%가 남자이고 48%가 여자였다. 연령은 23~62세로 표본의 73%가량이 23~42세에 해당하였다. 표본의 45%가 결혼한 상태이거나 결혼한 적이 있으며, 40%는 싱글이었고, 별거 중이거나 이혼한 경우는 모두 8%였다. 내담자들이 주로 받은 진단은 불안장애와 우울증이었다.

varimax 회전으로 주성분 분석을 한 결과 세 요인이 확인되었으며, 이들 세 요인은 변량의 62.1%를 설명하였다. 요인 1은 자동적 사고의 접근성, 인지적인 이론적 배경에 대한 이해 정도, 정서에 대한 인식과 분화를 측정하는 문항들로 구성되었으며, 변량의 34.8%를 설명하였다. 요인 2는 회기 내 동맹, 변화에 대한 개인적 책임성의 수용, 회기 밖 동맹을 측정하는 문항들로 구성되어 있으며, 변량의 15.4%를 설명하였다. 끝으로, 요인 3은 만성화, 초점성, 안전 조치를 측정하는 문항들로 구성되어 있으며, 변량의 11.9%를 설명하였다.

추출된 요인 구조는 개념적으로 의미가 있어 보인다. 요인 1은 인지치료의 과제 수행에 참여할 수 있고 과제와 목표가 적절하다고 내담자 입장에서 납득할 수 있는 역량을 반영하는 것으로 보인다. 자동적 사고에 대한 접근성과 정서 차원들에 대한 인식 및 분화는 특정 유형의 자기탐색 역량을 측정하지만, 인지치료의 이론적 개념들에 대한 이해 정도는 내담자가 다양한 과제와 치료 목표가 일반적으로 볼 때 적절하다고 믿는 정도를 측정한다.

요인 2는 치료 동맹의 유대 요인과 밀접히 관련이 있는 것으로 나타났다. 두 동맹 차원과 개인적 책임의 수용 차원이 한 군집으로 묶였는데, 이는 개인적 책임이 관계에서의 역할 유형을 정해 줌으로써 좋은 유대감을 발전시키는 것이 가능하도록 하는 전제 조건이 될 수 있음을 보여 준다. 자신의 어려움에 대해서 주로 외부 탓을 하는 내담자들은 자신을 흔히 희생자로 보고, 타인(치료자를 포함해서)을 악의적이거나 도움이 안 되는 존재로 경험한다. 이런 유형의 대인관계 도식은 의심과 불신을 쉽게 초래하고, 좋은 치료적 유대 형성을 어렵게 할 수 있다.

요인 3은 변화에 대한 불응성을 나타낸다. 초점화와 안전 조치가 함께 군집을 이룬 것은 초점화의 어려움이 불안을 유발시키는 주제들을 회피하는 데 흔히 기인한다는 사실을 반영하는 것일 수 있다. 만성화와 이 두 차원이 함께 군집을 이룬 것은 특히 흥미로운데, 이는 처음 두 차원이 회기 내 수행평가를 포함하고 있는 한편, 두 번째 차원은 단순히 문제의 지속 기간을 담고 있기 때문이다. 보다 극단적인 안전 조치들이 더 만성적인 문제를 일으키는지 아니면 그 반대인지는 생각하기 나름이다. 하지만 한 가지 가설은 극단적인 사례들에서 과거의 강한 안전 조치들은 잠재적으로 치료적인 대인관계 경험을 막음으로써 내담자의 문제가 변화에 응하지 않도록 할 수 있으며, 그래서 치료에서 변화를 계속해서 막을 수 있다는 것이다.

두 번째 분석에서는 적합성 면접과 세 번째 회기에서 실시한 치료 동맹 자기보고 측정치의 상관을 평가했다. 이 상관분석은 적합성 면접이 단순한 자기보고식 치료 동맹 검사와 중복되지 않는 정보를 제공하는지 비교해 볼 수 있는 중요한 정보를 제공한다. 작업동맹 검사(Working Alliance Inventory: WAI; Horvath & Greenberg., 1986)는 세 번째 면접 끝에 실시되었고, WAI 총점과 적합도 평균 점수, 그리고 적합도의 하위 차원 각각과의 상관을 구했다. 그 결과, 적합성 면접에서 회기 내 동맹 차원만 유일하게 유의한 상관을 보였다(r=.47, p<.05). 이 결과가 시사하는 바는 다음과 같다. ① 적합성 면접에서 회기 내 증거에 기초해 평정된 치료 동맹은 내담자가 WAI를 통해 평가한 치료 동맹과 관련이 있다. ② 적합성 면접의 다른 9개 차원은 WAI와 중복되지 않는 정보를 추가해 준다. 그래서 이 결과는 회기 내 동맹 문항의 수렴 타당도와 관련된 증거를 제공하고 전체 적합성 면접의 변별 타당도를 어느 정도 지지하고 있다.

예언 타당도

    적합성 면접의 예언 타당도를 살펴보기 위해서 적합성 평정치들의 평균과 전반적인 평가 측정치들(종결 시에만 평가된)의 Pearson 상관분석을 실시하였고, 치료 전후로 얻은 결과 측정치들에 대한 부분 상관분석(치료 전 심각도 수준을 통제하기 위한)을 실시하였다. (부적인 부분 상관은 높은 적합성 평정치들과 종결 시의 낮은 증상 수준 사이의 정적 관련성을 시사한다.) 보고된 모든 상관은 유의하였다(〈표 10-2〉 참조). 적합성 평균 점수는 치료자의 성공에 대한 전반적 평정치들과 .34, 내담자의 성공에 대한 전반적 평정치들과는 .33의 상관을 보였다. 적합성 평균 점수와 목표 호소에 대한 치료자의 평정치들 및 목표 호소에 대한 내담자의 평정치들의 부분 상관은 각각 −.55와 −.34였다.

    적합성 평균 점수는 여러 심리측정 검사가 측정한 치료 결과들과도 유의하게 상관이 있었다. 적합성 평균 점수와 종결 시 측정한 Beck 우울검사의 부분 상관은 −.46이었다. 자동적 사고 질문지(Automatic Thoughts Questionnaire; Hollon & Kendall, 1980)의 두 하위척

〈표 10-2〉 적합도 평균 점수와 치료 결과 측정치 간의 상관

	평균 적합도 점수
전반적인 성공 평정치	
치료자의 전반적 성공 평정치	.34*
내담자의 전반적 성공 평정치	.33*
치료 종결 점수	
목표 호소에 대한 치료자의 평정치	−.55***
목표 호소에 대한 내담자의 평정치	−.34*
Beck 우울검사	−.46*
자동적 사고 질문지(빈도)	−.54**
자동적 사고 질문지(믿는 정도)	−.54**
Millon 임상다축검사	
회피성	−.43*
의존성	−.43*
수동−공격성	−.45*

주: 1. Pearson 상관은 적합성 평균 점수와 전반적 성공 평정치 간에 계산된 것임.
    2. 부분 상관은 치료 전 점수를 통제하고, 모든 다른 측정치와 치료 후 점수 간에 계산된 것임.
    3. 부적 상관은 높은 적합성 점수들과 치료 종결 시의 낮은 증상 수준의 관계를 시사함.
*$p < .05$, **$p < .01$, ***$p < .001$

도(자동적 사고의 빈도와 믿는 정도)의 부분 상관은 모두 −.54였다. 더해서 전체 적합성 점수는 Millon 임상다축검사(Millon Clinical Multiaxial Inventory; Millon, 1981)의 회피성 척도, 의존성 척도, 수동−공격성 척도로 측정한 성격 특성들의 변화와 각각 −.43, −.43, −.45의 유의한 상관을 보였다.

요 약

이 자료는 적합성 면접의 구인타당도와 예언적 유용성에 대한 예비 증거를 제공한다. 면접은 이론적으로 의미 있는 요인 구조를 가지고 있으며 수렴 및 변별 타당도와 관련해서 예비 증거도 확보된 것으로 보인다. 더불어 전체 적합성 점수와 여러 치료 결과 측정치 간에 유의한 상관들이 확인되었다. 이 결과들은 치료 결과를 예언하기 위한 다른 시도들과 비교해도 손색이 없다.

예를 들면, Marmar와 동료들(1986)은 캘리포니아 치료동맹 평정체계(California Therapeutic Alliance Rating System)의 외부 판단자 버전에서 .27∼.35의 상관을 보고하였으며, 치료 결과에 대한 전반적 평정치의 예언에서 특정한 일관성은 있지만 증상 변화의 구체적 측정치는 예언하기 어렵다는 것을 확인해 주었다. Horvath와 Greenberg(1986)는 작업동맹 검사가 내담자의 치료 후 변화 보고는 예언했지만 구체적인 증상이나 성격 변인의 변화는 예언하지 못했다고 보고했다. 그래서 적합성 면접이 구체적 증상과 성격 변인뿐만 아니라 내담자와 치료자가 평가한 두 전반적인 결과 측정치에서 얻은 치료 결과도 예언해 준다는 것은 고무적인 결과가 아닐 수 없다. 다른 표본들에서도 이와 같은 결과를 얻을 수 있는지는 추후 연구에서 확인되어야 할 것이다.

CHAPTER
11
결 론

주요 원리 요약

우리가 소개한 치료 접근은 인지치료, 대인관계치료, 게슈탈트치료, 내담자중심치료 등의 다양한 전통에 근거하고 있다. 그래서 이들 각각의 접근과 구체적인 특징을 공유하고 있다. 하지만 통합적인 성격 때문에 어느 하나와 완벽하게 중첩되지는 않는다. 이 장에서 우리는 우리 접근의 주요 원리를 요약하고자 한다. 수련 목적과 연구 조사에서 치료자가 치료 원칙을 잘 따르는지 평가하기 위해 사용할 수 있는 '치료성실수행 평정척도'는 부록 4에서 소개한다.

주요 원리는 다음과 같다.

① 이 접근은 해석보다는 현상학적 탐색을 강조한다. 오직 내담자만이 자신의 경험에 대한 전문가일 수 있는데, 치료자가 내담자의 경험을 해석해 주는 것은 내담자 스스로 명확히 표현할 중요한 기회를 앗아 가는 것이라고 우리는 가정한다. 해석이 정확해서 내담자에게 충분히 수용될지라도, 해석은 정서 경험의 미묘한 뉘앙스를

감지하지는 못한다. 게다가 해석은 '허가된' 내담자의 내적 경험에 충분히 조율이
될 수 있지만, 조금이라도 잘못 조율되면 경험의 성격을 바꿔 놓을 수도 있다. 이
는 Stern(1985)이 '정서 도둑(emotional theft)'이라고 일컬은 현상과 유사한데, 거기
서 엄마는 유아의 정서에 조율해서 공유된 경험을 형성한 다음 그 경험을 변화시
켜 그것이 아이에게서 사라지게 해 버린다.

② 정서적으로 즉각적인 방식으로 인지 과정에 접근하고 수정하는 것이 중요하다. 내
담자의 정서 경험과 단절되어 있는 인지 과정은 내담자의 유기체적 경험을 충분히
반영하지 못한다고 본다. 이런 이유로, 정서적으로 즉각적인 방식으로 작업하는
것은 변화를 위한 기본이 된다.

③ 이 접근은 인지/정서 과정을 탐색하고 대인관계 도식을 탐색하기 위한 실험 공간
으로서 치료 관계를 사용할 것을 강조한다. 하지만 치료 관계에서 나타나는 양상
들이 내담자의 삶의 다른 중요한 관계 양상들과 반드시 일관될 거라고 가정하지
는 않는다. 그러므로 치료자는 내담자와의 상호작용에서 자신의 역할에 대한 책
임의식을 가질 필요가 있다.

④ 내담자의 대인관계 양상들을 명확히 확인하기에 앞서 치료적인 상호작용 맥락에
서 내담자가 하는 해석 과정에 대한 심층적인 탐색이 필요함을 강조한다. 치료자
와 내담자 간의 구체적인 상호작용이 심층적으로 탐색된 다음에 치료적인 상호작
용과 다른 대인관계를 연결 짓는 것이 가능하다. 치료자는 내담자와의 상호작용에
서 자신의 기여 부분을 인정할 수 있어야 하며, 내담자는 이 상호작용 동안 자신의
내적 경험에 대한 명확한 감각을 가질 수 있다. 그다음에 내담자는 회기 밖에서의
경험에서 유사한 경험을 모니터할 수 있다.

⑤ 내담자의 대인관계 도식을 체계적으로 이해하고 이런 이해를 계속해서 수정해 가
야 한다.

⑥ 내담자의 특징적인 대인관계 양상들에 대한 가설을 만들고 대인관계 표식, 즉 내
담자의 인지-대인관계 순환에서 중요한 역할을 하는 특징적인 대인 간 행동과 의
사소통을 확인하기 위해서 치료자 자신의 감정을 이용할 필요가 있다.

⑦ 대인관계 표식을 인지적 · 정서적 탐색을 위한 기회로 사용하는 것이 중요하다.

⑧ 회기 밖에서 일어난 사건들에 대한 심층적인 탐색을 통해서, 그리고 돌아가서 해
올 실험적인 과제를 내주는 것을 통해서 일반화를 증진시킬 필요가 있다. 치료 관

계를 매개로 해서 발견되는 신념과 기대는 자기탐색과 회기 간의 더 진전된 실험을 위한 주제가 된다.

⑨ 치료 관계 안에서든 치료 밖에서든 내담자는 신념과 기대를 탐색하고 검증하는 과정에서 적극적인 협력자가 되어야 한다. 치료자는 내담자가 자신의 기대를 말로 명확히 표현하고 그 기대가 확증되는지를 집중해서 보도록 적극적인 인지적 개입을 해야 하며, 이를 통해서 도식을 반증하는 정보의 처리 과정을 촉진한다.

⑩ 치료 동맹의 균열을 확인하고 이를 극복해 가는 것이 중요하다. 치료자는 내담자에 대한 거리감의 기복을 계속해서 모니터해야 하고 이를 동맹의 질을 평가하는 단서로 삼아야 한다. 동맹 위기의 회복은 영향력 있는 특별한 변화 사건으로 간주된다.

⑪ 내담자의 인지적·정서적 과정을 탐색하고 실험을 설계할 때는 치료자의 적극적인 역할이 요구되지만, 그렇더라도 초점을 바꾸고 싶어 하는 내담자의 욕구를 보여 주는 사건들이 나타날 때 치료자는 이들에 대해서도 지속적으로 수용적인 태도를 유지해야 한다.

⑫ 경험을 더 깊이 하도록 촉진하기 위해 내담자에게 정서적으로 생생한 것에 세심한 주의를 두고 공감적 반영을 정확히 하는 것은 치료적 초점을 유지하는 데 중요하며, 내담자가 핵심적인 문제들과 접촉하게 하는 데 도움이 된다. 특정 순간에 무엇이 두드러지는지에 대한 치료자의 평가는 암묵적인 수준에서 몇 가지 정보 원천(내담자의 언어적 내용, 비언어적 행동, 정서적 관여 수준, 내담자와의 이전 상호작용에 대한 치료자 자신의 감정, 타인과 갖는 내담자의 상호작용)을 통합함으로써 이루어진다.

연구 방향

우리 접근의 주요 연구 방향은 심리치료 결과 연구와 심리치료 과정 연구라는 두 범주로 나눌 수 있다.

치료 결과 연구

첫 번째 일반적인 전략은 관습적인 총합 분석(aggregate analysis)을 사용하는 것으로, 보다 전통적인 인지치료의 효율성을 여기서 소개한 접근과 비교하는 임상적 접근이다 (Beck et al., 1979). 이런 연구에는 전통적인 인지치료보다 통합적인 인지치료에 의해 더 잘 활성화되는 변화들이 있는데, 그런 변화들을 잘 반영할 수 있는 매우 다양한 종속 측정치를 사용하는 것이 중요하다. 예를 들면, 전통적인 인지치료는 우울 증상을 줄여 주지만, 보다 통합적인 접근은 대인관계 기능의 미묘한 영역들에 영향을 줄 수 있다.

이런 유형의 연구에서는 적절한 추적 기간을 두는 것이 중요하다. 순수한 형태의 인지치료와 보다 통합적인 접근은 종결 시에는 같은 효과를 보일 수 있을지라도, 추적해 보면 나중에 차이를 발견할 수도 있다. 종결 시 증상의 감소가 있었다 하더라도, 순수한 형태의 인지치료자는 의도하지는 않았겠지만 치료 관계에 적절히 주의를 두지 못함으로써 자기-타인 상호작용에 대한 내담자의 역기능적 신념들을 확증해 줌으로써 재발률을 높일 수 있다. 반대로, 통합적 인지치료자는 회기 내에서 자신의 행동을 통해 역기능적인 대인관계 기대들을 반증하는데, 이는 내담자의 핵심적인 역기능적 인지 구조를 수정하는 보다 지속적인 변화를 가져올 수 있다. 종결 시에는 드러나지 않았던 두 접근 간의 차이는 추적 연구에서 나중에 확인할 수 있다.

이런 형태의 임상 연구는 보다 통합적인 접근의 유용성을 확인하는 데 유용하지만, 다른 형태의 심리치료 사이에서 차이를 확인하고자 한 임상 연구들이 대체로 실패했다는 점은 다른 연구 전략의 필요성을 시사한다. 두 번째 연구 전략은 전통적인 인지치료의 치료 실패 사례들을 찾고 우리의 치료 접근이 실패한 사례들의 내담자들을 변화시키는 데 도움이 되는지를 평가하는 것이다. 이 일반적 연구 전략은 통합적 접근이 순수한 형태의 인지치료보다 왜 선호될 수 있는지, 그 이점에 대한 직관적인 이해를 돕는 데 중요하게 활용될 수 있다. 어떤 심리치료 연구에서건 치료를 통해 효과를 보는 내담자와 그렇지 않은 내담자가 있다. 특정한 순수한 형태의 심리치료에서 이미 효과를 본 내담자는 통합적인 접근을 통해서 더 효과를 얻고자 하지 않을 것이다. 하지만 순수한 형태의 심리치료에서 효과를 경험하지 못한 내담자(즉, 적절한 치료 동맹을 형성하는 데 어려움이 있거나 중요한 인지 과정에 접근하는 것이 어려운 내담자)는 통합적 접근을 받는 것이 도움이 될 수 있다.

통합적 심리치료와 순수한 형태의 심리치료의 효율성을 비교한 어떤 임상적인 시도에서도 순수한 형태의 심리치료에서 상당한 도움을 받은 많은 비율의 내담자를 찾아볼수 있기 때문에, 통합적 형태와 순수한 형태의 접근 간의 차이는 잘 드러나지 않을 것이다. 그래서 관습적인 임상적 시도 전략은 총합 자료를 사용하고 있으며 관련된 개별적인 차이에 주목하지 않기 때문에 두 접근 간의 차이를 탐지해 낼 만큼 충분히 강력하지못하다.

이런 이유로, 보다 강력한 설계는 전통적인 인지치료 조건에 많은 내담자를 포함시키고, 치료의 어느 시점 이후로는 그 치료가 도움이 되지 않는 내담자들을 확인하는 것을 포함하였다. 잠재적으로 치료 실패가 예상되는 내담자들이 확인되면, 이들은 원래의 치료를 계속해서 받는 조건이나 통합적 치료 요소들을 추가로 받는 조건에 무선 할당된다.

두 번째 대안적인 치료 결과 연구 전략은 전통적인 인지치료를 받았더라면 치료가 실패했을 것으로 예측되는 내담자(예: 성격장애를 갖고 있는 내담자)를 미리 선정하고 나서임상 연구에서 이들을 전통적인 인지치료나 통합적 접근에 무선 할당하는 것이다.

치료 과정 연구

다른 중요한 연구 전통은 변화가 일어나는 기제에 대한 가설들을 평가하는 것으로,이 가설들에는 치료 동맹의 중요한 역할에서부터 치료 과정에 대한 것에 이르기까지 다양하다. 우리는 예비 발견을 통해 이 책에서 소개한 접근으로 치료를 받은 내담자의 경우 치료 동맹의 질이 치료 결과를 예언한다는 시사점을 얻었다(Safran, 1989). 우울증과불안 관련 장애로 진단된 22명의 내담자는 이 치료 접근으로 20회 치료를 받았다. 작업동맹 검사(Working Alliance Inventory: WAI; Horvath & Greenberg, 1986)와 캘리포니아 심리치료 동맹척도(California Psychotherapy Alliance Scale: CALPAS; Marmar et al., 1987)가 세 번째회기 때 실시되었고, 이들은 여러 종속 측정치(치료자와 내담자가 한 성공평정치, 치료자 목표 호소평정치, Beck 우울검사)를 유의하게 예언하였다. 앞으로 더 큰 표본을 대상으로 이연구들을 반복 검증할 필요가 있다.

또 다른 중요한 연구 노선으로 치료 동맹의 위기가 해소되는 과정에 대한 것이 있다.Safran과 Greenberg(1991)는 이 과정에 대한 예비 모델을 만들었는데, 이는 다음 7단계로 구성되어 있다.

① 치료자는 부정적 감정을 강조하고 지금-여기에 초점을 둔다.
② 내담자는 주장적인 행동을 복종이나 의존 행동과 번갈아 가며 보인다.
③ 치료자는 부정적인 감정이나 생각을 직접 표현하는 것에 대한 내담자의 두려움을 탐색한다.
④ 내담자는 부정적인 감정이나 생각을 표현하는 것과 자기주장을 하는 것에 대한 두려움에 접근한다.
⑤ 치료자는 이런 두려움에 공감한다.
⑥ 내담자는 직접적이고 자기주장적인 형태로 부정적인 감정이나 생각을 표현한다.
⑦ 치료자는 내담자의 경험을 알아주고 그 상호작용에서 치료자 자신의 역할을 인정한다.

우리는 현재의 질적 및 양적 연구 방법론을 결합해서 모델을 개선하였는데, 여기에는 신뢰 과정 부호화 체계로 단계를 조작적으로 정의하는 것과 여러 사례에 걸쳐 반복되는 양상을 찾는 것이 포함된다. 하나의 중요한 절차는 가정된 단계가 동맹 위기 해소와 흔히 관련이 있는지 평가함으로써 개선된 모델을 검정해 보는 것이다.

다른 주요 연구 방향은 내담자의 역기능적인 대인관계 도식을 반증하는 치료자-내담자 상호작용이 즉각적이고 최종적인 결과 모두와 정적으로 관련이 있다는 주요 가설을 평가하는 것이다. 이를 위해서 먼저 내담자의 핵심적인 역기능적 도식의 성격을 신뢰도 있게 체계화하고 치료자의 행동이 도식을 확증하는지 아니면 반증하는지를 평가하는 절차를 개발하는 것이 필요할 것이다.

이는 병인적 신념을 평가하기 위해 Weiss와 동료들(1987)이 사용한 방법론과 정신역동치료의 관련 검사들을 적용함으로써 성취할 수 있을 것이다. 그들이 한 일련의 연구에 따르면, 내담자의 병인적 신념은 신뢰도 있게 체계화될 수 있었고 이 병인적 신념에 대한 반증은 즉각적이고 최종적인 결과 모두와 관련이 있었다. 예를 들어, Silberschatz(1987)는 병인적 신념에 대한 반증은 내담자의 불안을 즉각적으로 유의하게 감소시켜 주고 내담자의 이완을 증가시켜 주었으며, 내담자의 직면을 도와주었다고 보고하였다. Caston, Goldman과 McClure(1987)는 병인적 신념을 회기 안에서 반증하는 것과 즉각적인 통찰의 증가 및 중요한 자료에 대한 명료화의 관련성을 확인하였다. Silberschatz, Fretter와 Curtis(1986)는 병인적 신념의 반증과 내담자의 경험 수준이 즉각적으로 증가하는 것의 관련성을 발견하였다. 그들은 또한 확증하는 개입보다 병인적 신념을 반증하는 개입이 많을수록 최종 결과가 더 좋다는 것도 발견하였다.

Weiss와 동료들의 것과 우리 접근의 개념적 틀 간에 이론적인 차이는 다소 있지만, 최근 Collins와 Messer(1988)는 기본적인 Mount Zion 그룹 방법론이 다른 이론적 지향에 적용되어 사용될 수 있음을 보여 주었다. 그래서 중요한 절차는 Weiss와 동료들의 방법론을 적용해서 이 책에서 소개한 대인관계 도식 개념을 신뢰도 있게 평가할 수 있을 것이다. 또한 도식과 맞지 않는 치료자의 개입들이 즉각적인 결과와 최종 결과 모두와 관련이 있다는 가설도 평가될 수 있다. 치료 동맹의 질이 치료자가 내담자의 대인관계 도식을 반증하는 식으로 행동하는지의 여부에 의해 매개된다는 가설도 관련 연구에서 평가될 수 있다.

또 다른 연구 흐름에서는 전통적인 인지치료에서 도전적인 개입들(예: 증거를 찾거나 대안을 고려하는 것)의 즉각적인 결과를 매개하는 한 요인이 그 개입 내 내담자의 역기능적 대인관계 도식을 과정 수준에서 확증 혹은 반증한다는 가설을 검증하고 있다. 우리 접근의 중요 논지는 어떤 개입이라도 그 영향은 그 개입의 독특한 특징들과 내담자가 갖고 있는 대인관계 도식 사이의 상호작용이 가져오는 결과라는 것이다. Weiss와 동료들(1987)의 방법론을 적용했을 때, 이 가설은 모든 도전적인 개입에 이어서 일어나는 인지적 변화의 양을 독립적인 평정자들이 평가하고, 이후 이 개입들이 도식을 확증하는지 혹은 반증하는지 그 정도를 평정함으로써 검증될 수 있을 것이다. 현재의 이론에서는 내담자의 핵심적인 대인관계 도식을 과정 수준에서 확증하는 개입은, 어떤 것이든(그것이 인지치료의 도전적인 개입이든 아니면 정신역동치료의 해석이든) 그것이 비록 내용적으로는 정확한 것이거나 정확했다 하더라도 초라한 즉각적인 결과를 가져올 것이라고 가정한다.

마지막으로 소개할 연구 방향은 내담자의 대인관계 도식을 평가하는 측정 도구들을 개발하고 이 측정 도구들에서의 변화가 치료 결과 및 치료 효과 유지와 관련되는지를 평가하는 것이다. 예비 연구에서 Safran, Hill과 Ford(Segal et al., 1990)는 세 명의 의미 있는 타인(엄마, 아빠, 친구)이 피험자가 제시하는 대인관계 행동들에 어떻게 반응할지에 대한 피검자의 기대를 평가하는 질문지를 개발하였다. 열여섯 가지의 다른 대인관계 행동은 Kiesler(1983)의 대인관계 원형이론에서 가져온 것이다. 이 행동 각각은 대인관계 원형이론(interpersonal circumplex)의 16개 구획 중 하나를 대표한다. 피험자들은 세 명의 중요한 타인이 각각의 행동에 대해 보일 것으로 기대되는 반응을 가리키도록 요구되었으며, 이어서 각 반응의 바람직성을 평정하도록 요구되었다. 99명의 대학생 피험자가 질문지를 수행했고 이어서 증상 체크리스트(Symptom Check List-90: SCL-90) 결과에 근거해서 낮은 증상 집단과 높은 증상 집단으로 구분되었다(Derogatis, 1977). 낮은 증상 집단의 피험자들은 타인에게서 유의하게 더 바람직한 반응들을 기대했다. Hill과 Safran(1990)은 같은 질문지를 216명의 대학생 피험자 집단에 실시했는데, 이들은 다시 SCL-90에 근거해서 낮은 증상 집단과 높은 증상 집단으로 나뉘었다. 이 연구에서도 낮은 증상 집단의 피험자들이 타인으로부터 유의하게 더 바람직한 반응을 기대했으며, 더해서 그들은 유의하게 더 사교적이고 친화적이며 믿을 수 있는 반응을 기대했다. 게다가 낮은 증상 집단의 사람들은 호의적인 대인관계 행동에 상호 보완적인 반응을 기대하는 반면에, 높은 증상 집단의 사람들은 적대적이거나 호전적인 대인관계 행동에 상호 보완적인 반응을 기대하는 경향이 있었다. 우리는 추적 연구를 통해 치료 과정에서 이런 지시에 대한 반응 상 변화를 보이는 내담자들이 변화를 보고하지 않는 내담자들보다 치료적 도움을 더 잘 유지하는지 여부를 평가하고 있다.

요 약

오늘날 인지치료 분야는 빠르게 팽창하고 있다. 이 책에서는 많은 다른 치료 전통의 원리들을 결합해서 이론과 기법 모두를 확장함으로써 임상 실제에서 일어나고 있는 이와 같은 변화의 일부를 체계화하려 하였다. 이 장에서 우리는 현재 이루어지고 있는 접근의 주요 원리들을 요약하였으며, 다양한 관련 연구 방향을 소개하였다. 우리의 바람은 이 분야에 활력을 지속적으로 불어넣어 줄 경험적인 연구들을 자극하고 발전시키는 것이다.

INTERPERSONAL PROCESS IN COGNITIVE THERAPY

맺음말

모든 진정한 삶은 만남이다. 당신에게 관계는 직접적이다. 조직적인 생각, 예지, 공상 등이 나와 당신 사이에 끼어들지 않는다. 기억 그 자체는 고립되어 있다가 통일된 전체 안으로 들어오면서 변형된다. 목적, 욕망, 기대 등도 나와 당신 사이에는 끼어들지 않는다. 소망 그 자체는 꿈에서 현실 속으로 들어서면서 변형된다. 모든 수단은 장애다. 오로지 모든 수단이 소용없을 때 만남이 시작된다.

-Martin Buber

진정한 인간적 참만남

역기능적인 인지-대인관계 순환은 치료를 찾는 사람들이 보이는 특징인데, 이 때문에 내담자들은 진정으로 누군가와 만나는 것이 어렵다. 대인관계에 대한 욕구가 워낙 절박하기 때문에, 이들은 자신의 어떤 부분과는 담을 쌓기도 한다. 이들은 또한 상대방을 있는 그대로 수용하는 것이 어렵고 자신의 인간적인 접촉 욕구를 충족하기 위해서 상대방에게 영향을 주고자 한다. 이들은 대인관계 유지를 위해 역기능적인 전략들을 학습하게 되는데, 이런 전략들은 오히려 타인에게 자신의 진정한 모습을 드러내는 것을 어렵게 한다. 타인은 내담자의 자기접촉이 결여된 모습과 역기능적인 대인관계 방식 때문에 소원감을 느끼며, 대인관계에 대해 내담자가 갖고 있는 가장 큰 두려움을 확인시켜 주는 식으로 행동한다. 타인은 내담자를 전체적인 인간으로 만나는 게 어렵고, 대신 가시적인 조각난 부분들과 관계를 맺는다. 그들은 내담자의 인지-대인관계 순환 속으로 빠져들고, 자기 내부에서 흔히 일어나는 혼란스럽고 모순된 감정을 억제하거나 충분히 수용하는 데 어려움을 보인다. 그들은 자신의 자존감 유지 욕구에 따라 다양한 방식으로 반응한다.

그래서 도움을 찾는 사람들은 자신과 타인으로부터 소외된 상태로 살아간다. 치료의 목적은 그들이 이런 소외된 상태를 줄이도록 돕는 것이다. 이를 위해서 치료자는 자기 자신으로부터의 소외와 관계 유지를 위한 역기능적 전략이 만들어 낸 관계 형성의 방해물을 극복하고, 내담자가 그 자신의 특정한 면을 단절시킬 필요가 없다는 것을 배울 수 있도록 관계 경험을 제공해야 한다.

그들의 인지-대인관계 순환에 말려들지 않음으로써, 치료자는 내담자의 삶에서 빠져 있던 경험, 즉 진정한 인간적 참만남 혹은 Buber가 나와 너의 관계로 일컬었던 것을 내담자에게 제공할 수 있다. 이런 관계 속에서 우리는 내담자를 있는 그대로 온전히 수용한다. 우리는 분노, 그리고 우리 자신의 자존감을 보호하거나 우리 자신의 욕구를 충족하려는 욕구에 따라 행동하기보다, 우리의 감정을 내담자를 돕기 위해 사용할 수 있는 도구로 활용하려고 노력한다. 위협적으로 보이는 우리 자신의 모습을 억제하기보다는 그것을 치료 과정과 연결지어 보려고 노력한다. 우리 자신의 자존감 유지를 위해 치료 중인 내담자를 이용하기보다, 그들의 모습을 있는 그대로 수용하려고 노력한다. 즉, 우리는 그들의 전체 모습과 만나려고 노력한다.

이 책 전체에서 우리는 변화를 촉진시키는 데 있어 치료 관계의 중요성을 반복해서 강조했다. 우리는 관계와 기술적인 이론적 측면들의 관련성을 명확히 하는 이론적인 틀을 제공하려 했다. 우리는 사실 과정의 이 두 측면이 궁극적으로는 분리될 수 없는 것이라고 본다. 또한 우리는 치료자가 변화 과정을 촉진시키기 위해서 치료 관계를 어떻게 활용하면 좋을지에 대한 기술적인 제안들도 하였다.

하지만 이 책에서 소개한 모든 개념과 기법은 단지 도구일 뿐임을 무엇보다도 잊지 말아야 한다. 그것들은 내담자와의 나-너 관계 형성을 방해하는 장애물을 치료자가 극복하도록 도와주는 도구다. 그러나 이 도구가 진정한 인간적 참만남을 촉진하기보다는 오히려 그런 만남을 회피하기 위해서 사용된다면, 그 도구 자체가 장애물이 될 수 있다. "좋은 연장도 악인의 손에 있으면 나쁜 연장이 된다."는 옛말도 있듯이, 현명한 치료자라면 이 책에서 소개한 변화를 위한 특별한 수단을 기저에 있는 변화의 핵심과 혼동해서는 안 될 것이다.

치료자가 그 순간에 내담자에게 실제로 일어나고 있는 현실을 개념들에 가려 보지 못한다면, 그 치료자는 내담자가 아닌 대상, 즉 Buber가 '너'가 아닌 '그것'이라고 한 것과 관계하고 있는 것이다. 진정한 인간적인 참만남은 치료자로서 어떻게 해야 한다는 모든 역할과 선입견을 넘어설 수 있는 것으로, 치료자가 이런 진정한 인간적인 참만남을 감수하기보다 여기서 제시한 개념적 틀이라는 안전망 속으로 숨어 버린다면 내담자를 치유해 줄 인간적인 관계 경험이 일어날 가능성은 없어질 것이다.

　그렇다고 개념과 기법이 중요하지 않다거나 치료자가 내담자를 객관화하지 말아야 한다는 것은 결코 아니다. 참여자 관찰 과정은 때로는 내담자와 자신 모두를 대상으로 대할 것을 요구한다. 하지만 그렇더라도 치료자는 이런 객관화 과정 속에서 내담자와 진정한 만남을 가질 수 있어야 한다. 이런 진정한 만남 속에서 두 존재는 보다 온전한 인간이 될 것이다.

부 록

부록 1. 단기 인지치료 적합성 면접

선택 기준 매뉴얼

이 매뉴얼의 목적은 단기 인지치료의 적합성 평가를 위해 면접 시 필요한 전반적인 지침을 제공하는 것이다. 이 매뉴얼은 단기 인지치료 선택 기준과 함께 사용될 수 있으며, 목적은 9점 척도상에서 선택 기준을 평가할 때 필요한 자료를 보다 용이하게 수집할 수 있게 하는 것이다. 평가자가 평정하는 차원들은 다음과 같다.

① 자동적 사고에 대한 접근성(accessibility of automatic thoughts)
② 정서에 대한 인식과 분화(awareness and differentiation of emotions)
③ 변화를 위한 개인적인 책임의 수용(acceptance of personal responsibility for change)
④ 인지적인 이론적 배경에 대한 이해 정도(compatibility with cognitive rationale)
⑤ 동맹 잠재력: 회기 내 근거(alliance potential: in session evidence)
⑥ 동맹 잠재력: 회기 밖 근거(alliance potential: out-of-session evidence)
⑦ 만성화와 급성(chronicity versus acuteness)
⑧ 안전 조치(security operations)
⑨ 초점성(focality)
⑩ 치료에 대한 전반적인 낙관주의 혹은 비관주의(general optimism or pessimism about therapy)

모든 차원은 9점 척도(0.5점 간격으로 1~5점 사이로 평가됨)상에서 평정된다. 5점이 가장 좋은 예후를 나타내며 1점은 가장 나쁜 예후를 나타낸다.

면접은 대략 1시간 정도 소요된다. 면접자가 사전에 기본적인 생물학적 · 과거사적 · 진단적 정보를 알고 있는 것이 중요하다. 미리 정보를 알고 있음으로써 면접자는 선택 기준 평정과 관련된 정보를 얻을 수 있는 구체적 영역에 더 용이하게 초점을 맞출 수 있을 것이다.

면접을 위한 구체적인 구조는 없으며, 면접자는 필요한 영역 사이를 자유롭게 오갈 수 있다. 임상적인 상황의 자연스러운 흐름에 맞게 다양한 영역에 걸쳐서 면접을 진행하면 된다. 예를 들어, 내담자가 불안해하면 면접자는 자동적 사고를 탐색할 수 있는데, 이는 치료 상황이라는 생생하고 통제된 환경에서 자동적 사고에 접근할 수 있는 내담자의 능력에 대한 중요한 자료를 수집할 수 있게 해 준다.

이 면접의 중요한 특징은 '연속적인 검사 조사(successive test probes)'를 한다는 것이다. 예를 들어, 내담자가 자발적으로 자동적 사고를 노출하면, 이 영역에서는 더 이상의 탐색이 필요 없을 수 있다. 그러나 자동적 사고가 쉽게 나오지 않으면 면접자는 내담자가 문제 상황을 구체적이고 세부적으로 기술하도록 격려할 수 있다. 자동적 사고에 계속해서 접근하기 어려우면 면접자는 면접 상황에 대한 내담자의 사고를 탐색할 수 있다. 기본적인 생각은 내담자가 갖고 있는 치료 관련 역량이 무엇이든 그것이 드러날 수 있는 최적의 기회를 내담자에게 제공하는 것이다.

확실한 구조는 없지만, 면접자가 내담자의 현재 문제들에 대한 일반적인 질문으로 시작하는 것이 대개는 도움이 된다. 일단 내담자가 현재 문제들에 대한 일반적인 기술을 했다면, 가능한 한 빨리 사례를 물어보는 것이 유용하다. 내담자가 구체적인 예를 들었다면, 자동적 사고에 대한 접근성과 정서에 대한 인식 및 분화를 탐색하는 다음 단계를 위한 준비는 된 셈이다.

자동적 사고에 대한 접근성

일단 내담자가 구체적인 문제 상황을 기술했다면, 치료자는 이 기회를 자동적 사고 탐색을 위해 이용할 수 있다. "그 상황에 대한 당신의 생각은 뭔가요?" 혹은 "당신 마음속에 떠오르는 것을 말해 보시겠어요?" 같은 질문이 단순하면서도 유용한 기본적인 탐색의 예다.

내담자가 자동적 사고를 떠올리거나 보고하는 것이 어려우면, 그 상황에 대해서 가능한 한 구체적이고 생생하게 기술해 보도록 함으로써 그 상황을 이 자리에서 재현해 보도록 하는 것이 유용할 수 있다. 심상을 사용해서 정확한 상황과 일어난 사건들을 마음속에 그려 보게 하는 것이 유용할 수도 있다.

일단 내담자가 그 상황을 생생하게 기술하면, 면접자는 "당신이 지금 그 상황에 놓여 있다고 생각해 보시겠어요?"라고 물어볼 수 있다. 내담자가 그렇게 할 수 있으면, 이어서 치료자는 다음과 같이 물어볼 수 있다. "마음속에 뭐가 떠오르지요?" "마음속에 어떤 생각이 떠오르는 것을 느끼나요?"

세 번째 대안은 회기 안에서의 자동적 사고를 탐색하는 것이다. 과거의 문제 상황에 대한 자동적 사고를 떠올리는 것이 어려운 내담자는 치료 상황의 즉시성 속에서 자동적 사고를 찾아볼 수 있다. 내담자가 치료 회기 중에 기분의 변화(예: "지금 사실 좀 불안하네요." "많이 슬프네요.")를 보고하거나 정서적 변화와 관련된 비언어적 단서(예: 내담자가 매우 슬픈 표정을 보이기 시작한다든가 의자를 강하게 움켜쥔다든가)를 보이면 자동적 사고를 탐색해 볼 좋은 기회가 된다.

치료 상황의 즉시성 속에서 자동적 사고를 탐색하는 것이 다른 두 방법으로 접근할 수 없었던 인지적 과정에 접근할 수 있게 해 주지만, 어떤 내담자의 경우에는 이 과정이 그들에게 더 위협적일 수 있기 때문에 치료적 상호작용에 관한 자동적 사고에 접근하는 것이 더 어려울 수도 있다.

일반적으로 치료적 상호작용에 관한 자신의 감정과 생각을 말할 수 있는 내담자의 능력은 좋은 예후에 대한 지표인데, 이런 종류의 상호작용은 좋은 치료 동맹의 발달을 방해하는 오해와 소통 문제를 해결하는 데 흔히 꼭 필요하기 때문이다.

정서에 대한 인식과 분화

내담자가 일단 구체적인 상황을 기술했다면, 면접자는 다양한 정서 상태를 인식하고 명명하며 정서적인 변화를 알아차릴 수 있는 내담자의 능력을 탐색한다. 관련된 탐색의 예는 다음과 같다.

"그 상황에서 어떤 감정이 들었는지 기억나세요?"
"어떤 감정을 느끼셨어요?"
"그것이 보통 때 느끼는 것과 달랐나요?"
"그 감정이 얼마나 강했나요?"

"그 상황을 생각하거나 상상하면, 지금 이 자리에서도 그 감정을 느끼세요?"

"만일 그렇다면 어떻게 느낄 거 같으세요?"

마지막 두 질문은 과거에 경험한 다른 정서 상태를 구분하는 내담자의 능력뿐 아니라 다른 정서 상태들을 현재 이 자리에서 재경험하는 내담자의 능력도 측정한다. 현재 이 자리에서 재경험할 수 있는 능력은 치료 회기 중에 기분 의존적인 인지, 즉 '뜨거운 인지(hot cognitions)'에 접근하는 데 매우 유용할 수 있다.

과거의 정서 경험을 회상하도록 요구하는 것에 더해서, 치료자는 회기 중에 정서적 변화를 반영하는 비언어적 표식에 주의를 기울이는 것이 유용하다. 예를 들어, 면접 중에 내담자가 갑자기 긴장하는 것을 알아차렸다면, 치료자가 "지금 뭘 경험하고 있으세요?"라고 물어보는 것이 유용할 수 있다. 이런 종류의 탐색은 현재 일어나고 있는 정서적 변화를 인식하고 보고하는 내담자의 능력을 알아볼 수 있게 해 줄 것이다.

변화를 위한 개인적인 책임의 수용과 인지적인 이론적 개념에 대한 이해 정도

이 두 기준을 함께 다루는 이유는 두 기준과 관련된 정보를 같은 탐색을 통해 얻을 수 있기 때문이다. 면접자는 대개 심리치료, 특히 인지치료에 대한 이해 및 기대와 관련된 일반적인 질문으로 탐색을 시작할 수 있다. 예를 들면, "인지치료에 대해서 어떻게 알고 계신지 궁금하네요."라고 질문한다. 내담자가 인지치료에 대해서 적절한 사전 이해를 갖고 있다면, 치료자는 다음과 같이 물어볼 수 있다. "당신이 치료에 대해 알고 계신 것이 이해가 되시나요?" "분명하지 않거나 혼란스러운 부분이 있으세요?"

나중의 질문은 의구심과 회의감을 평가하는 섬세한 방법이 될 수 있다. 예를 들어, 내담자가 "저는 부정적인 생각을 아는 것이 어째서 감정을 바꾸는지 아직 이해가 안 됩니다."라고 말하면, 치료자는 이에 대해서 명료하게 해 줄 수 있다. 반복적인 명료화를 위한 노력 후에도 내담자가 계속해서 혼란스러워하면, 이는 예후에 대한 부정적인 지표가 된다.

만약 내담자가 인지치료에 대해서 아무것도 모르고 왔다면, 면접자는 단순하고 기본적인 설명을 해 주어야 한다. 대인관계적인 지향을 강조하는 형태의 인지치료에서는, 치료자는 치료 관계가 인지 및 대인관계 과정을 탐색하기 위한 실험 공간으로 흔히 이용될 수 있음을 표준적인 인지치료의 이론적 개념(즉, 사고와 감정의 관계를 살펴보기, 한 주 동안 실험에 적극 참여하기 등에 대한 강조)에 더해서 알려 주어야 한다. 이론적 배경에 대한 간단한 개요에 이어서, 치료자는 질문이 있는지 내담자에게 물어볼 수 있다. 명료화를 위한 여러 번의 노력 후에도 내담자가 여전히 모호해하거나 혼란스러워하면, 이 역시 부정적인 예후에 대한 지표다. 이전의 일반적인 질문들에 더해서, 면접자는 "치료자가 치료에서 하는 역할이 무엇이라고 이해했습니까?" 혹은 "내담자가 치료에서 하는 역할은 무엇이라고 이해되십니까?" 등의 질문을 할 수 있다. 이는 치료에서 변화에 대한 책임이 궁극적으로 누구에게 있다고 생각하는지에 대한 내담자의 생각을 알아볼 수 있는 중요한 정보를 제공한다.

그 외의 탐색 질문으로 "당신이 갖고 있는 문제의 원인이 무엇이라 여기십니까?" 같은 것도 할 수 있다. 이는 내담자가 자기 문제를 내적 요소("제 자신에 대한 저의 시각이 문제지요.") 탓으로 돌리는지 아니면 외적 요소("호르몬의 불균형 때문이에요." 혹은 "나쁜 양육을 받아서 그런 거 같습니다.") 탓으로 돌리는지에 대한 중요한 정보를 얻을 수 있게 해 준다.

동맹 잠재력: 회기 내 근거

이 차원은 포괄적인 탐색 없이도 흔히 평가될 수 있지만, 면접자가 치료적 상호작용에 대한 내담자의 지각에 대한 기본적인 질문들(예: "지금 일어나고 있는 것에 대해서 어떻게 느끼세요?" 혹은 면접 후에 "오늘 한 면접에 대해서 어떻게 느끼세요?")을 물어보는 것이 유용할 수 있다. 오해가 있는 것 같다거나 소통이 어떤 면에서 안 되고 있다거나 하면 이런 질문들을 하는 것이 특히 중요하다. 내담자가 치료적 면접에 대한 걱정이나 의구심을 직접적으로 다룰 수 있다면, 이는 좋은 예후에 대한 지표가 될 수 있다.

동맹 잠재력: 회기 밖 근거

이에 대한 평가를 위해서, 면접자는 이전과 지금의 친밀한 관계에 대한 질문을 하는 것이 중요하다. 다양한 탐색이 유용할 수 있는데, 이는 내담자가 부모와 어떻게 지내고 있고 부모에 대해서 어떻게 지각하는지에서부터 학교에서의 친구 관계에 이르기까지 다양하다. 내담자가 과거에 친밀한 관계가 있었는가 그리고 신뢰할 수 있는 사람이 있었는가? 현재 신뢰할 누군가가 옆에 있는가? 그런 정보는 신뢰와 불신이라는 차원에 대해서, 그리고 내담자가 단기치료를 진행하기 위해서 요구되는 동맹을 형성할 만큼 신뢰를 쌓을 수 있을지를 평가하는 데 유용할 수 있다.

여기서 가장 중요한 정보 중 하나는 이전 치료 관계가 어떠했느냐다. 그래서 면접자는 이전 치료 관계, 그 경험의 결과, 치료에서 만난 치료자에 대한 내담자의 지각 등에 대해서 자세히 물어볼 필요가 있다. 만약 내담자가 이전 치료 경험에서 도움을 받지 못했다고 하면, 치료자는 내담자가 그 상호작용들에서 무엇이 문제였다고 여기는지에 대해서 알아보아야 한다. 이런 정보를 탐색함으로써 내담자가 외재화하거나 지나치게 남 탓을 하는지 혹은 치료자를 이상화했다가 평가절하하는 양상을 보이는지를 알아볼 수 있다. 이전 치료 경험을 지나치게 좋게 평가하는 것은 치료자를 이상화하는 내담자의 경향을 드러내는 것일 수 있는데, 이는 내담자가 변화에 대한 자신의 책임을 느끼도록 생산적인 작업 동맹을 맺는 것과는 다른 것이다.

문제의 만성화

이 차원에 대한 정보는 현재 문제가 언제부터 시작되었는지, 과거력, 경과 등에 대한 단순하고 기본적인 탐색을 통해서 얻어질 수 있다.

안전 조치

여기서 면접자의 과제는 회기 중에 내담자의 안전 조치 행동들을 주목하고 관찰하는 것이다. 안전 조치는 개인의 자존감 유지와 위협 시에 심리적 안전감 회복을 위해 기능하는 심리적 과정과 행동들로 정의될 수 있다. 인지-대인관계 틀 안의 주요 이론적 가정은 개인의 자존감을 위협하는 경험은 불안을 일으키며, 다양한 다른 상호작용 양상이 그 불안을 줄이고 긍정적인 자기관을 유지하기 위해서 사용될 수 있다는 것이다. 그런 양상들은 대인관계 상황들을 통합하고 치료에 잠재적인 위협이 되는 방식, 강도, 정도에서 다양하다. 우리는 안전 조치를 범주화하지는 않지만, 그 예를 알고 있는 것은 유용할 수 있다. 즉, 면접자를 통제하려 하는 것, 산만하거나 장황하게 얘기를 해서 어떤 문제를 깊이 다루기가 어려운 것, 주제를 바꾸는 것, 면접 시 지나치게 혼란스러운 것, 불안과 관련된 주제에서 화제를 전환하는 데 집착하는 것, 지나치게 이성적으로 주제들을 다루는 것, 자신의 약함과 취약성을 남 탓으로 돌리는 것이다.

내담자의 안전 조치들이 단기 인지치료에 장애를 초래하지 않는다면, 여기서 탐색은 필요하지 않다. 하지만 면접자가 보기에 의사소통 과정이 안전 조치들에 의해 상당히 제한받고 있어 단기 인지치료에 큰 장애가 된다면, 안전 조치들이 회기 중에 관심을 받을 때 내담자가 그것들을 조절할 수 있을 만큼 불안을 잘 견딜 수 있을지를 평가하기 위한 탐색이 필요하다. 예를 들면, 내담자가 한 문제를 지속적으로 다루지 못하고 여러 화제를 피상적으로 건드리고만 가는 경우, 치료자는 내담자가 이런 양상에 주의를 두도록 비위협적으로 접근하고 내담자가 이에 대해 알고 있는지를 물어본다. 혹은 내담자가 정서가 많이 실려 있는 주제를 너무 이성적이고 지적으로만 다룬다고 간주되면, 면접자는 이에 대해서 내담자가 주목하도록 하고 지금 그의 경험에 대해서 물어본다. 물론 이런 맥락에서 적절하게 탐색할 수 있으려면 치료자가 치료 과정과 그것의 의사소통 변동을 지속적으로 모니터링하는 데 능숙해야 한다.

초점성

초점성은 내담자가 초점을 문제에 두고 작업을 할 수 있는 능력이다. 인지치료에서 이 작업의 상당 부분은 구체적인 문제 상황에서의 내담자 행동을 검토하는 데 있다. 문제 초점적이 될 수 있는 능력은 최근의 상황에서 시작하고 그 상황을 치료자와 심층적으로 탐색할 수 있는 것을 포함한다. 내담자의 문제들을 하위 단위들 혹은 목표들로 나누고 이들에 대해 보다 심층적으로 탐색할 수 있는데, 이런 틀 안에서 내담자가 얼마나 편하게 작업할 수 있는지를 평가한다. 부족한 초점성은 그런 모델 내에서 작업하지 못하는 무능력에 의해 드러날 수 있다. 그런 행동의 예로는 다음과 같은 것이 있다. 즉, 당장 모든 것을 해결하려고 애쓰는 것, 한 가지 어려움을 해결하려고 시도하는 동안에 여러 문제를 꺼내 놓는 것, 관심 두는 상황에 대해서 정교화하면서 다른 상황과 관련된 엉뚱한 정보를 계속해서 내놓는 것이다.

치료에 대한 내담자의 낙관주의 혹은 비관주의

이 항목은 삶을 변화시킬 치료 가능성에 대해서 내담자가 희망적이라거나 희망이 없다고 느끼는 정도에 대해서 전반적으로 평가하고 있다. 관련 정보가 직접적으로 탐색될 수 없기 때문에, 평정자들은 흔히 자신들의 전반적인 인상이나 평가에 의지해야 한다. 이 항목은 Frank(1973)가 말한 내담자의 사기 저하 수준과 유사하고 치유 과정에 대한 그것의 효과를 담고 있다. 질문은 "내담자가 치료에서 자신이 얼마나 도움을 받을 것 같다고 대체로 느끼나요?"다.

부록 2. 단기 인지치료 적합성 평정 척도

이 척도들은 적합성 면접과 연계되어 사용된다. 높은 점수는 좋은 예후를 나타내고 낮은 점수는 나쁜 예후를 나타낸다. 설명은 5개 척도값에 대해서 되어 있지만, 점수는 0.5점 간격으로 주어질 수 있다(예: 2.5).

적합한 정보를 얻지 못했으면 평정은 하지 말아야 한다. 면접자가 어떤 영역에 대해서 적절하게 탐색하지 못했고 내담자가 자발적으로 관련 정보를 내놓지 않았으면, '0'에 표시를 해야 한다.

자동적 사고에 대한 접근성

평정자용 설명

이 문항을 평정할 때는 두 차원이 고려된다.

a. 내담자가 자동적 사고와 역기능적 신념에 접근해서 말로 표현할 수 있는 용이성, 이를 위해서는 치료자가 탐색한 것의 양과 질을 고려할 필요가 있다.
b. 내담자가 보고한 자동적 사고에 반영되어 있는 자기 관련 수준

1점: 내담자가 어떤 자동적 사고에도 접근할 수 없다면 1점을 준다(즉, '자기말[self talk]'을 인식하지 못하고 '심상'을 보고하지 못하며 자신의 생각과 감정의 관계를 알지 못함).

5점: 내담자가 자기개념에서 중심이 되거나 핵심이 되는 자동적 사고들을 자발적으로 보고하면 5점을 준다.

2~4점: 보고한 자동적 사고의 수준에 따라 2점에서 4점을 준다. 예를 들면, 2점은 4점보다 보고된 자동적 사고가 덜 중심이 되거나 덜 핵심적임을 의미한다.

0. 정보 부족으로 평정 못함

1. 내담자가 자동적 사고에 전혀 접근할 수 없어 보임

2. 내담자가 한두 개의 자동적 사고에 접근할 수 있음

3. 내담자가 자동적 사고에 어느 정도 접근할 수 있음

4. 내담자가 다수의 중요한 자동적 사고에 접근할 수 있음

5. 내담자가 핵심적인 자동적 사고에 쉽게 접근할 수 있음

정서에 대한 인식과 분화

평정자용 설명

이 척도는 두 차원을 결합하고 있다. 낮은 수준에서는 내담자가 정서 상태를 단지 명명하고 구분할 수 있는 능력에 관심이 있다. 이 능력이 내담자가 자동적 사고에 접근하는 것을 돕는다고 가정한다. 높은 수준에서는 '정서적으로 즉각적인 방식으로 정서를 경험하는 것'에 대한 차원을 담고 있다. 이 차원은 경험치료의 경험척도(Experiencing Scale)와 보다 밀접히 관련된다. 내담자들이 핵심적인 인지 과정들과 관련된 말하기 어려운 특이한 의미에 접근하도록 하고 그들의 인지 과정이 그들의 경험에 미치는 영향을 구체적으로 이해하도록 돕는 데(다른 말로 하면, 내담자들을 탈중심화하도록 돕는 데) 이런 경험적 과정이 유용하다고 가정한다. 내담자들이 넓은 범위의 정서를 반드시 표현하지 않아도 이 척도에서 높은 점수를 받을 수 있음을 알아 두는 것은 중요하다.

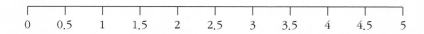

0. 정보 부족으로 평정 못함

1. 내담자가 회기들 사이에 정서적 질이나 강도의 변화를 전혀 인식할 수 없고 회기 안에서 정서 변화를 말로 표현할 수 없어 보임. 정서 경험으로부터 완전히 차단되어 있

어 보임

2. 내담자가 회기 밖에서 경험한 기분의 질과 강도에서의 변화를 보고는 하지만 상당히 어려워함

3. 내담자가 회기 밖에서 경험한 기분의 질과 강도에서의 변화를 보고할 수 있으며, 회기 안에서 이런 감정들을 어느 정도 경험할 수 있음

4. 내담자가 회기 밖과 안 모두에서 정서적 질과 강도의 변화를 탐지하고 경험할 수 있음. 내담자는 정서를 더 깊은 자기탐색을 위한 수단으로 이용할 수 있는 능력이 어느 정도 있음

5. 내담자가 회기 밖과 안 모두에서 정서 경험을 명명하고 분화하는 데 매우 능숙하고, 회기 안에서 정서적으로 진정성 있게 경험을 처리함. 내담자는 더 깊은 자기탐색을 위한 수단으로 회기 안에서 정서를 이용할 수 있는 능력을 분명히 보여 줌

변화를 위한 개인적인 책임의 수용

평정자용 설명

이 문항은 변화 과정에 대한 자신의 역할에 대한 내담자의 믿음을 측정한다. 내담자가 희망이 없다는 생각을 보이더라도 변화 과정에서 자신의 역할을 해야 한다고 인식할 수 있기 때문에, 자책과 자기비난, 그리고 변화 과정에 대한 책임성을 기꺼이 수용하는 자세 사이를 구분하는 것은 중요하다.

2점과 3점의 주요 경계는 개인적 책임성에 대한 내담자의 말이 얼마나 진정성이 있느냐에 달려 있다. 2점의 한 예는 개인적인 책임성을 가져야 한다는 생각을 처음에는 옹호했다가 면접 중에 다른 때에는 그 견해를 부정하는 내담자의 경우다. 3점은 개인적 책임성 문제와 실제로 씨름하고 있는 내담자의 경우에 해당된다.

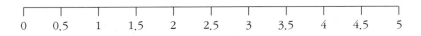

0. 정보 부족으로 평정 못함

1. 내담자가 변화에 대한 책임을 수용하지 않으며, 그 대신 변화가 외적 요인에 의해 일어날 거라고 여김

   예: a. "마술적 해결."

   　　b. "내게 맞는 약물이 새롭게 발견될 거다. 그것만이 내 기분을 향상시켜 줄 것이다."

   　　c. "치료자가 내게 답을 줄 거다."

2. 내담자는 자신의 행동이 변화를 촉진시켜 줄 수 있다고 주장하지만 그 말은 그저 상투적인 것임

3. 내담자는 자신의 노력이 변화 과정에서 중요하다는 것은 어느 정도 알고 있지만 이런 생각과 외적 요인에 의지하려는 태도가 많이 오락가락함

4. 내담자는 변화 과정에 대한 책임성이 대체로 있지만 가끔 혹은 살짝 외적 요인에 의지하는 모습을 보일 수 있음

5. 내담자는 변화 과정에서 자신이 할 역할이 있음을 인정하고 인식하고 있음

   예: a. "선생님은 제게 바른 방향을 알려 줄 수 있습니다. 하지만 그것을 실천하는 것은 제 몫이라고 생각합니다."

   　　b. "저 자신을 도울 유일한 사람은 저라고 생각합니다."

인지적인 이론적 배경에 대한 이해 정도

평정자용 설명

이 문항은 문제와 변화 과정에 대한 내담자의 개념화 및 치료자가 얘기한 인지적인 이론적 배경의 기본적인 조화 정도를 평가한다. 여기에는 과제와 치료 동맹에 관한 목표 차원이 포함된다. 대인적 지향을 하는 인지치료의 과제에는 사고와 감정 모니터링, 회기 간에 실험해 보기, 사고·감정·대인관계 쟁점을 탐색하기 위한 실험 장소로 치료 관계를 이용하기와 같은 활동이 있다.

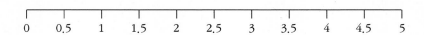

0　　0.5　　1　　1.5　　2　　2.5　　3　　3.5　　4　　4.5　　5

0. 정보 부족으로 평정 못함
1. 내담자는 사고와 감정의 관계를 이해하지 못하며 (혹은) 또 다른 치료 형태(예: 양립하기 어려워 보이는 약물치료나 정신분석)를 분명히 원함. 혹은 주요 과제들(예: 숙제, 자기 모니터링)이나 목표(예: 20회기는 적절하지 않다고 여기는 것)를 분명히 거부함. 내담자는 주요 과제들의 가치를 인정하지 않음
2. 내담자는 인지적인 이론적 배경을 이해하고 (혹은) 인지치료에서 과제의 가치를 인식하는 데 어려움이 있음
3. 내담자는 인지적인 이론적 배경을 이해하는 것 같지만 여전히 이 치료 모델이나 그것의 적절성에 확신이 없거나 의문을 가짐
4. 내담자의 반응에서 불편감을 일으키는 인지적 요인들의 역할에 대한 개방성이 시사되고 인지치료의 과제들을 실험해 보려는 의지가 어느 정도 있음
5. 내담자가 불편감을 일으키는 인지적 요인들의 역할을 진정으로 수용하고 있고 숙제, 인지 모니터링, 치료 관계 탐색 등의 주요 과제들의 가치를 매우 명확히 알고 있음

동맹 잠재력: 회기 내 근거

평정자용 설명

이 차원은 치료 동맹의 유대감 요소에 초점을 둔다. 유대감, 과제, 목표가 어느 정도 독립적이지만, 과제와 목표 요소들은 인지치료의 이론적 배경에 대한 이해성에서 보다 명확하게 평가된다. 여기서 평정자는 내담자와 치료자 간의 관여 정도, 치료자와 내담자 간의 공감적 공명의 근거, 서로의 온기 등의 차원에 초점을 두어야 한다. 동맹은 상호적인 개념이어서, 면접자가 나쁜 동맹에서 지나치게 많은 부분 기여한다고 간주될 경우 이 점을 고려하여 평가해야 함을 기억해야 한다.

```
 0    0.5    1    1.5    2    2.5    3    3.5    4    4.5    5
```

0. 정보 부족으로 평정 못함

1. 내담자가 면접자에 대한 신뢰나 믿음이 없음이 분명히 드러나거나 면접에 대한 부정
   적인 인상을 분명히 표현하거나, 매우 경계하는 모습을 보임. 면접 동안 라포(rapport)
   에 대한 어떤 근거도 찾을 수 없음

2. 내담자가 위축되어 보이거나 다소 경계하거나 다소 불안해하거나 방어적임. 면접 동
   안 관여에 대한 근거가 거의 없음

3. 내담자가 면접자와 적극적으로 관여하고 있어 보이지만, 불신하는 모습을 다소 보임

4. 치료자나 치료에 대해 부정적인 인상을 갖고 있다는 증거는 거의 없으며, 내담자가
   면접 과정에 적절하게 참여하고 있음. 내담자는 자신이 이해받고 있다고 느낌

5. 내담자가 치료자와 적극적으로 관여하고 있어 보이며 자신이 가치 있게 여겨지고 이
   해받고 있다고 느낌. 내담자와 치료자 간에 공감적 공명이나 서로 간의 온기가 확인됨

동맹 잠재력: 회기 밖 증거

평정자용 설명

이 문항은 타인과 신뢰 관계를 형성하는 내담자의 능력을 측정하는데, 그들 삶 속의
다양한 관계에 대한 기술에 근거해서 평가한다. 이 기본적인 역량은 치료에서 내담자가
자기탐색을 얼마나 용이하게 할 수 있을지를 매개한다. 특히 관련 정보는 친구에게 친밀
감을 털어놓는 내담자의 능력과 친구와의 갈등 상황을 다루는 방식(예: 안전한 철수 대 문
제를 해결하려고 노력하는 것)과 관계가 있다. 탐색이 필요한 중요한 관계는 다음과 같다.

- 이전 치료 접촉(중요한 정보 원천)
- 부모, 형제
- 현재 및 과거의 막역한 친구, 연인, 남자친구나 여자친구, 배우자
- 직장 동료, 의사

정보는 다음과 같은 일반적 질문에서 얻을 수 있다.

1. 모든 사람은 관계에서 갈등을 경험합니다. 당신과 _____가 갈등이 있을 때, 당신은 어떻게 하십니까? 어떤 일이 벌어지나요?

2. 그 관계가 어떻게 끝났나요? 어떤 일이 벌어졌나요?

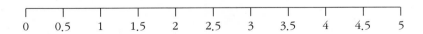

0. 정보 부족으로 평정 못함

1. 대인관계에 관한 과거사가 매우 빈곤함. 관계가 유지된다 하더라도 극히 드물고, 불신하거나 양가적인 경우가 대부분임

2. 안정된 관계를 형성할 수 있는 능력은 어느 정도 있지만, 불신하거나 양가적인 경향이 두드러짐

3. 안정적인 신뢰 관계를 형성할 수 있는 능력에 대한 근거는 보통 정도로 보이지만, 갈등이 있으면 쉽게 불신 상태로 들어가는 경향이 분명히 있음

4. 불신, 철수 혹은 갈등 상황 회피 등의 경향이 어느 정도 있지만, 신뢰 관계가 지속된다는 양호한 근거를 보임

5. 내담자가 대인관계 어려움을 가지고 있지만, 신뢰할 만하고 친밀한 관계를 지속적으로 유지하며 갈등 상황에서 좋은 대인관계 접촉을 유지할 수 있는 능력에 대한 양호한 근거가 있음

문제의 만성화

평정자용 설명

이 문항을 평정할 때 평정자는 내담자의 표적 호소들을 찾아서 열거해 보고 가장 중요한 호소나 문제들을 참고해야 한다. 여기서는 단기치료 틀 내에서 만성적인 문제들은 급성 문제들보다 치료가 더 어렵다고 가정한다.

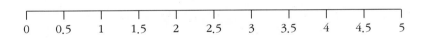

0. 정보 부족으로 평정 못함

1. 주요 호소 중 최소 하나에서 거의 평생 괴로워하고 있음

2. 적어도 지난 5년 동안 주요 호소들 중 최소 하나에서 오랫동안 괴로워하고 있음

3. 내담자에게 주요 문제나 호소가 지난 2년간 지속되고 있으며, 혹은 6개월간 지속된 최소 두 개의 에피소드가 있다고 보고함

4. 내담자는 주요 호소들과 문제가 6개월 이상 지속되었지만 2년은 넘지 않았다고 보고함

5. 주요 호소들이 비교적 최근(즉, 지난 6개월 이내)에 시작되었음

안전 조치

평정자용 설명

　이 차원은 내담자의 안전 조치가 치료 과정에 잠재적으로 방해가 될 수 있는 정도에 관심을 갖는다. 안전 조치들은 불안을 줄이고 자존감을 향상시켜 주는 기능을 하는 심리적 및(혹은) 행동적 조치로 정의할 수 있다. 안전 조치의 예로는 화제 회피, 우회증(circumstantiality), 아주 세세한 내용에 집착하는 것, 선택적 부주의, 자신을 지나치게 좋게 표현하는 것, 정서적 문제들에 거리를 두고 주지적으로 얘기하는 것 등이 있다. 여기서 측정하는 중요한 차원은 내담자가 자신의 안전 조치에 대해서 얼마나 쉽게 메타소통할 수 있는가다.

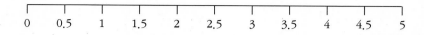

0. 정보 부족으로 평정 못함

1. 내담자의 안전 조치들이 치료 과정에 상당한 장벽을 세워 놓을 정도로 파괴적으로 보임. 예를 들면, 내담자가 어려워하거나 불안을 경험하게 할 수 있는 영역에 대한 현저한 회피를 보임. 이런 양상은 면접 과정 동안 높은 강도로 일관되게 보임

2. 내담자가 보통 정도로 파괴적인 안전 조치들을 보이지만, 불안을 경험하게 할 수 있는 주제들을 개방적이고 직접적으로 다룰 수 있을 때가 간혹 있어 보임

3. 내담자는 파괴적인 안전 조치들을 가볍게 보임. 불안을 경험하게 할 수 있는 주제들을 어느 정도 개방적으로 다루는 것 같지만, 평정자는 내담자의 일면에 있는 어떤 조치들은 단기 인지치료를 궁극적으로는 방해할 거라는 우려를 어느 정도 갖고 있음

4. 파괴적인 안전 조치들에 대한 일부 증거가 있지만, 면접자는 단기 인지치료에 크게 장애가 되지는 않는다는 인상을 갖고 있음

5. 내담자의 안전 조치들이 단기 인지치료에 장애가 될 거라고 여길 만한 이유가 없음

초점성

평정자용 설명

이 차원은 제한적인 문제에 대해서 치료자와 작업할 때, 특히 내담자가 과제지향적일 수 있고 회기 동안 초점을 유지할 수 있는 정도와 관련된다. 내담자가 특정 문제를 심층적으로 탐색할 수 있는가? 혹은 초점을 유지하기 어려워 다른 문제들로 쉽게 이동하는 경향이 있는가? 내담자가 초점이 없어 보일 때, 치료자가 초점을 유지하도록 하거나 혹은 초점 두는 것을 어렵게 하는 요인들(예: 기저의 주제를 다루는 것에 대한 불안)을 명료화하려 하면 내담자가 반응을 보이는가?

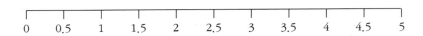

0. 정보 부족으로 평정 못함

1. 내담자는 치료 회기 동안 작업 중인 특정 상황에 초점을 둘 수 없어 산만하고 횡설수설하는 모습을 보임. 내담자는 작업 중인 사건에 머무르려는 치료자의 시도에 반응을 보이지 않음

2. 내담자는 특정 문제에 초점을 두는 데 어려움이 있음. 특히 내담자가 그 상황에 대해서 얘기를 할 때 산만하고 횡설수설하는 모습을 어느 정도 보임. 초점을 유지하도록 하기 위해서 치료자의 노력이 여전히 필요함

3. 내담자는 치료자가 과제에 머무르도록 유도하지 않아도 특정 문제에 초점을 둘 수 있음

4. 내담자는 치료자의 유도가 없어도 문제에 초점을 유지하는 능력이 아주 우수하고, 그런 구조 안에서 작업하는 것을 편하게 여김

5. 내담자는 치료자의 유도가 없어도 문제에 초점을 유지하는 능력이 아주 우수하고, 중요한 특정 상황을 충분히 기술하거나 탐색하기 위해서 인지치료의 구조화 속에서 작업하는 능력을 보임

치료에 대한 내담자의 낙관주의 혹은 비관주의

평정자용 설명

특정 접근에 대한 내담자의 기대를 측정하는 인지적인 이론적 배경의 이해 정도 문항과는 달리, 이 문항은 변화 가능성에 대한 낙관적이거나 비관적인 보다 일반적인 태도를 측정한다. 관련 정보의 예들로는 과거에 변화를 경험한 것들에 대한 설명이나 자발적으로 하는 낙관적이거나 비관적인 말들이 있다(예: "제대로 된 도움이 있다면 이 상황을 극복할 수 있음을 나는 알고 있다." 혹은 "내가 달라질 거라고는 상상도 할 수 없다.").

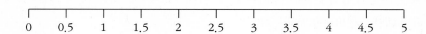

0. 정보 부족으로 평정 못함

1. 내담자는 치료가 자신의 삶의 문제를 변화시키는 데 도움이 될 수 있을 거라고 믿지 않음

2. 내담자는 치료의 가치에 대해서 회의적이거나 비관적임

3. 내담자는 치료가 도움이 될 거라는 어느 정도의 희망을 가짐

4. 내담자는 치료가 가치 있을 거라고 낙관함

5. 내담자는 치료가 자신의 삶을 변화시켜 줄 거라 매우 낙관하고 희망을 가지고 있음

부록 3. 단기 인지치료 적합성 평정 양식

1 = 부정적 예후

5 = 긍정적 예후

0 = 정보 부족

(0.5 단위로 평정됨. 예: 1.5)

일 시: _____　　　면접자: _____

내담자 이름: _____　　평정자: _____

문항	평정(1~5)
1. 자동적 사고에 대한 접근성	
2. 정서에 대한 인식과 분화	
3. 변화를 위한 개인적인 책임의 수용	
4. 인지적인 이론적 배경에 대한 이해 정도	
5. 동맹 잠재력: 회기 내 근거	
6. 동맹 잠재력: 회기 밖 근거, 이전 치료 포함	
7. 문제의 만성화	
8. 안전 조치	
9. 초점성	
10. 치료에 대한 내담자의 낙관주의 혹은 비관주의	

부록 4. 치료성실수행 평정 척도

치료성실수행 평정 척도(Therapy-Adherence Rating Scale)는 치료자를 훈련하기 위해서
활용할 수 있으며, 이 책에서 소개한 치료 접근의 주요한 원칙들을 치료자가 얼마나 잘
지키고 있는가를 평가한다. 이 척도는 두 구획으로 나뉘어 있는데, 첫 부분은 이 치료 접
근에서 볼 때 적절한 것으로 보이는 원칙들과 행동들로 구성되어 있다.

이 부분의 첫 구획은 모든 회기에서 지켜야 하는 여섯 가지 일반적인 원칙을 열거하
고 있다. 두 번째 구획은 맥락에 맞게 적절하게 활용되어야 하는 치료자의 다양한 행동
으로 구성되어 있다. 여기서 기술한 모든 행동이 모든 회기에 걸쳐서 적절하지는 않을
것이다. 예를 들면, 치료실 밖 사건들에 대한 탐색에 주로 초점을 맞춘 회기라면 치료 동
맹에 특별한 문제가 없는 한 치료 관계에 대한 명확한 탐색을 필요로 하지는 않는다. 하
지만 치료자는 몇 회기에 걸쳐서는 대부분의 문항에서 높은 평점을 받아야 한다.

이 척도의 두 번째 부분은 잘못하는 것들, 즉 이 치료 접근에서 볼 때 부적절해 보이
는 치료자의 일반적 행동들을 나타내는 다섯 문항으로 구성되어 있다. 일관되게 높은
점수를 받은 문항들은 수퍼비전을 특히 받아야 하는 중요한 영역을 알려 준다.

적절한 행동 문항(On Task Items)

Ⅰ. 다음의 일반적인 원칙은 모든 회기에 적용된다.

1. 적절한 시간 안배 속에서 구체적인 초점을 형성한다.
   문제에 대한 초점은 회기 밖 사건이거나 회기 내 사건(즉, 치료적 상호작용의 특정
   한 면), 혹은 둘 다에 관한 것일 수 있다.
   a. 회기 내

1	2	3	4	5
전혀 아니다	약간이다	보통이다	그렇다	매우 그렇다

b. 회기 밖

2. 문제의 초점을 유지한다.

치료자는 필요한 경우에 내담자의 주의를 다시 조정하고, 얼핏 보면 달라 보이는 주제 간의 관련성을 명료화하며, 혹은 초점을 바꾸도록 하는 내담자의 불안이나 염려들을 탐색하는 것 등의 행동을 통해서 문제에 초점을 유지하도록 한다.

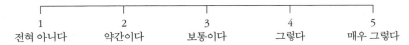

3. 내담자의 경험을 계속해서 수용하면서도 적절히 적극적이다.

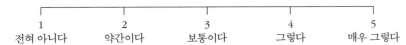

4. 탐색을 위한 시작단서를 활용한다.

치료자가 탐색을 위한 시작단서(openings)를 탐지하고 활용한다. 여기에는 목소리의 변화, 순간적으로 깊어진 경험 혹은 정서적 경험과의 접촉을 시사하는 비언어적 행동이 포함된다.

5. 핵심 문제들에 초점을 더 두기 위해서 공감적 반영을 활용한다.

내담자 경험의 두드러진 특징들에 맞춰서 정확한 공감을 하며, 이를 통해 내담자의 경험은 더 깊어지고 덮여 있던 의미들은 더 명확해진다.

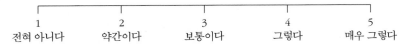

6. 치료자가 상호작용에 대한 자신의 기여를 적절할 때 인정한다.

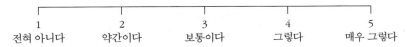

II. 다음의 원칙과 치료자의 행동은 모든 회기에서 요구되는 것은 아니다. 하지만 치료자는 모든 회기에서 적어도 일부 문항에서는 높은 평점을 받아야 하며, 서너 회기에 걸쳐서는 대부분의 문항에서 높은 평점을 받아야 한다.

7. 치료자는 내담자가 타인에 대한 그 자신의 영향과 상호작용에서의 자신의 역할을 자각하도록 돕기 위해 치료자 자신의 감정을 표현한다.

| 1 | 2 | 3 | 4 | 5 |
| 전혀 아니다 | 약간이다 | 보통이다 | 그렇다 | 매우 그렇다 |

8. 치료자는 내담자가 그 자신의 내적 경험을 탐색하도록 하기 위해 치료자 자신의 감정을 표현한다.

| 1 | 2 | 3 | 4 | 5 |
| 전혀 아니다 | 약간이다 | 보통이다 | 그렇다 | 매우 그렇다 |

9. 치료자는 내담자가 상호작용에서 그 자신의 역할을 자각하도록 돕기 위해 내담자의 대인관계 표식을 찾아서 알려 준다.

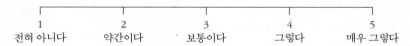

| 1 | 2 | 3 | 4 | 5 |
| 전혀 아니다 | 약간이다 | 보통이다 | 그렇다 | 매우 그렇다 |

10. 치료자는 확인된 대인관계 표식을 인지적−정서적 탐색을 위한 시점으로 활용한다.

| 1 | 2 | 3 | 4 | 5 |
| 전혀 아니다 | 약간이다 | 보통이다 | 그렇다 | 매우 그렇다 |

11. 중요한 대인관계 도식을 탐색한다.

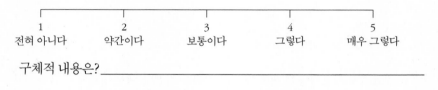

| 1 | 2 | 3 | 4 | 5 |
| 전혀 아니다 | 약간이다 | 보통이다 | 그렇다 | 매우 그렇다 |

구체적 내용은? _____
_____

12. 정서적으로 즉각적인 형태로 부정적인 자기진술문(self-statements)이나 당위적
표현(shoulds)을 탐색한다.

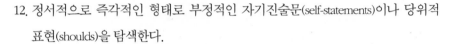

```
       1            2            3            4            5
    전혀 아니다     약간이다      보통이다      그렇다     매우 그렇다
```

13. 다음의 방식중 하나로 탈중심화 과정을 촉진한다.

  a. 회기 밖에 초점을 두면서 도전적인 인지적 개입을 한다.

```
       1            2            3            4            5
    전혀 아니다     약간이다      보통이다      그렇다     매우 그렇다
```

  b. 역기능적인 해석 양식을 구체적으로 경험하도록 촉진한다.

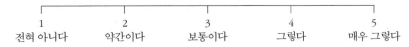

```
       1            2            3            4            5
    전혀 아니다     약간이다      보통이다      그렇다     매우 그렇다
```

  c. 치료 관계 속에서 역기능적인 대인관계 도식을 검증해 보는 작업을 내담자와
  적극적으로 한다.

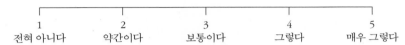

```
       1            2            3            4            5
    전혀 아니다     약간이다      보통이다      그렇다     매우 그렇다
```

14. 공유한 경험을 협력해서 탐색해 볼 것을 제안한다.

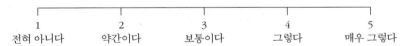

```
       1            2            3            4            5
    전혀 아니다     약간이다      보통이다      그렇다     매우 그렇다
```

15. 동맹 위기를 탐색한다.

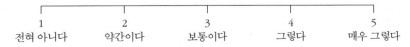

```
       1            2            3            4            5
    전혀 아니다     약간이다      보통이다      그렇다     매우 그렇다
```

16. 적절한 과제 할당과 실험을 통해서 치료적 상호작용에 대한 탐색을 회기 밖 사
건과 연결시킨다.

```
       1            2            3            4            5
    전혀 아니다     약간이다      보통이다      그렇다     매우 그렇다
```

부적절한 행동 문항(Off-Task)

다음의 문항들은 이 책에서 소개된 접근에서 볼 때 잘못된 것으로 간주되는, 흔히 관찰되는 치료자의 행동의 빈도를 평정한다. 높은 점수는 문제가 있는 것으로 고려된다.

1. 해석을 사용한다.

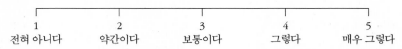

2. 구체적인 상황에 대한 내담자의 주관적 경험 세계가 제대로 탐색되기 전에 대인
   관계 상황들(예: 치료 관계와 다른 관계들)을 관련 짓는다.

3. 필요할 때 적극적으로 개입하지 않는다.

4. 초점을 맞추고 유지하지 않는다.

참고문헌

Ainsworth, M. D. S. (1982). Attachment: Retrospect and prospect. In C. M. Parkers & J. Stevenson-Hinde, *The Place of attachment in human behavior* (ed.). New York: Basic Books.

Alba, J. W., & Hasher, L. (1983). Is memory schematic? *Psychological Bulletin, 93*, 203-231.

Alberti, R. E., & Emmons, M. L. (1974). *Your perfect right: A guide to assertive behavior* (2nd ed.). San Luis Obispo, CA: Impact Publishers.

Alden, L., & Cappe, R. (1981). Nonassertiveness: Skill deficit or selective self-evaluation? *Behavior Therapy, 12*, 107-114.

Alexander, F., & French, T. M. (1946). *Psychoanalytic therapy: Principles and application.* New York: Ronald Press.

Alexander, J. F. et al. (1976). Social reinforcement in the modification of agoraphobia. *Archives of General Psychiatry, 19*, 423-427.

Allen, J. et al. (1984). Scales to assess the therapeutic alliance from a psychoanalytic perspective. *Bulletin of the Menninger Clinic, 48*, 383-400.

Alloy, L. B., & Abramson, L. Y. (1979). Judgment of contingency in depressed and nondepressed students: Sadder but wiser? *Journal of Experimental Psychology, 42*, 1114-1126.

Arkowitz, H., Holliday, S., & Hutter, M. (1982). *Depressed women and their husbands: A study of marital interaction and adjustment.* Paper presented at the annual meeting of the Association for Advancement of Behavior Therapy, Los Angeles, CA.

Arnkoff, D. G. (1980). Psychotherapy from the perspective of cognitive theory. In M. J. Mahoney (Ed.), *Psychotherapy process: Current issues and future directions* (pp. 339-362). New York: Plenum Press.

Arnkoff, D. G. (1983). Common and specific factors in cognitive therapy. In M. J. Lambert (Ed.), *Psychotherapy and patient relationships* (pp. 85-125). Homewood, IL: Dorsey.

Arnold, M. B. (1960). *Emotion and personality, 2.* New York: Columbia University Press.

Arnold, M. B. (1970). *Feelings and emotions.* New York: Academic Press.

Ausubel, D. P. (1963). *The psychology of meaningful verbal learning.* New York: Grune & Stratton.

Ayllon, T., & Michael, J. (1959). The psychiatric nurse as a behavioral engineer. *Journal of the Experimental Analysis of Behavior, 2*, 323-334.

Bandura, A. (1969). *Principles of behavior modification.* New York: Holt, Rinehart, & Winston.

Bandura, A. (1971). Psychotherapy based upon modeling principles. In A. E. Bergin & S. L. Garfield, *Handbook of psychotherapy and behavior change: An empirical analysis* (ed.). New York: Wiley & Sons.

Bandura, A. (1977). Self-efficacy: Towards a unifying theory of behavior change. *Psychological Review, 84*, 191-215.

Bartlett, F. C. (1932). *Remembering.* Cambridge: Cambridge University Press.

Beck, A. T. (1967). *Depression: Clinical, experimental, and theoretical aspects.* New York: Harper & Row.

Beck, A. T., & Emery, G. (1985). *Anxiety disorders and phobias: A cognitive perspective.* New York: Basic Books.

Beck, A. T., & Young, J. E. (1985). Depression. In D. Barlow, *Clinical handbook of psychological disorders* (ed., pp. 206-244). New York: Guilford Press.

Beck, A. T. et al. (1979). *Cognitive therapy of depression.* New York: Guilford Press.

Beck, A. T. et al. (1985). Treatment of depression with cognitive therapy and amitryptyline. *Archives of General Psychiatry, 42*, 142-148.

Bedrosian, R. C. (1981). Ecological factors in cognitive therapy: The use of significant others. In G. Emery, S. D. Hollon, & R. C. Bedrosian, *New directions in cognitive therapy* (ed.). New York: Guilford Press.

Beidel, D. C., & Turner, S. M. (1986). A critique of the theoretical basis of cognitive therapy theories and therapy. *Clinical Psychology Review, 6*, 177-197.

Benjamin, L. S. (1974). Structural analysis of social behavior. *Psychology Review, 81*, 392-425.

Bergin, A. E. (1970). The deterioration effect: A reply to Braucht. *Journal of Abnormal Psychology, 75*, 300-302.

Berman, J. S., Miller, R. C., & Massman, P. J. (1985). Cognitive therapy versus systematic desensitization: Is one treatment superior? *Psychological Bulletin, 97*, 451-461.

Beutler, L. E., Crago, M., & Arrizmendi, T. G. (1986). Research on therapist variables in psychotherapy. In S. L. Garfield & A. E. Bergin, *Handbook of psychotherapy and behavior change* (3rd ed., pp. 257-310). New York: Wiley & Sons.

Biglan, A. et al. (1985). Problem solving interactions of depressed women and their husbands. *Behavior Therapy, 16*, 431-451.

Blatt, S. J., & Erlich, H. S. (1982). Levels of resistance in the psychotherapeutic process. In P. L. Wachter, *Resistance: Psychodynamic and behavioral approaches* (ed.). New York: Plenum Press.

Bordin, E. S. (1979). The generalizability of the concept of working alliance. *Psychotherapy: Theory, Research, and Practice, 16*, 252-260.

Bower, G. H. (1981). Mood and memory. *American Psychologist, 31*, 129-148.

Bower, G. H., & Mayer, J. D. (1985). Failure to replicate mood-dependent retrieval. *Bulletin of the Psychonomic Society, 23*, 30-42.

Bowers, R. S., & Meichenbaum, D. (1984). *The unconscious reconsidered.* New York: Wiley & Sons.

Bowlby, J. (1963). Pathological mourning and childhood mourning. *Journal of the American Psychoanalytic Association, 11*, 500-541.

Bowlby, J. (1969). *Attachment. and Loss, Vol. 1: Attachment.* New York: Basic Books.

Bowlby, J. (1973). *Attachment. and Loss, Vol. 2: Separation, anxiety, and anger.* New York: Basic Books.

Bowlby, J. (1980). *Attachment. and Loss, Vol. 3: Loss: Sadness and depression.* London: Hogarth Press.

Brazelto, T. B., Koslowski, B., & Main, M. (1974). The origins of reciprocity: The early mother-infant interaction. In M. Lewis & L. A. Rosenbaum, *The effect of the infant on its caregiver* (ed.). New York: Wiley & Sons.

Bretherton, I. (1985). Attachment theory: Retrospect and prospect. *Monographs of the Society for Research in Child Development, 209* (50, nos. 1-2). Chicago, IL: University of Chicago Press.

Breuer, J., & Freud, S. (1895/1955). Studies on hysteria. In J. Strachey (Ed.), *The standard edition of the complete psychological works of Sigmund Freud, Vol. 2* (pp. 1-170). London: Hogarth Press.

Brown, G. W., & Harris, T. (1978). *Social origins of depression.* London: Tavistock.

Bucci, W. (1985). Linguistic evidence for emotional structures: Manuals and methods. In H. Kaechele, *Psychoanalytic process research strategies* (ed.). New York: Springer.

Buck, R. (1980). Nonverbal behavior and the theory of emotion: The facial feedback hypothesis. *Journal of Personality and Social Psychology, 38*, 811-824.

Budman, S. H., & Gurman, A. S. (1988). *Theory and Practice of Brief Therapy.* New York: Guilford Press.

Burns, D. D. (1980). *Feeling Good: The New Mood Therapy.* New York: William Morrow.

Butler, S. F., & Strupp, H. H. (1986). Specific and nonspecific factors in psychotherapy: A problematic paradigm for psychotherapy research. *Psychotherapy, 23*, 30-40.

Campos, J., & Sternberg, C. (1980). Perception of appraisal and emotion: The onset of social referencing. In M. E. Lamb & L. Sherrod, *Infant social cognition* (ed.). Hillsdale, NJ: Erlbaum.

Carson, R. C. (1969). *Interaction concepts of personality.* Chicago, IL: Aldine.

Carson, R. C. (1982). Self-fulfilling prophecy, maladaptive behavior, and psychotherapy. In J. C. Anchin & D. J. Kiesler (Eds.), *Handbook of interpersonal psychotherapy.* New York: Pergamon Press.

Caston, J., Goldman, R., & McClure, M. M. (1987). The immediate effects of psychoanalytic interventions. In J. Weiss, H. Sampson, & The Mount Zion Psychotherapy Research Group, *The psychoanalytic process: Theory, clinical observation and empirical research* (ed.). New York: Guilford Press.

Claxton, G. (1987). Meditation in Buddhist psychology. In M. A. West, *The Psychology of Meditation* (ed.). Oxford: Clarendon Press.

Collins, W. D., & Messer, S. B. (1988). *Transporting the plan diagnosis method to a different setting: Reliability, stability, and adaptability.* Paper presented at the annual conference of the Society for Psychotherapy Research, Santa Fe, NM.

Coyne, J. C. (1976). Depression and the response of others. *Journal of Abnormal Psychology, 85*, 186-193.

Coyne, J. C. et al. (1987). Living with a depressed person: Burden and psychological distress. *Journal of Consulting and Clinical Psychology, 55*, 347-352.

Coyne, J. C., & Gotlib, I. H. (1983). The role of cognition in depression: A critical appraisal. *Psychological Bulletin, 94*, 472-505.

Coyne, J. C., & Gotlib, I. H. (1986). Studying the role of cognition in depression: Well-trodden paths and cul-de-sacs. *Cognitive Therapy and Research, 10*, 695-705.

Danzinger, K. (1976). *Interpersonal communication.* Elmsford, NY: Pergamon Press.

Davanloo, H. (1980). A method of short-term dynamic psychotherapy. In H. Davanloo (Ed.), *Short-term dynamic psychotherapy* (pp. 43-71). New York: Jason Aronson.

Deikman, A. J. (1982). *The observing self: Mysticism and psychotherapy.* Boston, MA: Beacon Press.

Derogatis, L. R. (1977). *SCL-90 administration, scoring and procedure manual.* Johns Hopkins University School of Medicine.

Dixon, N. F. (1981). *Preconscious processing.* New York: Wiley & Sons.

Dnae, B., Walcott, C., & Drury, W. H. (1959). The form and duration of the display actions of the goldeneye (Bucephala clangula). *Behavior, 14*, 265-381.

Donee, L. H. (1973). *Infants' development scanning patterns of face and non-face stimuli under various auditory conditions.* Paper presented at the meeting of the Society for Research in Child Development, Philadelphia, PA.

Dreyfus, H. L., & Dreyfus, S. E. (1986). *Mind over machine.* New York: Free Press.

Dunn, J. (1982). Comment: Problems and promises in the study of affect and intention. In E. T. Tronick. Baltimore, *Social interchange in infancy* (ed.). MD: University Park Press.

Dunn, J., & Kendrick, C. (1979). Interaction between young siblings in the context of family relationships. In M. Lewis & I. Rosenbaum, *The child and its family, Vol. 2: The genesis of behavior* (ed.). New York: Plenum Press.

Dunn, J., & Kendrick, C. (1982). *Siblings: Love, envy and understanding.* Cambridge, MA: Harvard University Press.

D'Zurilla, T. J., & Goldfried, M. R. (1971). Problem solving and behavior modification. *Journal of Abnormal Psychology, 78*, 107-126.

Eagle, M. M. (1984). *Recent developments in psychoanalysis.* New York: McGraw-Hill.

Ekman, P. (Ed.). (1972). *Darwin and facial expression: A century of research in review.* New York: Academic Press.

Elkin, I. et al. (1986, May). *NIMH treatment of depression collaborative research program: Major outcome findings.* Paper presented to the American Psychiatric Association Conference, Washington, DC.

Ellis, A. (1983). Rational-Emotive Therapy (RET) approaches to overcoming resistance, I: Common forms of resistance. *British Journal of Cognitive Psychotherapy, 1*(1), 28-38.

Ellis, A. (1984). Rational-emotive therapy. In R. J. Corsini, *Current psychotherapies* (3rd ed.). Itasca, IL: Peacock.

Ellis, A. (1987). The psychoanalytic and the cognitive unconscious. In R. Stern, *Theories of the unconscious and theories of the self* (ed.). Hillsdale, NJ: Analytic Press.

Emde, R. N. (1983). *The affective core.* Paper presented at the Second World Congress of Infant Psychiatry, Cannes, France.

Emde, R. N. et al. (1978). Emotional expression in infancy, I: Initial studies of social signaling and an emergent model. In M. Lewis & L. Rosenblum, *The development of affect* (ed.). New York: Plenum Press.

Emde, R. N., & Sorce, J. E. (1983). The rewards of infancy: Emotional availability and maternal referencing. In J. D. Call, E. Galenson, & R. Tyson, *Frontiers of infant psychiatry, Vol. 2* (ed.). New York: Basic Books.

Erdelyi, M. H. (1974). A new look at the new look: Perceptual defense and vigilance. *Psychological Review, 81*, 1-25.

Erdelyi, M. H. (1985). *Psychoanalysis: Freud's cognitive psychology.* New York: Freeman.

Erdelyi, M. H., & Goldberg, B. (1979). Let's not sweep repression under the rug: Toward a cognitive psychology of repression. In J. F. Kihlstrom & F. J. Evans, *Functional disorders of memory* (ed.). Hillsdale, NJ: Erlbaum.

Eysenck, H. (1969). *The effects of psychotherapy.* New York: Science House.

Fantz, R. (1963). Pattern vision in newborn infants. *Science, 140*, 296-297.

Fennell, M. J. V., & Teasdale, J. D. (1987). Cognitive therapy for depression: Individual differences and the process of change. *Cognitive Therapy and Research, 11*, 253-272.

Field, T. M. et al. (1982). Discrimination and imitation of facial expression by neonates. *Science, 218*, 179-181.

Foa, E. B. et al. (1983). Treatment of obsessive-compulsives: When do we fail? In E. B. Foa & P. M. G. Emmelkamp, *Failures in behavior therapy* (ed.). New York: Wiley & Sons.

Foa, E. B., & Emmelkamp, P. M. G. (Eds.). (1983). *Failures in behavior therapy.* New York: Wiley & Sons.

Foa, E. B., & Kozak, M. J. (1986). Emotional processing of fear: Exposure to corrective information. *Psychological Bulletin, 99*, 20-35.

Foa, E. B., & Kozak, M. J. (1991). Emotional processing: Theory, research and clinical implications for anxiety disorders. In J. D. Safran & L. S. Greenberg (Eds.), *Emotion and the process of therapeutic change.* Orlando, FL: Academic Press.

Foreman, S. A., & Marmar, C. R. (1985). Therapist actions that address initially poor therapeutic alliacnees in psychotherapy. *American Journal of Psychiatry, 142*, 922-926.

Frank, J. D. (1973). *Persuasion and Healing.* Baltimore, MD: Johns Hopkins University Press.

Frank, J. D. (1979). The present status of outcome studies. *Journal of Consulting and Clinical Psychology, 47*, 310-316.

Frank, J. D. (1982). Therapeutic components shared by all psychotherapies. In J. H. Harvey & M. M. Parks, *Psychotherapy research and behavior change* (ed., pp. 5-37). Washington, DC: American Psychological Association.

Fransella, F. (1985). Resistance. *British Journal of Cognitive Psychotherapy, 2*, 1-11.

Freud, S. (1909/1959). Five lectures on psycho-analysis. In J. Strachey (Ed. & Trans.), *Standard*

Edition, Vol. 11. London: Hogarth Press.

Freud, S. (1912/1958). The dynamics of transference. In J. Strachey (Ed. & Trans.), *Standard edition, Vol. 12.* London: Hogarth Press.

Freud, S. (1940/1964). An outline of psycho-analysis. In J. Strachey (Ed. & Trans.), *Standard Edition, Vol. 23.* London: Hogarth Press.

Freud, S. (1990/1953). The interpretation of dreams. In J. Strachey (Ed. & Trans.), *Standard edition, Vols. 4 & 5.* London: Hogarth Press.

Friedlander, B. Z. (1970). Receptive language development in infancy. *Merrill-Palmer Quarterly, 16,* 7-51.

Frijda, N. H. (1988). The laws of emotion. *American Psychologist, 43,* 349-358.

Gardner, H. (1985). *The mind's new science.* New York: Basic Books.

Gendlin, E. T. (1962). *Experiencing and the creation of meaning.* New York: Free Press of Glencoe.

Gendlin, E. T. (1981). *Focusing.* New York: Bantam.

Gendlin, E. T. (1991). On emotion in therapy. In J. D. Safran & L. S. Greenberg (Eds.), *Emotion, psychotherapy and change* (pp. 255-279). New York & London: Guilford.

Gibson, E. J. (1969). *Principles of perceptual learning and development.* New York: Appleton-Century-Crofts.

Gill, M. M. (1976). Metapsychology is not psychology. In M. M. Gill & P. S. Holzman, *Psychology versus metapsychology* (ed.). New York: International Universities Press.

Gill, M. M. (1982). *Analysis of transference, Vol. 1: Theory and technique.* New York: International Universities Press.

Goldfried, M. R. (1980). Towards the delineation of therapeutic change principles. *American Psychologist, 35,* 991-999.

Goldfried, M. R. (1982). Resistance and clinical behavior therapy. In P. L. Wachtel, *Resistance: Psychodynamic and behavioral approaches* (ed., pp. 95-114). New York: Plenum Press.

Goldfried, M. R. (1983). Behavioral assessment. In I. B. Weiner, *Clinical methods in psychology, Vol. 2* (ed., pp. 231-281). New York: Wiley & Sons.

Goldfried, M. R., & Davison, G. C. (1976). *Clinical behavior therapy.* New York: Holt, Rinehart, & Winston.

Goldfried, M. R., & Robins, C. (1983). Self schemas, cognitive bias, and the processing of therapeutic experiences. In P. Kendall, *Advances in cognitive-behavioral research and therapy, Vol. 2* (ed.). New York: Academic Press.

Goldfried, M. R., & Safran, J. D. (1986). Future directions in psychotherapy integration. In J. C. Norcross, *Handbook of eclectic psychotherapy* (ed.). New York: Brunner/Mazel.

Goldstein, A. P., Heller, K., & Sechrest, L. (1966). *Psychotherapy and the psychology of behavior change.* New York: Wiley & Sons.

Gomes-Schwartz, B. (1978). Effective ingredients in psychotherapy: Prediction of outcome from process variables. *Journal of Consulting and Clinical Psychology, 46,* 1023-1035.

Gotlib, I. H., & Asarnow, R. F. (1979). Interpersonal and impersonal problem-solving skills in mildly and clinically depressed university students. *Journal of Consulting and Clinical Psychology, 47,* 86-95.

Gotlib, I. H., & Colby, C. A. (1987). *Treatment of depression: An interpersonal systems approach.* New York: Pergamon Press.

Greenberg, J. R., & Mitchell, S. A. (1983). *Object relations in psychoanalytic theory.* Cambridge, MA: Harvard University Press.

Greenberg, L. S., & Safran, J. D. (1980). Encoding, infromation processing, and cognitive behaviour therapy. *Canadian Psychologist, 21,* 59-66.

Greenberg, L. S., & Safran, J. D. (1981). Encoding and cognitive therapy: Changing what clients attend to. *Psychotherapy: Theory, Research, and Practice, 18,* 163-169.

Greenberg, L. S., & Safran, J. D. (1984). Integrating affect and cognition: A perspective on the process of therapeutic change. *Cognitive Therapy and Research, 8,* 559-578.

Greenberg, L. S., & Safran, J. D. (1987). *Emotion in psychotherapy.* New York: Guilford Press.

Greenberg, L. S., & Safran, J. D. (1989). Emotion in psychotherapy. *American Psychologist, 44,* 19-29.

Greenson, R. R. (1967). *The technique and practice of psychoanalysis, Vol. 1.* New York: International Universities Press.

Guidano, V. F. (1987). *Complexity of the self: A developmental approach to psychopathology and therapy.* New York: Guilford Press.

Guidano, V. F. (1991). Affective change events in a cognitive therapy system approach. In J. D. Safran & L. S. Greenberg (Eds.), *Emotion and the process of therapeutic change* (pp. 50-80). New York: Guilford Press.

Guidano, V. F., & Liotti, G. (1983). *Cognitive processes and emotional disorders.* New York: Guilford Press.

Haley, J. (1963). *Strategies of psychotherapy.* New York: Grune & Stratton.

Harlow, H. F. (1958). The nature of love. *American Psychologist, 13,* 673-685.

Hartman, L. M., & Blankstein, K. R. (1986). *Perception of self in emotional disorder and psychotherapy: Advances in the study of communication and affect, Vol. 2.* New York: Plenum Press.

Hasher, L., & Zacks, R. T. (1979). Automatic and effortful processes in memory. *Journal of Experimental Psychology: General, 108,* 356-388.

Hautzinger, M., Linden, M., & Hoffman, N. (1982). Distressed couples with and without a depressed partner: An analysis of their verbal interaction. *Journal of Behavior Therapy and Experimental Psychiatry, 13,* 307-314.

Higgins, E. T. (1987). Self-discrepancy: A theory relating self and affect. *Psychological Review, 3,* 319-340.

Hill, C., & Safran, J. D. (1990). *A self-report measure of the interpersonal schema.* Manuscript submitted for publication.

Hinchcliffe, M., Hooper, D., & Roberts, F. J. (1978). *The melancholy marriage.* New York: Wiley & Sons.

Hollon, S. D., & Beck, A. T. (1986). Cognitive and cognitive-behavioral interventions. In S. L. Garfield & A. E. Bergin, *Handbook of psychotherapy and behavior change* (3rd ed.). New York: Wiley & sons.

Hollon, S. D., & Kendall, P. C. (1980). Cognitive self-statements in depression: Development of an automatic thoughts questionnaire. *Cognitive therapy and Research, 4,* 383-395.

Hollon, S. D., & Kriss, M. R. (1984). Cognitive factors in clinical research and practice. *Clinical Psychology Review, 4,* 35-76.

Hollon, S. D., & Najavits, L. (1988). Review of empirical studies on cognitive therapy. In A. J. Frances & R. E. Hales, *Review of Psychiatry, Vol. 7* (ed., pp. 643-667). Washington, DC: American Psychiatric press.

Hooley, J. M., Orley, J., & Teasdale, J. D. (1986). Levels of expressed emotion and relapse in depressed patients. *British Journal of Psychiatry, 148,* 642-647.

Horney, K. (1950). *Neurosis and human growth.* New York: W. W. Norton.

Horowitz, M. J. (1979). *States of mind.* New York: Plenum Press.

Horowitz, M. J. et al. (1984). Brief psychotherapy of bereavement reaction: The relationship of process to outcome. *Archives of General Psychiatry, 41,* 438-448.

Horowitz, M. J., & Marmar, C. (1985). The therapeutic alliance with difficult patients. In A. J. Frances & R. E. Hales, *Review of Psychiatry, Vol. 4* (ed., pp. 573-585). Washington, DC: American Psychiatric Press.

Horvath, A., & Greenberg, L. S. (1986). The development of the working alliance inventory. In L. S. Greenberg & W. Pinsof, *The psychotherapeutic process: A research handbook* (ed.). New York: Guilford Press.

Ingram, R. E., & Hollon, S. D. (1986). Information processing and the treatment of depression. In R. E. Ingram, *Information processing approaches to clinical psychology* (ed.). Orlando, FL: Academic Press.

Ingram, R. E., & Kendall, P. C. (1986). Cognitive clinical psychology: Implications of an information processing perspective. In R. E. Ingram, *Information processing approaches to clinical psychology* (ed.). Orlando, FL: Academic Press.

Izard, C. E. (1971). *The face of emotion.* New York: Appleton-Century-Crofts.

Izard, C. E. (1977). *Human emotions.* New York: Plenum Press.

Jacobson, N. S. (1989). The therapist-client relationship in cognitive behavior therapy: Implications for treating depression. *Journal of Cognitive Psychotherapy, 3,* 85-96.

Jung, C. G. (1963). *Memories, dreams, reflections.* New York: Pantheon Books.

Kahn, J., Coyne, J. C., & Margolin, G. (1985). Depression and marital dis-agreement: The social construction of despair. *Journal of Social and Personal Relationships, 2,* 447-461.

Kahneman, D., & Tversky, A. (1972). Subjective probability: A judgement of representativeness. *Cognitive Psychology, 3,* 430-454.

Kaiser, H. (1965). The problem of responsibility in psychotherapy. In L. B. Fierman, *Effective psychotherapy: The contribution of Hellmuth Kaiser* (ed.). New York: Free Press.

Kasin, E. (1986). Roots and branches. *Contemporary Psychoanalysis, 22,* 452-457.

Kiesler, D. J. (1966). Some myths of psychotherapy research and the search for a paradigm. *Psychological Bulletin, 65,* 110-136.

Kiesler, D. J. (1979). An interpersonal communication analysis of relationship in psychotherapy. *Psychiatry, 42,* 299-311.

Kiesler, D. J. (1982a). Interpersonal theory for personality and psychotherapy. In J. C. Anchin & D. J. Kiesler, *Handbook of interpersonal psychotherapy* (ed.). Elmsford, NY: Pergamon Press.

Kiesler, D. J. (1982b). Confronting the client-therapist relationship in psychotherapy. In J. C. Anchin & D. J. Kiesler, *Handbook of interpersonal psychotherapy* (ed.). Elmsford, NY: Pergamon Press.

Kiesler, D. J. (1982c). *Supervision in interpersonal communication in psychotherapy.* Richmond, VA: Virginia Commonwealth University.

Kiesler, D. J. (1983). The 1982 interpersonal circle: A taxonomy for complementarity in human transactions. *Psychological Review, 90*, 185-214.

Kiesler, D. J. (1986). Interpersonal methods of diagnosis and treatment. In J. D. Cavenar, *Psychiatry* (ed.). Philadelphia, PA: Lippincott.

Kiesler, D. J. (1988). *Therapeutic Metacommunication: Therapist impact disclosure as feedback in psychotherapy*. Palo Alto, CA: Consulting Psychologist Press.

Kihlstorm, J. (1984). Conscious, subconscious, unconscious: A cognitive perspective. In K. S. Bowers & D. Meichenbaum, *The unconscious reconsidered* (ed., pp. 149-211). New York: Wiley & Sons.

Klein, G. S. (1976). *Psychoanalytic theory: An exploration of essentials*. New York: International Universities Press.

Klein, M. H., Mathieu-Coughlan, P., & Kiesler, D. J. (1986). The experiencing scales. In L. S. Greenberg & W. Pinsof, *The psychotherapeutic process: A research handbook* (ed.). New York: Guilford Press.

Klerman, G. L., Rounsaville, B., Chevron, E., & Weissman, M. (1984). *Interpersonal psycho-therapy of depression*. New York: Basic Books.

Klinnert, M. D. (1978). *Facial expression and social referencing*. Ph.D. diss., Psychology Department, University of Denver.

Klinnert, M. D. et al. (1983). Emotions as behavior regulators: Social referencing in infancy. In R. Plutchik & H. Kellerman, *Emotion: Theory, research and experience, Vol. 2* (ed.). New York: Academic Press.

Kohut, H. (1977). *The restoration of the self*. New York: International Universities Press.

Kohut, H. (1984). *How does analysis cure?* Chicago, IL: University of Chicago Press.

Krantz, S. E. (1985). When depressive cognitions reflect negative realities. *Cognitive Therapy and Research, 9*, 595-610.

Krasner, L. (1962). The therapist as a social reinforcement machine. In H. H. Strupp & L. Luborsky, *Research in Psychotherapy, Vol. 2* (ed.). Washington, DC: American Psychological Association.

Kuiper, N. A., & Olinger, L. J. (1986). Dysfunctional attitudes and a self-worth contingency model of depression. In P. C. Kendall, *Advances in cognitive-behavioral research and therapy* (ed., pp. 115-142). Orlando, FL: Academic Press.

Lachman, R., & Lachman, J. (1986). Information processing psychology: Origins and extensions. In R. E. Ingram, *Information processing approaches of clinical psychology* (ed.). Orlando, FL: Academic Press.

Lambert, M. J. (Ed.). (1983). *Psychotherapy and patient relationships*. Homewood, IL: Dorsey

Press.

Lambert, M. J. (Ed.). (1986). Implications of psychotherapy outcome research for eclectic psychotherapy. In J. C. Norcross, *Handbook of eclectic psychotherapy* (ed., pp. 436-461). New York: Brunner/Mazel.

Lambert, M. J., Shapiro, D. A., & Bergin, A. E. (1986). The effectiveness of psychotherapy. In J. C. Norcross, *Handbook of eclectic psychotherapy* (ed., 436-461). New York: Brunner/Mazel.

Lang, P. J. (1983). Cognition in emotion: Concept and action. In C. Izard, J. Kagan, & R. Zajonc, *Emotion, cognition and behavior* (ed.). New York: Cambridge University Press.

Lazarus, A. A. (1971). *Behavior therapy and beyond.* New York: McGraw-Hill.

Lazarus, A. A., & Fay, A. (1982). Resistance or rationalization? A cognitive behavioral perspective. In P. L. Wachtel, *Resistance: Psychodynamic and behavioral approaches* (ed., pp. 115-132). New York: Plenum Press.

Leary, T. (1957). *Interpersonal diagnosis of personality.* New York: Ronald.

Leventhal, H. (1979). A perceptual motor processing model of emotion. In P. Pliner, K. Blankestein, & I. Spigel, *Advances in the study of communication and affect* (ed.). New York: Plenum Press.

Leventhal, H. (1984). A perceptual-motor theory of emotion. In L. Berkowitz, *Advances in experimental social psychology* (ed.). New York: Academic Press.

Lewicki, P. (1986). *Nonconscious social information processing.* Orlando, FL: Academic Press.

Liotti, G. (1987). The resistance to change of cognitive structures: A counter-proposal to psychoanalytic metapsychology. *Journal of Cognitive Psychotherapy, 2,* 87-104.

Liotti, G. (1988). Attachment and cognition: A guideline for the reconstruction of early pathogenic experiences in cognitive therapy. In C. Perris, L. M. Blackburn, & H. Perris (Eds.), *Handbook of Cognitive Psychotherapy.* New York: Springer.

Lloyd, G. C., & Lishman, W. (1975). Effect of depression on the speed of recall of pleasant and unpleasant memories. *Psychological Medicine, 5,* 173-180.

Luborksy, L. (1984). *Principles of psychoanalytic psychotherapy: A manual for supportive-expressive treatment.* New York: Basic Books.

Luborksy, L. et al. (1980). Predicting the outcome of psychotherapy: Findings of the Penn psychotherapy project. *Archives of General Psychiatry, 37,* 471-481.

Luborksy, L. et al. (1983). Two helping alliance methods for predicting outcomes of psychotherapy. *Journal of Nervous and Mental Disease, 17,* 480-491.

Luborksy, L. et al. (1985). Therapist success and its determinants. *Archives of General Psychiatry,*

42, 602-611.

Luborksy, L. et al. (1986). Do therapists vary much in their success? Findings from four outcome studies. *American Journal of Orthopsychiatry, 56*, 501-512.

Luborksy, L., Singer, B., & Luborsky, L. (1975). Comparative studies of psychotherapies: Is it true that "Everyone has won and all must have prizes?" *Archives of General Psychiatry, 32*, 995-1008.

Mahoney, M. J. (1974). *Cognition and behavior modification.* Cambridge, MA: Ballinger.

Mahoney, M. J. (1977). Reflections on the cognitive-learning trend in psychotherapy. *American Psychologist, 35*, 5-13.

Mahoney, M. J. (1982). Psychotherapy and human change processes. In J. H. Harvey & M. M. Pars, *Psychotherapy research and behavior change, Vol. 1* (ed.). Washington, DC: American Psychological Association.

Mahoney, M. J. (1983). Cognition, consciousness and the process of personal change. In K. D. Craig & R. J. McMahon, *Advances in clinical behavior therapy* (ed.). New York: Brunner/Mazel.

Mahoney, M. J. (1985). Psychotherapy and human change processes. In M. J. Mahoney & A. Freeman, *Cognition and psychotherapy* (ed.). New York: Plenum Press.

Mahoney, M. J. (1990). *Human change processes.* New York: Basic Books.

Mahoney, M. J., & Gabriel, T. J. (1987). Psychotherapy and the cognitive sciences: An evolving alliance. *Journal of Cognitive Psychotherapy, 1*, 39-59.

Mahoney, M. J., & Thoresen, C. E. (1974). *Self-control: Power to the person.* Belmont, CA: Brooks/Cole.

Main, M. (1983). Exploration, play, and cognitive functioning related to infant-mother attachment. *Infant Behavior and Development, 6*, 167-174.

Malan, D. H. (1976). *The frontiers of brief psychotherapy.* New York: Plenum Press.

Mann, J. (1973). *Time-limited psychotherapy.* Cambridge, MA: Harvard University Press.

Markus, H. (1977). Self-schemata and processing of information about the self. *Journal of Personality and Social Psychology, 35*, 63-78.

Markus, H., & Nurius, P. (1986). Possible selves. *American Psychologist, 41*, 954-969.

Marlatt, G. A., & Gordon, J. R. (1980). Determinants of relapse: Implications for the maintenance of behavior change. In P. Davidson & S. Davidson, *Behavioral medicine: Changing health lifestyles* (ed., pp. 410-452). New York: Brunner/Mazel.

Marmar, C. R. et al. (1986). The development of the therapeutic alliance rating system. In L. S.

Greenberg & W. M. Pinsoff, *The psychotherapeutic process: A research handbook* (ed.). New York: Guilford Press.

Marmar, C. R., Gaston, L., Gallagher, D., & Thompson, L. W. (1987, June). *Therapeutic alliance and outcome of behavioral, cognitive, and brief dynamic therapy of later-life depression.* Paper presented at the Society for Psychotherapy Research, Ulm, West Germany.

Mathews, A. M. et al. (1976). Imaginal flooding and exposure to real phobic situations: Treatment outcomes with agoraphobic patients. *British Journal of Psychiatry, 129*, 362-371.

Mathews, S. A., & Macleod, C. (1985). Selective processing of threat cues to anxiety states. *Behavioral Research and Therapy, 23*, 563-569.

McMullin, R. (1986). *Handbook of cognitive therapy techniques.* New York: W. W. Norton.

Mead, G. H. (1934). *Mind, self, and society.* Chicago, IL: University of Chicago Press.

Meddin, J. (1982). Cognitive therapy and symbolic interactionism: Expanding clinical potential. *Cognitive Therapy and Research, 6*, 151-165.

Meichenbaum, D., & Gilmore, J. B. (1982). A perspective on the dynamic contributions. In P. Wachtel, *Resistance: Psychodynamic and behavioral approaches* (ed.). New York: Plenum Press.

Meichenbaum, D., & Gilmore, J. B. (1984). The nature of unconscious processes: A cognitive-behavioral perspective. In K. S. Bowers & D. Meichenbaum, *The unconscious reconsidered* (ed.). New York: John Wiley & Sons.

Meissner, W. (1981). *Internalization in psychoanalysis.* New York: International Universities Press.

Millon, T. (1981). *Millon Clinical Multiaxial Inventory Manual* (3rd ed.). Minneapolis, MN: National Computer Systems.

Murphy, C. M., & Messer, D. J. (1977). Mothers, infants, and pointing: A study of gesture. In H. R. Schaffer, *Studies in mother-infant interaction* (ed.). London: Academic Press.

Murphy, G. E. et al. (1984). Cognitive therapy and pharmacotherapy, singly and together in the treatment of depression. *Archives of General Psychiatry, 41*, 33-41.

Nash, E. et al. (1965). Systematic preparation of patients for short term psychotherapy, II: Relation of characteristic of patient, therapist, and the psychotherapeutic process. *Journal of Nervous and Mental Disease, 140*, 374-383.

Neisser, U. (1967). *Cognitive psychology.* New York: Appleton-Century-Crofts.

Neisser, U. (1976). *Cognition and reality: Principles and implications of cognitive psychology.* San Francisco, CA: Freeman.

Neisser, U. (1980). Three cognitive psychologies and their implications. In M. J. Mahoney,

Psychotherapy process (ed.). New York: Plenum Press.

Neisser, U. (1982). *Memory observed: Remembering in natural contexts.* San Francisco, CA: W. H. Freeman.

Nelson, K., & Greundel, J. M. (1981). Generalized event representations: Basic building blocks of cognitive development. In M. E. Lamb & A. L. Brown, *Advances in developmental psychology, Vol. 1* (ed.). Hillsdale, NJ: Erlbaum.

Newell, A., & Simon, H. (1972). *Human problem solving.* Englewood Cliffs, NJ: Prentice-Hall.

Nisbett, R., & Ross, L. (1980). *Human inference: Strategies and shortcomings of social judgment.* Englewood Cliffs, NJ: Prentice-Hall.

Norcross, J. C. (1986). Eclectic psychotherapy: An integration and overview. In J. C. Norcross, *Handbook of eclectic psychotherapy* (ed., pp. 3-24). New York: Brunner/Mazel.

Orlinsky, D. E., & Howard, R. I. (1986). The relation of process to outcome in psychotherapy. In S. L. Garfiled & A. E. Bergin, *Handbook of psychotherapy and behavior change* (3rd ed.). New York: Wiley & Sons.

Pastor, D. L. (1981). The quality of mother-infant attachment and its relationship to toddler's initial sociability with peers. *Developmental Psychology, 17,* 326-335.

Perls, F. S. (1973). *The gestalt approach: An eyewitness to therapy.* Palo Alto, CA: Science and Behavior Books.

Perris, C. (1989). *Cognitive therapy with schizophrenic patients.* New York: Guilford Press.

Persons, J. B., & Burns, D. D. (1985). Mechanisms of action in cognitive therapy: The relative contributions of technical and interpersonal interventions. *Cognitive Therapy and Research, 9,* 539-557.

Persons, J. B., Burns, D. D., & Perloff, J. M. (1988). Predictors of dropout and outcome in cognitive therapy for depression in a private practice setting. *Cognitive Therapy and Research, 12,* 557-576.

Peterfreund, E. (1978). Some critical comments on psychoanalytic conceptions of infancy. *International Journal of Psychoanalysis, 59,* 427-441.

Peters, R. S. (1960). *The concept of motivation.* New York: Humanities Press.

Pilkonis, P. A., Imber, S. D., Lewis, P., & Rubinsky, P. (1984). A comparative outcome study of individual group and conjoint psychotherapy. *Archives of General Psychiatry, 41,* 431-437.

Piper, W. E. et al. (1984). A comparative study of four forms of psychotherapy. *Journal of Consulting and Clinical Psychology, 52,* 268-279.

Plutchik, R. (1980). *Emotion: A psychoevolutionary synthesis.* New York: Harper & Row.

Rabavilas, A. D., Boulougouris, J. C., & Perissaki, C. (1979). Therapist qualities related to outcome with exposure in vivo in neurotic patients. *Journal of Behavior Therapy and Experimental Psychiatry, 10*, 293-299.

Rachlin, H. (1977). Reinforcing and punishing thoughts: A rejoinder to Ellis and Mahoney. *Behavior Therapy, 8*, 678-681.

Rachman, S. (1980). Emotional processing. *Behavior Research and Therapy, 18*, 51-60.

Reich, W. (1949). *Character analysis.* New York: Noonday.

Reik, T. (1948). *Listening with the third ear.* New York: Farrar, Straus, & Giroux.

Rice, L. N. (1974). The evocative function of the therapist. In D. Wexler & L. N. Rice, *Innovations in client-centered therapy* (ed.). New York: Interscience.

Rice, L. N. (1984). Client tasks in client-centered therapy. In R. F. Levant & J. M. Shlien, *Client-centered therapy and the person-centered approach: New directions in theory, research, and practice* (ed.). New York: Praeger.

Rice, L. N., & Greenberg, L. S. (1984). *Patterns of change: Intensive analysis of psychotherapeutic process.* New York: Guilford Press.

Ricks, D. F. (1974). Supershrink: Methods of a therapist judged successful on the basis of adult outcome of adolescent patients. In D. Ricks, M. Roff, & A. Thomas, *Life history research in psychopathology, Vol. 3* (ed.). Minneapolis, MN: University of Minnesota Press.

Rogers, C. R. (1951). *Client-centered therapy.* Boston, MA: Houghton Mifflin.

Rogers, C. R. (1961). *On becoming a person.* Boston, MA: Houghton Mifflin.

Rosenthal, D., & Frank, J. D. (1956). Psychotherapy and the placebo effect. *Psychological Bulletin, 53*, 294-302.

Roth, D., & Rehm, L. P. (1980). Relationships among self-monitoring processes, memory and depression. *Cognitive Therapy and Research, 4*, 149-158.

Rush, A. J. (1983). Cognitive therapy for depression. In M. Zales, *Affective and schizophrenic disorders: New approaches to diagnosis* (ed.). New York: Brunner/Mazel.

Ryle, A. (1979). The focus on brief interpretive psychotherapy: Dilemmas, traps, and snags. *British Journal of Psychiatry, 134*, 46-54.

Sacco, W. P., & Beck, A. T. (1985). Cognitive therapy for depression. In E. Beckham & W. R. Leber, *Handbook of depression: Treatment, assessment, and research* (ed., pp. 3-38). Homewood, IL: Dorsey Press.

Safran, J. D. (1982). The functional asymmetry of negative and positive self-satements. *The British Journal of Clinical Psychology, 21*, 223-224.

Safran, J. D. (1984a). Assessing the cognitive-interpersonal cycle. *Cognitive Therapy and Research*, *87*, 333-348.

Safran, J. D. (1984b). Some implications of Sullivan's interpersonal theory for cognitive therapy. In M. A. Reda & M. J. Mahoney, *Cognitive psychotherapies: Recent developments in theory, research, and practice* (ed.). Cambridge, MA: Ballinger.

Safran, J. D. (1985, June). *A task analysis of change events in cognitive therapy.* Paper presented at the Society for Psychotherapy Research, Evanston, IL.

Safran, J. D. (1986, June). *A critical evaluation of the schema construct in psychotherapy research.* Paper presented at the Society for Psychotherapy Research, Boston, MA.

Safran, J. D. (1989, June). *The relationship between the therapeutic alliance and outcome in cognitive therapy.* Paper presented at the Society for Psychotherapy Research, Toronto, Canada.

Safran, J. D. (1990a). Towards a Refinement of Cognitive Therapy in Light of Interpersonal Theory: I. Theory. *Clinical Psychology Review*, *10*, 87-105.

Safran, J. D. (1990b). Towards a Refinement of Cognitive Therapy in Light of Interpersonal Theory, II: Practice. *Clinical Psychology Review*, *10*, 107-121.

Safran, J. D., Crocker, P., McMain, S., & Murray, P. (1990). Therapeutic alliance rupture as a therapy event for empirical investigation. *Psychotherapy*, *27*, 154-162.

Safran, J. D., & Greenberg, L. S. (1982a). Cognitive appraisal and reappraisal: Implications for clinical practice. *Cognitive Therapy and Research*, *6*, 251-258.

Safran, J. D., & Greenberg, L. S. (1982b). Eliciting "hot cognitions" in cognitive behavior therapy: Rationale and procedural guidelines. *Canadian Psychology*, *23*, 83-87.

Safran, J. D., & Greenberg, L. S. (1986). Hot cognition and psychotherapy process: An information processing/ecological perspective. In P. C. Kendall, *Advances in Cognitive-Behavioral Research and Therapy, Vol. 5* (ed., pp. 143-177). Orlando, FL: Academic Press.

Safran, J. D., & Greenberg, L. S. (1987). Affect and the unconscious: A cognitive perspective. In R. Stern, *Theories of the unconscious* (ed., pp. 191-212). Hillsdale, NJ: Analytic Press.

Safran, J. D., & Greenberg, L. S. (1988). Feeling, thinking, and acting: A cognitive framework for psychotherapy integration. *Journal of Cognitive Psychotherapy*, *2*, 109-130.

Safran, J. D., & Greenberg, L. S. (1989). The treatment of anxiety and depression from an affective perspective. In P. C. Kendall & D. Watson, *Negative Affective Conditions* (ed., pp. 455-489). New York: Academic Press.

Safran, J. D., & Greenberg, L. S., (1991). *Emotion and the process of therapeutic change.* New

York: Academic Press.

Safran, J. D., Greenberg, L. S., & Rice, L. N. (1988). Integrating psychotherapy research and practice: Modelling the change process. *Psychotherapy, 25*, 1-17.

Safran, J. D., Segal, Z. V., Hill, C., & Whiffen, V. (1990). Refining strategies for research on self-representations in emotional disorders. *Cognitive Therapy and Research, 14*(2), 143-160.

Safran, J. D. et al. (1986). Assessing core cognitive processes in cognitive therapy. *Cognitive Therapy and Research, 10*, 509-526.

Scaife, M., & Bruner, J. S. (1975). The capacity for joint visual attention in the infant. *Nature, 253*, 265-266.

Schafer, R. (1968). *Aspects of internalization.* New York: International Universities Press.

Schafer, R. (1983). *The analytic attitude.* New York: Basic Books.

Segal, Z. V. (1988). Appraisal of the self-schema construct in cognitive models of depression. *Psychological Bulletin, 103*, 147-162.

Segal, Z. V. et al. (1988). A structural analysis of the self-schema construct in major depression. *Cognitive Therapy and Research, 12*, 471-485.

Segal, Z. V., & Shaw, B. F. (1986a). Cognition in depression: A reappraisal of Coyne and Gotlib's critique. *Cognitive Therapy and Research, 10*, 671-693.

Segal, Z. V., & Shaw, B. F. (1986b). When cul-de-sacs are more mentality than reality: A rejoinder to Coyne and Gotlib. *Cognitive Therapy and Research, 10*, 707-714.

Segal, Z. V., & Vella, D. D. (1990). Self-schema in major depression: Replication and extension of a priming methodology. *Cognitive Therapy and Research, 14*, 161-176.

Shank, R. C., & Abelson, R. (1977). *Scripts, plans, goals and understanding.* Hillsdale, NJ: Erlbaum.

Shapiro, D. A., & Shapiro, D. (1982). Meta-analysis of comparative therapy outcome studies: A replication and refinement. *Psychological Bulletin, 92*, 581-604.

Shapiro, E. R. (1978). The psychodynamic and developmental psychology of the borderline patient: A review of the literature. *American Journal of Psychiatry, 135*, 1305-1315.

Shaw, R., & Bransford, J. (1977). *Perceiving, asking, and knowing: Toward an ecological psychology.* Hillsdale, NJ: Erlbaum.

Shevrin, H., & Dickman, S. (1980). The psychological unconscious: A necessary assumption for all psychological theory? *American Psychologist, 35*, 421-434.

Shiffrin, R. M., & Schneider, W. (1977). Controlled and automatic human information processing, II: Perceptual learning, automatic attending, and a general theory. *Psychological Review, 84*,

127-190.

Sifneos, P. E. (1972). *Short-term psychotherapy and emotional crisis.* Cambridge, MA: Harvard
　　University Press.

Sifneos, P. E. (1979). *Short-term dynamic psychotherapy: Evaluation and technique.* New York:
　　Plenum Press.

Silberschatz, G. (1987). Testing pathogenic beliefs. In J. Weiss, H. Sampson, & The Mount Zion
　　Psychotherapy Research Group, *The Psychoanalytic process: Theory, clinical observation,
　　and empirical research* (ed.). New York: Guilford Press.

Silberschatz, G., Fretter, P. B., & Curtis, J. T. (1986). How do interpretations influence the process
　　of psychotherapy? *Journal of Consulting and Clinical Psychology, 54,* 646-652.

Silver, R. J. (1982). Brief dynamic psychotherapy: A critical look at the state of the art. *Psychiatric
　　Quarterly, 53,* 275-282.

Sloane, R. B. et al. (1975). *Psychotherapy versus behavior therapy.* Cambridge, MA: Harvard
　　University Press.

Smith, D. (1982). Trends in counselling and psychotherapy. *American Psychologist, 37,* 802-809.

Spence, D. P. (1982). *Narrative truth and historical truth: Meaning and interpretation in psycho-
　　analysis.* New York: W. W. Norton.

Spitz, R. (1946). Anaclitic depression: An inquiry into the genesis of psychiatric conditions in early
　　childhood, II. *Psychoanalytic Study of the Child, 2,* 313-342.

Sroufe, L. A. (1979). Socioemotional development. In J. D. Osofsky, *Handbook of infant
　　development* (ed.). New York: Wiley & Sons.

Staats, A. W. (1970). Social behaviorism, human motivation and the conditioning therapies. In B.
　　Maher, *Progress in experimental personality research* (ed.). New York: Academic Press.

Steinbrueck, S. M., Maxwell, S. E., & Howard, G. S. (1983). A meta-analysis of psychotherapy and
　　drug therapy in the treatment of unipolar depression with adults. *Journal of Consulting and
　　Clinical Psychology, 51,* 856-863.

Steketee, G., & Foa, E. B. (1985). Obsessive-compulsive disorder. In D. Barlow, *Clinical
　　handbook of psychological disorders* (ed.). New York: Guilford Press.

Sterba, R. (1934). The fate of the ego in analytic therapy. *International Journal of Psychoanalysis,
　　15,* 117-126.

Stern, D. N. (1985). *The interpersonal world of the infant.* New York: Basic Books.

Stolorow, R. D., Brandhoft, B., & Atwood, G. E. (1983). Intersubjectivity in psychoanalytic
　　treatment. *Bulletin of the Menninger Clinic, 47,* 117-128.

Strachey, J. (1934). The nature of the therapeutic action of psychoanalysis. *International Journal of Psychoanalysis, 15,* 127-159.

Strupp, H. H. (1980). Success and failure in time-limited psychotherapy: A systematic comparison of two cases. *Archives of General Psychiatry, 37,* 595-603.

Strupp, H. H., & Binder, J. L. (1984). *Psychotherapy in a new key: A guide to time-limited dynamic therapy.* New York: Basic Books.

Sullivan, H. S. (1953). *The interpersonal theory of psychiatry.* New York: W. W. Norton.

Sullivan, H. S. (1954). *The psychiatric interview.* New York: W. W. Norton.

Sullivan, H. S. (1956). *Clinical studies in psychiatry.* New York: W. W. Norton.

Sulloway, F. (1979). *Freud: Biologist of the mind.* New York: Basic Books.

Swan, G. E., & MacDonald, M. L. (1978). Behavior therapy in practice: A national survey of behavior therapists. *Behavior Therapy, 9,* 799-807.

Sweet, A. A. (1984). The therapeutic relationship in behavior therapy. *Clinical Psychology Review, 4,* 253-272.

Taylor, S. E., & Brown, J. D. (1988). Illusion and well being: A social psychological perspective on mental health. *Psychological Bulletin, 103,* 193-210.

Teasdale, J. D., & Fennell, M. J. V. (1982). Immediate effects on depression of cognitive therapy interventions. *Cognitive Therapy and Research, 6,* 343-351.

Tinbergen, N. (1953). *Social behavior in animals.* London: Methuen.

Tomkins, S. S. (1962). *Affect, imagery, consciousness, Vol. 1.* New York: Springer.

Tomkins, S. S. (1963). *Affect, imagery, consciousness, Vol. 2.* New York: Springer.

Toukmanian, S. (1986). A measure of client perceptual processing. In L. S. Greenberg & W. Pinsoff, *The psychotherapeutic process: A research handbook* (ed.). New York: Guilford Press.

Trevarthan, C., & Hubley, P. (1978). Secondary intersubjectivity: Confidence, confiders and acts of meaning in the first year. In A. Lock, *Action gesture and symbol* (ed.). New York: Academic Press.

Tronick, E. Z. (1989). Emotions and emotional communication in infants. *Americal Psychologist, 44,* 112-119.

Tronick, E. Z., & Cohn, J. F. (1989). Infant-mother face to face interaction: Age and gender differences in coordination and the occurrence of miscoordination. *Child Development, 60,* 85-92.

Tulving, E. (1972). Episodic and semantic memory. In E. Tulving & W. Donaldson, *Organization of memory* (ed.). New York: Academic Press.

Ullman, L. P., & Krasner, L. (1965). *Case studies in behavior modification.* New York: Holt, Rinehart, & Winston.

Wachtel, P. L. (1977). *Psychoanalysis and behavior therapy.* New York: Basic Books.

Wachtel, P. L. (1982). *Resistance: Psychodynamic and behavioral approaches.* New York: Plenum Press.

Watts, A. W. (1957). *The way of Zen.* New York: Vintage Books.

Watzlawick, P., Weakland, J., & Fisch, R. (1974). *Change.* New York: W. W. Norton.

Weiss, J., Sampson, H., & The Mount Zion Psychotherapy Research Group. (1987). *The psychoanalytic process: Theory, clinical observation and empirical research.* New York: Guilford Press.

Weissman, M. M., & Paykel, E. S. (1974). *The depressed woman: A study of social relationships.* Chicago, IL: University of Chicago Press.

Werman, D. S. (1984). *The practice of supportive psychotherapy.* New York: Brunner/Mazel.

Williams, J. M. G., Watts, F. N., MacLeod, C., & Mathews, A. (1988). *Cognitive psychology and emotional disorders.* New York: John Wiley.

Wilson, G. T. (1984). Clinical issues and strategies in the practice of behavior therapy. In G. T. Wilson, C. M. Franks, K. D. Brownell, & P. C. Kendall, *Annual review of behavior therapy, Vol. 9* (ed.). New York: Guilford Press.

Wilson, G. T. (1987). Clinical issues and strategies in the practice of behavior therapy. In G. T. Wilson, C. M. Franks, P. C. Kendall, & J. P. Foreyt, *Annual review of behavior therapy, Vol. 11* (ed., pp. 288-317). New York: Guilford Press.

Wilson, G. T., & Evans, I. M. (1976). Adult behavior therapy and the therapist-client relationship. In C. M. Franks, & G. T. Wilson (Ed.), *Annual review of behavior therapy, Vol. 4* (pp. 771-792). New York: Brunner/Mazel.

Wilson, G. T., & Evans, I. M. (1977). The Therapist-client relationship in behavior therapy. In A. S. Gurman & A. M. Razin, *The therapist's contribution to effective psychotherapy: An empirical approach* (ed.). New York: Pergamon Press.

Winfrey, L. P. L., & Goldfried, M. R. (1986). Information processing and the human change process. In R. E. Ingram, *Information processing approaches to clinical psychology* (ed.). Orlando, FL: Academic Press.

Wolberg, L. R. (1988). *The technique of psychotherapy.* Toronto: Grune & Stratton.

Woody, G. E. et al. (1983). Psychotherapy for opiate addicts: Does it help? *Archives of General*

Psychiatry, 40, 639-645.

Young, J. E. (1990). Schema-focused cognitive therapy for personality disorders. In A. Beck & A. Freeman (Eds.), *Cognitive therapy for personality disorders.* New York: Guilford Press.

Zajonc, R. B., & Markus, H. (1984). Affect and cognition: The hard interface. In C. E. Izard, J. Kagan, & R. B. Zajonc, *Emotions, cognition and behavior* (ed., pp. 73-102). Cambridge: Cambridge University Press.

Zetzel, E. (1956). Current concepts of transference. *International Journal of Psychoanalysis, 37,* 369-376.

Zigler, E., & Phillips, L. (1961). Psychiatric diagnosis and symptomatology. *Journal of Abnormal and Social Psychology, 63,* 69-75.

┌── **저**자 소개 ──────────────

Jeremy D. Safran, Ph. D.

　Safran 박사는 맨해튼 소재 New School for Social Research의 심리학 교수로 있으며, Emotion in Psychotherapy의 공동 저자이자 *Emotion, Psychotherapy and Change*의 공동 편집자다. 그는 치료관계와 치료과정에 대한 다수의 이론적 및 경험적 논문을 발표하였으며, *Psychotherapy Research and In Session: Psychotherapy in Practice*를 비롯한 여러 저널의 편집위원으로 활동 중이다. 또한 맨해튼에서 심리치료 역시 지속하고 있다.

Zindel V. Segal, Ph. D.

　Segal 박사는 토론토 대학교의 정신의학 및 심리학 부교수이자 Clark 정신의학연구소 인지행동치료센터 소장이다. 그의 최근 저서로는 Sidney J. Blatt과 함께 쓴 *The Self in Emotional Distress*가 있다. 그의 연구 관심은 실험인지와 정신병리 분야로, 특히 주요우울증 재발에 기여하는 심리적 위험요인에 관심이 높다. 그는 마음챙김 명상과 인지행동치료를 결합한 우울증 재발방지 치료 프로그램 개발에 관여하기도 하였다.

┌── **역**자 소개 ──────────────

⊙ 서수균(Seo, Sugyun)

　서울대학교 심리학과를 졸업하였으며, 동 대학원에서 임상심리학 전공으로 석사 및 박사학위를 받았다. 서울대학교병원에서 임상심리사 수련과정을 마쳤고, 서울대학교 대학생활문화원에서 전임상담원으로 근무하였다. 임상심리전문가, 정신보건임상심리사(1급), 상담심리전문가 자격증이 있으며, 현재 부산대학교 심리학과 교수로 재직 중이다. 주요 저·역서로는 『분노와 관련된 인지적 요인과 그 치료적 함의』(저, 한국학술정보, 2005), 『심리도식치료』(공역, 학지사, 2005), 『합리적 정서행동치료』(공역, 학지사, 2007), 『제이콥 모레노』(역, 학지사, 2008) 등이 있다.

인지치료의 대인관계 과정
Interpersonal Process in Cognitive Therapy

2016년   1월   5일 1판 1쇄 인쇄
2016년   1월 15일 1판 1쇄 발행

지은이 • Jeremy Safran · Zindel Segal
옮긴이 • 서수균
펴낸이 • 김진환
펴낸곳 • (주) 학지사
            04031 서울특별시 마포구 양화로 15길 20 마인드월드빌딩
대표전화 • 02-330-5114   팩스 • 02-324-2345
등록번호 • 제313-2006-000265호

홈페이지 • http://www.hakjisa.co.kr
페이스북 • https://www.facebook.com/hakjisa

ISBN 978-89-997-0827-5 93180

정가 18,000원

인터넷 학술논문 원문 서비스 **뉴논문** www.newnonmun.com

이 도서의 국립중앙도서관 출판시도서목록(CIP)은 서지정보유통지원
시스템 홈페이지(http://seoji.nl.go.kr)와 국가자료공동목록시스템
(http://www.nl.go.kr/kolisnet)에서 이용하실 수 있습니다.
(CIP 제어번호: CIP2015027471)